Helmut Schmidt
Freiheit verantworten

Helmut Schmidt

FREIHEIT VERANTWORTEN

ECON

1. Auflage 1983

Gesetzt aus der Trump der Fa. Hell
Satz: Bauer + Bökeler, Denkendorf
Papier: Papierfabrik Schleipen GmbH, Bad Dürkheim
Druck und Bindearbeiten: Bercker, Kevelaer
Printed in Germany
ISBN 3 430 17997 1

Inhalt

VORWORT
7

I. ÖKONOMIE, WIRTSCHAFT
9
Neujahrsansprache zum Jahreswechsel 1981/82
10
Die Weltwirtschaft ist unser Schicksal
17
West-Ost-Beziehungen in einer gemeinsamen Kultur
48

II. SICHERHEITS-, FRIEDENSPOLITIK
63
Realistische Friedenspolitik aus Verantwortung und Überzeugung
64
Politik der Friedenssicherung aus christlicher Überzeugung
80
Vernunft und Leidenschaft zur Friedenspolitik
104
Friedenspolitik in christlicher Verantwortung
119

III. SOZIALDEMOKRATIE IN DER VERANTWORTUNG
129
Erklärung des Bundeskanzlers zur Vertrauensfrage
130

Ein Leben für die Demokratie
144
Zwischenbilanz
157
Rede auf dem SPD-Bundesparteitag München 1982
236

IV. WISSENSCHAFT, KUNST UND RELIGION
287
»Wie christlich kann Politik sein?«
288
Musik und Theater als Ausdruck kultureller Lebensform
301
Soziale Verantwortung und Moral des Forschers und Wissenschaftlers
309
Vorwort Festschrift Carl Friedrich von Weizsäcker
320

V. ENDE DER SOZIAL-LIBERALEN KOALITION
325
Erklärung zur Lage der Nation vor dem Deutschen Bundestag am 9. September 1982
326
Rede zum konstruktiven Mißtrauensvotum am 1. Oktober 1982
371
Ansprache vor der Bundeswehr am 1. Oktober 1982
390
Personen- und Sachregister
395

Vorwort

Der dritte Band mit Reden aus der Zeit meiner Bundeskanzlerschaft – nach »Der Kurs heißt Frieden« und »Pflicht zur Menschlichkeit« – umfaßt einen historisch wichtigen Zeitraum. Ich meine damit nicht nur das Ende der sozial-liberalen Koalition nach 13jähriger Verantwortung für die Geschicke der Bundesrepublik. Ich meine damit auch nicht allein die Abwahl des zweiten sozialdemokratischen Bundeskanzlers dieser Republik durch den Wortbruch des liberalen Koalitionspartners. Sondern ich meine vor allem die Tatsache, daß in diesem Zeitraum die Welt und damit auch die Bundesrepublik in den Schatten der Doppelkrise geraten ist, die gegenwärtig die Weltpolitik charakterisiert.

Mit »Doppelkrise« meine ich die spürbare Zuspitzung im West-Ost-Verhältnis, die unter den jungen wie den alten Mitbürgerinnen und Mitbürgern die Sorge um die Stabilität des Friedens und die Angst vor einem kriegerischen Konflikt zwischen den Nuklearmächten wachsen läßt. Und auf der anderen Seite die alle Staaten der Welt betreffende Stagnation des wirtschaftlichen Wachstums, die in vielen Ländern zu tiefer Rezession und hoher Arbeitslosigkeit geführt hat und die, würde ihr nicht gemeinschaftlich begegnet, die Welt in eine zweite Depression dieses Jahrhunderts abgleiten lassen könnte.

Um diese beiden Themen kreisen die meisten Reden und Arbeiten, die in diesem Band gesammelt sind. Ein erstes Kapitel umfaßt Äußerungen zur Lage der Weltwirtschaft und der Wirtschaft der Bundesrepublik darinnen. Aber thematisiert sind hier auch schon die gegenseitigen Abhängigkeiten zwischen weltwirtschaftlicher Krise und den Gefährdungen des Weltfriedens.

Ein zweites Kapitel umfaßt die Sicherheits- und Friedenspolitik. Die Arbeit auf diesen beiden Konfliktfeldern, besonders auch die gedankliche Durchdringung dessen, was die Wurzel beider Seiten der Doppelkrise angeht, war in diesen beiden Jahren der deutschen Sozialdemokratie aufgegeben. Die SPD mußte dabei zu einem Verständnis ihrer Verantwortung für dieses Land gelangen, ein bisweilen mühseliger Weg; der hat zugleich auch zu einer besseren Wahrnehmung der eigenen Tradition, der eigenen Wurzeln führen können.

In einem dritten Kapitel dieses Bandes sind einige Beiträge zu dieser sozialdemokratischen Selbstvergewisserung versammelt.

Nun haben sich auch in den beiden Jahren, die von diesem Band abgedeckt werden, die öffentlichen Äußerungen des Bundeskanzlers nicht allein auf die beiden fundamentalen Krisen der Weltpolitik beschränkt. Einiges von dem, was vielleicht auch über den unmittelbaren Anlaß hinaus von Interesse sein könnte, hat sich auf Wissenschaft, auf Kunst und auf die Religion bezogen, einige Beiträge dazu sind im vierten Kapitel wiedergegeben.

Den Abschluß des Zeitraums dieses Bandes markiert das Ende der sozial-liberalen Koalition in Bonn. Dieser Band wird deshalb beschlossen von Reden, die im Zusammenhang mit dieser wichtigen Zäsur gehalten worden sind. Doch sie bedeuten nur einen vorläufigen Abschluß. In ihnen sind Gedanken entwickelt, die gerade im Augenblick des Abbruches das in Erinnerung rufen wollen, wofür Sozialdemokraten seit ihrem Regierungsantritt im Jahre 1966 gestritten haben; was sie versucht haben, in der Regierungsverantwortung zu verwirklichen und was Orientierung für die weitere Arbeit der Sozialdemokratie liefert. So bedeutet die Summe dieser Reden zugleich auch einen Ausblick nach vorn. Die Zäsur ist nur Marketing innerhalb einer Entwicklung, die sich fortsetzen wird. Der Nachweis, wie »Freiheit zu verantworten« ist, wird durch die Einlösung jenes Satzes zu erbringen sein: »Jedermann darf und muß mit unserer Stetigkeit rechnen.«

HELMUT SCHMIDT

I.
ÖKONOMIE, WIRTSCHAFT

Neujahrsansprache zum Jahreswechsel 1981/82

Ansprache zum Jahreswechsel 1981/82
über Rundfunk und Fernsehen
am 31. Dezember 1981

»Am letzten Abend des Jahres wird mancher einen sehr persönlichen Rückblick auf das Jahr 1981 tun. Ich möchte diesen Blick zurück erweitern und – mit Ihnen! – darüber nachdenken, welche Herausforderungen wir bestanden haben, wo wir heute stehen und welche neuen Ziele uns für das neue Jahr aufgegeben sind.

Kein Zweifel: 1981 war ein ungewöhnlich schwieriges Jahr, und ein schwerer Schatten, der bereits seit vielen Monaten und besonders im Dezember den Himmel über Osteuropa verdunkelt hat, der liegt allerdings über dieser Jahreswende. Ich meine die Entwicklung in Polen. Im Bundestag habe ich kurz vor Weihnachten gesagt: Mein Herz ist auf der Seite der polnischen Arbeiter!

Der Bundestag selbst hat einmütig seine Solidarität mit dem polnischen Volke bekräftigt. Er hat an das Militärregime appelliert, das polnische Volk seinen Prozeß der Erneuerung wieder aufnehmen und fortsetzen zu lassen – aus eigener Kraft! Und ohne Einmischung von außen!

Bei dieser Gelegenheit danke ich allen, die dazu beitragen, zum Beispiel durch Spenden und Pakete, die Notlage der Polen zu lindern. Ich bitte Sie: Lassen Sie in dieser praktischen Solidarität nicht nach! Die Menschlichkeit, aber auch die gemeinsame jüngere Geschichte der Polen und der Deutschen ruft uns zu solcher Hilfe. Deshalb haben wir deutschen Steuerzahler in höherem Maß Polen wirtschaftlich geholfen, als andere Steuerzahler sonstwo in der Welt.

Wenn es trotz alledem 1982 in Polen zu gewaltsamer Einmischung von außen kommen sollte, so würde zweifellos der Frieden ganz Europas davon stärker gefährdet werden, als 1980 durch die immer noch andauernde sowjetische militärische Intervention in Afghanistan. Die sowjetische Führung weiß das. Sie weiß auch: Die Staaten der Europäischen Gemeinschaft und des Atlantischen Bündnisses stehen in Lagen der Gefährdung fest und entschlossen zueinander. Darin liegt ja die Sicherheit unseres Friedens und auch die Sicherheit Berlins begründet.

Auch im neuen Jahre können wir uns darauf verlassen. Und unsere Verbündeten können sich auf uns verlassen: Wir Deutschen werden auch 1982 unseren politischen Beitrag, unseren finanziellen Beitrag und – durch unsere Bundeswehr – unseren Verteidigungsbeitrag zum gemeinsamen Wohlergehen leisten. Darauf verlassen sich ja auch die auf das Gleichgewicht angewiesenen neutralen Staaten Europas – im Norden, Osten, Westen und in Mitteleuropa. Und darauf verlassen sich sogar kommunistische Regierungen und viele Millionen Menschen in Osteuropa.

In zwei der für uns wichtigsten befreundeten Ländern hat es 1981 einen Wechsel an der Staatsspitze gegeben. Seither sind die engen und freundschaftlichen deutsch-französischen Beziehungen in zahlreichen vertrauensvollen Gesprächen zwischen Präsident François Mitterrand und mir weiter gefestigt worden. Mit dem neuen amerikanischen Präsidenten Ronald Reagan habe ich mehrfach einen intensiven Gedankenaustausch gehabt. Und ich freue mich auf das nächste Treffen mit Präsident Reagan in der kommenden Woche.

Natürlich hat der Frieden nicht nur eine Ost-West-, sondern auch eine Nord-Süd-Dimension. Deswegen tragen wir trotz unserer eigenen wirtschaftlichen Schwierigkeiten zum Wohlergehen der Entwicklungsländer bei.

Manche unter uns, vor allem junge Menschen, meinen, nicht ruhig bleiben zu können, weil die Welt vielfältig nicht in Ordnung ist. Und einige suchen einen Ausweg in Kompromißlosigkeit, in Preisgabe der Toleranz, in absolut gesetzten Moralansprüchen, einige suchen sogar einen Ausweg mit Gewalt.

Das ist für mich kein Anlaß zur Panik. Ich verurteile die Schwarzmalerei, der innere Frieden sei dadurch in Gefahr. Ich sage aber sehr deutlich: Die Stärke unserer Demokratie liegt gerade darin, daß wir – nach außen wie ebenso nach innen – nicht auf eine Politik der Stärke oder der Gewalt angewiesen sind. Wir halten beharrlich am Toleranzgebot fest. Wir suchen den friedlichen Ausgleich widerstreitender Kräfte. Darin wollen wir uns auch im neuen Jahr nicht irre machen lassen!

Im Willen zu Toleranz und Dialog, im Willen zu Kompromiß und Ausgleich, im leidenschaftlichen Willen zur Vernunft darf sich gerade derjenige nicht beirren lassen, den Furcht oder Angst angepackt hat.

Auch ich habe 1980 und 1981 bisweilen gefürchtet, der Dialog der Weltmächte könnte einem neuen Wettlauf der Rüstungen und der Drohungen zum Opfer fallen. Deshalb haben wir beharrlich in Ost und West für den Abrüstungsdialog geworben. Und wir haben einen wichtigen Teilerfolg erreicht: Seit Ende November sitzen die beiden Weltmächte wieder am Verhandlungstisch in Genf, um die Rüstung der nuklearen Mittelstreckenraketen unter Kontrolle zu bringen. Das sind Waffen, die uns und alle Europäer auslöschen könnten! Deshalb bleiben wir dabei: Am besten wäre es, sie auf beiden Seiten auf Null zu reduzieren. Wir wollen uns nicht überschätzen. Aber unser Gewicht werden wir auch 1982 voll einsetzen, um Mäßigung und Zurückhaltung in den internationalen Beziehungen zu verwirklichen.

Eine wichtige Etappe auf diesem Weg war der Besuch von Generalsekretär Breschnew im Oktober. Dabei habe ich natürlich unseren gemeinsamen Standpunkt des westlichen Bündnisses unmißverständlich vertreten – dies aber in einer Gesprächsatmosphäre, die geprägt war von Herrn Breschnews und meinem gemeinsamen Kriegserlebnis und vom Willen, daß sich diese Schrecken niemals wiederholen dürfen. Diese gleiche Grundüberzeugung hat mein Gespräch mit Generalsekretär Honecker geprägt. Es entsprang der besonderen deutschen Verantwortung für den Frieden. Nach einer Phase der Rückschläge in den deutsch-deutschen Beziehungen war es wichtig, ein Zeichen zu setzen, um den Deutschen hier und in der DDR Mut zu machen und auf eine Zukunft vernünftiger nachbarlicher Beziehungen hinzuarbeiten.

Stabiler Frieden und stabile Wirtschaft: das waren 1981 unsere Hauptsorgen. Sie werden auch 1982 unsere Hauptsorgen sein. Die Arbeitslosigkeit ist zur wichtigsten Herausforderung geworden. Ich weiß, daß manche von Ihnen davon betroffen sind. Ich weiß, wie viele von Ihnen zwar gegenwärtig zufrieden sind, daß sie sich aber über die Zukunft Sorgen machen. Alle Länder der Welt – auch der Osten, auch die Dritte Welt im Süden – sind von der Weltwirtschaftskrise schwer betroffen.

Für manche Volkswirtschaften und Staaten sind Öl und Benzin 1981 zwanzig-, ja dreißigmal so teuer wie vor zehn Jahren. Sie brauchen hohe Kredite, um solche Rechnungen zu bezahlen. Dies verlangt große Anstrengungen und Abstriche. Und wenn einige Staaten einen billigen Ausweg durch Inflationierung ihrer eigenen Währung gesucht haben, so zeigt sich heute, daß dies im Endergebnis der teuerste Weg war, weil er nicht zum Ziel führen kann.

Wir sind diesen Weg nicht gegangen. Wir haben deshalb nicht nur die kleinsten Preissteigerungen, sondern auch die kleinste Arbeitslosigkeit in der ganzen Europäischen Gemeinschaft und rangieren in beidem auch weit vor Nordamerika.

Deshalb hat auch 1981 kein Politiker im Bundestag oder im Bundesrat sich hingestellt und hat verlangt, wir sollten unsere Wirtschafts- und Finanzpolitik nach dem Beispiel der konservativen Regierung im Staate X richten – oder nach dem Beispiel der christlich-demokratischen Regierung im Staate Y oder der sozialistischen Regierung im Staate Z.

Statt dessen haben wir den Kreditbedarf des Bundeshaushalts herabgesetzt, die Bundesbank hat nicht zuviel Geld gedruckt, und alle Bürger haben sich 1981 eingeschränkt. Vor allem im Verbrauch von Heizöl und Benzin. Wir brauchen deshalb weniger Energie zu importieren als früher – gleichzeitig aber steigt unser Industrie-Export in das Ausland. Unsere Leistungsbilanz ist daher auf dem Wege der Gesundung. Das alles sind gute Zeichen für 1982!

Gewiß werden auch 1982 unsere Bäume nicht in den Himmel wachsen. Denn Öl und Erdgas und die meisten Rohstoffe müssen wir aus dem Ausland importieren – und dafür teuer bezahlen!

Und das können wir nur, wenn das Ausland kaufkräftig genug ist, unsere eigenen Exporte zu bezahlen! Deshalb treten wir für wirtschaftspolitische Zusammenarbeit in der Welt ein!

Den Schwarzmalern im eigenen Lande aber empfehle ich zu beherzigen, was jüngst einer unserer angesehensten konservativen Wirtschaftsjournalisten geschrieben hat: ›Wir sind schon merkwürdig . . ., im Glück sind wir maßlos glücklich – im vermeintlichen Unglück maßlos unglücklich.‹ Und dann fügte der Autor Jürgen Eick noch hinzu: ›Erst ausländische Nationalökonomen müssen uns versichern, daß wir wirtschaftlich nicht so schlecht sind, wie wir glauben.‹

Das ist richtig. Wir sind besser, als viele uns glauben machen wollen. Das wissen auch unsere Unternehmensleitungen, das wissen unsere Gewerkschaften und die Arbeitnehmer insgesamt. Wo in der Welt gibt es denn höhere Renten? Wo höheres Arbeitslosengeld? Wo bessere soziale Sicherheit insgesamt? Wo gibt es denn bessere Betriebsräte oder mehr Mitbestimmung?

Wir haben 1981 einige Kürzungen bei sozialen Leistungen vornehmen müssen, das ist wahr. Aber das soziale Netz trägt auch 1982 tatsächlich jeden, der unverschuldet in Not geraten sollte!

Damit haben wir gute Voraussetzungen für 1982 geschaffen. Wenn wir unsere Kräfte zusammenfassen, wenn wir keine übertriebenen Ansprüche stellen, so werden wir auch mit dem Problem der Arbeitslosigkeit fertig werden. Dies wird im Laufe des kommenden Sommers erkennbar werden.

Eine Sorge allerdings muß ich allen ans Herz legen, Betriebsräten und Unternehmensleitern gleichermaßen. Ich spreche von der beruflichen Bildung. 1981 hat sich die bisherige erfreuliche Vermehrung des Lehrstellenangebotes leider nicht mehr fortgesetzt. 1982 und in dem darauffolgenden Jahr werden aber nochmal besonders viele Jugendliche einen Ausbildungsplatz oder eine Lehrstelle suchen.

Das Handwerk leistet hier Vorzügliches – aber Industrie, Handel, Verkehr und Dienstleistungsbetriebe müssen auch ihren vollen Beitrag leisten!

Viele Industriebetriebe holen sich ihre Facharbeiter aus dem Handwerk. Sie haben damit in meinen Augen nicht genug Gemeinsinn bewiesen, um nun ihrerseits Appelle an Dritte zu richten! Ich bitte auch die Gewerkschaften, alles zu tun, damit neue Lehrstellen geschaffen werden – und diese nicht unnötig zu verteuern!

Wer heute aus Kostengründen auf Ausbildungsplätze verzichtet oder sie sogar einspart, der wird auf längere Sicht sich selbst schaden! Denn er wird später Facharbeiter brauchen!

Und unsere Gesellschaft insgesamt wird Schaden nehmen, wenn wir junge Menschen in ihrem Anspruch auf eine solide Ausbildung – und damit in ihren Zukunftshoffnungen! – enttäuschen. Lassen Sie uns gemeinsam dafür sorgen, daß kein Jugendlicher resignieren muß, der eine Ausbildung sucht.

Ausdrücklich schließe ich vor allem die Mädchen ein, die in der beruflichen Bildung immer noch zu kurz kommen. Die Mädchen bedürfen der besonderen Ermunterung und Unterstützung! Sonst wird nämlich die Gleichberechtigung der Frauen niemals wirklich praktisch! Aber mein Appell gilt auch den ausländischen Jugendlichen.

Ohne diese Anstrengungen werden wir der nachwachsenden Generation nicht das vermitteln können, wonach sie am meisten verlangt – das Ziel einer mitmenschlichen Gesellschaft der Solidarität, einer Gemeinschaft auch der Leistung, nicht aber der Ellbogen!

Zum Schluß, meine Damen und Herren – 1981 war für uns ein schwieriges Jahr. Aber unser Friede wurde gewahrt. Wir selbst haben uns – als Konsumenten, als Arbeitnehmer, als Arbeitgeber und als Selbständige – politisch und wirtschaftlich unsere Vernunft und unseren Leistungswillen bewahrt. Wir haben deshalb auch für 1982 Grund zum Selbstvertrauen.

Ich wünsche uns Selbstvertrauen, ich wünsche uns Gelassenheit und Zuversicht. Wir hätten sonst vieles zu verlieren. Mit tatkräftiger Vernunft aber haben wir viel zu gewinnen! In diesem Sinne wünsche ich uns allen ein gutes neues Jahr!«

17

Die Weltwirtschaft ist unser Schicksal

Rede vor dem Übersee-Club am 5. April 1982 in Hamburg

»Herr Präsident,
Herr Bürgermeister,
meine Damen und Herren!

Es ist das erste Mal, daß ich als Kanzler vor diesem Forum spreche, obgleich ich dem Übersee-Club seit etwa drei Jahrzehnten angehöre. Ich möchte mich für die Einladung herzlich bedanken, der ich nicht – wie eben gesagt – aus hanseatischem Pflichtgefühl folge, sondern weil es mir Freude macht.

Vor einigen Wochen habe ich im Hamburger Rathaus aus Anlaß der Matthiae-Mahlzeit versucht, die Bürger unserer Stadt auf das große kulturelle Erbe Hamburgs hinzuweisen (siehe Seite 301). Im Zusammenhang damit möchte ich meinen heutigen Vortrag vielleicht etwas ungewöhnlich einleiten. Im übrigen erwartet Sie ein langer, sehr nüchterner Vortrag mit recht trockenen politisch-ökonomischen Gedankengängen. Meine Damen und Herren, ich hoffe, Sie können das ertragen.

Zunächst aber denke ich an Philipp Otto Runge und sein Bildnis der eigenen Eltern und seiner Kinder, das in der Hamburger Kunsthalle hängt. Man kann die Komposition dieses Bildes als das Heraustreten des Menschen aus dem beschützten Kreis von Heim und Garten in die Welt des verantwortungsvollen Erwachsenseins interpretieren, das auf jenem Bild im Hintergrund durch den Blick auf den Fluß und auf das Schiff signalisiert wird.

So hat auch das ökonomische Denken der Deutschen in den letzten Jahrzehnten gewaltige Schritte nach draußen tun müssen. Die Volkswirtschaft endet schon lange nicht mehr an den nationalen Grenzen. Die Hamburger haben das zwar immer gewußt. Aber im Grunde haben jetzt alle verstanden, daß es eigentlich keine nationalen Volkswirtschaften mehr gibt, sondern nur noch einen umfassenden weltwirtschaftlichen Gesamtzusammenhang.

Probleme in den entferntesten Regionen schlagen auf unsere europäischen nationalen Strukturen durch. Dies zu begreifen, bedurfte es nicht erst der Ölpreiskrisen, nicht erst der Gründung des OPEC-Kartells. Schon lange existiert nur noch ein internationaler Kreditmarkt. Und Walther Rathenaus Satz, die Wirtschaft sei unser aller Schicksal, läßt sich heute nur noch verändert begreifen. Er muß heute heißen: Die Weltwirtschaft ist unser Schicksal.

Ich möchte gerne gemeinsam mit Ihnen einige Gedankengänge über die folgenden Fragen erörtern:

Erstens: Was sind die Faktoren der gegenwärtigen weltwirtschaftlichen Lage?

Zweitens: Wie sieht es in den wichtigsten Staaten oder Regionen der Welt aus?

Drittens: Was sind die notwendigen Bedingungen, unter denen die gegenwärtige Weltwirtschaftskrise bewältigt werden kann?

Viertens: Was sind die kurzfristigen Erwartungen zum Beispiel an den Gipfel in Versailles, und welches ist die Erwartung für die EG?

Fünftens: Wo steht die Bundesrepublik, und wohin gehen wir?

Es kann sich dabei natürlich immer nur um Umrisse handeln. Um noch einmal auf die Metapher des Gemäldes zurückzugreifen – mindestens die Konturen des Bildes muß man aber schon erkennen wollen.

Die Weltwirtschaft ist krank. Wer eine Krankheit heilen will, der muß zuvor ihre Ursache kennen. Er bliebe sonst ein Kurpfuscher oder einer, der selbst im besten Fall lediglich die Schmerzen lindern kann; mit anderen Worten: Vor der Therapie müssen Anamnese und Diagnose stehen.

Allerdings liegen die Ursachen für die gegenwärtige zweitgrößte Krise der Weltwirtschaft in diesem Jahrhundert offen zutage. Sie beginnen mit der inflatorischen Finanzierung des Vietnam-Krieges unter Lyndon Johnson. Es folgte die Abdankung des Dollars als Fundament des Bretton-Woods-Währungssystems. Das allgemeine Floating an Stelle fester Wechselkurse wurde für viele Staaten zu einer Einladung für inflatorische Budget- und inflationistische Währungspolitik.

Die erste Ölpreisexplosion vor acht Jahren war in jenem Umfang nur auf Grund der vorangegangenen Inflation in den Ölimportstaaten möglich. Diese Staaten blieben aber gleichwohl mehr oder minder – wir Deutschen vielleicht am wenigsten – bei ihrer inflationistischen Wirtschaftspolitik und finanzierten ihre Defizite in steigendem Maße durch ihre Notenpressen und durch eine bis dahin unerhörte internationale Verschuldung. Allein die sogenannten Euromärkte haben sich im Laufe der letzten zehn Jahre verachtfacht.

Damit war der Boden für den sich schließlich mit unerhörter Wucht auswirkenden zweiten Ölpreisschock seit 1979 vorbereitet. Und zur Stagnation kamen nun Schrumpfung und hohe Arbeitslosigkeitsraten hinzu, die in manchen Staaten der Welt schon das Ausmaß des Jahres 1931, bei uns in Deutschland jedenfalls das Maß von 1929 erreicht haben.

Der abwärts gerichtete Circulus vitiosus führt zu einem weiteren Nachfrageausfall. Selbst die Ölländer werden inzwischen schwer damit belastet. Am meisten waren bisher die Nicht-Öl-Entwicklungsländer davon betroffen. Aber auch die kommunistischen Staaten und die Sowjetunion selbst leiden infolge ihrer sehr breit gewordenen außenwirtschaftlichen Westabhängigkeit darunter auf das schwerste.

Gleichwohl hat die Krise auf verschiedene Länder unterschiedlich gewirkt. Deutschland und Japan waren auf Grund vorangegangener Solidarität ihrer Politik relativ gut dafür gerüstet, die Wirkungen des ersten Ölpreisschocks auf ihre Volkswirtschaften mit Hilfe hoher Staatsausgaben abzufangen. Diese beiden Länder wurden auf dem Weltwirtschaftsgipfel 1978 unter dem schönen Stichwort ›locomotive theory‹ geradezu genötigt, nach der Melodie zu verfahren: Hannemann, geh' du voran!

Inzwischen hat aber auch für die Bundesrepublik in der gegenwärtigen Lage der Keynesianismus seine Rolle ausgespielt, weil der Druck auf die eigene Zahlungsbilanz und damit auf die eigene Außenwährung unerträglich geworden war.

Ein Wort zu Japan. Wenn auch die niedrigen japanischen Arbeitslosigkeitsraten strukturell mit Europa und Nordamerika nicht recht vergleichbar sind, so ist Japan doch von den Industrieländern bisher am besten gefahren. Japans Wachstumsraten übersteigen seit 1975 die der anderen Industriestaaten. Seine Inflationsrate, die 1974 explodierte, liegt inzwischen nur noch wenig über der unsrigen, deutlich besser als in den übrigen Industriestaaten der Welt. Die japanische Zahlungsbilanz liegt im Vergleich mit diesen Staaten im Mittelfeld. Sie ist dabei, sich schnell zu verbessern.

Herbeigeführt wurde dies relativ günstige Abschneiden Japans durch eine Kombination von aggressiver Exportpolitik und struktureller Protektion der eigenen Binnenmärkte gegen industriellen Wettbewerb von draußen, durch Einschränkung der Budgetdefizite bei gleichzeitig relativ laxer

Geldpolitik mit der Folge einer exportorientierten Unterbewertung des Yen. Japan hat aber schon 1980 eine Periode der Abnahme der realen Nettolöhne erlebt. Die Binnenkonjunktur ist relativ schwach. Der politische Druck auf Japans Außenwirtschaftspolitik wird jedoch stark zunehmen. Ein teilweises Nachgeben steht – so denke ich – ins Haus.

Ein Wort zu den Vereinigten Staaten, die gegenwärtig einen tiefgreifenden Rückschlag ihrer Wirtschaft erleben. Wenn man die Entwicklung der letzten sechs Monate auf das Jahr umrechnet, so gibt es dort eine Wirtschaftsschrumpfung von fast viereinhalb Prozent des Bruttosozialprodukts bei zur Zeit fast zehn Millionen Arbeitslosen. Das sind rund neun Prozent der Erwerbspersonen. Eher rezessionsbedingt als etwa infolge des ökonomischen policy mix lagen die Preise im Februar 1982 nur noch um 7,7 Prozent höher als im Februar des letzten Jahres. Die Zinsen in den USA sind nominal hoch, real jedoch exorbitant hoch: die höchsten Realzinsen unter allen Industriestaaten der Welt. Entsprechend gering ist die Investitionstätigkeit, vor allem im Baubereich.

Das für diesen amerikanischen policy mix geprägte Schlagwort der ›supply side-economics‹ erscheint mir gröblich irreführend. Tatsächlich ist es seit 1979 eine Kombination von wachsenden hohen Haushaltsdefiziten mit einer sehr strikten Geldpolitik, sozusagen eine Kreuzung zwischen Keynes im Budget und Milton Friedman in der Geldpolitik.

Die Zahlungsbilanz ist in Ordnung. Der Wechselkurs des Dollar ist infolge der hohen Dollarzinsen höher als in den siebziger Jahren. Dies trägt natürlich wesentlich zur Dämpfung der Binnenpreise innerhalb der USA bei. Zugleich aber setzt der hohe Dollar-Zinssatz für alle diejenigen Staaten der Welt ein nicht zu unterschreitendes Maß, die angesichts ihrer eigenen Zahlungsbilanzen und ihrer Finanzierungsnöte in größerem Umfange auf internationale Finanzierung angewiesen sind.

Hier liegt ein wichtiger Ansatzpunkt zur Kritik. Gegenwärtig werden, nicht nur wie zuerst seitens der amerikanischen Gewerkschaften, sondern auch seitens der amerikanischen Banken und Unternehmungen, die Forderungen nach einer Verringerung dieses Staatsdefizits immer lauter. Der Grund: die Geldpolitik des Federal Reserve Board wird – wie ich glaube mit Recht – für logisch und richtig gehalten. Im Kongreß wächst die Neigung zur Verringerung des Budgetdefizits. Ich fürchte, daß die Periode der Diskussion und damit der Ungewißheit wohl noch bis in den Herbst andauern wird.

Man fühlt sich, wenn man diese Diskussion verfolgt, ein bißchen an Harry Truman erinnert und an seinen Wunsch nach einem ›einarmigen Wirtschaftsberater‹: nicht in Anlehnung an die ›einarmigen Banditen‹ in Las Vegas, sondern weil er die ewige Litanei aller Ökonomen nicht mehr hören mochte, die ihm sagten: ›On the one hand, Mr. President‹, – und, und, und – ›but on the other hand, Mr. President, . . .‹

Das ist eine Diskussion, die es nicht nur in Amerika gibt. Mir erscheint sehr fraglich, ob die von vornherein unzutreffende Rechnung, nämlich Budgetausgleich durch Steuersenkungen ›on the one hand‹ und hohe Steigerung der Verteidigungsausgaben ›on the other hand‹, weiterhin aufrechterhalten werden kann.

Ein Wort zu den EG-Staaten. In Großbritannien hat die vielleicht nach langen Jahren inflationistischer Politik verständliche Roßkur zur schwersten Rezession aller Industriestaaten geführt. Das Bruttosozialprodukt ist dort im letzten Jahr um real zwei Prozent gesunken. Es wird dieses Jahr wahrscheinlich eher stagnieren. Die Arbeitslosigkeit hat die Ziffer von drei Millionen erreicht. Das entspricht über elf Prozent aller Erwerbspersonen.

Die Folge war zunächst eine überplanmäßige Ausweitung des Staatsdefizits. Die positiven Faktoren liegen in einem Anstieg der Produktivität der Beschäftigten und im Überschuß der Leistungsbilanz. Dieser Überschuß ist zum wesentlichen Teil dem Nordsee-Öl zu verdanken. Die britischen Inflations- und Zinsraten liegen immer noch hoch über den deutschen Daten, so daß vom Vereinigten Königreich auch 1982 kaum eine die Weltwirtschaft oder auch nur Europa beeinflussende positive Wirkung ausgehen wird.

Frankreich hatte bis 1980 nur recht geringe Budgetdefizite. Andererseits waren und sind heute noch die Inflations- und Zinsraten im Vergleich zu uns wesentlich höher. Gleiches gilt für die Arbeitslosigkeit; sie umfaßte im Januar immerhin über neun Prozent aller Erwerbspersonen.

Die Regierung Mitterrand hat seit Mitte des vorigen Jahres auf Arbeitszeitverkürzung und expansive staatlich finanzierte Nachfragepolitik gesetzt. Dies führt gegenwärtig zu vermehrtem Wachstum. Die Prognosen für 1982 gehen von zweieinhalb bis über drei Prozent aus. Aber dies belastet natürlich das Preisklima, die Geldpolitik, die Leistungsbilanz. Infolgedessen entsteht eine starke Versuchung zum Protektionismus im Handelsverkehr, im Kapitalverkehr, ebenfalls eine starke Versuchung zu Preiskontrollen.

Der Anteil des französischen Budgetdefizits des Gesamtstaates am Bruttosozialprodukt wird wohl auch 1982 noch unterhalb des Anteils des deutschen Gesamthaushalts an unserem Sozialprodukt liegen. Aber offenkundig sind dem gegenwärtigen policy mix in Frankreich zeitliche Grenzen gesetzt, die nach meinem Eindruck keineswegs über 1983 hinausreichen.

Über die Bundesrepublik Deutschland will ich, wie schon angedeutet, erst am Schluß sprechen. An dieser Stelle genügt es vielleicht, zu sagen, daß wir innerhalb der Europäischen Gemeinschaft wie auch der Atlantischen Allianz in Sachen

Arbeitslosigkeit, Preissteigerung, Zinsen am besten dastehen, in Sachen Wachstum 1982 gewiß kaum schlechter abschneiden werden als die allermeisten anderen. Natürlich wird Japan uns vorangehen. Deutschland wird 1982 seine Haushalts-, Steuer- und Währungspolitik nicht verändern. Deshalb wird aber unsere Währung im Laufe des Jahres unter Aufwertungsdruck kommen.

Die Europäische Gemeinschaft ist insgesamt keineswegs durch einheitliche Tendenzen der wirtschaftlichen Entwicklung ihrer Mitgliedstaaten gekennzeichnet. Das lassen nicht nur die unterschiedlichen Arbeitslosigkeitsraten, nicht nur die Inflationsraten, die von unter sechs Prozent in unserem Fall bis über zwanzig Prozent reichen, nicht nur die unterschiedlichen Zinsniveaus erkennen. Vielmehr zeigt sich dies auch immer wieder in Abwertungen anderer Teilnehmerstaaten des Europäischen Währungssystems.

Ein Wort zur Sowjetunion und zu den osteuropäischen kommunistischen Staaten. Nach der ersten Ölpreisexplosion 1973/74 haben sie sich zunächst noch der Hoffnung hingegeben, daß die weltweite Strukturkrise nur ein Problem der westlichen Industrieländer sei. Die Rezession zwischen 1974 und 1976 wurde als reine ›Krise des kapitalistischen Systems‹ hingestellt.

Diese Hoffnung der Staatshandelsländer war trügerisch. Das schwerfällige Lenkungssystem in Osteuropa hatte schon viel zu lange die Notwendigkeit ignoriert, daß sich jede Volkswirtschaft, unabhängig von der Gesellschaftsordnung, der veränderten Lage vor allem im Rohstoff- und Energiebereich anpassen muß. Dieses Versäumnis hat jetzt erhebliche Schwächen des osteuropäischen Wirtschaftssystems restlos aufgedeckt.

Von niedrigem Niveau aus konnten die Staatshandelsländer zwar in den siebziger Jahren zunächst noch recht hohe Wachstumsraten erzielen. Der wichtigste Faktor war dabei die Zunahme des Arbeitskräftepotentials und die Ausweitung der Produktionskapazitäten auf dem Wege extensiven Wachstums. Heute lassen sich Wirtschaftswachstum und Verbesserung des Lebensstandards nur noch mit Produktivitätssteigerung oder – wie man sagt – durch intensives Wachstum erreichen.

Gerade hier liegen aber die bekannten Schwächen der kommunistischen Planwirtschaften: Innovationsträgheit, ineffizienter Einsatz von Kapital und Arbeit, Organisationsmängel, um nur einige Beispiele zu nennen. Das Ergebnis: Es wird bei knappen Ressourcen für die kommunistischen Wirtschaften Osteuropas immer schwieriger, die industrielle Expansion voranzubringen, zugleich den Lebensstandard zu halten, der in Wirklichkeit gegenwärtig teilweise deutlich sinkt, und außerdem die hohen Rüstungsanstrengungen der Sowjetunion fortzusetzen. Die hohe Verschuldung im Westen bei sinkender Bonität der meisten Staaten spielt zusätzlich eine bremsende Rolle.

Die Wirtschaftslage der Sowjetunion selbst ist etwas günstiger als in den meisten kleineren Comecon-Ländern, denn die Sowjetunion verfügt über reiche Rohstoffvorkommen und profitiert von der weltweiten Verteuerung aller Bodenschätze. Dennoch ist auch sie erheblichen Belastungen ausgesetzt.

Auch sie muß mit sinkenden Wachstumsraten zurechtkommen. Die ›Mißernten‹, wie man sie dort bezeichnet, sind längst zur Regel geworden. Zur eigenen Ernährung braucht die Sowjetunion einen jährlichen Getreideimport in der Größenordnung von 30 bis 45 Millionen Tonnen. Rund 40 Millionen Tonnen entsprechen zwölf Milliarden Dollar, um jene Größenordnung einmal zu verdeutlichen. Die Milcherzeugung sinkt aus allen diesen Gründen auf das Niveau von 1973 ab. Die Erschließung der sibirischen Energiereserven verursacht erheblich höhere Produktions- und

Transportkosten, als sie bei den allmählich zurückbleibenden Energiequellen im europäischen Rußland gegeben sind. Die jetzt notwendigen Investitionsmittel und die dafür erforderlichen Hartwährungsbeträge fehlen an anderen Stellen. Die unvermeidliche Hilfeleistung an Polen wirkt in die gleiche Richtung.

Insgesamt ist für die Sowjetunion und das ganze Comecon nicht mit Impulsen für die Weltwirtschaft zu rechnen, eher wird die Aufrechterhaltung der Zahlungsfähigkeit Polens oder Rumäniens zu deutlicher Beschränkung der Bestellungen der Comecon-Länder in den Hartwährungsländern im Westen führen. Dies gilt dann auch für die DDR.

Ein Wort über die Ölexportländer. Nicht nur die OPEC, sondern auch die sich in ihrem Windschatten haltenden anderen Ölexportstaaten erleben zur Zeit eine von ihnen ebenso unerwartete wie tiefgreifende negative Überraschung. Die Spot-Preise hatten 1979 und 1980 schon zweimal die 40-Dollar-Grenze pro Barrel erreicht. Heute liegen sie um ein ganzes Drittel niedriger, wesentlich niedriger auch als der offizielle Preis. Dieser offizielle Ölpreis wird ebenfalls noch sinken.

Insgesamt ist das eine Folge von weltweit geringerer Ölnachfrage und – trotz des Ausfalls von Irak und Iran – höherem Ölangebot zum Beispiel aus Mexiko oder der Nordsee. Das OPEC-Kartell kann den Markt nicht mehr beherrschen. Die Zeit der enormen Zahlungsbilanzüberschüsse geht zu Ende. Inzwischen hat schon die Hälfte der OPEC-Staaten Zahlungsbilanzdefizite, und sogar Oberst Gaddafi scheint in finanzieller Bedrängnis zu sein. Damit verringert sich die finanzpolitische Rolle der Ölstaaten schnell, und das Volumen des surplus-recycling in die westliche Weltwirtschaft nimmt dramatisch ab.

All dies ist wohltuend für die Zahlungsbilanzen der übrigen Länder, wohltuend auch für die Entwicklung von Kosten und Preisen in den Ölimportstaaten. Man vergleiche nur unsere heutigen Tankstellenpreise mit denen vor etwa sechs Monaten. Hier wird Kaufkraft freigesetzt für andere Produkte aus dem Inland wie aus dem Ausland.

Direkt und indirekt werden von dieser Ölpreisentwicklung insbesondere auch die Nicht-Öl-Entwicklungsländer profitieren: direkt am stärksten die ölabhängigen Schwellenländer, indirekt vor allem die lesser developed countries. Ihr volkswirtschaftliches Wachstum wird sich dadurch beschleunigen. Natürlich ist dabei auch ein Wermutstropfen: Bisherige Finanzströme aus den Ölländern in verschiedene Staaten oder Staatengruppen, in verschiedene Finanzmärkte müssen jetzt ersetzt werden, weil sie sich teils verringern, teils versiegen. Das wird Umstellungen, auch Reibungen mit sich bringen.

Prinzipiell, so denke ich, werden dadurch aber keinerlei unüberwindbare Schwierigkeiten entstehen. Die meisten Ölländer, die jetzt ihre bisherige finanzwirtschaftliche Opulenz verlieren, werden demzufolge aber weniger industrielle Güter einführen. Auch dies wird für die industriellen Exportländer, darunter für uns, zwar Umstellungsschwierigkeiten mit sich bringen, aber im Prinzip das Volumen des Welthandels nicht negativ, sondern eher positiv beeinflussen.

Dazu bedarf es einer Fußnote: Dies alles gilt natürlich nur unter der Voraussetzung, daß in den Ölregionen der Erde keinerlei politische oder unfriedliche Ereignisse eintreten, die die Struktur des Weltölmarktes verändern könnten.

Ein Wort über die Nicht-Öl-Entwicklungsländer. Die weltwirtschaftlichen Rahmenbedingungen haben die Situation der Entwicklungsländer im vergangenen Jahrzehnt sehr verschlechtert. Die Preise, die sie für ihre Einfuhren, insbesondere für Öl, bezahlen mußten, sind gestiegen, während sich gleichzeitig ihr Spielraum für die Finanzierung verschlechtert hat. 1981 haben die Nicht-Öl-Entwicklungsländer zum Beispiel 77 Milliarden Dollar für Öl ausgegeben. Das entsprach einem Fünftel ihrer gesamten Exporterlöse. Viele der Staaten mußten sogar ein Drittel bis zur Hälfte ihrer Exporterlöse für die Bezahlung der Ölimporte aufwenden.

Dazu kam, daß die Rezession in den Industrieländern das Exportwachstum der Entwicklungsländer gebremst hat. Der Zufluß günstiger Finanzierungsmittel stagnierte. Auf den kommerziellen Kapitalmärkten sind Unsicherheiten über die Bonität einer größeren Zahl von Entwicklungsländern aufgetreten. Man muß sich einmal klarmachen, daß deren Schuldendienst gegenwärtig ungefähr 80 Milliarden Dollar pro Jahr beträgt!

Ich möchte drei typische Einzelbeispiele aufführen. Zunächst Brasilien: Dort hat die weltwirtschaftliche Entwicklung zu einer sehr schwierigen Lage geführt. Brasilien besitzt kein Öl. Der Anteil der Ölimporte an den gesamten brasilianischen Exporterlösen lag 1978 noch bei 36 Prozent, im letzten Jahr schon bei 53 Prozent. Gleichzeitig ist der Schuldendienst an das Ausland von 35 Prozent auf 43 Prozent der gesamten Exporterlöse gestiegen.

Der Preis einer Konsolidierung der brasilianischen Zahlungsbilanz ist hoch: erhebliche Inflationsraten, die besonders arme Familien in materielle Not bringen, Verlust von Arbeitsplätzen, Einschränkung lebenswichtiger Einfuhren. Letzteres geschieht natürlich mit erheblicher rezessiver Rückwirkung auf die gesamte Weltwirtschaft.

Ein anderes Beispiel: Bangladesh. Dort ist die Situation durch ein massives Handelsbilanzdefizit, durch hohe Abhängigkeit von Entwicklungshilfe gekennzeichnet. Gegenwärtig werden nur 30 Prozent der Importe selbst, das heißt durch Exporte verdient. Die Ursachen sind vielfältig: eine Verschlechterung der Preise für die Exportgüter jenes Entwicklungslandes allein um zehn Prozent von 1981 gegenüber 1980, gleichzeitig aber eine dreizehnprozentige Steigerung der Importpreise. Obwohl mengenmäßig nur vier Prozent mehr Öl eingeführt wurden, sind die Ausgaben für Öl um 31 Prozent gestiegen. Das wird man auch durch eine augenblicklich gute Ernte letztlich nur überdecken, nicht korrigieren können.

Als drittes Beispiel schließlich Kenia, ein schwarzafrikanischer Staat. Das Land hat ebenfalls mit einer einschneidenden Verschlechterung seiner Zahlungsbilanz zu kämpfen. Die Reserven decken den Importbedarf gerade noch für zwei Monate. Ursache ist ein sprunghaftes Ansteigen der Importe, besonders was den Aufwand für importiertes Öl betrifft. 1978 hat Kenia für seinen Ölimport noch eine Viertelmilliarde, 1980 schon eine halbe Milliarde Dollar bezahlt. Gleichzeitig verschlechterten sich die Erlöse aus den überwiegend agrarischen Exporten von damals anderthalb Milliarden Dollar auf nunmehr nur noch eine Milliarde Dollar. Jetzt wird zur Bekämpfung der Inflation die Bankenliquidität sehr knapp gehalten. Landwirtschaftliche wie industrielle Projekte sind durch Rezessionserscheinungen gekennzeichnet. Zugleich verursacht das mit vier Prozent pro Jahr ungemein hohe Bevölkerungswachstum erhebliche soziale Probleme.

Diese drei Beispiele stehen für viele andere. Entwicklungsländer mit mittleren Einkommen, die weitgehend außenwirtschaftlich orientiert sind, haben die Erschütterungen der Weltwirtschaft noch vergleichsweise gut abfangen können. Länder mit niedrigem Einkommen hingegen hatten wenig Chancen zu einer Anpassung. Ihr Volkseinkommen stagniert. Sie werden auf absehbare Zeit auf erhebliche Entwicklungshilfeleistungen angewiesen bleiben.

Ich möchte in diesem Zusammenhang ein Wort zur Bevölkerungsexplosion sagen. Das schnelle Wachstum der

Weltbevölkerung hat sich als eines der größten Hindernisse erwiesen, den Kreislauf der Armut in den Entwicklungsländern zu durchbrechen.

In nur 35 Jahren hat sich die Weltbevölkerung auf gegenwärtig 4,4 Milliarden Menschen verdoppelt. Sie ist in den letzten Jahren allein in den Entwicklungsländern jährlich im Durchschnitt um zwei Prozent gestiegen. Bis zum Jahr 2000 – heute in nur 18 Jahren – werden rund 6,3 Milliarden Menschen auf der Erde leben, davon fünf Milliarden in Entwicklungsländern.

Schon heute fehlt es dort Hunderten von Millionen Menschen an Nahrung, Kleidung, Wohnung und Arbeit. Die Produktion von Lebensmitteln, erst recht die Schaffung von Arbeitsplätzen, hat besonders in den armen Entwicklungsländern keineswegs mit dem Bevölkerungswachstum Schritt halten können. Die schlimmen Konsequenzen sind noch nicht absehbar.

Diese Entwicklung ist zudem mit einer sich verstärkenden Konzentration der Bevölkerung in den großen Städten verbunden – schauen Sie nur nach Mexico City oder nach Kairo. Dies behindert den wirtschaftlichen und sozialen Fortschritt. Es kann zum Beispiel bei Hungersnöten oder bei politischen Unruhen die gesamte Weltwirtschaft schlagartig belasten.

In der Bevölkerungspolitik ist aus allen diesen Gründen keine Zeit zu verlieren. Bis zum Jahr 2000 wird sich das Wachstum nur noch in ganz engen Grenzen beeinflussen lassen. Die Entwicklung bis zum Ende dieses Jahrhunderts wird allerdings für das Bevölkerungswachstum im nächsten Jahrhundert entscheidend sein.

Von den Maßnahmen, die jetzt in Angriff genommen werden, wird es abhängen, ob sich die Weltbevölkerung im nächsten Jahrhundert noch bei acht Milliarden Menschen stabilisieren läßt oder ob sie auf zwölf bis fünfzehn Milliarden explodieren wird.

Das wird Auswirkungen auf die Lebensumstände aller Menschen haben. Auch für unsere Kinder hier in Deutschland! Auch für die Volkswirtschaften in Europa und Nordamerika, in allen Industriestaaten! Wir müssen heute Vorsorge treffen, daß die natürlichen Ressourcen der Welt und das ökologische System der Erde imstande bleiben, die Bedürfnisse dieser anwachsenden Bevölkerung auf einem erträglichen wirtschaftlichen Niveau zu befriedigen. Die Belastbarkeitsgrenzen der Umwelt – im allgemeinen und in bestimmten Regionen –, der Meere, der Atmosphäre, der Klimata treten schon heute ganz deutlich hervor. Das Unglück in der Sahel-Zone ist menschengemacht.

Es wäre lebensgefährlich, zu glauben, diese Lage regele sich von selbst. Vielmehr ist eine ganz entschiedene Familienplanungspolitik erforderlich, für die die betroffenen Länder selbst die Hauptverantwortung übernehmen müssen. Wir werden sie dabei unterstützen, soweit das von uns erbeten wird. Die Volksrepublik China hat das Problem als erste erkannt und bereits erhebliche Erfahrungen auf dem Gebiet gesammelt.

Für viele Entwicklungsländer ist zum Beispiel auch notwendig, den Entwicklungsprozeß vor allem auf die Verringerung des Analphabetentums unter den Frauen zu richten. Wir wissen, daß der Versuch, die Geburtenraten zu senken, ohne Anhebung des wirtschaftlichen Wohlstandes ein hoffnungsloses Unterfangen bleiben wird, denn Armut und Bevölkerungswachstum sind miteinander verknüpft. Es gilt leider der Satz: Zu große Armut bringt zu viele Kinder.

Bis hierher habe ich versucht, Ihnen ein möglichst realistisches Bild der weltwirtschaftlichen Lage zu geben, wie sie sich gegenwärtig insgesamt darbietet. Daß dabei die Krisenerscheinungen überwogen haben, wird niemanden überraschen. Lassen Sie mich an dieser Stelle trotzdem eine eher scherzhaft gemeinte Zusammenfassung versuchen. Allerdings ist dieser Scherz mit einer ernsthaften Nutzanwendung verbunden.

Ein Satiriker hat folgende Entwicklungsstufen eines Projekts in sechs Stufen gekennzeichnet: 1. Begeisterung, 2. Zweifel, 3. Panik, 4. Suche nach den Schuldigen, 5. Bestrafung der Unschuldigen und 6. Belohnung der Nicht-Beteiligten.

Auf die Weltwirtschaft bezogen, könnte man sagen: Mit Begeisterung hatten sich viele Länder der Welt darangemacht, ihre wirtschaftlichen Probleme mit Hilfe der Notenpressen zu ›lösen‹. Zweifel kamen auf, als man sich der Konsequenzen bewußt wurde. Dann verbreitete sich Panik, als die Arbeitslosigkeit um sich griff. Die Suche nach dem Schuldigen ergab bei den Bürgern fast aller Länder der Welt dasselbe Resultat: Natürlich waren die Regierungen schuld. In fast allen Ländern kam es daraufhin zu einem Wechsel in der Regierung, ob diese eine inflationistische Politik betrieben hatte oder nicht. Die Bestrafung der Unschuldigen oder der nur teilweise Mitschuldigen war also durchaus inbegriffen. Schließlich die letzte Stufe: Belohnung der Nicht-Beteiligten. Hier stocke ich allerdings, denn die OPEC-Länder, die belohnt werden, waren in Wirklichkeit ja durchaus beteiligt. Heute erreicht auch sie die Nemesis.

Es bleibt die Frage: Was muß getan werden? Fast alle Länder stehen vor der gleichen Gratwanderung: Kampf gegen die Inflation, zugleich Kampf gegen die Arbeitslosigkeit.

Das erfordert überall strukturelle Anpassungen durch Förderung der privaten und öffentlichen Investitionstätigkeit. Dabei ist für diejenigen Staaten, die in größerem Maße Kohle, Öl oder Erdgas importieren müssen, noch auf längere Sicht der Energiebereich – das Energiesparen und die Ölsubstitution – eines der wichtigsten Aktionsfelder, auch wenn gegenwärtig der Ölpreis sinkt.

Mit Doktor-Eisenbart-Kuren können hochentwickelte

Volkswirtschaften diese Gratwanderung nicht bestehen. Ideologisch überzogene Argumentationsketten der Angebotspolitik oder des Monetarismus sind gegenwärtig ebensowenig hilfreich wie überzogener Keynesianismus.

Wer in einer schwierigen Wirtschaftslage sein Heil ausschließlich in deflationistischer Haushaltspolitik suchen wollte, der verschärft Rezession und Arbeitslosigkeit, behindert die für den Strukturwandel notwendige Investitionstätigkeit. Unterlassene Investitionen und Arbeitslosigkeit gefährden dann in der zweiten Runde seine soziale und politische Stabilität.

Aber umgekehrt kann eine ausschließliche Konzentration auf Ausweitung staatlicher Nachfragepolitik ebensowenig aus den gegenwärtigen Schwierigkeiten herausführen. Sie schafft im besten Fall vorübergehende Entlastung. In der zweiten Runde zwingen dann steigende Preise, eine defizitäre Leistungsbilanz und der Verlust an internationaler Wettbewerbsfähigkeit bald zur Umkehr.

Grundsätzlich lassen sich hochentwickelte Volkswirtschaften nicht mit irgendeinem Hauruckverfahren aus den gegenwärtigen Schwierigkeiten herausführen. Langjährige Versäumnisse können mit schneidigen Kommandos nicht nachhaltig korrigiert werden. Man kann mit hochentwickelten Volkswirtschaften keine Wende fahren wie mit einer Olympiajolle oder einer Hochseejacht, nicht einmal wie mit einer Fregatte der Bundeswehr. Diese Volkswirtschaften gleichen eher Supertankern, die für Kurs- oder Geschwindigkeitsänderungen unendlich viel Raum und Zeit benötigen. Es kommt noch hinzu, daß wir unsere Schiffe auf hoher See, mitten in der Fahrt, einem strukturellen Umbau unterziehen müssen.

Sie werden einwenden, es sei relativ einfach, solche Binsenwahrheiten hinsichtlich dessen herauszufinden, was nicht geht. Solcher Kritik würde ich zustimmen und einräumen, daß im übrigen die Weltwirtschaftskrise der dreißiger Jahre genug Lehrstoff dazu bietet, was nicht geschehen darf. Viel schwieriger ist es, positiv zu sagen, was getan werden sollte – zumal die heutige Krise ganz andere Ursachen hat und sich unter ganz anderen Umständen abspielt als die damalige Krise.

Die sieben Staats- und Regierungschefs, die sich zu unserer Fragestellung, was geschehen soll, in acht Wochen auf dem sogenannten Wirtschaftsgipfel in Versailles zusammensetzen werden, wären glücklich, wenn sie einen umfassenden Ratgeber finden könnten. Sie haben ihn nicht – und niemand soll den Eindruck gewinnen, daß ich mir eine solche Rolle anmaßen wollte. In Wirklichkeit steht es so, wie Bertrand Russell einmal gesagt hat: ›Das ist der ganze Jammer. Die Dummen sind so sicher, und die Gescheiten so voller Zweifel.‹

Ich will versuchen, eine sehr vorläufige Antwort in der Gestalt von Thesen zu skizzieren.

Erstens: Jedes Land muß große Anstrengungen zur Überwindung der Wirtschaftsprobleme im eigenen Bereich unternehmen. Dabei muß der ökonomische policy mix jedes Landes selbstverständlich auf seine eigene Ausgangslage zugeschnitten sein. Das heißt, daß er von Haus zu Haus durchaus verschieden sein kann.

Zweitens: Unabdingbar sind dabei jedoch die Rücksichtnahme auf die internationalen Wirkungen der eigenen nationalen ökonomischen Politik und der Verzicht auf jede ›beggar-my-neighbour-policy‹. Denn außer der Volksrepublik China ist kein größerer Staat der Welt mehr in der Lage, im nationalen Alleingang mit seinen Wirtschaftsproblemen fertig zu werden. Das heißt, jedes Land ist auf funktionsfähige internationale Handels- und Finanzbeziehungen angewiesen.

Kein Land darf diese Funktionstüchtigkeit gefährden.

Deshalb darf es keinen Handelsprotektionismus geben, keine Abwertungswettläufe, keinen monetären Protektionismus, keine dominoartigen Bankenzusammenbrüche. Es darf keinen Boykott, keine Vivisektionen, keine Blockierung eingespielter Austauschmechanismen geben. Es ändern sich ohnehin genug Austauschmechanismen, wie ich bereits dargestellt habe.

Drittens: Den wichtigsten Schlüssel für grundlegende Verbesserungen der Wirtschaftslage der Welt haben heute die USA in der Hand. Auf sie entfallen rund 35 Prozent des Bruttosozialprodukts aller Industriestaaten. 80 Prozent aller offiziellen Devisenreserven der Welt werden in US-Dollar gehalten. Drei Viertel des Euromarktvolumens sind in dieser Währung denominiert. Das sind heute brutto 1700 Milliarden Dollar – eine fast unvorstellbare Größenordnung, die gleichzeitig meine vorhin aufgestellte Behauptung illustriert, daß es keine nationalen Kreditmärkte von Belang mehr gibt.

Diese Führungsrolle der Vereinigten Staaten, die durch diese Größenordnungen gegeben ist, verlangt besondere Rücksichtnahme auf die Außenwirkungen der amerikanischen Wirtschaftspolitik. Das gilt insonderheit für die hohen, durch den amerikanischen policy mix ausgelösten Dollar-Zinssätze – zu Hause und auf den Eurodollar-Märkten. Diese Zinssätze müssen im Interesse der Weltwirtschaft nach unten! Denn die Partnerländer können sich zumeist dem Sog amerikanischer Entwicklungen nicht entziehen; sie können allenfalls ihre Abhängigkeit davon mildern.

James Tolbin, der amerikanische Nobelpreisträger, hat die Zinssituation der Gegenwart mit einem Fußballstadion verglichen, in dem alle Zuschauer gleichzeitig aufstehen, um das Spiel besser sehen zu können. Wenn das geschieht, bleibt natürlich alles wie vorher – keiner sieht wirklich besser.

Viertens: Auch Japan, Frankreich, England, Kanada, Italien, Deutschland und die übrigen Industriestaaten haben wichtige Schlüssel in der Hand. Sie müssen sich selber verpflichten, verpflichtet werden, sich selbst dazu disziplinieren, durch ihren jeweiligen nationalen policy mix ihre eigenen Leistungsbilanzen mittelfristig ins Gleichgewicht zu bringen – je schneller, desto besser. Wer Überschüsse erzielt, muß seine Importmärkte weiter öffnen, um der Weltwirtschaft insgesamt zu helfen. Wer im Defizit ist, muß budgetär und monetär restringieren, um der Weltwirtschaft nicht finanziell zur Last zu fallen.

Fünftens: Zu jeder budgetären oder monetären Restriktion gehört unangenehmerweise die politische Tapferkeit, dem eigenen Volk Opfer zuzumuten. Sie wiegen auch bei uns in Form von Arbeitslosigkeit am schwersten – wenn ich von den Entwicklungsländern spreche, sind natürlich Hunger und Entbehrung die schlimmsten Opfer. Sie wiegen leichter in Form von gerecht verteilten Realeinkommensverzichten, die übrigens nur vorübergehend sein werden.

Japan und Deutschland sind – Japan schon 1980, wir 1981 und insbesondere 1982 – dabei beispielgebend vorangegangen. Deswegen ist es nur noch ein Gemeinplatz, wenn ich hinzufüge, daß Preis-Lohn-Indexierungen nur Placebos sind: Es sieht aus wie Medizin, hat aber keinerlei heilende Wirkung.

Sechstens: Es darf keine Wettläufe der Devaluation, der Abwertung geben. Die Ergebnisse der dreißiger Jahre auf diesem Feld waren schrecklich. Mit Recht hat Präsident Pöhl neulich vor dem Übersee-Club auf die Gefahr eines ›Teufelskreises‹ von Abwertung und Inflation, einer möglichen abermaligen Abwertung oder nachfolgenden deflationistischen Politik hingewiesen.

Siebtens: Der Internationale Währungsfonds als zentrale währungspolitische Institution der Welt muß gestärkt, er darf nicht geschwächt werden. Er darf auch nicht zum Instrument der Entwicklungshilfe umgestaltet werden. Hierfür bleibt die Weltbank. Beide Institutionen können aber in ihrem Verhalten nicht von den Schuldnern beherrscht werden, sonst wäre weitere Weltinflation die unausweichliche Folge.

Achtens: Nötig ist die Gewährleistung von orderly market conditions an den Devisen- und Finanzmärkten, ebenso die Sicherheit an den Euromärkten, Begrenzung erratischer Schwankungen an den Devisenmärkten, nicht aber Kurspflege gegen den Trend. Regional leistet hier das Europäische Währungssystem mit seinen festen, aber anpassungsfähigen Wechselkursen eine wichtige Funktion.

Neuntens: Das GATT muß erhalten und gestärkt werden. Es darf keinen Handelskrieg geben: weder im Verhältnis zum Osten, noch innerhalb des Dreiecks Nordamerika – Europa – Japan: weder gegenüber den Öllieferanten, noch gegenüber den Nicht-Öl-Entwicklungsländern, die andere Rohstoffe liefern. Das Verhalten der Industriestaaten bestimmt das handelspolitische Klima der Welt. Unter ihnen haben diejenigen Staaten die Hauptlast der Überzeugungsarbeit zu leisten, die – wie zum Beispiel die Bundesrepublik – der hohen Ex- und Importabhängigkeit ihrer Wirtschaft und ihrer Arbeitsplätze wegen unter handelspolitischen Restriktionen am stärksten leiden müßten.

Zehntens: Dabei wird man den armen Entwicklungsländern – den LDCs und LLDCs – nach Möglichkeit eine Stabilisierung ihrer Rohstoffexporterlöse einräumen müssen. Das ist gewiß unpopulär. Ich denke zwar, daß ein weltweites Rohstoffonds-Experiment sich dazu kaum eignet. Besser wäre die Ausweitung der bewährten Lomé-Abkommen auf weitere Teilnehmerstaaten – auf der Export- wie auf der Importseite – und auf weitere Rohstoffe.

Elftens: Entwicklungshilfe bleibt unerläßlich. Sowohl die technische, die Ausbildungshilfe, wie aber auch die finanzielle Hilfe muß weiter ausgeweitet werden. Dies liegt auch im eigenen langfristigen Interesse der Industriestaaten. Die Sowjetunion und das Comecon beteiligen sich daran völlig unzureichend. Sie liefern im wesentlichen Waffen sowie militärische und politische Berater. Die Sowjetunion muß unter Druck gesetzt werden, wirtschaftliche Hilfe zu leisten.

Zwölftens: Der Nord-Süd-Dialog und die ›Global Negotiations‹ unter dem Dach der Vereinten Nationen müssen zum Zweck der schrittweisen Verwirklichung dieser Thesen endlich in Gang kommen. Dazu gehört auch der Dialog über Ölpreise, über die energiepolitische, auch über die demographische Zukunft, die Bevölkerungsentwicklung der Welt.

Wer mit dem anderen spricht, der lernt von ihm. Die Entwicklungsländer werden im Dialog lernen, daß ihre eigenen Anstrengungen konzeptionell besser fundiert werden müssen. Verbale Forderungen nach einer ›new economic world order‹ bleiben ohne inhaltliche Konsequenz. Die Industriestaaten werden zu lernen haben, daß die Eingliederung der Entwicklungsländer in die internationale Arbeitsteilung sehr große strukturwandelnde Anforderungen an die Industriestaaten, aber auch an die Sowjetunion stellt.

Meine Damen und Herren, das sind unvollständige Thesen von sehr unterschiedlichem Gewicht. Hamburgische Unternehmer, Kaufleute und Banker mit ihrer enormen täglichen Erfahrung in Übersee können sie ohne Mühe erweitern oder detaillieren. Einige von Ihnen werden wahrscheinlich bei manchen der letzten Thesen auch Widerspruch empfunden haben.

Es gibt auch Regierungen auf der Welt, die so weitgehenden Dritte-Welt-Konzepten nicht oder noch nicht folgen wollen. Die Verfolgung kurzfristiger, bei Vernachlässigung langfristiger Eigeninteressen ist für wahlabhängige demokratische Regierungen in gewisser Weise geradezu systemtypisch. Eine der Schattenseiten der Demokratie, die man klaglos hinnehmen muß.

Deshalb fällt es in der Tat manchen Regierungen und Parlamenten im Westen schon sehr schwer, auch nur die Thesen eins bis neun zu verwirklichen. Umwege und Auswege werden gesucht und beschritten werden. Viel Zeit wird nötig sein. Aber die Realisierung der entwicklungspolitischen Thesen zehn bis zwölf wird noch mehr Zeit kosten. Deshalb stellt sich die Frage: Was haben wir in diesem Jahre 1982 zu erwarten?

Von den für 1982 zu erwartenden Veränderungen auf den Ölmärkten habe ich schon gesprochen. Sie können die durchaus sichtbar gewordenen Erfolge in der Abbremsung der Inflation aller Industriestaaten verstärken.

Ein weiteres Sinken der Ölpreise wird die gesamten Zahlungsbilanzen sowohl der Industriestaaten als auch der Entwicklungsländer entlasten. Die deutsche Leistungsbilanz kommt ohnehin ins Gleichgewicht; die japanische Zahlungsbilanz wird zu starken Überschüssen tendieren; die amerikanische Zahlungsbilanz wird ein Defizit vielleicht auch weiterhin vermeiden können. Dies schafft – jedenfalls in Frankfurt und Tokio – Spielräume für die Wirtschaftspolitik im allgemeinen und für stärkere Abkoppelung von den hohen amerikanischen Zinsen im besonderen.

Nicht so sehr für die Ertragsrechnungen der Wirtschaftsunternehmen, wohl aber für die Bautätigkeit können sinkende langfristige Zinsen ein öffnendes Schlüsselelement werden, wenngleich damit wahrscheinlich nicht vor Ende dieses Jahres zu rechnen ist.

Eine Fußnote zu den Ölpreisen: Die Anregung, eine Ölsteuer einzuführen, spielt gegenwärtig in der internationalen Debatte eine erhebliche Rolle. Sie könnte verhindern, daß bei sinkendem Ölpreis der Wille zur Einsparung nachläßt und entsprechende Einsparungsinvestitionen plötzlich unrentabel werden. Der Gefahr einer Wettbewerbsverfälschung wegen sollte dergleichen von den großen Industriestaaten nur konzertiert erwogen werden.

Eine solche Steuer könnte bei späterem Wiederanstieg der Ölpreise ganz oder teilweise entfallen. Anfang des Jahres öffentlich geäußerte Gedanken meines Kollegen Matthöfer gingen in diese Richtung. Allerdings waren sie weder bei den beiden Koalitionspartnern SPD und FDP noch bei der CDU/CSU durchzusetzen – ein Beispiel für die These vom Vorrang kurzfristiger Interessen im Handeln demokratischer Parlamente. Ende der Fußnote.

Die Ölpreissenkung allein wird keine ausreichende Wirtschaftsbelebung bringen. Eine Absenkung der realen Zinsen, vor allem in den Vereinigten Staaten, muß hinzukommen. Dem steht in den USA wahrscheinlich bis in den Herbst die Erwartung weiterer hoher amerikanischer Budget-Defizite entgegen. Dies wird im Juni in Versailles eines der Themen sein. Wir wollen dort aber keine Konfrontation, sondern Übereinstimmung durch und nach Dialog suchen.

Gleichzeitig stehen fast alle Industriestaaten unter dem Druck, die Beschäftigung zu stimulieren und Arbeitsplätze zu schaffen. Soweit dies nicht über Zinssenkungen geschehen kann, wird die Versuchung für sie sehr stark sein, Arbeitsplätze über vermehrte Staatsdefizite zu schaffen. Gerade die hohen Staatsdefizite sind aber eine der Hauptursachen der Leistungsbilanzdefizite und des selbstgemachten Teils der Hochzinsen gewesen. Dies galt so bis vor kurzem für England. Es gilt immer noch für Italien und Holland, ganz zu schweigen von Belgien. Es gilt in abnehmendem Maße für Japan und Deutschland, zunehmend für Frankreich.

Man erkennt abermals: Kein Industriestaat ist in der gleichen Lage, keiner ist in einer einfachen Lage. Aber alle benötigen sie höhere öffentliche und privatwirtschaftliche Investitionsraten. So versuchen sie auf verschiedene Weise, die Investitionstätigkeit zu stimulieren; wir zum Beispiel durch Steuererleichterungen, Investitionszulagen, niedrigen Lohnkostenanstieg. Aber insgesamt wird 1982 die Investitionsrate in den Industriestaaten insgesamt noch kaum ansteigen. Das heißt: Für das westliche Gesamtaggregat können wir frühestens gegen Ende des Jahres mit einem Rückgang der saisonbereinigten Arbeitslosigkeiten rechnen.

Der Aufschwung der industriellen Welt kann sich frühestens 1983 ausprägen. Aber dazu müssen die Weichen in mehreren Ländern 1982 richtig gestellt werden. Dies ist budgetär und monetär in England und Deutschland geschehen. Ob es ausreicht, ob und wann und wieweit die USA dem folgen, wird in Versailles ebenfalls ein Thema sein. Wir werden dort schließlich auch die Handelspolitik erörtern. Die europäischen Regierungen werden dabei die obengenannte handelspolitische These 9 vertreten.

Leider gibt es gleichzeitig innerhalb der Europäischen Gemeinschaft immer wieder agrar- und finanzpolitische Spannungen. England findet die gemeinsame Agrarpolitik sowohl konzeptionell ungeeignet wie hinsichtlich ihrer Kosten unerträglich und will außerdem den britischen Netto-Beitrag zur Europäischen Gemeinschaft gesenkt wissen.

Den letzteren Wunsch halte ich für begründet, zumal das britische Pro-Kopf-Einkommen kaum noch dasjenige Italiens übersteigt. Der erstere Wunsch hinsichtlich der Agrarpolitik erscheint mir zwar verständlich, aber unbegründet. Denn England ist der Europäischen Gemeinschaft in Kenntnis der voll entfalteten gemeinsamen Agrarpolitik beigetreten und hat seither allen agrarpolitischen Beschlüssen selbst zugestimmt. Wir Deutschen haben seit Adenauer und Erhard immer gewußt – die beiden hatten einen Disput darüber –, daß die gemeinsame Agrarpolitik der politische Preis war, der für die Begründung der Europäischen Gemeinschaft zu zahlen war.

Ich hoffe sehr, daß der diesjährige Streit, der nun schon viele Monate andauert, gelöst werden kann. Dabei wird uns der heute wegen des Falkland-Konflikts zurückgetretene englische Außenminister Lord Peter Carrington sehr fehlen. Wir selbst sind abermals bereit, unseren schon jetzt außerordentlich hohen Netto-Beitrag – wir transferieren auf die EG jährlich 6,5 Milliarden Mark netto, mehr als unsere ganze Entwicklungshilfe – noch einmal zu erhöhen. Aber wir werden an der Begrenzung des EG-Haushaltes bei 1 Prozent der Bemessungsgrenze der Mehrwertsteuer festhalten.

Das Europäische Währungssystem hat bisher gut funktioniert. Es hat für den großen europäischen Binnenmarkt Kalkulationsgrundlagen geschaffen, die – zumal für kleinere Unternehmungen – weit verläßlicher sind als in der Welt draußen. Die Folge war eine Intensivierung des intrakommunotären Handels über den Anstieg des Welthandels hinaus. Alle Teilnehmer profitieren von den festen, aber anpaßbaren Wechselkursen.

Daran wird sich auch 1982 nichts ändern, trotz großer Unterschiede bei den Staatsdefiziten, den Inflationsraten, den Zinsen und der Arbeitslosigkeit innerhalb der Europäischen Gemeinschaft. Die D-Mark ist ja nicht durch einen Beschluß, sondern vielmehr infolge unserer verläßlichen, besseren wirtschaftlichen Entwicklung zu einer Reservewährung und zum Eckstein des Europäischen Währungssystems geworden. Wir werden auch 1982 unsere Stellung nutzen, um der Tendenz einiger zu stufenweiser Abwertung entgegenzutreten und statt dessen auf stärkere budgetäre und monetäre Zurückhaltung hinzuwirken.

Nach diesem Überblick werden Sie verstehen, daß ich mit relativem Optimismus auf die eigene Wirtschaft schaue. Wir sind – bei fast totaler Rohstoffarmut – stärker in die Weltwirtschaft verflochten als die USA, Kanada, England, Frankreich, Italien und Japan. Ein viel größerer Anteil unserer Arbeitsplätze hängt vom Gedeihen der Weltwirtschaft ab. Wir sind infolgedessen von dieser Weltwirtschaftskrise voll getroffen worden.

Aber die vielfältig kraftvollen Grundlagen unserer Wirtschaftsordnung, unserer Gesellschaft, besonders unser international weit herausragendes System des autonomen Interessenausgleichs zwischen Unternehmern auf der einen und starken Einheitsgewerkschaften auf der anderen Seite – von der Bundesregierung nicht reglementiert, aber von vielen ausländischen Regierungen immer wieder beneidet –, abgestützt auf ein vorbildliches Netz sozialer Sicherheit, ferner der pragmatische policy mix durch Regierung, Parlament und autonome Bundesbank, plus ungebrochener unternehmerischer Leistung, plus hoher Qualität unserer industriellen Arbeiter, unserer Forschung und Entwicklung – dies alles zusammen hat uns zweierlei ermöglicht:

Erstens: bei der Talfahrt der Weltwirtschaft die Nachzügler zu bleiben;

zweitens: bei der Wiedergewinnung eines höheren Wirtschaftsniveaus zu den Vorreitern gehören zu können.

Das Leistungsbilanzdefizit wird dieses Jahr getilgt. Die Zinsen können also weiter sinken. Die Lohnabschlüsse für 1982 sind angesichts der Gesamtlage vorbildlich für die ganze Welt. Die Sozialpartner haben weit vorausgeschaut, zumal die Gewerkschaften, die hier gegenüber ihren arbeitslosen Kollegen solidarisch gehandelt haben. Dieses Jahr können die deutschen Lohnkosten kein Hemmnis im internationalen Wettbewerb sein. Jeder weiß, daß unser Export sehr gut floriert. Seit dem 1. Januar sind für viele Betriebe eine Reihe steuerlicher Erleichterungen hinzugekommen. Vom selben Tage an wird rückwirkend die Investitionsprämie in Kraft treten.

Deshalb stimme ich dem Bundesbankpräsidenten mit Nachdruck zu, der schon vor fünf Wochen auf der Frankfurter Messe gesagt hat: › . . . kein Grund zur Schwarzmalerei, denn es gibt gute Nachrichten, die vorsichtigen Optimismus rechtfertigen, jedenfalls aber Mut und Zuversicht für die Zukunft (unserer Wirtschaft).‹

Die Anpassung unserer Verbraucher und Autofahrer, vor allem aber der Unternehmen an die neue Struktur der Weltwirtschaft ist in vollem Gange. Große Zwischenerfolge sind schon erreicht. Man soll sich dabei bitte auch nicht von den Insolvenzen irre machen lassen, die einige Zeitungen immer gerne plakativ und spektakulär herausstellen.

Die Wirklichkeit sieht etwas anders aus. Im Bereich der gewerblichen Wirtschaft und der freien Berufe hat der Bund im Rahmen der Mittelstandsprogramme in den letzten zehn Jahren 69 000 Existenzgründungen gefördert. Dem stehen in diesem Bereich und für den gleichen Zeitraum 59 000 Insolvenzen gegenüber. Das heißt: der Saldo ist positiv.

Die jährliche Gründungsrate kann aber nur geschätzt werden. Man geht von rund 150 000 Firmen pro Jahr aus. Und auch bei den Selbständigen im Bereich der gewerblichen Wirtschaft ist die Zahl der Ausgeschiedenen – mit konjunkturellen Schwankungen – insgesamt ausgeglichen worden. Gegenwärtig liegt die Zahl der Selbständigen mit 1,84 Millionen höher als 1976. Diese beiden Zahlen sollte man sich einprägen.

Daß auf der anderen Seite eine größere Zahl kleinerer selbständiger Landwirte ausgeschieden ist, war in der Tat unsere Absicht. Weil dies zur Effizienz unserer Landwirtschaft beiträgt, haben wir ihnen die Landabgaberente angeboten.

Wenn ich vorhin den Unternehmungsgeist in Deutschland gelobt habe, so möchte ich – hoffentlich wird mir das nicht als Schleichwerbung angekreidet – am Schluß drei Beispiele herausgreifen. Jahr für Jahr besuche ich acht bis zehn Unternehmen im Bundesgebiet. Dabei treffe ich immer wieder auf Betriebe, denen es gelungen ist, einerseits durch gutes Betriebsklima, andererseits durch fähiges, die Marktchancen ergreifendes Management ihre Unternehmen aus dem Sog der Rezession herauszuhalten.

So habe ich in letzter Zeit zum Beispiel die Firma Dräger in

Lübeck besucht, ein Unternehmen mit hohem Innovationsanteil und infolgedessen weltweitem Export. Ich habe mich in der viel größeren Firma Quelle in Nürnberg umgesehen, die infolge eines sehr hohen Grades an Rationalisierung das größte Handelshaus Europas geworden ist und gleichwohl ein hervorragendes Betriebsklima aufweist. Oder ich bin hier in Hamburg-Norderstedt auf die mittelständische Firma Winter gestoßen, die durch rechtzeitige Anpassung auf einem fast einmaligen Spezialgebiet ein weltweites Geschäft aufgebaut hat – übrigens auch hier bei einem sehr guten Betriebsklima.

Ich will mit alledem niemandem schmeicheln. Ich weiß auch, daß es woanders große Sorgen gibt – und das sind auch meine Sorgen –: vom Stahl über die Bauwirtschaft bis zur Textilindustrie. Aber ich bin doch insgesamt optimistisch. Ich sehe im Laufe des Jahres eine Aufwertungstendenz für unsere Währung voraus, die den Spielraum für die Binnennachfrage ausweiten wird. Es geht für die deutsche Volkswirtschaft aufwärts.

Diese positiven Entwicklungen werden allerdings kaum vor Ende 1982 auf den Arbeitsmärkten durchschlagen. Wir haben es zur Zeit außerdem mit geburtenstarken Jahrgängen zu tun, die in diesem Sommer ins Berufsleben treten. Die Zahl derjenigen, die einen Arbeitsplatz oder eine Lehrstelle suchen, wird nochmals kräftig zunehmen. Das bleibt unser Problem Nummer eins.

Deshalb noch einmal meine Bitte an alle großen und kleinen Unternehmer, an Mittelstand, Handel oder Handwerk: Richten Sie mehr Lehrstellen und Ausbildungsplätze ein. Schon in wenigen Jahren werden Sie, meine Damen und Herren, überall nach Facharbeitern und Fachkräften suchen!

Frei nach dem französischen Diplomaten Romain Gary könnte man mir entgegenhalten, daß es sich mit dem, was ich ihnen dargestellt habe, ebenso verhält wie mit den Wasserspeiern an den alten gotischen Kathedralen: Man bestaunt den kunstvollen Strahl und vergißt dabei, daß es ganz gewöhnliches Wasser ist. Natürlich kocht der Bundeskanzler dieses Landes auch nur mit Wasser. Aber ich möchte doch darum bitten, meine Ausführungen auf dem Hintergrund einer Grundüberzeugung zu verstehen, die ich am Schluß noch einmal herausstellen möchte.

Ich will dabei der Versuchung widerstehen, unsere ›Operation '82‹ oder die ›Gemeinschaftsinitiative für Arbeitsplätze, Wachstum und Stabilität‹ darzustellen. Beides zusammen wird bis 1985 beschäftigungswirksame Maßnahmen in der Größenordnung von 40 Milliarden Mark auslösen – und zwar ohne Steigerung der Kreditaufnahme und des Defizits!

Diese Gemeinschaftsinitiative ist gegenwärtig auf dem gesetzgeberischen Weg im Bundesrat. Sie haben über die Schwierigkeiten gelesen, die dort gemacht werden. Aber ›Gemeinschaft‹ bedeutet, daß alle ihren Teil beitragen müssen. Dabei kommt es dann auch auf eine sachorientierte, vernunftgebotene Kooperation zwischen Ländern und Bund an. Auch die Länder dürfen die Erwartungen der Arbeitnehmer nicht enttäuschen.

Eines will ich hier sehr deutlich sagen: Ein etwaiger Versuch, die Bundesregierung durch Verweigerung der Bundesratsmehrheit oder gar zusätzlich durch ausländische Stellen in die Knie zu zwingen, würde ohne Erfolg bleiben! Dafür bürgt nicht zuletzt meine eigene Standhaftigkeit.

Aber es wäre darüber hinaus ein positiver Beitrag zum wirtschaftlichen Klima in Deutschland, wenn die Unternehmerschaft sich nicht nur von solch kurzlebiger Parteitaktik fernhielte – wie es geschieht –, sondern wenn sie darüber hinaus deutlich zu erkennen gäbe, was sie doch tatsächlich weiß. Nämlich: Ohne inneren Frieden, ohne sozialen Konsens, ohne innenpolitische Stabilität könnte unser Land seine friedenssichernde und ausgleichende Rolle in der Weltpolitik wie in der Weltwirtschaft nicht spielen. Beides gehört zusammen: Frieden im Innern und nach außen – oder wie es am Lübecker Holstentor steht: ›Concordia domi, foris pax‹.

Für beides braucht man zuverlässige Partner. Nach außen in erster Linie die Solidarität im Nordatlantischen Bündnis und in der Europäischen Gemeinschaft, nach innen den allseitigen Willen zur Fairneß und zum gerechten Ausgleich.«

West-Ost-Beziehungen in einer gemeinsamen Kultur

Rede des Bundeskanzlers am 24. Juli 1982 in Kalifornien

»Gentlemen,

All of us know – and *some* of us even from personal experience –: the brain is a part of the human mechanism that begins to function at birth but stops when its owner gets up to make a speech. I nevertheless hope to prove worthy of this opportunity.

The world of today is full of dissonance. The sounds produced by the concert of economic forces are anything but harmonious. And the sounds that can be heard between the superpowers, between their alliances, but also *within* our alliance do not accord with Bach's ›The Art of Fugue‹ either.

In music, the divisions and antagonisms of the political world are overcome. Just as there is a literature of the world, there is a music of the world.

The music of the world also includes the works of great Russian composers: for instance, Mussorgsky, Rimsky-Korsakov, Tchaikovsky, Stravinsky, Prokofiev and Schostakovich.

Mussorgsky's ›Pictures from an Exhibition‹ is included in the repertoire of all American philharmonic orchestras, just as Rimsky-Korsakov's works. Tchaikovsky attained world fame in America in the 1880s, and Stravinsky held lectures at Harvard University. And, after all, Prokofiev's ›Love for Three Oranges‹ and his Third Piano Concerto were first performed in Chicago in 1921.

Today, America has one of the finest interpreters of Russian music in Leonard Bernstein and some of the greatest musicians of our day are either Russian or Russian-born like Isaac Stern or like Rostropovich.

We quite rightly speak of a musical culture that extends from the Cleveland Orchestra, from the Met in New York and Covent Garden, through Milano's La Scala and the Berlin Philharmonic Orchestra to the Leningrad Orchestra and the Moscow Bolshoi Theatre – a coherent culture. It also embraces, of course, the great Russian literature – from Dostoyevski and Pushkin and Tolstoy to Solshenitsin. We enjoy a unity of culture – despite all conflicts of power and thrust.

The unity of civilization has suffered under two enormous threats: first, by Hitler, and after this, by Soviet-Russian imperialism. Today and tomorrow, the world is marked by a twofold crisis:

1) Many countries feel threatened by critical strains in their efforts to safeguard peace;
2) all of them are affected by a far-reaching recession of the world's economy, the most serious since the 1930s.

I.

The *political situation* is marked by a deterioration in West-East relations. Cambodia, Afghanistan, the Soviet Union's behaviour in the continuing Polish crisis, and especially the Soviet Union's vast arms build-up, have greatly impaired the relationship between the two superpowers. Dialogue and efforts for jointly resolving crisis have been superseded.

Fortunately, the process of establishing contacts has been

resumed in the past eight months. But below the level of major confrontation on an East-West scale, we are at present also experiencing a dangerous increase in armed conflicts elsewhere in the world. The conflict between Iran and Iraq has entered another dangerous stage. The Lebanon crisis has a destabilizing effect on the entire Middle East and potentially far beyond that region. The war over the Falkland Islands or Malvinas has ended as far as direct military confrontation is concerned, but the problem of the alienation of Latin America remains on the agenda. Long-standing conflicts, such as in Cambodia or in the Southern part of Africa, have still not been resolved by peaceful means. And in many Third World countries we are experiencing bloody conflicts.

If the arms race cannot be replaced by arms limitation treaties, we might not only endanger the confidence of our peoples in our being serious about arms control and thus lose the faith of our younger generations!

II.

The other crisis currently affecting the whole globe is the world-wide recession. This world economic crisis has an important security dimension. Strategic stability is closely linked in psychological and material terms with economic and social stability.

The causes of this world economic crisis, the second largest in this century, are evident. They originated in the inflation fueled by the costs of the Viet Nam War. This was followed by the dollar ceasing to be the cornerstone and foundation of the Bretton Woods monetary system. The resultant floating was taken by many States in the world as an invitation to pursue inflationary policies – both budgetary- *and* monetarywise.

It was only against this background that the first oil price explosion could occur eight years ago with that dimension and impact which in fact it did develop. Despite this shock many countries more or less maintained their former economic policies. They financed their deficits by printing more und more banknotes and by unprecedented high international indebtedness. The volume of the Xeno-markets has grown by 800 or 900 per cent within the last ten years!

This behaviour paved the way for the second oil price shock in 1979. Stagnation was supplemented by economic contraction and high unemployment rates. Well over thirty million jobless people in the Western democratic countries are being forecast for next year.

This downward-spiralling vicious circle is leading to a further drop in demand. Even the oil-producing countries are now seriously affected; but the non-oil developing countries have suffered even more. The communist countries, including the Soviet Union itself, are suffering, too.

This crisis has produced different effects and reactions in individual countries. Japan and my country were, because of the relatively sound policies pursued previously, fairly well equipped to cushion the effects of the first oil price shock. But Keynesian deficit spending in the emerging situation was not a suitable tool since the pressure on our balance of payments had become unbearable.

Japan emerged fairly unscathed as a result of a combination of an aggressive export policy and structural protection of its internal markets against foreign competition and by limiting its budgetary deficits whilst at the same time pursuing a fairly liberal monetary policy.

In Britain, the perhaps understandable drastic measures taken after years of inflationary policies led to the most serious recession of all industrial nations. Last year Britain's gross national product fell by 2 per cent in real terms.

In France, inflation and interest rates are still higher than in the United States, as is the unemployment rate. The time-limits apparently available for the specific policy mix of 1981 have evidently been reached after twelve months. Following the two devaluations of the franc, the French government has now started to steer in the other direction: it, too, is now trying to cut its budgetary deficit so as to reduce its borrowing requirement.

The Soviet Union and other Eastern European communist countries are also affected by the world economic crisis. For far too long their cumbersome planning system ignored the need for *any* economy to adapt to changing conditions. This has fully revealed the weaknesses of the communist economic system. Some of the communist countries are meanwhile unable to service their hard-currency external debts. And they will therefore not receive any fresh credits from Western banks.

The prospects are not exactly bright for the oil-exporting countries, either. Though they profited by the two oil price shocks, they are at present faced with falling income from their oil exports. The export of industrial goods into these countries and, conversely, capital flows from them to countries with a current-account deficit will sharply decrease in volume. This is bound to cause additional frictions.

The non-oil developing countries are particularly hard hit by the crisis. Debt servicing and their oil bills continue to absorb most of their export earnings. Poverty is growing almost everywhere.

Finally the United States: its economy, too, is currently experiencing a major setback. Since 1979 the United States has been combining high and growing budgetary deficits with a restrictive monetary policy, a fusion, as it were, of Keynes in the budgetary field and Milton Friedman in the monetary realm.

At the same time, the resulting exorbitant high level of

dollar interest rates is setting a standard which most countries of the world – especially those who feature a deficit in their balance sheets – find it impossible to detach themselves from.

This leads me to the question: What must be done? What do we owe each other? Almost all countries are faced with the same balancing act: combating inflation and fighting unemployment at the same time.

The possible approaches being pursued in individual countries can be divided into two categories: they can either be geared to pure national egoism and even egotism – or they can at least try to combine the search for national well-being with the common interest of the world as a whole.

In the world economy we are faced with the danger of the continuing recession. This recession – precisely because it is not just cyclical but the outcome of a global structural and adjustment crisis – could very well deteriorate into a worldwide depression – in particular if we pursue national economic policies while ignoring the external effects of one's own measures. But the effects of such beggar-thy-neighbour strategies may very well be a repetition of the horrifying experience we remember from the 1930s.

At least, it is even truer now than it was then that no country can resolve its problems at the expense of others; every country – except the People's Republic of China – is inextricably linked with the world economy. No country may therefore pursue an economic policy oblivious to its external effects.

National egoistic economic and trade policies can easily destroy the fabric of the world's division of labour, and thereby the fabric of the world's economy, and thereby, piecemeal-wise, also all the individual national economies, one by one.

The economic strategies adopted by individual countries

must, in principle, be geared to the facts and implications of international economic unity. Protectionism and trade wars just must not be allowed to happen! All of us will have to fight our domestic protectionist pressure groups and lobbies!

At Versailles, principles were reaffirmed that preclude any tendency of individual countries to shun their share of responsibility for the world economy. These principles state that there is to be no protectionism, no obstacles to trade, and no monetary and financial measures that try to make others shoulder the burden of adjustment.

Against this background the strategy of permitting high budgetary deficits in the United States seems to me very dangerous. It is obvious what effects this must have on American interest rates, and it is by no means the federal reserve board that is to be held responsible. American interest rates have by necessity a guiding function for central banks and markets and interest rates all over the globe. These high interest rates all over the globe prevent fixed capital investments and stifle house building activities. This in turn has devastating effects on the unemployment situation in general.

And high unemployment in the highly developed industrial societies of Europe will have a politically destabilizing effect! Now, they say that ›unbalanced national budgets are like pants without suspenders. You can't keep them up forever‹. I deeply hope that this comes true and that your new Secretary of State, who is also one of the best international economists of the world, will have a helping hand in this field! As regards trade wars, I will – contrary to many expectations – not indulge in the pipeline subject today. I refrain from so doing because it deserves dedramatization! The governments in London, Paris, Bonn, Rome and so on will go ahead and will live up to the agreements they have undertaken – and for our own interests and reason.

What we need now is damage limitation within our Atlantic family. And it indeed ought to be taken as a family dispute, and not as a catastrophe.

Generally speaking, as regards sanctions, I agree with what George Shultz said during his Senate hearing the other day: ›As a general proposition, I think the use of trade sanctions as an instrument of diplomacy is a bad idea. It basically has not worked and has led us into a situation where our own trade is damaged and in its use it becomes a wasting asset.‹

III.

It is necessary, though, that we do not lose sight of the underlying common philosophy of our North Atlantic family of nations. This dual-track philosophy was reaffirmed and updated at the NATO summit in Bonn in June. It says:

No. 1: Firm maintenance of one's capability to deter and – if necessary – to defend; plus No. 2: Willingness for negotiation especially in order to control the arms race and bring about a negotiated equilibrium or balance of power.

The negotiations in Geneva have not exactly been facilitated by the fact that the Soviet Union has substantially expanded its arms potential during the past few years. Nonetheless, the West should not respond to this development with an inferiority complex, as though it were utterly helpless in the face of the growing threat.

Such a complex, which is not genuinely justified, can psychologically undermine the legitimate self-confidence needed for conducting productive negotiations. In particular, it unsettles our servicemen. What, after all, can one expect of soldiers who are told time and again that they are hopelessly inferior in numbers and equipment? And that they are supporting a lost cause?

By the way, as regards numbers: There would be no West-East equilibrium without the 500 000 well-trained soldiers of the German armed forces with their top-grade equipment. They would be supplemented in the event of a crisis by a further 750 000 fully trained German reservists who recently had been draftees. More than 1.2 million soldiers within less than a week! They are extremely efficient, and that is the Soviet view, too. If NATO, which in Europe is always under the supreme command of an American general, had to counter an attack tomorrow, 90 per cent of the ground forces and 75 per cent of the sea and air forces available from the outset would be Western European soldiers. By the way: the American general Alexander Haig over five years has been a superb Supreme Allied Commander Europe. And it was during that period that he learned to understand European interest, desires and anxieties. Therefore we Europeans did hold him in high esteem also as Secretary of State.

George Shultz this morning praised him for 40 years of service for his country; we Europeans feel thankful also – for both his service as SACEUR and as Secretary of State!

Let me add some remarks on American-European relations and on the German situation. In most recent years the interest of the leadership stratum of your country in Europe's specific problems, including those of my own country, appears to have been, if anything, diminishing.

We have observed along with this phenomenon that certain prefabricated cliché concepts or the French or of us Germans are gaining ground. These clichés are today proving detrimental to our relationship. There is, for instance, the one cliché about the Germans having become so self-centred about their prosperity that they would rather concentrate their resources on increasing that prosperity rather than on necessary efforts to strengthen and modernize the common Western defence.

I should point out that on account of the recession the nominal rate of growth of our 1983 budget will be no more than 1.9 per cent. Compared to that, our defence minister's budget will be the only important one to increase, and that by 4.1 per cent. It is – except paying interest on federal loans – the only bigger entitlement that will enjoy a real growth rate in 1983.

American soldiers are welcome guests in our country. But no one should forget what this concentration of troops and weapons means to a country like the Federal Republic. My country is only roughly the size of the state of Oregon, but it has 25 times as many people – over sixty million.

And stationed in this densely populated territory are soldiers from seven nations: Americans, Canadians, Britons, French, Dutch, Belgians and Germans – altogether nearly one million. And in addition nearly 5000 American nuclear warheads are stockpiled there – almost as many as in the whole of the United States. And on a nice day there may be – on top of it all – some 1000 military flights – low level – over this densely populated area.

So much about the facts! Now, as regards the other erroneous cliché, which says that the Germans have for some time seemed reluctant to face up to the Soviet Union's violation of human rights in its sphere of influence: the facts are different. Hardly any other nation was required after the War to commit itself to the same extent as ourselves in the struggle between democracy and communism.

Three and a half decades after the War, the River Elbe still divides our country and our people. Throughout this long period we many times have had to respond to the challenge of communism. We Germans have taken and will in the future take an unequivocal stand, both spiritually and politically, in the face of that challenge.

In democratic elections held in Germany in those three and a half decades, the communists have been defeated time and time again.

We have again and again stood up of our own free will and with unrelenting determination for the democratic way of life and for those values which we have adopted from the American Constitution. And speaking as a Social Democrat, let me add that my party in particular has been in the front line in the political and intellectual struggle with communism.

But also the Russians are our close neighbours, since many centuries. They contributed to our history, literature, and the arts. The Germans have more neighbours than any other nation in the world. Due to our central position in the heart of Europe, the Norwegian and Danish vikings, the Swedes, the French, the Russians, the Hungarians, the Austrians and even the Turks have often enough been pushing into the centre of Europe. These were the wars because of centripetal invasions. But also we Germans ourselves, especially over the last 120 years, have tried to push into centrifugal directions; the worst result of this centrifugal thrust was World War II.

From this long history of wars in central Europe, we Germans have learned our lesson: we want peace and good neighbourship with all our neighbours – also with Russians, and not only because of their music.

I am convinced that in view of the huge nuclear arsenals in West and East peace cannot be made safer by a stepping-up of the arms race. Genuine security, particularly for the Europeans, and a reliable state of balance can only be achieved by means of balanced limitation through treaties, by means of co-operation. And the backbone of negotiations is the maintenance of our joint strength.

We Germans know that. The overwhelming majority of Germans wish to preserve the close and friendly relations with America. That majority is totally immune to any form of neutralism, and it is immune to anti-Western nationalism. These are facts which are confirmed year in, year out by Gallup polls.

But the overstocked nuclear arsenals are making people afraid. The lack of success in the disarmament negotiations will become a source of growing scepticism among young people in particular towards political leaders in our country and here in America. Also for this reason arms control is indispensable. I saw president Reagan shortly after his election and before his inauguration. I asked him about his attitude towards arms limitation. And Ronald Reagan said: ›I will sit down with them and negotiate and negotiate and negotiate!‹ And I believed the president and now he lives up to his promise.

As a man living only fifty miles away from the next Soviet tank division or the next air base for Soviet fighter bombers, I will never by any means underestimate or detract from the importance of the military potential of the Soviet Union and of its strategy, the prime purpose of which is to separate the Europeans from the Americans. But neither do I want to regard the Soviet Union as a giant against whom we are helpless.

On his visit to Europe in June, President Reagan also went to Berlin, where he said: ›We believe that progress for just and lasting peace *can* be made; that substantial areas of agreement *can* be reached with potential adversaries; when the forces of freedom act firmness, unity and a sincere willingness to negotiate.‹ I fully agree with him.

IV.

What I said was not only said in the interest of the present generation, but of the next generations as well. And because of the length of my speech you may believe that I am resolved to speak until the arrival of that next generation's audience.

Let me therefore sum up:

I spoke of the twofold crisis which, in my view, determines the existing international political situation. It is not a fun to present such diagnosis, but only doctors who define the diseases can apply therapies with any prospect of curing the patient. It is my conviction that we do have at our disposal the ways and means of overcoming this twofold crisis. However, we shall not master the problems by developing inferiority complexes and shutting ourselves off as a result of distrust or egoism or egocentric judgement, but by soberly weighing up the facts, by statesmanlike prudence in consistency among ourselves and by continuity.

The present double crisis of the world reminds me of Shakespeare's ›Julius Caesar‹, where we can read the following:

›There is a tide in the affairs of men,
Which, taken at the flood, leads on to fortune,
Omitted, all the voyage of their life
Is bound in shallows and in miseries.
On such a full sea we are now afloat:
And we must take the current when it serves,
Or lose our ventures.‹

This, in a nutshell, is the political responsibility which you Americans and we Europeans must now live up to.

Let's do it together! Let's be conscious of our joint heritage of values! And therefore: don't let family affairs beset ourselves and darken our common goals. Like Henry Kissinger said yesterday: Let us remove family affairs away from the field of polemics. Let us be aware that we have to consult first in order to coordinate ourselves. Let's not forget: Already by the sheer size of the United States, you have to be the leaders – but as much important it is to know: leadership among sovereign democracies will never be exerted by command. Consensus will only be brought about by consultation, that means: by talking to each other, by listening to each other and by talking again and by listening again.

Thank you, gentlemen, for your listening today.«

II.
SICHERHEITS-, FRIEDENSPOLITIK

Realistische Friedenspolitik aus Verantwortung und Überzeugung

Rede
in der 57. Sitzung des Deutschen Bundestages
am 9. Oktober 1981

»Herr Präsident, meine Damen und Herren!

›Der gute Wille genügt leider nicht, um die Welt zu ändern. Wenn man das will, dann muß man sich sehr tief bücken, so tief, wie die Erde unter der Stirn des denkenden Menschen liegt; denn dort sind die Steine und das Gestrüpp, die man wegräumen muß, ehe man anfangen kann, die Welt zu verändern.‹

Dies ist Carlo Schmid 1955 in seinem Aufsatz ›Politik im Atomzeitalter‹. Carlo Schmid fährt fort:

> Je gefährlicher für den Bestand des Menschengeschlechts . . . aber die Mittel der Politik sind – und Atombomben sind, da sie Waffen sind, eben auch Mittel der Politik –, desto intensiver muß das Nachdenken über die möglichen Ziele und die brauchbarsten Methoden unseres politischen Verhaltens sein; desto weniger können wir uns billige Rezepte leisten und glauben, wir könnten das politische Geschehen in Gleichungen einfangen, die ohne Rest aufgehen.

Das alles hat Carlo Schmid vor mehr als einem Vierteljahrhundert mit Bezug auf dieselbe Frage gesagt, von der auch heute geredet und über die gestritten wird: die atomare Bewaffnung. Carlo Schmid war ein weiser Mann, er hat weit vorhergesehen.

Ich verstehe gut, daß viele Menschen bei uns, vor allem auch viele junge Menschen, Sorgen haben und aus der Sorge um den Frieden nach Gleichungen suchen, die – wie es hier bei Carlo hieß – ohne Rest aufgehen. Ich verstehe das gut. Die Sorge um den Frieden ist weiß Gott berechtigt. Eigentlich teilen doch wir alle hier in diesem Saal die Sorgen vieler Menschen vor immer mehr und immer schrecklicheren Waffen in Ost und West, so wie wir alle die Sorgen vieler Menschen auf der Welt um die Erhaltung des Friedens im Nahen Osten teilen – und diese Sorge ist in dieser letzten Woche nicht kleiner geworden –, so wie wohl die allermeisten von uns hier im Bundestag die Sorgen vieler Menschen teilen angesichts der wachsenden Bereitschaft in wichtigen Teilen der Welt, politische Zwecke durch Gewaltanwendung zu erzwingen und zu erreichen.

Denjenigen, die heute Angst um den Frieden haben, möchte ich sagen: Auch ich hatte Angst, als zu Beginn des vorigen Jahres, nachdem die Sowjets in Afghanistan einmarschiert waren – und die Kämpfe dauern ja noch an –, die Kontakte zwischen den Weltmächten abrissen, als man miteinander nicht mehr redete, geschweige denn verhandelte. Mich hat das zutiefst geängstigt.

Aber es genügt ja nicht, es ist gefährlich, dabei stehenzubleiben und nur einfach seine Angst öffentlich zu bekennen, wenn man nichts praktisch tut, um die Lage zu verändern und zu verbessern.

Wer tatsächlich etwas verändern will, wer handlungsfähig bleiben will, der muß nach Wegen zur Bewältigung der Angst suchen, zur Beseitigung der Gründe für die Angst; er muß nach Wegen suchen. Weil das damals zum Beispiel durch den seinerzeit sehr umstrittenen Besuch geschehen ist, den Herr Minister Genscher und ich kurz nach dem Beginn der Kämpfe in Afghanistan in Moskau gemacht haben, gibt es heute wieder Grund zur Hoffnung. Die Weltmächte reden wieder miteinander, und wir Deutschen – diese Bundesregierung – haben im Osten wie im Westen weiß Gott dazu beigetragen, daß sie wieder reden und daß sie miteinander verhandeln.

Ich denke nicht daran, Sorge um den Frieden oder Demonstrationen für den Frieden als Rummel abzuwerten. Ich stimme Willy Brandt zu, der gesagt hat, er habe auf deutschem Boden Schlimmeres erlebt, als daß sich junge Leute für Frieden und Abrüstung engagieren.

Ich füge für die jüngeren Leute aber eines hinzu: Ich gehöre zu jener Generation, die bereit ist, die Sorge der Jüngeren um den Frieden ernst zu nehmen und nicht nur zuzuhören, sondern auch den Dialog zu führen. Ich habe das zum Beispiel, für die ganze Öffentlichkeit sichtbar, im letzten Sommer auf dem Evangelischen Kirchentag in Hamburg getan – dies war nur ein Beispiel, das zufällig öffentlich herausragte. Ich bin dazu bereit und tue es auch.

Aber um des inneren Friedens willen wende ich mich an alle Jüngeren, sie möchten bitte auch bereit sein, unsere Sorgen ernst zu nehmen und unsere Erfahrungen ernst zu nehmen.

Sie möchten bitte die Erfahrungen und die Sorgen derjenigen ernst nehmen, die die Erfahrungen haben, die den Zweiten Weltkrieg miterlebt haben, sei es in den Luftschutzkellern der deutschen Großstädte, sei es draußen, wo Millionen geblieben sind; seien es die Erfahrungen der Flucht und der Vertreibung, seien es die Erfahrungen in den Konzentrationslagern einer Regierung, die Frieden und Freiheit nicht achten wollte, sondern mit Füßen trat.

Wir bitten, daß auch uns unsere Sorgen abgenommen werden, daß unsere Erfahrungen, die uns heute zu Konsequenzen führen, daß unsere innere Betroffenheit, daß unsere unverdrängbare eigene Erfahrung im Laufe von 50 und 60 Lebensjahren bitte auch ernstgenommen werden.

Wir Deutschen müssen für den Frieden alles in unserer Möglichkeit Stehende tun, weil früher im Namen Deutschlands viel zuviel für den Unfrieden und für den Krieg getan worden ist.

Wenn ich Carlo Schmid folge, dann genügt nicht, daß man innerlich unruhig ist. Es genügt auch der Ausdruck der Sorge nicht. Und Angst kann die Vernunft lähmen – dies gerade zu einem Zeitpunkt, in dem die eigene, weltpolitische Handlungsfähigkeit der Bundesrepublik Deutschland wichtiger ist als seit langer Zeit. Extreme, manchmal auch bewußt falsche oder gefälschte Positionen und Vorträge genügen nicht nur nicht, sondern sie tragen sogar zu einer Polarisierung bei, welche die wirksame Friedenspolitik erschweren kann, weil sie ihre innenpolitische Grundlage anknabbert und zerbröseln lassen kann.

Ist dies gewollt? Wollen die Veranstalter und Organisatoren der morgigen Veranstaltung dies? Sie wollen den Frieden. Wer aber den Frieden will, der darf sich auf das Bekenntnis seiner Gesinnung nicht beschränken, der darf die Augen vor der Wirklichkeit nicht verschließen, vor den Bedingungen der Wirklichkeit, unter denen wir Friedenspolitik machen müssen, der muß das tun, was Carlo Schmid gesagt hat.

Für die Bundesregierung und auch für mich hat die Sorge um den Frieden einen überragenden Wert. Frieden und Vorsorge zur Friedensbewahrung sind an sich und für sich ein Grundwert, genau wie die Vorsorge zur Bewahrung von Freiheit oder zur Sicherung von Gerechtigkeit nach unserer tiefen Überzeugung Grundwerte sind.

Die Bundesregierung hat 1978 im Mai, nach sehr schwierigen Gesprächen und sehr schwierigen Verhandlungen mit der sowjetischen Führung, mit Generalsekretär Breschnew, die von beiden Seiten unterschriebene Übereinstimmung darin erzielt, daß es wichtig sei – ich zitiere aus der Gemeinsamen Erklärung –, daß niemand militärische Überlegenheit anstrebe – ich zitiere weiter –, daß ›annähernde Gleichheit und Parität‹ sowohl gleiche Sicherheit gewährleiste als es auch Voraussetzung sei für die Fortsetzung der Politik der Zusammenarbeit zwischen uns und dem Osten, zwischen West und Ost.

Aus großer Sorge um die Erhaltung des Friedens hatte ich damals und haben Bundesminister Genscher und ich im folgenden Jahr 1979 erneut der sowjetischen Führung sehr eindringlich dargelegt, welche Folgen es haben würde und müßte, wenn die Sowjetunion gleichwohl von ihrer das Gleichgewicht der militärischen Kräfte in Europa verändernden Mittelstreckenwaffenaufrüstung nicht ablassen würde. Leider hat die Sowjetunion sich bei ihrer weiteren Mittelstreckenraketenrüstung nicht an die Gemeinsame Erklärung vom Mai 1978 gehalten. Und dies hat zu dem heute mehrfach schon erörterten Doppelbeschluß des westlichen Bündnisses geführt.

Es ist maßgeblich dem Wirken dieser Bundesregierung zuzuschreiben, daß mit jenem Beschluß des Bündnisses zur Modernisierung von westlichen Mittelstreckenwaffen in Europa im gleichen Rang das klare Angebot verbunden wurde, mit der Sowjetunion über beiderseitige Begrenzung zu verhandeln.

Dies ist realistische Friedenspolitik. Die Verhandlungen beginnen im nächsten Monat, aber handeln, was die Schaffung eines Gegengewichts auf westlicher Seite angeht, würden die Amerikaner frühestens Ende 1983, 1984, 1985, 1986. So lange dauert das dann. Das ist realistische Friedenspolitik – ebenso wie wir durch den Dialog zwischen Ost und West realistische Friedenspolitik treiben, ebenso wie wir dadurch, daß wir den Grundsatz der Mäßigung nicht vergessen, realistische Friedenspolitik treiben.

Wir haben hier bisher eine wichtige Aufgabe wahrgenommen. Wir werden das auch in Zukunft tun. Wir werden das auch tun, wenn Ende November die Verhandlungen zwischen Amerikanern und Sowjets über diese Mittelstreckenwaffen beginnen.

Wir sagen ganz deutlich beiden Seiten, auch unseren eigenen Freunden in Amerika, auch den Sicherheitspartnern in der Sowjetunion, daß diese Verhandlungen nicht benutzt werden dürfen, um bestehende oder sich täglich verstärkende Ungleichgewichte festzuschreiben oder neue Ungleichgewichte anderer Art zu schaffen. Unser Ziel bleibt das gleiche Gewicht der militärischen Kräfte auf beiden Seiten, das gleiche Gewicht der Abschreckungsmöglichkeiten auf beiden Seiten auf niedrigerem Niveau als heute.

Die Redner der SPD und der FDP, Herr Brandt und Herr Mischnick, die Bundesregierung, Herr Genscher und ich zumal, wir sind uns alle einig darüber, daß ein ideales Verhandlungsresultat wäre, wenn eine Nachrüstung auf amerikanischer Seite entfallen könnte, weil die Sowjetunion bereit wäre, im Wege einer beiderseitigen Null-Lösung den Zustand ihrer Hochrüstung bei den nuklearen Mittelstreckenraketen zu beseitigen, den Zustand, der die Nachrüstung herausfordert. Es kann nicht an einer Seite sein, zu bestimmen, was nun Gleichgewicht ist, sondern darüber muß man sich mühsam einigen.

Die Einigung würde erleichtert, wenn die sowjetische Führung bereit wäre, den Stand ihrer Rüstung in diesem Bereich ganz transparent zu machen. Sie würde erleichtert, wenn die Sowjetunion aufhören würde, jede Woche eine neue SS-20-Rakete in Stellung zu bringen.

Diese Fragen werden eines der mehreren wichtigen Themen sein – wirtschaftliche und andere Zusammenarbeit ist ein anderes wichtiges Thema –, wenn ich im Herbst die Ehre und, staatspolitisch gesprochen, die wirkliche Freude haben werde, mit dem sowjetischen Generalsekretär zu sprechen und Herr Genscher mit seinem sowjetischen Außenministerkollegen. Ich sage ›wirkliche Freude‹, weil ich mich wirklich darüber freue, wenn West und Ost miteinander über diese Fragen ernsthaft reden.

Wir führen diese Gespräche als Teil des westlichen Bündnisses, als einen Beitrag zu dem Prozeß, dessen Kernstück die Verhandlungen zwischen Washington und Moskau sind.

Herr Zimmermann hat den uns alle tief erschreckenden Mord an Anwar El Sadat erwähnt, den Tod an einem mutigen, tapferen, um den Frieden bemühten Mann, ein Ereignis, das der ganzen Welt erneut die Gefahren bewußtgemacht hat, die im Nahen Osten entstehen können. Wir setzen unser Vertrauen darein, daß diejenigen, die jetzt das Schicksal Ägyptens bestimmen müssen, daß die Nachfolger des Präsidenten Sadat mit aller Kraft die Bemühungen um den Friedensprozeß fortsetzen werden. Und wir appellieren an die Führer in Israel, ihrerseits festzuhalten an dem, was verabredet ist, und ihrerseits zügig zu verhandeln, damit es endlich zu einem wirklichen Fortschritt kommt.

Auch durch die Europäische Gemeinschaft werden wir gemeinsam im Rahmen unserer Möglichkeiten unsere Beiträge zu den Friedensbemühungen im Nahen Osten leisten so wie auch anderswo auf der Welt, so wie z. B. übernächste Woche auch bei dem Treffen zwischen Nord und Süd in Cancun in Mexiko.

Diese aktive Friedenspolitik zu führen, haben die Parteien der Regierungskoalition FDP und SPD bei den letzten Wahlen einen klaren Auftrag bekommen. Die Bundesregierung wird diesen Auftrag erfüllen. Und sie weiß, daß unsere Freunde und Verbündeten, aber auch die Sicherheitspartner auf der anderen Seite, Vertrauen in diese Politik haben.

Wir finden uns in Übereinstimmung mit unseren Freunden und Verbündeten. Ich habe dies erst gestern und vorgestern in sehr ausführlichen, aber sehr vertrauensvollen Gesprächen mit dem französischen Präsidenten Mitterrand erneut bestätigt gefunden. Übrigens: die Übereinstimmung mit François Mitterrand gilt auch für beide Teile des Doppelbeschlusses, und sie gilt auch für das von uns angestrebte optimale Verhandlungsergebnis einer beiderseitigen Null-Lösung.

Wie von Herrn Brandt und Herrn Mischnick schon gesagt, gilt, was die Entschließung des Deutschen Bundestages vom 26. Mai zu diesem Thema gesagt hat. Unverändert gilt ebenso, was die Bundesregierung nach der Bundestagswahl am 24. November des vorigen Jahres hier in ihrer Regierungserklärung erklärt hat, genauso heute wie damals.

Schließlich hatten, wenn ich das einfügen darf, wir Sozialdemokraten das gleiche schon vorher beschlossen – zweimal –, das letzte Mal im Juni 1980 auf einem Bundesparteitag in Essen, als wir unser Wahlprogramm fixierten, mit dem wir vor die Wähler hingetreten sind und von ihnen die Zustimmung zu dieser Fortsetzung unserer gemeinsamen mit der FDP geführten Friedenspolitik erhalten haben.

Mir fällt es schwer, zu verstehen, daß die Organisatoren und, wie es scheint, einige der Redner der morgigen Veranstaltung den Nutzen und den bisherigen Erfolg oder Fortschritt unserer beharrlichen praktischen Friedenspolitik nicht anerkennen oder anerkennen wollen.

Der NATO-Beschluß hat zum Beginn von Verhandlungen zwischen den Weltmächten geführt, zu denen es nach meiner festen Überzeugung und politischen Lebenserfahrung sonst nicht gekommen wäre.

Wenn dies nicht anerkannt werden soll, dann muß ich mich an alle diejenigen ehrlichen Menschen wenden, die sich als Teil der Friedensbewegung oder der Friedensbewegungen verstehen, die morgen in Bonn für den Frieden demonstrieren wollen: Prüfen Sie sich, ob Sie bei Ihren Vorschlägen für den Frieden die Ihnen zugänglichen Informationen ernsthaft und ehrlich abgewogen haben. Lassen Sie sich z. B. nicht einreden, die Bundeswehr diene in Wahrheit anderen Zwecken als der Verteidigung unseres Landes. Sondern prüfen Sie bitte statt dessen, ob bei Ihrer Einschätzung unserer Sicherheit auch die östliche Rüstung angemessen berücksichtigt wurde.

Und wenden Sie sich an alle, die über atomare Waffen verfügen! Wir Deutschen haben als Signatarmacht des Nichtverbreitungsvertrages einen Anspruch, einen internationalen, völkerrechtlichen Anspruch an alle, die Atomwaffen besitzen und diesen Vertrag ausgearbeitet und uns zur Unterschrift vorgelegt haben, daß sie ihre atomare Rüstung alle verringern.

Und jenseits der Nuklearwaffen: Wenden Sie sich an alle, die ihren Rüstungsaufwand steigern! Prüfen Sie sich, ob die Art Ihres Engagements für den Frieden gangbare Wege eröffnet! Versuchen Sie dazu beizutragen, daß Verhandlungen zur Abrüstung und zur Sicherheit des Friedens geführt werden!

Auf der anderen Seite – und ich wende mich immer noch an die, die demonstrieren wollen –: Bitte, fühlen Sie sich sicher. Wir Politiker und Abgeordneten des Deutschen Bundestages wollen nicht die große Mehrheit der Demonstranten in dieselbe Kategorie wie solche Menschen einreihen, die Gewalt als politisches Instrument einsetzen oder die dergleichen billigen oder gar dazu aufrufen. Wir wollen Sie nicht in einen Topf werfen. Und wir wollen Sie nicht, ganz gewiß nicht, in Ihrer großen Mehrheit in einen Topf mit solchen Menschen werfen, die in ihren Herrschaftsbereichen die Freiheit der Person schmählich mißachten oder mit Füßen treten.

Ich möchte hinzufügen: Wir wollen Sie nicht in ein politisches Abseits drängen. Im Gegenteil. Aber bedenken Sie bitte auch, daß sich sehr zwielichtige Gestalten an Ihre Rockschöße gehängt haben.

Lassen Sie nicht zu, daß Sie von solchen mißbraucht werden können!

Mit großer Befriedigung habe ich vor zwei Tagen einen Aufruf gelesen, in dem einige der vorgesehenen Redner, nämlich die drei Herren Heinrich Albertz, Kurt Scharf und Helmut Gollwitzer, sich persönlich und gemeinsam eindringlich dafür eingesetzt haben, daß die Demonstranten sich jeder Gewalttätigkeit enthalten.

Es ist wohl auch nötig, dazu aufzurufen. Denn es gibt im Vorfeld dieser Friedensdemonstration auch sehr unfriedliche Töne, und man muß auf sich selber aufpassen, auf daß niemand sich verleiten läßt.

Mir ist klar: Die Sache des Friedens kann nicht dadurch schlechter werden, daß sich kommunistische Gruppen an die Rockschöße derjenigen hängen, die für den Frieden eintreten wollen. Die Sache des Friedens kann dadurch nicht schlechter werden.

Aber ebenso ist mir klar, daß wir Deutschen nicht zulassen dürfen und nicht zulassen wollen, daß wir uns in unserer Politik, in der Verfolgung unserer deutschen Interessen von solchen mitbestimmen lassen, die sich ihrerseits zu gefügigen Werkzeugen der auswärtigen Politik eines anderen Staates gemacht haben.

Es gibt einige, die die Friedenssehnsucht von Hunderttausenden und Millionen und Zigmillionen Deutscher für ganz andere politische Zwecke benutzen möchten.

Leider ist es ganz eindeutig geworden, daß die Organisatoren – ich rede von den Organisatoren und nicht von den Demonstranten – sich von einer Reihe unterstützender kommunistischer Gruppierungen nicht absetzen wollten. Sie haben dadurch auch die Chance verpaßt, ihre eigenen Aufrufe ausgewogen und nicht nur einseitig zu formulieren.

Unter den Bedingungen unseres Landes würde es der Eindeutigkeit der Friedenssache nützen, wenn man sich diese ganz anders Interessierten von den Rockschößen streifen würde. Der Sache der Entscheidungsfreiheit der Deutschen für den Frieden und für die einzelnen Schritte, die nötig sind, um den Frieden zu wahren und zu festigen, nützt es nicht, wenn das organisatorische Geschick der Deutschen Kommunistischen Partei und einiger ihrer Vorfeldorganisationen den Hang zum Handeln, den Hang zum Agieren, den verständlichen Hang aller Jugendlichen zum Aktionismus ausnutzt, etwa der Kommunistische Arbeiterbund Deutschlands oder die ›Volksfront gegen Reaktion, Faschismus und Krieg‹ oder die Gruppe Internationaler Marxisten oder der Spartakus, und wie sie alle heißen.

Der Sache des Friedens schadet eine manipulierende Mitläuferschaft solcher, die den Parolen ausländischer Regierungen nachlaufen. Wir haben deutsche Interessen zu vertreten.

Und solche deutschen Kommunisten, die ausländische politische Zwecksetzungen im Innern unseres Landes mit manipulativer Argumentation zu unterstützen trachten, die sind im Irrtum, im besten Fall sind sie im Irrtum. Aber auch solche Menschen dürfen nach unserem Grundgesetz bei uns demonstrieren, aber die jungen Leute in unserem Lande sollen wissen: Meine politischen Freunde dürfen weder in der DDR noch in der Sowjetunion demonstrieren.

Sie sollen auch wissen, daß es in jenen kommunistischen Staaten kein Wehrdienstverweigerungsrecht gibt wie bei uns. Das gibt es dort nicht.

Ich traf gestern auf einem Empfang im Prälat-Böhler-Haus den früheren Kollegen Georg Kliesing, den die Älteren hier noch gut kennen werden. Das hat mich daran erinnert, wie – außer ihm gehörten Fritz Erler, Richard Jaeger und, ich glaube, auch der damalige Abgeordnete Mende dazu, ich selber auch – wir damals in der Mitte der 50er Jahre im Zusammenhang mit der zweiten Wehrverfassungsergänzung hier für unser Land ein Kriegsdienstverweigerungsrecht geschaffen haben, das es so liberal in der ganzen Welt nicht wieder gibt. Nicht, weil die, die ich soeben namentlich genannt habe, damals selber Kriegsdienstverweigerer oder Gewissenspazifisten gewesen wären, sondern weil wir aus der eigenen schrecklichen Erfahrung des Zweiten Weltkrieges und der Nazi-Zeit wußten, welch entsetzliche Zerstörung es in der Seele eines jungen Menschen anrichten kann, wenn der Staat ihn zu etwas zwingt, was er selber vom Gewissen her glaubt, nicht tun zu dürfen.

Um der Würde der Person willen haben wir dieses Kriegsdienstverweigerungsrecht geschaffen.

Ich räume ein: Es hätte noch etwas liberaler sein können; vielleicht gelingt das eines Tages noch, aber ich füge ebenso hinzu – unsere Kollegin Frau Renger hat uns jüngst durch einen Aufsatz oder ein Buch, das vorab gedruckt wurde, daran erinnert –: Kurt Schumacher hatte auch recht, wenn er viele Male festgestellt hat, daß aller Respekt vor dem Gesinnungspazifismus nicht dazu führen kann, daß Gesinnungspazifismus zur Friedenspolitik des Staates wird. Staatspolitik darf er nicht werden. Das haben wir auch nicht gewollt, als wir seinerzeit dieses Gesetz gemacht haben, und wir wollen es heute nicht.

Mir scheint, daß auf der Demonstration, die morgen beabsichtigt ist, mindestens vier verschiedene Hauptströmungen eine Rolle spielen:

Erstens die überzeugten Gesinnungspazifisten. Ich sage nocht einmal: die haben meinen Respekt, genau wie 1955, so auch 1981 und so lange, wie ich leben werde.

Zweitens gibt es offenbar eine sehr große Gruppe, die zwar das militärische Gleichgewicht zwischen Ost und West für unverzichtbar hält – und deshalb auch unsere Mitgliedschaft und unseren Beitrag zum westlichen Bündnis für unverzichtbar hält –, die aber Nachdruck darauf legen will, daß das Gleichgewicht auf niedrigeren Ebenen als bisher hergestellt werde.

Zu dieser Gruppe der Friedensbewegung möchte ich mich für meine Person bekennen. Und dazu möchte sich die ganze Bundesregierung bekennen und, wenn ich es richtig sehe, auch beide die Bundesregierung tragenden Koalitionsfraktionen. Ich höre durch Zuruf, daß sich die Opposition auch dazu bekennen will. Wir werden es dann gleich von Herrn Kohl hören.

Drittens gibt es eine Gruppe, die auf das Gleichgewicht verzichten will und zu einseitiger Abrüstung des Westens oder jedenfalls der Bundesrepublik Deutschland bereit ist. Dazu muß ich sehr klar sagen: Solche Politik schafft nicht zusätzliche Sicherheit, sondern zusätzliche Unsicherheit. Das können wir nicht billigen.

Dann gibt es *viertens,* wie schon gesagt, eine kleine Minderheit, die die Interessen anderer Staaten vertreten will, die uns z. B. einreden will, sowjetische Raketen seien für den Frieden und amerikanische für den Krieg. Mit denen könnte ich niemals gemeinsam etwas unternehmen.

Für mich ist das Ringen um den Frieden ganz untrennbar mit Redlichkeit verbunden.

Das Grundgesetz, dessen Artikel 8 mein Freund Willy Brandt vorhin schon zitiert hat, spricht ganz ausdrücklich von dem Recht aller Deutschen, sich friedlich – ›friedlich‹ steht da im Grundgesetz – zu versammeln. Ich möchte die Betonung noch einmal auf das Wort ›friedliches Versammeln‹ legen. Man kann dieses Grundrecht der Versammlungsfreiheit durch Einwirkung von außen unterdrücken. Man kann die Freiheit von außen unterdrücken. Aber auch Gewaltanwendung von innen kann dieses Grundrecht aushöhlen. Nur die friedliche Ausübung des Rechts wird vom Grundgesetz geschützt.

Aber dieser Schutz des Grundrechts auf Demonstration, auf freie Meinungsäußerung sollte nicht in der Absicht wahrgenommen werden, sich an die Stelle der vom Grundgesetz geschaffenen Institutionen zu setzen. Nach dem Grundgesetz sind dazu, die Politik unseres Gemeinwesens zu beschließen und zu gestalten, im wesentlichen der Deutsche Bundestag und die Bundesregierung berufen. Gerade weil die Demonstranten für sich Gewissensfreiheit beanspruchen – und das sollen sie auch –, wäre es sehr unmoralisch, wenn sie erwarteten, daß sich die Frauen und Männer in diesem Hause oder in der Bundesregierung zu einer Politik gegen ihr eigenes Gewissen zwingen lassen könnten. Das kann mit dem Wort von gegenseitigem Ernstnehmen nicht gemeint sein.

Die Bundesregierung hat in jüngster Zeit Erfahrungen mit Grenzen der friedlichen Demonstrationen machen müssen. Die Lehre von Bremen, Brokdorf, Berlin und anderswo lautet, daß friedlich gemeinte Demonstrationen den Veranstaltern aus den Händen laufen können.

Der Keim der Gewalt kann aufblühen und die guten Absichten überwuchern. Wer aber den äußeren Frieden sichern will, der darf nichts tun, was den inneren Frieden bricht. Denn der Friede beginnt bei uns selbst, zu Hause. Übrigens, er endet auch bei uns selbst.

Ich appelliere an alle: bewahren wir den inneren Frieden. Anders bleiben wir nicht imstande, den äußeren Frieden zu sichern. Und wir hier im Bundestag, die frei gewählten Abgeordneten von vier großen demokratischen Parteien, sollten nicht zulassen, daß wir uns hier im Bundestag auf fremdes Kommando hin zerspalten.

Zum Schluß, meine Damen und Herren. Ich sprach von der Erfahrung meiner eigenen Generation, der Kriegsgeneration, der Generation, die unter dem Gewissenszwang der nationalsozialistischen Schulpolitik, Organisationspolitik und

Militärpolitik aufgewachsen ist. Als ich nach sechs Kriegsjahren und Kriegsgefangenschaft nach Hause kam, da begann für mich mit 27 Lebensjahren sozusagen das normale Leben. Es war weiß Gott nicht normal unter den damaligen Umständen unseres Vaterlandes. Viel Zerstörung, viel Elend.

Mich hat das dazu geführt, mich der Politik zuzuwenden, um in der Politik mitzuhelfen, daß es möglichst gerecht zugehe in einem Land, in einer Gesellschaft, die von schwerster Bedrückung, aber auch von Ungerechtigkeit, die durch das Schicksal sich ergeben hat, heimgesucht wurde. Aber auch, damit die Schrecken der Vergangenheit überwunden wurden. Ich wollte helfen, um diesen Ausdruck Kurt Schumachers zu benutzen, die Schrecken der Vergangenheit zu überwinden, und, um ihn genauer zu zitieren, ich wollte helfen, daß die Schrecken der Vergangenheit sich nicht wiederholen können.

Und das gilt sicherlich für viele Menschen meiner Generation. Ich habe dann mein politisches Leben in einer Partei verbracht, die seit ihrer Begründung vor beinahe 120 Jahren konsequente, unbeirrbare Verfechterin des Friedenswillens in diesem Volk gewesen ist und ist und auch in der Zukunft sein wird. Sie wird so bleiben.

Ich stehe jetzt im achten Jahr an der Spitze einer Koalitionsregierung aus Freien Demokraten und Sozialdemokraten, deren tragende Grundlage der Wille zum Frieden ist, die Fortsetzung einer Politik der Entspannung und der Sicherheitspartnerschaft zwischen West und Ost.

Die Bundesregierung wird weiterhin alles tun, damit verhandelt wird und nochmals verhandelt und nochmals verhandelt wird, damit Ergebnisse dabei herauskommen, damit die Interessen der beiden Weltmächte zum Ausgleich gebracht, aber gleichzeitig unsere deutschen Interessen dabei zum Zuge gebracht werden.

Sie haben, Herr Kollege Zimmermann, vorhin den Deutschen Gewerkschaftsbund zum Zeugen für das aufgerufen, was Sie gerade ausführten. Ich bin seit mehr als 30 Jahren Mitglied einer Gewerkschaft des Deutschen Gewerkschaftsbundes. Als ich ins Berufsleben eintrat, bin ich in eine Gewerkschaft eingetreten. Wenn das nicht nur einmal heute gemeint ist, was Sie gesagt haben, sondern auch bei anderer Gelegenheit genauso gemeint wird, und wenn Sie sagen könnten, Herr Abgeordneter Kohl, der Sie nach mir sprechen, daß Sie den Friedensaufruf des Deutschen Gewerkschaftsbundes genauso wie mein Freund Brandt oder wie ich selber es bei vielen Gelegenheiten schon öffentlich gesagt habe, für richtig halten, für ausgewogen, für im Interesse des deutschen Volkes halten, dann wären wir uns in dieser heutigen Debatte noch ein Stück nähergekommen.

Letzter Satz: Ich werde mir das Wort ›Friedenspolitik‹ und den Inhalt unserer Friedenspolitik von niemandem abhandeln lassen!«

Politik der Friedenssicherung aus christlicher Überzeugung

Rede zum Jahresempfang der Evangelischen Akademie Tutzing am 26. Januar 1982

»Herr Landesbischof,
Herr Staatsminister, meine Damen und Herren!

Ich danke Ihnen, Herr Dr. Roepke, sehr herzlich für diese Einladung. Sie zwingt mich, öffentlich ein wenig zu philosophieren, was ja eigentlich nicht meine Aufgabe ist. Ich werde das aber nicht abstrakt tun, sondern – soweit mir das gelingt – anschaulich und möglichst konkret.

Vor einem Jahr stand an dieser Stelle Bischof Albrecht Schönherr, der aus seiner Sicht über den Zusammenhang zwischen Glaube und Politik, über ›Chancen und Probleme christlicher Existenz in einer sozialistischen Gesellschaft‹ gesprochen hat. Ich erinnere mich an die Positionsbeschreibung, die er für christliche Existenz gegeben hat, unabhängig von dem Gesellschaftssystem, in dem sie verwirklicht werden muß: ›Wir Christen haben den Auftrag, dort, wohin wir uns von ihm gestellt wissen, Gottes rettenden Willen anzusagen. Unter diesem Auftrag verwandeln sich Chancen und Probleme zu Wegweisungen, Versuchungen und Belastungen, die wir zu tragen haben. Christliche Existenz ist Nachfolge, ist Bewegung, ist Gehen auf einem Wege. Es ist ein Weg mit Gefahren auf beiden Seiten. Aber er gewährt auch Ausblicke nach vorn.‹

Ausblicke nach vorn: Es ist nur wenige Wochen her, daß ich bei meinem Besuch in der Deutschen Demokratischen Republik den Dom zu Güstrow besuchte. Ich kann an das Erlebnis in jener Kirche nur mit großer innerer Bewegung zurückdenken. Inzwischen bin ich sicher, daß der Besuch vielen Christen in der Deutschen Demokratischen Republik geholfen hat – das war ja auch sein Ziel gewesen.

Landesbischof Heinrich Rathke hatte Herrn Honecker und mich im Dom darauf hingewiesen, daß Barlach, der Güstrower Dom und die Backsteingotik des Ostseeraums Symbole dessen seien, ›was wir gemeinsam haben‹, und er nannte: ›gemeinsame Vergangenheit und Erinnerung‹. Ich habe ihm erwidert, daß dieses gemeinsame Erbe auch gemeinsame Zukunft bedeuten könne.

Unser gemeinsames Erbe erschöpft sich nicht in Barlach oder in Backsteingotik, in Kultur, Architektur oder Musik, sondern wir haben auch eine gemeinsame Tradition des Glaubens. Daraus könnte durchaus eine gemeinsame Zukunft des Glaubens werden.

Das Erlebnis in Güstrow ist für mich Glied einer längeren Kette persönlicher Erfahrungen. Auch meine allererste, bewußt erlebte christliche Erfahrung war zugleich eine politische Erfahrung. Sie liegt allerdings 40 Jahre zurück. Schon vor dem Kriegsausbruch – ich war damals noch nicht ganz 21 Jahre alt – habe ich zwar noch recht unklar, aber doch deutlich genug empfunden, daß Hitlers Diktatur uns auf vielerlei Weise in den Abgrund führen würde.

Ich habe mir dann während des Krieges, den ich von Anfang bis Ende als Soldat mitmachte, Gedanken darüber gemacht, wie es nach dem physischen und moralischen Zusammenbruch Deutschlands, den ich kommen sah, noch einen neuen Anfang geben könnte. Meine Frau und ich, wir haben uns damals – ohne daß ein individuelles Glaubenserlebnis zugrunde gelegen hätte – der Kirche zugewandt, weil wir hofften, daß mitten in dem Chaos, das eintreten mußte, die Kirchen Kern des moralischen und sittlichen Wiederaufbaus würden sein können.

Allerdings – ein betonter Lutheraner bin ich deshalb nicht geworden, auch nicht ein Vierteljahrhundert später, als ich in einer lutherischen Kirche Synodaler war, sondern ich habe mich immer eher als ökumenischer Christ gefühlt.

Mir war 1942 deutlich gewesen, daß ein Wiederaufbau Deutschlands ohne eindeutige sittliche Fundierung nicht möglich sein würde und daß diese sittliche Fundierung durch die Verkündigung der Kirchen ins Bewußtsein der Menschen gerufen werden müsse. Ich will nicht verhehlen, daß ich in den späten vierziger und in den frühen fünfziger Jahren Enttäuschung empfand, als diese Hoffnung nur unzulänglich Wirklichkeit wurde. Ich weiß heute, daß diese Enttäuschungen ungerechtfertigt waren, weil meine vorangehenden Erwartungen viel zu hoch gespannt gewesen sind.

Allerdings, was diese Jahre angeht, müssen wir Christen uns wohl fragen, ob wir zunächst nicht allzu selbstverständlich vorausgesetzt haben, daß sich die Kirche und daß sich die Menschen in der Kirche mit diesem neuen Staat Bundesrepublik Deutschland identifizieren würden. Wir müssen uns fragen, ob wir nicht zu unkritisch zugesehen haben, wie die Menschen sich in einer zunächst sehr unzureichenden Gesellschaft und Struktur einrichteten, als sei dies schon genug. Wir müssen uns ferner fragen, ob wir – als dieses Sich-Einrichten und die Herstellung funktionsfähiger wirtschaftlicher, sozialer und staatlicher Strukturen einigermaßen und überraschend schnell gelungen war – uns nicht zu früh nach all diesen Anstrengungen zufrieden zurückgelehnt und ausgeruht haben.

Zum Ausruhen war ja in der zweiten Hälfte der 50er Jahre auch Grund genug. Schließlich war dieser unerhörten Anstrengung der Aufbauphase ja die ungeheure Kriegsanstrengung, der Aderlaß und das Elend von Nazizeit plus Krieg und Vertreibung vorangegangen.

Wenn die Rede ist von Friedensverantwortung der Christen heute, so stehen wir vielleicht erst seit wenigen Jahren in jener Phase, in der wir die großen moralischen Hoffnungen und Erkenntnisse meiner Generation aus der Kriegszeit verwirklichen können und dies in einem mitunter schmerzlichen Prozeß auch tatsächlich tun müssen. Wir erkennen auch, daß wir dabei vor Fragen stehen, die kein Mensch und keine gesellschaftliche Gruppe – auch keine Kirche – allein lösen kann.

Wir können diese Probleme auch nicht in der Isolation lösen, weder in der nationalen noch in der konfessionellen Isolation, sondern nur gemeinsam mit anderen. Die Sozialdemokratische Partei, der ich angehöre, hat in ihrem Godesberger Grundsatzprogramm 1959 deutlich ausgesprochen, sie sei eine Gemeinschaft von Menschen verschiedener Glaubens- und Denkrichtungen, deren Übereinstimmung auf gemeinsamen sittlichen Grundwerten beruhe.

Damit zog die Sozialdemokratie für sich als Partei die Konsequenz aus den Erfahrungen mit der braunen Diktatur. Zugleich entfaltete sie damit jene Ansätze der eigenen geschichtlichen Tradition, die auf den Pluralismus eines freiheitlich demokratischen Rechtsstaates abzielen.

Ein demokratischer Rechtsstaat lebt davon, daß es in ihm eine Vielfalt von Meinungen und Wertvorstellungen geben kann, geben darf und tatsächlich gibt. In dieser Vielfalt liegt ja gerade ein wesentliches, vielleicht das wesentliche Unterscheidungsmerkmal zum totalitären Staat, welcher Prägung auch immer.

Pluralität darf aber nicht zur Preisgabe von Gemeinsamkeit führen, wir haben immer wieder Anlaß, uns dessen zu erinnern – gerade in diesen Tagen! Im Gegenteil: das Zusammenleben von Menschen, die sich nicht der Anarchie ausliefern wollen, verlangt in erheblichem Maße nach Übereinstimmung in den Grundwerten, zumindest aber nach aktiver, respektierender Toleranz; Toleranz nicht aus Gleichgültigkeit, sondern aus Respekt gegenüber den Werten, denen sich der einzelne oder der andere verpflichtet fühlt. In der Debatte ist für solche Übereinstimmungen der eben schon benutzte Begriff der ›Grundwerte‹ gefunden und im Laufe der letzten drei Jahrzehnte allgemein akzeptiert worden.

Im Zusammenhang mit der Grundwertedebatte wird vom Staat viel verlangt. Er kann die Entfaltung von Grundwerten schützen und trägt Mitverantwortung. Aber er kann nicht das Leben von Grundwerten erzwingen, wenn sie in der Gesellschaft nicht oder nicht mehr lebendig sind. Der Staat ist darauf angewiesen, daß die Grundwerte in den verschiedenen Bereichen der Gesellschaft wachsen, daß sie gepflegt und lebendig gehalten werden. Dabei – nicht nur dabei! – haben die Kirchen eine große Rolle.

Seit Jahren hat es über Inhalt und Begründung der Grundwerte eine lebhafte Diskussion gegeben. Ich war daran beteiligt. Ich will mich auch in Zukunft daran beteiligen, möchte aber heute abend dieses Thema nicht fortsetzen.

Mir erscheint wichtig, daß das Nachdenken über Grundwerte nicht zum bloßen Konservieren von Werten und inhaltlichen Wertvorstellungen führen darf, sondern daß es vielmehr die Sensibilität für Werte schaffen muß, die sich entwickelt haben, die weiterentwickelt oder die neu entwikkelt werden müssen.

Die von den großen Parteien gemeinsam hervorgehobenen drei Grundwerte – Freiheit, Gerechtigkeit und Solidarität – müssen in jeder Generation neu mit Leben erfüllt werden. Das geschieht ja auch. Zugleich aber sind weitergreifende Anstrengungen nötig.

Zum Inhalt des Grundwerts Solidarität gehört heute zum

Beispiel das wachsende Bewußtsein der Verantwortung auch für Menschen in Ländern, die unsere Hilfe zu ihrem Wohlergehen oder zu ihrer Entwicklung dringend bedürfen. Das ist ein zusätzlicher Begriffsinhalt, der vor 50 Jahren nicht impliziert war.

Eines will ich heute allerdings zur Grundwertedebatte doch wiederholen: Über die vielleicht heute schon ›klassisch‹ zu nennenden drei Grundwerte Freiheit, Gerechtigkeit und Solidarität hinaus scheint es mir notwendig – und ich setze mich immer wieder dafür ein –, den Wert ›Frieden‹ in diesen Kanon einzubeziehen.

Frieden ist ein Grundwert, der in der bisherigen Menschheitsgeschichte keineswegs immer selbstverständlich war, eher das Gegenteil. Das gilt nicht nur für die Politik, das gilt auch für die Kirchen. Erst in neuerer Zeit wird die fundamentale Bedeutung dieses Grundwertes ›Frieden‹ für das Zusammenleben ausreichend erkannt. Ein Indiz für diesen noch andauernden Erkenntnisprozeß ist die Tatsache, daß die Frage nach dem Frieden eine Zentralfrage innerkirchlicher Auseinandersetzungen geworden ist.

Für mich will ich betonen: Frieden, Freiheit und Nächstenliebe oder Solidarität und Gerechtigkeit stehen im gleichen Rang. In der unerlösten Welt können sie miteinander in Konflikt geraten. Davor die Augen zu verschließen, führt jeden schon von Anfang an auf die Bahn des Irrtums.

Daß Frieden heute ein Zentralthema geworden ist, hängt sicherlich auch damit zusammen, daß alles Nachdenken – selbst erfolgreiches Nachdenken – über Grundwerte und deren Verwirklichung dann sehr unbefriedigend bleiben kann, wenn nicht praktisch erfahrbar wird, daß vernunftgemäßes politisches Handeln sich tatsächlich an den Grundwerten orientiert. Das ist häufig für denjenigen nicht leicht zu erkennen, der seine Informationen allein aus dem Fernsehen oder aus der Tageszeitung bezieht und nicht im Gespräch mit dem anderen erfährt, was der andere oder gar der Handelnde darüber denkt.

Auf welchen Wegen der Friede unter den konkreten Bedingungen der Gegenwart sicher oder wenigstens etwas sicherer gemacht werden kann, als er heute erscheint – an dieser Frage scheiden sich viele Geister, nicht nur unter Christen.

Einigkeit besteht weitgehend in der Überzeugung, daß im nuklearen Zeitalter unser individuelles wie unser nationales Überleben, und nicht nur das unserer Nation, von der Erhaltung des Friedens abhängt. Einigkeit besteht darin, daß angesichts der Zerstörungskraft heutiger Waffen der Friede zur Voraussetzung für das Überleben insgesamt geworden ist. Friedenspolitik ist deshalb eine über nationale Ziele hinausreichende, gleichsam globale Aufgabe geworden, zu der wir durch die Bruderschaft unter allen Menschen, aber auch durch die politische Vernunft und durch das eigene Friedensinteresse verpflichtet sind.

Aus allen diesen Gründen ist Friedenspolitik zum Kernstück der auswärtigen Politik unseres Staates geworden. Einzelentscheidungen der Außenpolitik müssen dem kritischen Maßstab genügen: Können Sie dem Frieden dienen, oder können sie ihn gefährden? Solche kritischen Maßstäbe können nur aus der Vernunft gewonnen werden und nicht aus den Grundwerten. Das macht die Sache abermals so schwierig.

Wenn aber solche Fragen so sehr an den Nerv gehen, wenn sie sozusagen keine Nischen lassen, in denen man sich ihnen entziehen könnte, dann sind leider auch Emotionen unvermeidlich. Dabei kann allerdings rasch die Erfahrung verlorengehen, daß Emotionen allein nur selten Grundlage für verantwortliches und verantwortbares Handeln sein können.

Ich möchte am Beispiel der polnischen Krise zeigen, daß

die Gewißheit über die Grundwerte ›Frieden‹, ›Freiheit‹und ›Solidarität‹ allein noch nicht ausreicht, um eindeutig zu sagen, was unsere Polenpolitik oder die unserer Verbündeten zu sein hat, zum Beispiel in der Frage von Sanktionen gegenüber Polen und der Sowjetunion, in der Frage von Krediten und so weiter . . . Die auf diese Fragen reichlich verwendeten Emotionen haben erst recht nicht zu einem überzeugend einheitlichen Urteil geführt; das können sie auch nicht.

Gerade an der Reaktion der Bundesregierung auf das polnische Drama haben einige gemeint und meinen auch jetzt noch, unsere Mäßigung in der Sprache lasse den Schluß auf eine uns unterstellte moralische Unsicherheit oder auf eine uns unterstellte Zersetzung von Prinzipien oder Grundwerten zu. Dabei haben auf seiten der Kritiker deren eigene Vorurteile und Emotionen dazu geführt, daß man Äußerungen des deutschen Bundestages oder der Bundesregierung wie auch ihr tatsächliches Handeln gar nicht recht zur Kenntnis nehmen wollte. Dies alles im Namen von Grundwerten, dies alles im Namen des Grundwertes ›Freiheit‹.

Es bleibt aber wahr, daß der Bundestag das erste Parlament eines westlichen Landes war, das sich eindeutig gegen die Verhängung des Kriegsrechts in Polen geäußert hat, übrigens auch der Bundeskanzler vorher. In derselben Entschließung des Bundestages vom 18. Dezember findet sich die Ankündigung der ersten ›Sanktion‹ gegen das Militärregime in Warschau. Darin werden Verhandlungen über weitere Finanz- und Wirtschaftshilfen von einer Rückkehr zum Kurs der polnischen Erneuerung abhängig gemacht, der mit allen seinen Schwierigkeiten, aber doch nicht ohne Erfolge und ganz sicher mit Willen der Mehrheit des polnischen Volks bis zum Coup der Generale am 13. Dezember verfolgt worden war.

Es gab allerdings nicht nur im Ausland dieses emotionalisierte Mißverständnis, das Nicht-sehen-Wollen dessen, was wir tatsächlich taten, weil wir mit der Sprache gegenüber Nachbarn sorgfältig umgingen, dieses Mißverständnis, die Mäßigung im Tonfall als moralische Schwäche zu interpretieren. Auch bei uns sind Emotionen geschürt worden. Einerseits in vermeintlicher Übereinstimmung mit angeblichen Positionen von Alliierten, um am Falle Polen die friedenspolitische Linie der Bundesregierung und deren Grundorientierung zu erschüttern. Aber umgekehrt haben sich auch solche emotional gebärdet, die in ihrer Reaktion auf solche kritischen Stimmen aus dem Ausland meinten, daß – ich persifliere es jetzt – an unserem Wesen die Welt genesen solle. Das gab es auch. Das gibt es auch heute noch.

Es war dabei vielfältig von Moral und von Grundwerten die Rede, von sittlichen oder ethischen Prinzipien. Vielen schien der klassische Konfliktfall zwischen Moral auf der einen und ›Realpolitik‹ auf der anderen Seite gegeben zu sein. Aber tatsächlich konnten fast alle die divergierenden politischen Reaktionen, Anschauungen und Zielsetzungen innerhalb der westlichen Welt gegenüber der polnischen Tragödie und gegenüber der Sowjetunion sehr wohl und sehr klar mit christlichen Grundwerten begründet werden.

Man sieht also: Allein die Orientierung an den drei Grundwerten – Freiheit für die Polen, Frieden für uns alle und Solidarität für die Polen – konnte in diesem Fall keineswegs eindeutig zu einem bestimmten politischen Verhalten führen. Sie ergab statt dessen völlig divergierende politische Auffassungen und Verhaltensabsichten. Ich ziehe aus diesem Beispiel die Konsequenz, daß zur Orientierung an den Grundwerten die nüchterne Analyse und die Abwägung eigener möglicher Zielsetzungen hinzukommen muß – wozu es der Vernunft bedarf –, ferner die finale Abwägung der eigenen denkbaren Wege, um die Ziele zu erreichen. Auch das ist wiederum eine Sache der Vernunft und nicht des Glaubens.

Ich bekenne mich mit Leidenschaft zur Vernunft in der Politik. Sittliche Grundwerte plus Vernunft – nur diese Kombination kann eine eindeutige und verantwortbare Politik ergeben. Je nach eigener Erfahrung und Geschichte desjenigen, der urteilen und handeln soll, je nach eigenen Interessen, je nachdem, wo er Mitspieler und Gefährten findet oder finden muß, kann selbst bei einer optimalen Kombination von Orientierung an Grundwerten plus Anwendung äußerster Vernunft die vernunftgemäße Abwägung zu sehr verschiedenen Zielen und Wegen führen. Deswegen ist der andere nicht weniger moralisch als der erste und der dritte nicht weniger als der zweite.

Ich betone das, weil ich häufig in evangelischen Kreisen höre, daß man doch nur den christlichen Grundwerten folgen solle, dann ergebe sich ganz klar, was die Politik, ihre Zielsetzungen und ihre Wege zu sein hätten. Sie sehen an diesem polnischen Beispiel, daß das ein Irrtum und eine Illusion ist.

Mancher Kritiker der deutschen Friedenspolitik – der heutzutage häufig denunzierten Ostpolitik – übersieht, daß jene geistig-politische Reformentwicklung in Polen in den letzten zwei Jahren, deren deutlichster Ausdruck die freie Gewerkschaftsbewegung Solidarność war, ohne die ›Philosophie‹ und die ›Moral‹ der Entspannungspolitik überhaupt nicht möglich geworden wäre. Vielleicht ist Solidarność zu schnell vorangeschritten; das will ich nicht beurteilen. Für uns Deutsche war die Friedenspolitik moralische und politische Konsequenz aus der Schuld, die Deutsche gegenüber Polen im Zweiten Weltkrieg auf sich geladen haben; eine Konsequenz, die gegenüber Polen zunächst mit dem Instrument des Warschauer Vertrages gezogen worden ist.

Es war ja nicht nur eine deutsche Politik, sondern es gab eine allgemeine europäische Friedenspolitik deren ›philosophy‹, um das Wort in seinen englischen Obertönen zu benutzen, auf friedlichen Ausgleich gerichtet war – bei Fortbestehen grundsätzlicher Gegensätze zwischen demokratischen Staaten in der westlichen Hälfte Europas und kommunistisch-diktatorischen Staaten in der östlichen Hälfte. Diese allgemeine europäische Friedenspolitik war es, die 1975 zur Schlußakte von Helsinki geführt hat.

Auf diese Schlußakte stützt sich meine Regierung in ihrer Kritik gegenüber der Militärdiktatur in Polen besonders. Helsinki ist die gegenwärtig wichtigste Grundlage dafür, daß wir von dem Militärregime in Warschau und von der Führungsmacht Sowjetunion verlangen, die politischen Inhaftierungen von Tausenden zu beenden. Unsere Legitimation liegt in der polnischen und sowjetischen Unterschrift unter das gleiche Dokument, das ich in Helsinki unterschrieben habe.

Aus demselben Grund dringen wir gegenwärtig auf eine Behandlung des Themas ›Polen‹ im Rahmen der Madrider Nachfolgekonferenz. Diese Nachfolgekonferenz ist ja ausdrücklich von allen Unterzeichnern der Schlußakte als ein Treffen verstanden und geplant worden, auf dem die Folgen und die Fortschritte seit Helsinki bewertet werden sollten. Dies war die gemeinsame Absicht. Es bedeutet deshalb keinerlei Einmischung in die inneren polnischen Verhältnisse, wenn die Bundesregierung öffentlich ihre Stimme für die Einhaltung der Schlußakte erhebt.

Fünf Tage nach der Ausrufung des Kriegsrechts habe ich im Bundestag gesagt: Ich stehe mit ganzem Herzen auf der Seite der polnischen Arbeiter. Ich bin ganz sicher, daß ich damals für alle gesprochen habe. Selbstverständlich stehen wir alle auf der Seite derer, welche die Freiheit der Person verlangen und verteidigen.

An dieser Stelle kann ich aber eine Bemerkung nicht unterdrücken: Um der Freiheit willen darf ein Mensch selbst das höchste Opfer des eigenen Lebens wagen. Jene, die während der Nazidiktatur und am 20. Juli 1944 gehandelt haben, bedürfen keiner weiteren Rechtfertigung. In vielen Staaten der Welt handeln heute Menschen gerechtfertigt, die um der Freiheit willen das Opfer des eigenen Lebens riskieren. Allerdings: Wer andere zu solchem Risiko auffordert, während er selbst in ungefährdeter Freiheit lebt und seinen Appell aus einer ungefährdeten äußeren Sicherheit heraus an andere richtet, der sollte seine eigene Legitimation prüfen.

Nach solchen Einsichten haben wir Deutsche uns in den letzten Wochen und Monaten mit großer Zustimmung der Mehrheit unseres Volkes gerichtet. Aber deshalb stehen wir in unserem Mitleiden mit den Polen anderen nicht nach. Die Millionen von Paketen und Spenden, die westdeutsche Bürger nach Polen schicken, sind ein sehr gutes Zeichen für ein gewandeltes Verhältnis zwischen Deutschen und Polen, einer Wandlung, deren erster politischer Ausdruck eben jener Warschauer Vertrag heute vor einem Jahrzehnt gewesen ist.

Es ist der Grundwert der Solidarität mit dem polnischen Volke, der Nächstenliebe gegenüber Polen, der uns zu diesen Paketen drängt. In der Sprache der Bürokraten heißt das ›humanitäre Hilfe‹. Es ist derselbe Grundwert der Solidarität oder der Nächstenliebe, der mich zur Fortsetzung der Nahrungsmittelhilfe für die Volksrepublik Polen drängt. Es ist schwierig, mitzuvollziehen, daß ein Stopp der Nahrungsmittelhilfe das Militärregime treffen soll, wenn man sieht, daß er in Wirklichkeit das polnische Volk trifft. Die regierende Oberschicht hat sicherlich immer genug zu essen. Aber auch darüber kann man offenbar moralisch zu verschiedenen Ergebnissen kommen, obschon gleichermaßen orientiert an gleichen Grundwerten der Solidarität und der Freiheit.

Eines will ich noch hinzufügen: Wir Deutsche dürfen Treblinka und Auschwitz nicht vergessen. Das waren nicht einfach nur ›Konzentrationslager‹, sondern deutsche Lager auf polnischem Boden, in denen nach der Wannsee-Konferenz die Menschen zu Millionen ermordet wurden. Daher fällt es mir schwer, die gegenwärtigen Internierungslager in Polen ›Konzentrationslager‹ zu nennen. Es mag jemand in einem anderen Land der westlichen Welt leichter fallen, die Lager, die heute in Polen existieren, ›Konzentrationslager‹ zu nennen.

So führt die eigene, sehr schuldbeladene deutsche Geschichte allein schon zu einer Mäßigung der Sprache und des Gestus gegenüber Polen und anderen östlichen Staaten mit kommunistischen Zwangsherrschaftssystemen, mit deren Völkern wir Versöhnung nötig haben. In diesem Zusammenhang weisen wir die Verdächtigung mit Empörung zurück, unsere Mäßigung der Sprache und unsere trotz der Ereignisse in Polen andauernde Bereitschaft zu Dialog, zu Verhandlung und Vertrag sei Ausdruck einer Mißachtung des Grundwertes der Freiheit oder gar der Ausdruck von Feigheit oder – wie ich es auch gelesen habe – von krämerischem Geist.

Ich räume ein, unsere Vernunft mag durchaus irren. Aber gerade hier und im Verhältnis zu Polen baut sie sehr bewußt auf der Basis der Grundwerte Frieden, Freiheit und Solidarität.

Die Haltung der Bundesregierung, die trotz der Ereignisse in Polen an der Bereitschaft zu Dialog, Verhandlung und Vertrag festhält, geht auch von der durch eigene politische Erfahrung erhärteten Überzeugung aus, daß ohne Gesprächswillen und ohne Gesprächsfähigkeit Spannungen nicht behebbar sind. Spannungen können durchaus zu Friedensbedrohungen eskalieren, welche die politische Freiheit unseres Landes und die Existenz von Völkern aufs Spiel setzen würden.

Der letzte Evangelische Kirchentag in meiner Vaterstadt Hamburg stand unter dem Motto ›Fürchtet Euch nicht!‹ Aus der Angst, die Bedrohung sei durch die Entwicklung der letzten Jahre gestiegen, hat es auf dem Kirchentag junge Menschen gegeben, die diesem Kirchentagsmotto ihren eigenen Satz entgegengestellt haben: ›Fürchtet Euch!‹ Ich war und bin mit vielen anderen in diesem Land besorgt über die Heftigkeit, mit der die Emotionen der Angst in der sogenannten Friedensbewegung aufgebrochen sind und mit der sie fleißig ausgebreitet werden.

Vielleicht steckt in der Verbreitung eine Abwehrreaktion gegenüber der eigenen Angst. Ich verstehe nicht genug von Psychologie, aber eines hören wir alle von Ärzten und Seelsorgern: Ängste können durchaus lebensrettend sein. Angst ist ein Signal. Angst kann lebensrettend sein, wenn sie anregt zum eigenen Handeln – zum Tun oder zum Unterlassen –, wenn sie zur Bewältigung der Ursachen für die Angst führt. Ich will Angst nicht schlechthin beiseite schieben. Sie ist eine menschliche Grundgestimmtheit.

Aber wie Ängste bewältigt werden, ergibt sich noch nicht ohne weiteres aus der Angst selbst. Es kann sich ergeben aus dem Vertrauen in Gott als den Herrn oder – politisch gesprochen – als den Herrn der Geschichte. Es kann sich sogar aus der Einsicht in die Wege und Mittel ergeben, die der Medizin in dem einen Fall oder der Politik im anderen Fall zu Gebote stehen. Aber die vernunftgemäße Einsicht in die politischen Zusammenhänge und deren Möglichkeiten offenbart dann leider zugleich auch die Begrenztheit dieser Möglichkeiten, die Begrenztheit der Wirkung politischer Instrumente, die unserem kleinen Land, dem Bundestag und der Regierung verfügbar sind. Und das bedeutet, daß Zweifel bleiben müssen.

Ich befinde mich jetzt schon lange nicht mehr auf der grundlegenden Ebene der elementaren Werte, sondern im Bereich der abwägenden, der analytischen und finalen Vernunft. Aus ihr stammt der Ansatz der friedenspolitischen Bemühungen der Regierung, nämlich der Gedanke des Ausgleichs, der zu einem stabilen oder restabilisierten oder doch wenigstens restabilisierbaren Gleichgewicht führt.

Dieses Prinzip hat für das Gebiet der Sicherheitspolitik sehr weitreichende Konsequenzen. Eine Einsicht steht obenan: Der Gegensatz der Systeme und ihrer Grundwerte zwischen der westlichen Führungsmacht mit ihren Verbündeten und dem östlichen Gegenüber ist eine Tatsache. Sie kann nicht durch Emotion, aber auch nicht durch ein eigenes Grundwertbekenntnis verändert oder beeinflußt werden. Das wissen die Christen in der Deutschen Demokratischen Republik sehr viel besser als manche Synodalen hierzulande. Kein Grundwertbekenntnis kann etwas daran ändern, daß die Sowjetunion eine hochgerüstete militärische Weltmacht mit einem anderen Wertkanon ist und daß sie andere Staaten in deren Freiheit bedroht, wie die geschichtliche Erfahrung während unserer Lebenszeit vielfältig bezeugt.

In diesem Gegensatz der Systeme und der Grundwerte haben wir Deutsche in der Bundesrepublik, die wir die Freiheit dazu hatten, immer wieder ganz eindeutig votiert. Wir stehen an der Seite unserer Verbündeten und der westlichen Führungsmacht. Wir sehen im westlichen Verteidigungsbündnis nicht nur eine hochgerüstete Versicherungsgemeinschaft auf Gegenseitigkeit, sondern auch eine Gemeinschaft, die durchaus weitgehend auf gemeinsamen Wertvorstellungen beruht.

Damit meine ich nicht nur die Freiheit der Religion, auch nicht bloß die Freiheit der Wirtschaft, obwohl unser Wohlstand weitgehend auch auf ihr beruht. Ich meine auch die Freiheit derjenigen, die denken und schreiben – der Intellektuellen –, auf der Kritik und gesellschaftlicher Fortschritt beruhen und deren Fehlen im östlichen Europa wir so schmerzlich mitempfinden. Ich meine ebenso die Freiheit der Arbeitnehmer, sich frei zusammenzuschließen und in freier Selbstbestimmung ihre Interessen zu vertreten. Wer als Demokrat um der Freiheit willen für Solidarnosć eintritt, zugleich aber das westliche Bündnis als entbehrlich abtut, der gerät in einen Widerspruch innerhalb seines eigenen Werte-Systems.

Beide Weltmächte sind zugleich die militärischen Führungsmächte des jeweiligen Bündnisses. Beide haben ein Potential an enormer Vernichtungskraft entwickelt; zum Teil steht – vor allen Dingen auf seiten der Sowjetunion – dahinter ein übersteigertes Sicherheitsinteresse. Die Waffen der beiden Weltmächte bedrohen das jeweilige Gegenüber und dienen mit der dadurch gegebenen Abschreckung auch der Sicherheit der eigenen Bündnisgenossen.

Es erscheint mir in diesem Zusammenhang wichtig, den amerikanischen Schutz Berlins und der Bundesrepublik positiv und ausdrücklich hervorzuheben. Auch er wird manchmal in der emotionalisierten Friedensdiskussion in Deutschland vergessen oder übersehen.

Die Waffen unserer Verbündeten und die der Bundeswehr dienen durch Abschreckung der Verhinderung eines Einsatzes der gegnerischen Waffen. Sie dienen ebenso dem Schutz vor politischer Erpressung mit militärischem Übergewicht. Sie dienen der Bewahrung der eigenen Entschlußfreiheit und damit der eigenen Freiheit.

Diese fast globale Konstellation von bipolarer gegenseitiger Abschreckung und Gegenabschreckung hat Europa die bisher längste Friedensperiode dieses Jahrhunderts ermöglicht. Tatsache ist aber, daß ihre Vernünftigkeit zunehmend bezweifelt wird. Die weitgehend ungehinderte Anhäufung von Waffen rückt nach meiner Überzeugung zwar keineswegs notwendigerweise die Gefahr näher, daß diese tatsächlich eingesetzt werden. Aber denkbare und tatsächliche Ungleichzeitigkeiten in der technisch-qualitativen und in der quantitativen Entwicklung gefährden das Gleichgewicht, in dem sich die Abschreckung beider Seiten lange Zeit befunden hat. Die Angst vor dem Rüstungswettlauf ist deshalb nicht nur psychologisch verständlich, sondern sie ist durchaus rational begründet.

Es muß also darum gehen, den ungehinderten Wettlauf um immer neue Qualitäten der Waffen zu bremsen, sie quantitativ unter Kontrolle zu bringen und sie Schritt für Schritt auf ein niedrigeres Niveau zurückzuführen. Auf ein niedrigeres Niveau also, auf dem auch in Zukunft das Gleichgewicht von Abschreckung und Gegenabschreckung oder das Gleichgewicht der Verletzbarkeiten ungefähr gewahrt bleibt. Diesem System entrinnen wir nicht. Aber mit viel Fleiß, Beharrlichkeit und Mühe können wir Europäer zusammen mit den beiden Weltmächten das Gleichgewicht auf ein sehr viel niedrigeres Niveau herunterbringen.

Eine solche Kontrolle der Waffenqualitäten, der Waffenquantitäten und eine Zurückführung auf niedrigere Ebene kann nicht durch gute Beispiele, sondern nur durch Verhandlungen und durch Verträge erreicht werden. Man muß miteinander reden. Deshalb hat der Gesprächswille und die Gesprächsfähigkeit zwischen den beiden Bündnissystemen einen herausragenden sicherheits- und friedenspolitischen Wert. Die Gesprächsbereitschaft ist die notwendige Folge der Einsicht, daß es eben keine Sicherheit gegen den anderen gibt, sondern daß es Sicherheit für beide nur gibt, wenn sie zusammenwirken.

Ein Vertrag kommt nur zustande, wenn beide ihn unterschreiben. Ich benutze für diesen Zusammenhang gern den Begriff der ›Sicherheitspartnerschaft‹, der natürlich auch wieder als moralisches Unglück oder als Entgleisung denunziert wird. Sicherheitspartnerschaft kann im Gegenüber nicht ausschließlich den Feind sehen, sondern sie muß den Mitmenschen in ihm erkennen, der derselben Gefahr ausgesetzt ist wie ich. Wenn Sie so wollen: Gesprächsbereitschaft zum Zweck der Sicherheitspartnerschaft bedeutet auch das

Prinzip, in ihm nicht nur den Feind zu sehen, sondern auch den Mitmenschen. Das kann ebenso als ein christliches Prinzip wie auch als Prinzip der politischen Vernunft anerkannt werden.

Verhandlungen werden nur dann in wirksame Verträge einmünden, wenn ihr Ergebnis im Bewußtsein beider Seiten zum Gleichgewicht führt. Keines der beiden Bündnisse und keine der beiden Weltmächte kann Verhandlungsergebnisse akzeptieren, die ungleiche Sicherheiten stabilisieren. Auch dies hebe ich hervor, weil es heute Mode geworden ist, sich über das Gleichgewichtsprinzip lustig zu machen. Ungleichgewichte gefährden die Freiheit desjenigen, der weniger Sicherheit zugemessen bekommen hat. Sie können darüber hinaus auch den Frieden unsicher machen.

Deshalb führt der Weg einseitiger Abrüstung in die Sackgasse. Selbst wenn zum Beispiel eine einseitige Abrüstung unseres Landes noch nicht den militärischen Frieden in Mitleidenschaft ziehen würde, weil andere dann in ihrem eigenen Interesse dafür eintreten müßten, so würde doch ein Land, das ohne Absicherung einseitig abrüstete, sich der Möglichkeit politischer Nötigung aussetzen; seine Entschlußfreiheit geriete in Gefahr – seine Freiheit nähme Schaden.

Diese Grundgedanken resultieren aus den politischen Erfahrungen aller fünf Jahrzehnte seit Adolf Hitlers Machtergreifung, nicht aus einem antikommunistischen oder antisowjetischen Affekt. Sie stehen hinter der Friedenspolitik der Bundesregierung. Ein aktuell handgreifliches Zwischenergebnis sind die gegenwärtig laufenden Verhandlungen in Genf zwischen den beiden Supermächten über Kontrolle und Reduzierung der Mittelstreckenwaffen in Europa. Zum Zustandekommen dieser Verhandlungen hat die Bundesregierung in jahrelanger mühseliger Arbeit– meist hinter den Kulissen – entscheidend beigetragen. Sie hatte dabei bis in die allerjüngsten Wochen beträchtliche Schwierigkeiten zu überwinden. Beide militärischen Führungsmächte, die jetzt in Genf am Tische sitzen, mußten erst dazu bewegt werden, solche Verhandlungen zu wollen, Phasen des Desinteresses an vertraglichen Vereinbarungen mußten ebenso überwunden werden, wie Phasen übergroßen Mißtrauens gegenüber dem Partner oder Gegner.

Mir ist ganz klar, daß die Sowjetunion nicht bereit gewesen wäre, ihre weitgehende Vorrüstung mit euro-strategischen nuklearen Mittelstreckenwaffen in Verhandlungen einzubringen, wenn nicht das westliche Bündnis zu dem Entschluß gekommen wäre, gegebenenfalls mit gleicher Münze zu antworten. Wer in seiner Haltung und Beurteilung dieses sogenannten Brüsseler Doppelbeschlusses dessen auslösende Bedeutung für die Verhandlungen in Genf und dessen tragende Bedeutung für die Chance zu einem Verhandlungserfolg unberücksichtigt läßt, der geht an der politischen Wirklichkeit der letzten Jahre vorbei – er geht auch an der Vernunft vorbei.

An dieser Stelle auch meinerseits ein Wort zur Bundeswehr. Unabhängig von einer möglichen Rüstungsverminderung – militärische Verteidigungsfähigkeit wird prinzipiell notwendig bleiben, um äußere Freiheit und um äußeren Frieden zu bewahren. Für die Bundeswehr und ihren Verteidigungsbeitrag zum gemeinsamen westlichen Bündnis bleibt zweierlei wichtig: Erstens ist der Auftrag der Bundeswehr in den Rahmen der Friedenspolitik eingebunden. Nur deshalb kann sie in unserer Gesellschaft in so hohem Maße akzeptiert werden, wie es tatsächlich der Fall ist. Und nur so werden Christen sich damit befreunden, vielleicht auch nur abfinden können, daß zur Bewahrung des Friedens das Vorhandensein von Instrumenten des Krieges notwendig ist. Zweitens muß deshalb dieses Prinzip der Einbindung der Streitkräfte in die Friedenspolitik immer wieder sowohl den

Soldaten der Bundeswehr als auch der öffentlichen Meinung deutlich gemacht werden.

Manche evangelische Christen haben es sich mit dem Dienst in der Bundeswehr nicht leichtgemacht – wie so oft in der evangelischen Kirche noch ein bißchen schwieriger als anderswo. Ich halte die Formulierung vom Friedensdienst mit und ohne Waffen für eine brauchbare Grundlage. Ich erinnere an das Gebet eines Soldaten im Schlußgottesdienst des Frankfurter Kirchentags vor sieben Jahren: ›Ich bin Soldat, eingezogen zum Friedensdienst mit Waffen. Das schafft Widersprüche, innere und äußere. Klarer als unsere Väter sehen auch wir den Unsinn des Krieges. Friedensdienst ohne Waffen – das erscheint folgerichtiger, einleuchtender. Wir aber müssen mit dem Konflikt leben, durch Vorbereitung auf das Entsetzliche eben das Schreckliche verhindern zu sollen.‹

Mit diesem Konflikt zu leben, überhaupt mit dem Konflikt zu leben, heißt, grundsätzlich auch zu akzeptieren, daß selbst zu gemeinsamem Ziel verschiedene Wege möglich sind. Ich bin sehr froh, daß die jüngste EKD-Denkschrift ›Frieden wahren, fördern, erneuern‹ Gelegenheit nimmt, den Friedenscharakter der Bundeswehr zu betonen. Sie schafft die Möglichkeit, sich mit Vernunft über die Schwierigkeiten eines evangelischen Christen, Dienst mit der Waffe zu tun, auseinanderzusetzen.

Dabei bleibt mir immer klar: Bei gleichen Grundwerten sind in der konkreten Situation verschiedene vernunftgemäße Konsequenzen durchaus legitimierbar, sofern sie in sich konsequent sind. Meine eigene Konsequenz bleibt: Zur Wahrung der Freiheit wie des Friedens angemessene Verteidigungsbereitschaft für notwendig zu erkennen und dazu ja zu sagen, zugleich aber nein zu sagen zu Konzepten der militärischen Überlegenheit – und wiederum ja zu Verhandlungen und Verträgen, die für beide Seiten gleiche Sicherheit gewähren.

Zurück zum Ausgangsthema ›Glaube und Politik‹. Die beiden Bereiche erscheinen unvergleichbar. Auf der einen Seite der Raum religiöser Existenz, in dem Glaube den Menschen mit dem in der Schrift offenbarten Gott verbindet, das Gewissen leitet und den Blick für letzte Wahrheiten öffnet.

Demgegenüber auf der anderen Seite der Mensch in seiner weltlichen Existenz, zwangsläufig im Bereich des Politischen angesiedelt, also im Bereich menschlichen Handelns, des Miteinander- und Gegeneinanderhandelns und -wirkens. Das ist der Bereich, in dem der Mensch sich als Gemeinschaftswesen verwirklicht.

Wenn ein Zusammenhang bestehen kann zwischen so verschiedenartigen Räumen, Kräften und Anstößen wie Glaube und politische Überzeugung oder Einsicht, die sich in politisches Handeln umsetzen, so kann der Schnittpunkt nur im einzelnen Menschen gefunden werden. Der einzelne Mensch, jede Person für sich ist vor die Frage gestellt, ob sie eine politische Meinung oder eine politische Zielsetzung mit ihrem Glauben vereinbaren kann oder ob sie sich sogar aus dem christlichen Glauben heraus zur Parteinahme in der Politik allgemein oder in einem bestimmten Problem verpflichtet fühlt.

Nur die Person kann solche Gewissensentscheidung treffen. Weder gibt es ein kollektives Gewissen, noch gibt es Delegation von Gewissen an andere.

Andererseits kann man die Einheit der Person wohl nicht aufspalten und soll das auch nicht versuchen. Glaube und – und ich möchte das ungute deutsche Wort noch hinzufügen – Weltanschauung lassen sich im einzelnen Menschen nicht von dessen politischen Überzeugungen, Einsichten oder Erfahrungen trennen. Gleichwohl: der Staat, ein politischer Verband oder eine politische Partei, aber auch die Kirche müssen unterscheiden zwischen Glauben und Politik. Die Kirchen haben ein Lehramt, das sich nicht auf die Politik schlechthin beziehen kann.

Ich möchte in diesem Zusammenhang auf die Unterscheidung Dietrich Bonhoeffers zwischen dem ›Letzten‹ und dem ›Vorletzten‹, zwischen der absoluten Wahrheit und dem Zustand der Unvollkommenheit hinweisen. In Anlehnung an diese Begriffe hat mein verstorbener Freund Adolf Arndt geschrieben: ›Die Unmenschlichkeit bricht aus, sobald im Vorletzten, wie es jeder demokratischen Partei als ihr Ort gebührt, eine letzte Wahrheit von Menschen zum Maßstab für mitmenschliche Gemeinschaft erhoben wird.‹

In unserem Land leben Christen und Juden, Freidenker, Protestanten und Katholiken, Lutheraner und Reformierte miteinander. Sie wollen auch miteinander leben. Wir können unsere Aufgaben nur erfüllen, wenn wir von dieser geschichtlich gewachsenen Tatsache des Zusammenlebens ausgehen, obschon wir im Hinblick auf die letzten Wahrheiten, auf die Werte und deren Begründung unterschiedliche Überzeugungen in uns haben.

Bischof Hanselmann hat vorhin die Unterscheidung Max Webers zwischen Gesinnungsethik auf der einen, Verantwortungsethik auf der anderen Seite in Erinnerung gerufen. Ich habe mich als Politiker immer zur letzteren bekannt. Die Unterscheidung hat viel dazu beigetragen, die von mir dargestellte Problematik zu verstehen.

Dennoch sind im tatsächlichen politischen Leben – auch im kirchlichen Leben – diese beiden Haltungen zum politischen Problem nicht immer ganz leicht und strikt voneinander zu unterscheiden und zu trennen, schon deswegen nicht, weil – wie bereits erwähnt – ein Politiker einerseits die Folgen und die Auswirkungen seines politischen Handelns im voraus vernunftmäßig bedenken muß und vornehmlich mit den Folgen in die Verantwortung genommen wird. Andererseits darf er Politik ohne sittliches Fundament nicht betreiben. Eine Politik ohne Grundwerte ist gewissenlos, sie tendiert zum Verbrechen.

Auch der Christ kann sich als Bürger einer demokratisch-politischen Gemeinschaft nicht allein auf die Prinzipien seines Glaubens zurückziehen. Sie geben ihm keine Richtschnur dafür, wie die Bundeswehr ausgebildet und erzogen werden soll, ob er Nahrungsmittelhilfe an Polen geben oder vielmehr Sanktionen gegen Polen verhängen soll. Er kann sich im Hinblick auf die von ihm abverlangte Nächstenliebe nicht aus der politischen Mitverantwortung entfernen, abmelden oder aussteigen.

Wir Politiker arbeiten im Bereich der vorletzten Dinge. Unser Handeln vollzieht sich dabei nicht unter Ausschluß des Christen in unserer Person. Das gilt nicht nur für den Politiker, sondern auch für den Bürger ohne politisches Amt. Ich stimme dem zu, was Bischof Lohse im vergangenen Jahr in einer Diskussion gesagt hat: ›Weil Christen Letztes und Vorletztes zu unterscheiden wissen, können sie mit aller Nüchternheit, darin aber gerade auch mit beteiligtem Engagement, den politischen Auftrag beschreiben und begleiten.‹

Ich füge hinzu: Indem wir Letztes und Vorletztes zu unterscheiden wissen, können wir ebenso auf eine politisierende Theologie wie auf eine Theologisierung der Politik verzichten.

›Christliche Politik‹ im Sinne einer alleingültigen Politik – sei es von Staaten, von Regierungen oder von Parteien – kann es nicht geben. Aber es gibt politische Entscheidungen, die der einzelne in seinem christlichen Gewissen fällt. Das ist etwas ganz anderes. Die Entscheidungen können sehr verschieden ausfallen. Trotzdem ist der eine kein schlechterer Christ als der andere. Das Gewissen ist ein Gewissen der Person, es gibt kein kollektives Gewissen einer Personen-Mehrzahl. Deswegen kann es weder den einzigen christlichen Staat noch die einzig christliche Partei geben, sondern immer nur Christen im Staat, in den Parteien, zum Beispiel konservativ oder liberal oder sozialdemokratisch denkende Christen.

Wer im Bereich des Vorletzten arbeitet, der muß auf Absolutheitsansprüche verzichten, auch wenn er sich von christlicher Orientierung geleitet weiß.

Thomas Morus hat geschrieben: ›Wer regiert, muß unter der Gnade bleiben.‹ Unter der Gnade bleiben – das bedeutet wohl auch Zuspruch. Es lehrt auch Toleranz, Augenmaß und Gelassenheit. Es ist kein Wort, das tatenlos machen soll, aber vielleicht doch bescheiden in unseren Zielen und in unserem Handeln.

Zum Schluß: Mir liegt beides dringlich am Herzen, die Treue zu christlichen Grundwerten und ebenso die Leidenschaft zur Vernunft.«

Vernunft und Leidenschaft zur Friedenspolitik

Rede vor der Zweiten Sondergeneralversammlung der Vereinten Nationen für Abrüstung in New York am 14. Juni 1982

»Herr Präsident!

Diese Versammlung tritt in einem Augenblick zusammen, in dem in vielen Regionen der Welt Menschen dem Krieg zum Opfer fallen.

In Afghanistan, in Kambodscha, im Süd-Atlantik und im südwestlichen Afrika, in Iran und Irak und im Libanon sterben Männer, Frauen und Kinder. Auf viele andere Konfliktherde der Welt droht der Funke militärischer Auseinandersetzung überzuspringen. Die Gefahr eines Nuklearkrieges ist weiterhin unbewältigt. *Jeder* begrenzte Krieg kann uns dieser Gefahr näherrücken.

Zu diesem Zeitpunkt sind Sie als die Vertreter der Völker dieser Welt zusammengekommen, um über Abrüstung zu beraten. Ich danke dem Herrn Präsidenten Kittani für die Möglichkeit, zu diesem Thema das Wort zu ergreifen. Und mein Gruß gilt dem Herrn Generalsekretär Perez de Cuellar. Ich weiß mich mit beiden einig in der brennenden Sorge um den Frieden.

I. Friedensbedrohung und Friedenssehnsucht

Die Sorge um den Frieden eint gegenwärtig nicht nur die verantwortlichen Politiker. Stärker als zuvor bewegt die Völker der Welt die Sehnsucht nach Frieden. Friedensbedrohung und Friedenssicherung sind nicht mehr allein Sache der Regierungen, sondern in vielen Staaten sind sie in das Zentrum der Diskussion der Bürger gerückt.

Dies gilt für Länder, in denen freie Meinungsäußerung zu den selbstverständlichen Grundrechten gehört. Aber es gilt auch für solche Länder, in denen freie Meinungsäußerung unterdrückt und verfolgt wird. Auch dort wächst die Befürchtung, daß trotz aller Leidenschaft, den Frieden sicherer zu machen, die bisherigen Anstrengungen nicht ausreichen könnten. Und unsere Völker spüren mit Beklemmung und Furcht, daß die Bedrohungen nicht geringer werden und daß zum Teil die Bemühung um Versöhnung sogar verdächtigt wird.

Zugleich aber wächst das Bewußtsein, daß nicht nur Waffen den Frieden bedrohen. Die ›Unabhängige Kommission für internationale Entwicklungsfragen‹ unter dem Vorsitz meines Freundes Willy Brandt hat dies folgendermaßen gekennzeichnet:

Und ich zitiere: ›Die Geschichte hat uns gelehrt, daß Kriege Hunger nach sich ziehen. Aber weniger bewußt ist es uns, daß Massenarmut ihrerseits zu Krieg führen kann. Wo Hunger herrscht, kann Friede nicht Bestand haben.‹ Ende des Zitats.

Für mein Volk liegt die Erfahrung, daß aus Krieg Hunger wird, noch nicht eine Generation zurück. Aus dieser Erfahrung und im Bewußtsein deutscher Schuld an einem Krieg, dem 5 Millionen Deutsche, 20 Millionen Bürger der Sowjetunion, Millionen Verfolgte, Millionen Europäer und Nordamerikaner zum Opfer gefallen sind – aus diesem Bewußtsein, aus dieser Erfahrung empfinden wir unsere besondere deutsche Friedenspflicht.

Und deshalb sehen wir in dieser Versammlung eine Chance, der Sicherung des Friedens ein Stück näherzukommen.

Von dieser Sondergeneralversammlung kann ein Signal ausgehen, die Regierungen und Völker noch stärker als bisher zum Eintreten für den Frieden zu ermutigen. Es können Wege gewiesen und beschritten werden, auf denen der Friede erhalten und auf denen er sicherer gemacht werden kann.

II. Sicherheitspolitik als Friedenspolitik

Die politische Aufgabe, ja, die moralische Verpflichtung aller Regierungen heißt heute: ihre Sicherheitspolitik als Teil einer weltweiten Friedenspolitik zu begreifen und entsprechend zu handeln. Nur eine solche Friedenspolitik kann vor dem Urteil der Geschichte bestehen und kann bestehen vor der wachsenden Kritik der Bürger in allen Staaten der Welt.

Ich möchte hier – anknüpfend an meine Rede vor vier Jahren vor der Ersten Sondergeneralversammlung – einige der wesentlichen Elemente einer solchen Politik nennen.

1. Gleichgewicht

Es gibt in dem Teil der Welt, in dem wir Deutschen leben, in Europa, keine Sicherheit ohne ein ungefähres Gleichgewicht der militärischen Kräfte. Keine verantwortliche Regierung kann sich damit abfinden, daß ihr Land durch Überrüstung einer Seite bedroht wird oder daß sie selbst der Möglichkeit politischer Erpressung ausgesetzt wird.

Wir in der Bundesrepublik Deutschland sind direkt betroffen vom konventionellen Übergewicht der Sowjetunion in Europa und ihrer Verbündeten und direkt betroffen von der Aufstellung von Hunderten neuer nuklearer Mittelstreckenwaffen, die zum großen Teil auf uns gerichtet sind. Schon eine einzige dieser modernen, zielgenauen Raketen mit drei Sprengköpfen könnte auf einen Schlag meine Heimatstadt Hamburg und die Nachbarstädte Lübeck und Kiel vernichten. Deshalb streben wir gemeinsam mit unseren Bündnispartnern nach einem stabilen militärischen Gleichgewicht zwischen West und Ost durch Verträge.

2. Blockfreiheit

Vereinbartes militärisches Gleichgewicht zwischen West und Ost ist auch ein Beitrag zur Stabilität in der Welt, denn wer das Gleichgewicht als Grundlage seiner eigenen Sicherheit akzeptiert, der muß dann auch anerkennen, daß er den Ost-West-Konflikt nicht auf andere Gebiete der Welt übertragen darf. Im Gegenteil: Es ist in den letzten Jahren immer deutlicher geworden, daß die Blockfreiheit oder das Non-alignment der Staaten der Dritten Welt ein entscheidender Faktor der Stabilität und des Friedens der ganzen Welt geworden ist. Blockfreiheit und Non-alignment zu respektieren, ist deshalb eine Grundforderung weltweiter Friedenspolitik.

Ich denke, je klarer Blockfreiheit als Element des Friedens in der Welt respektiert und beachtet wird, desto weniger Anlaß gibt es für die Staaten in der Dritten Welt, sich ihrerseits in einen Rüstungswettlauf hineinziehen zu lassen; desto weniger Anlaß gibt es auch, etwa den Waffenexport in die Länder der Dritten Welt zu forcieren.

Der französische Außenminister Cheysson hat vor wenigen Tagen vor dieser Versammlung auf die Bedeutung der kollektiven Sicherheit im regionalen Rahmen für die Länder der Dritten Welt hingewiesen. Ich denke, dieser gedankliche Anstoß sollte von Ihnen aufgegriffen werden.

3. Vertragspartnerschaft

Das Streben nach Gleichgewicht allein reicht nicht aus, denn es birgt in sich die Gefahr eines Rüstungswettlaufes, der das Gleichgewicht, wenn die eine Seite der anderen mißtraut, wechselseitig auf ein höheres Niveau treiben kann.

Auch ein übertriebenes Sicherheitsbedürfnis, so verständlich es im Einzelfall aus historischen Erfahrungen sein mag – auch dies birgt in sich die gleiche Gefahr. Übertriebene Sicherheit für einen bedeutet Unsicherheit für andere.

Aus dieser Überlegung habe ich an diesem Ort vor vier Jahren dazu aufgerufen, den Frieden zu gewährleisten durch Vertragspartnerschaft, durch Sicherheitspartnerschaft. Zum Beispiel zwischen Ost und West bietet nur vereinbarte Sicherheit durch vertraglich festgeschriebenes Gleichgewicht auf niedrigem Niveau wirkliche Sicherheit und wirkliche Stabilität.

Sicherheitspartnerschaft verwirklicht die Einsicht, daß wir den Krieg nur noch gemeinsam verhindern können. Und damit wird auch Vertragstreue zu einem tragenden Element unserer gemeinsamen Sicherheit.

4. Dialog und Vertrauen

Man kann Verträge miteinander nur aushandeln, man kann sie nur abschließen, man kann Verträge nur erfüllen, wenn die Vertragspartner einander vertrauen können. Vertrauen kann aber nur wachsen, wenn sich die handelnden Politiker auf beiden Seiten kennen, wenn sie abschätzen können, wie sich der Vertragspartner in Krisensituationen verhalten wird.

Deshalb darf der Dialog unter den Partnern zur Sicherheit, deshalb dürfen die Verhandlungen über Rüstungskontrolle und Abrüstung nicht abbrechen oder unterbrochen werden. Auch dann nicht, wenn politische und ideologische Spannungen wachsen. Selbst dann nicht, wenn ein Partner Anlaß zu schweren Vorwürfen an die andere Seite hat oder Anlaß zu schweren Vorwürfen an die andere Seite nimmt.

Diese Bedingungen der Sicherheitspartnerschaft zu schaffen, sie zu erhalten, ja, sie zu fördern, erscheint mir ein unverzichtbares Gebot der Friedenspolitik. Deshalb bemüht meine Regierung sich seit langem um vernünftige Beziehungen zum anderen deutschen Staat, zur DDR, und zu den anderen Staaten Osteuropas. Und deshalb begrüße ich auch die Absicht von Präsident Reagan und Generalsekretär Breschnew, noch im Laufe dieses Jahres zu einem Gespräch zusammenzutreffen.

III. Instrumente der Friedenspolitik
1. Gewaltverzicht

Das wichtigste Instrument ist der Gewaltverzicht. Leider ist dieses Prinzip des Völkerrechts auch in letzter Zeit wiederholt verletzt worden. Wenn einmal einer versucht, einen Konflikt mit Gewalt zu lösen, so weiß niemand, wo danach die militärische Auseinandersetzung endet. Die Verantwortung für die unabsehbaren Folgen muß derjenige tragen, der den ersten gewaltsamen Schritt getan hat.

Wir alle müssen darauf gemeinsam bestehen, daß das Gewaltverbot so umfassend gilt, wie es in der Charta der Vereinten Nationen festgelegt ist.

Die 16 Partner des westlichen Bündnisses, dem mein Land angehört, haben vor wenigen Tagen in Bonn erneut bekräftigt, daß keine ihrer Waffen jemals eingesetzt wird, es sei denn als Antwort auf einen Angriff. Damit ist die zentrale Aussage der Charta der Vereinten Nationen bekräftigt, nämlich das Verbot der Anwendung oder Androhung von Gewalt und das Recht auf Selbstverteidigung.

Herr Präsident, das Gewaltverbot ächtet jeden Krieg, und das Gewaltverbot gilt für den Einsatz aller Waffen. Nicht nur atomare Waffen, auch konventionelle Waffen haben heute eine unvorstellbare Zerstörungskraft.

Wer das umfassende Verbot der Gewaltanwendung konzentrieren will auf den Ersteinsatz ganz bestimmter Waffen, der scheint damit zu sagen, daß es andere Kriege geben kann.

Wir dürfen uns nicht damit abfinden. Es gibt keinen ›gerechten Krieg‹, erlaubt ist nur und ausschließlich die Verteidigung gegen fremden Angriff.

2. Nukleare Abrüstung

Nächst diesem zentralen Instrument des Gewaltverzichts ist zweitens auch der Vertrag über die Nichtverbreitung von Kernwaffen ein wichtiges Instrument der Friedenspolitik. Mein Land hat mit der Ratifizierung dieses Vertrages die bedeutsame Verpflichtung übernommen, nicht über Kernwaffen zu verfügen. Nach einer langen Debatte im Deutschen Bundestag, in meinem Parlament, hat sich vor Jahren die Mehrheit für den Beitritt zu dem Nichtverbreitungsvertrag entschieden. Viele haben diesen Vertrag als diskriminierend abgelehnt. Ich habe seinerzeit dafür gekämpft, weil ich dem Ziel der nuklearen Rüstungsbegrenzung und Abrüstung Vorrang geben wollte.

Weil aber nun mein Land die Verpflichtungen des Vertrages sorgfältig einhält, deshalb können wir mit vollem Recht verlangen, daß endlich auch die Nuklearmächte ihre Verpflichtungen einhalten, insbesondere ihre Pflicht nach Artikel VI des Non-proliferation Treaty, ›in redlicher Absicht Verhandlungen zu führen über wirksame Maßnahmen zur Beendigung des nuklearen Wettrüstens‹ und ›zur nuklearen Abrüstung‹. Ich habe wörtlich aus dem Vertrag zitiert. Wir bestehen auf unserem Anspruch, auf unserem Recht auf nukleare Abrüstung.

Und deshalb treten wir, gestützt auf diesen Nichtverbreitungsvertrag, auch für den Abschluß eines umfassenden Teststoppabkommens, comprehensive testban, ein. Wir erwarten, daß die beim Genfer Abrüstungsausschuß gebildete Arbeitsgruppe schnelle Fortschritte macht.

3. Bonner Erklärung

Vor wenigen Tagen haben die Staats- und Regierungschefs des Nordatlantischen Bündnisses in Bonn ein Programm für Frieden in Freiheit verabschiedet, ein Programm, das unser Bekenntnis zum vorrangigen Ziel der Sicherheitspolitik unseres Bündnisses erneuert, nämlich Kriege zu verhüten und unter Wahrung der Freiheit die Grundlagen für einen dauerhaften Frieden zu schaffen. Auf dieses Ziel sind die zentralen Elemente unserer Sicherheitspolitik gerichtet, nämlich Abschreckung und Verteidigung einerseits ebenso wie Abrüstung und Rüstungskontrolle andererseits.

Die Erklärung des Bündnisses bekräftigt die Absicht, in Verhandlungen militärisch ausgewogene, bedeutsame und verifizierbare Vereinbarungen über Rüstungskontrolle und Abrüstung zu erzielen, und sie öffnet mit einem breiten Angebot den Weg für die Herstellung eines stabilen Gleichgewichts zwischen Ost und West auf einem möglichst niedrigen Niveau. Das Angebot für die Verhandlungen umfaßt alle Bereiche des militärischen Kräfteverhältnisses zwischen Ost und West, nämlich

a) *Interkontinental-strategische Waffen*

Der amerikanische Vorschlag für substantielle Reduzierung eröffnet die Möglichkeit, einen entscheidenden Beitrag zur Stabilität zu leisten.

Wir stellen mit Befriedigung fest, daß beide Verhandlungspartner nichts tun wollen, was den Bestimmungen von SALT I und SALT II zuwiderläuft, und wir begrüßen, daß Generalsekretär Breschnew dem Vorschlag Präsident Reagans für einen baldigen Verhandlungsbeginn zugestimmt hat, so daß am 29. Juni diese START-Verhandlungen beginnen werden. Darüber hinaus hat Präsident Reagan in Berlin ein neues wichtiges Thema eingeführt, nämlich vertrauensbildende Maßnahmen zur Verhinderung eines nuklearen Konflikts durch Zufall oder durch Mißverständnis zwischen diesen beiden großen Nuklearmächten.

b) *Nukleare Mittelstreckensysteme*
Die Verhandlungen über dieses Thema (INF) haben am 30. November des letzten Jahres in Genf begonnen. Wir unterstützen uneingeschränkt den Vorschlag, daß die Vereinigten Staaten von Amerika und daß die Sowjetunion auf alle landgestützten nuklearen Mittelstreckenraketen von größerer Reichweite verzichten. Die Beseitigung einer ganzen Waffenkategorie wäre ein großer Schritt in Richtung auf wirkliche Abrüstung. Wir werden alles tun, um zur Verwirklichung dieses Vorschlags beizutragen.

c) *Konventionelle Streitkräfte*
Wir werden in Kürze bei den MBFR-Verhandlungen in Wien eine neue Initiative des Westens vorlegen. Ihr Ziel ist es, den Verhandlungen über beiderseitige ausgewogene Truppenverminderungen endlich einen neuen Antrieb zu verleihen, um zu gleichen kollektiven Höchststärken beider Seiten in Mitteleuropa zu kommen.
Ich messe den Wiener Verhandlungen größte Bedeutung bei; denn militärische Stabilität darf sich nicht auf die nuklearen Potentiale allein beschränken. Sie muß ebenso die konventionellen Komponenten umschließen.

d) *Vertrauensbildende, sicherheitsbildende Maßnahmen in ganz Europa*
Wir haben unsere Absicht bekräftigt, auf dem Nachfolgetreffen der Madrider Konferenz für Sicherheit und Zusammenarbeit (KSZE) ein Mandat zu verabschieden für eine Konferenz über Abrüstung in Europa. Deren Ziel muß sein, Stabilität und Berechenbarkeit durch Maßnahmen zu fördern, die in ganz Europa vom Atlantik bis zum Ural gelten sollen.

e) Und schließlich:
Wir wissen, daß ein stabiler Friede die sicherheitspoliti-

sche Partnerschaft zwischen Nord und Süd verlangt – in allen Regionen der Welt. Deshalb haben wir auch in der Erklärung von Bonn auf die Bedeutung der Verhandlungen im Genfer Abrüstungsausschuß und auf die Hoffnungen hingewiesen, die wir mit dieser Sondergeneralversammlung verbinden.

4. Weltweite Bemühungen um Abrüstung und Rüstungskontrolle

Herr Präsident, die Wirklichkeit dieser Tage zeigt, wie weit wir in der ganzen Welt vom Ziel eines stabilen Friedens noch entfernt sind. Im weltweiten Rahmen müssen deshalb die Bemühungen um konkrete Verhandlungsergebnisse verstärkt werden. Jede Region sollte den ihr möglichen Beitrag zum internationalen Frieden leisten. Ich hoffe sehr, daß diese Sondergeneralversammlung dieses Ziel fördern wird, und ich möchte auch dazu einige Gedanken beitragen.

a) *Vertrauensbildung*

Mein Land hat das Konzept vertrauensbildender Maßnahmen in das Zentrum unserer sicherheitspolitischen Bemühungen in den Vereinten Nationen gestellt. Es liegt dieser Sondergeneralversammlung eine umfassende Studie vor, die der Generalsekretär in zweijähriger Arbeit hat ausarbeiten lassen. Da wir Deutschen den Anstoß zu jener Studie gegeben haben, freuen wir uns darüber, daß Fachleute aus allen Regionen der Welt sich auf Empfehlungen geeinigt haben, die den Prozeß der Vertrauensbildung in den Vereinten Nationen weiterführen sollen.

Mein Land wird auch künftig intensiv an der Weiterentfaltung vertrauensbildender Maßnahmen mitarbeiten. Gegenwärtig bereiten wir in der Bundesrepublik Deutschland ein internationales Symposium über vertrauensbildende Maßnahmen vor, zu dem wir für das Frühjahr 1983 einladen werden, und wir denken dabei an ein Arbeitstreffen von Fachleuten aus den verschiedenen Regionen der ganzen Welt.

b) *Offenheit, Durchsichtigkeit und Berechenbarkeit*

Stabilität verlangt Offenheit, Durchsichtigkeit und Berechenbarkeit der militärischen Potentiale und der militärischen Aktivitäten. Undurchdringliche Geheimhaltung sät Mißtrauen und erschwert den Abschluß konkreter Vereinbarungen. Deshalb unterstützen wir alle Bemühungen, die darauf gerichtet sind, weltweit größere Transparenz, größere Offenheit zu ermöglichen. In diesem Sinne hat mein Land dieses Jahr zum dritten Male die Zahlen seiner militärischen Ausgaben zum standardisierten Berichtssystem der Vereinten Nationen für Militärausgaben vorgelegt und beigesteuert. Leider ist es immer nur noch eine Minderheit der Mitglieder der Vereinten Nationen, die sich daran beteiligt. Es waren 1980 und 1981 insgesamt nur achtzehn Staaten, die sich daran beteiligt haben, darunter zwölf westliche und sechs ungebundene Staaten des Non-alignment. Zwar nimmt die Zahl der Staaten, die sich an diesem Berichtssystem beteiligen, zu, aber die Staaten des Warschauer Paktes fehlen bisher vollständig.

Deshalb appelliere ich an alle Regierungen, sich an dieser wichtigen Bemühung um größere Offenheit bei den Militärausgaben zu beteiligen. Dies wäre ein erster Schritt, um Vergleichbarkeit herzustellen. Ohne Offenheit und Vergleichbarkeit der Militärausgaben sind Vereinbarungen über eine verifizierbare Senkung der Militärausgaben nicht vorstellbar.

Auf der letzten Sondergeneralversammlung habe ich mich dafür ausgesprochen, daß alle am Rüstungsexport, am Rüstungstransfer beteiligten Staaten sich zur Offenlegung ihrer Lieferungen verpflichten. Inzwischen ist die Gefahr eines Rüstungswettlaufs auch in der Dritten Welt eher gestiegen, und ich frage: Sollten wir nicht gemeinsam neue Anstrengungen unternehmen, um nach Wegen zu suchen, die den Rüstungstransfer einvernehmlich begrenzen? Ich schlage vor, diese Frage im Zusammenhang mit der geplanten Studie über konventionelle Waffen näher zu untersuchen.

c) *Verifikation*

Mein Land mißt seit langer Zeit angemessener Verifikation größte Bedeutung bei, denn in zahlreichen laufenden Verhandlungen haben sich gerade beim Thema der Verifikation die größten Schwierigkeiten ergeben.

Dies gilt übrigens ganz besonders für die Verhandlungen über ein *umfassendes Verbot für chemische Waffen.* Ich habe vor vier Jahren hier zu einem internationalen Seminar über die Verifikationsproblematik bei chemischen Waffen eingeladen, und eine solche Arbeitstagung hat dann auch ein Jahr darauf, 1979, bei uns stattgefunden. Um weiterhin zu einer Lösung des Problems der Verifikation des Verbots chemischer Waffen beizutragen und um damit den Weg für den Abschluß eines Vertrages zu ebnen, möchte ich hiermit für 1983 zu einem zweiten internationalen Seminar für Experten einladen.

Herr Präsident, ich habe mich sehr gerne entschlossen, auch auf dieser Zweiten Sondergeneralversammlung über Abrüstung das Wort zu ergreifen, weil ich von dem Gewicht des hier stattfindenden Dialogs fest überzeugt bin. Es müssen von dieser Versammlung kräftige Impulse ausgehen für die laufenden und bevorstehenden Verhandlungen. Der vor vier Jahren erreichte Konsens muß bekräftigt und fortentwickelt werden.

Eine zentrale Aufgabe erscheint mir die Erarbeitung eines umfassenden Abrüstungsprogramms auf dieser Grundlage, und ich hoffe sehr, daß es der Sondergeneralversammlung gelingt, ein Programm zu verabschieden, das zugleich realistisch und zukunftweisend ist.

IV. Vernunft und Leidenschaft zur Friedenspolitik

Nicht nur hier am Wochenende in New York, sondern in vielen Städten, in vielen Ländern der Welt versammeln sich in diesen Tagen und Wochen im Frühjahr 1982 junge und alte Menschen, geängstigt von der Vorstellung eines rational nicht mehr zu begreifenden Overkills, Menschen, die sich der Logik des alten römischen Satzes verweigern, der da hieß: ›Si vis pacem, para bellum.‹ Heute protestieren dagegen nicht nur idealistisch gestimmte Pazifisten und weltfremde Utopisten, sondern hier äußern sich immer dringender Zweifel an der Weisheit und an der Fähigkeit der strategischen Denker, der Diplomaten, der Staatsmänner, Zweifel an deren Fähigkeit, aus dem Teufelskreis von Vorrüstung und Nachrüstung endlich auszubrechen.

Die Losung ›Frieden schaffen ohne Waffen‹ oder die andere Losung ›Aus Schwertern Pflugscharen machen‹, solche Losungen geben den politischen Führern deutliche Zeichen. Es wächst in der jungen Generation der Verdacht, daß die nuklearen Waffen eines Tages vielleicht nicht mehr nur als Mittel der Abschreckung verstanden werden könnten. Viele haben Angst, daß irgendwann einer die Nerven verlieren könnte und tatsächlich in das atomare Arsenal greifen könnte, um einem politischen Widersacher seinen Willen aufzuzwingen, und es können sich diese Bürger ja überdies für so tiefreichende Ängste und Zweifel auch auf international angesehene Wissenschaftler berufen. Denn auch diese sind sich keineswegs sicher, daß der nächste Weltkrieg allein deshalb nicht stattfinden werde, weil er einem kollektiven Selbstmord gleichkäme.

Es wächst also die Ungeduld der Menschen, und nicht nur der jungen Menschen, die Ungeduld mit Regierungen, die nur zu reden scheinen, während sie gleichzeitig immer neue todbringende Waffen entwickeln, produzieren und in Stellung bringen lassen. Es wächst die Ungeduld mit politisch Verantwortlichen, die zulassen, daß immer mehr Ressourcen dem Kampf gegen Hunger und Armut entzogen und statt dessen in die Rüstung gesteckt werden.

Wir müssen uns der Gefahr bewußt sein, daß die von den Schrecken eines nuklearen Holocaust geängstigten Bürger bald nicht mehr verstehen können oder wollen, warum sich Verhandlungen über praktische Abrüstungsschritte über endlose Jahre hinziehen, warum – wie es diese Menschen sehen und sehen müssen – Vorstellungen des nationalen Prestiges stärker auf die Entscheidungen der Regierungen einwirken als die Notwendigkeiten der gegenseitigen Sicherheit, der Sicherheit, die nur in Partnerschaft erreicht werden kann.

Ich weiß, daß die Verringerung der bis unter das Dach gefüllten Waffenarsenale nicht durch Volksabstimmungen erreicht werden kann, sondern es kann nur gelingen durch unendlich zähes Verhandeln. Ich weiß, der große Durchbruch, der die Kriegsgefahr endgültig zu bannen vermag, der bleibt eine gefährliche Illusion, und ich weiß, daß eine einseitige Abrüstung, die sich der Pression durch andere Mächte öffnet, jedem Vernünftigen als höchst gefährlich erscheinen muß.

Aber dennoch sollten wir die große und positive moralische Kraft, die in der Bewegung für wirksame Abrüstung deutlich wird, nicht unterschätzen. Wir sollten die Menschen, die sich zu ihr bekennen, nicht einfach als Amateure beiseite schieben, denen es an Einsicht und Überblick fehlt. Vielmehr und im Gegenteil muß die bewegende Kraft, die in der Unruhe vieler unserer Mitbürger erkennbar geworden ist, als Ansporn und auch als moralische Verpflichtung verstanden werden.

Wenn wir die Angst aus der Welt schaffen wollen, so müssen wir alle Kräfte der Vernunft anspannen, und dazu ist diese Sondergeneralversammlung zusammengekommen, dazu ist sie einberufen worden.

Auf ihr Gelingen, Herr Präsident, richten sich die Hoffnungen vieler Völker, und diese Hoffnungen dürfen nicht enttäuscht werden.«

Friedenspolitik in christlicher Verantwortung

Rede auf dem 87. Deutschen Katholikentag am 3. September 1982 in Düsseldorf

»Verehrter Herr Kardinal!
Meine Damen und Herren!

Nach einer atomaren Totalvernichtung ›wird es niemanden mehr geben, der klagen kann und neu beginnen. Wir sitzen auf einem Pulverfaß. Wir haben Angst, aber wir schaufeln immer noch mehr Pulver in dieses Faß hinein. Wir reden von Sicherheit, aber wir meinen *unsere* Sicherheit. Wir reden von Abrüstung und meinen die Abrüstung der anderen. Aber die Sicherheit ist immer auch die Sicherheit des anderen, und die Abrüstung ist immer auch unsere eigene Abrüstung.‹

Der dies gesagt hat, war Kardinal König aus Wien. Ich stimme ihm zu. Kardinal König gehört, wie ich auch, der Generation an, die den letzten Weltkrieg miterlebt hat. Wir haben erlebt, wie Hitlers Regime der Gewalt diesen Krieg ausgelöst hat. Wir haben die Zerstörung, die Verbrechen und das Elend dieses Krieges miterlebt. Wir haben auch erlebt, wie aus dem Kriege Hunger entstanden ist, Vertreibung und seelische Verwüstung.

Meine Generation hat damals mit ganzem Herzen dem ›Nie wieder‹ zugestimmt, das die befreiten Häftlinge der Konzentrationslager den Ursachen des Krieges entgegengesetzt haben – wohlgemerkt: nicht nur dem Kriege, sondern auch der Ursache jenes Krieges, nämlich der Unrechtsdiktatur.

Evangelische Christen, denen ich seit meinem soldatischen Erlebnis der ersten Kriegsjahre sehr bewußt zugehöre, haben damals im ›Stuttgarter Schuldbekenntnis‹ ihre Mitschuld am Krieg und am Unfrieden bekannt, der dem Kriege vorausging. Sie wollten damit die moralischen Voraussetzungen schaffen helfen, damit beides sich niemals wiederhole.

Seitdem hat es für unser Land eine so lange Periode des Friedens gegeben, oder richtiger gesagt, des Nicht-Krieges gegeben, wie wir Deutschen sie bisher in diesem Jahrhundert nicht erlebt hatten.

Dennoch verbreitet sich in der ganzen Welt und auch bei uns Angst und Sorge um den Frieden, und es sind nicht nur die jungen Menschen, die von der heillosen Überrüstung geängstigt werden. Viele können die angebliche Rationalität eines nicht mehr zu begreifenden Overkills nicht mehr akzeptieren, und ich muß Ihnen sagen: Ich habe auch Angst davor. Deshalb habe ich in diesem Sommer vor den Vereinten Nationen in New York gesagt: Hier protestieren nicht nur idealistisch gestimmte Pazifisten oder weltfremde Utopisten, sondern hier äußert sich immer dringender der Zweifel an der Weisheit und an der Fähigkeit der Strategiedenker, ob sie überhaupt fähig sind, aus dem Teufelskreis von Vorrüstung und Nachrüstung endlich auszubrechen.

Immer zahlreicher werden diejenigen, die es mit dem Wort des Propheten halten, ›aus Schwertern Pflugscharen zu machen‹, und die den Verdacht teilen, daß die nuklearen Waffen eines Tages vielleicht nicht mehr bloß als Mittel der Abschreckung verstanden werden könnten. Und ich habe hinzugefügt: ›Es wächst die Ungeduld der Menschen mit Regierungen, die nur zu reden scheinen, während sie gleichzeitig immer neue todbringende Waffen produzieren und in Stellung bringen. Es wächst die Ungeduld mit politisch Verantwortlichen, die es zulassen, daß immer mehr Ressourcen dem Kampf gegen Hunger und Armut in der sich entwikkelnden Welt entzogen und statt dessen in die Rüstung gesteckt werden.‹

All dieses habe ich wörtlich so vor dem Weltforum im Namen unseres Landes gesagt, und ich habe zugleich die große positive moralische Kraft der Bewegung zur Abrüstung unterstrichen, und ich wiederhole es hier auf deutschem Boden, denn ich teile die Besorgnis und die Ungeduld.

Ebenso wiederhole ich mit Leidenschaft meinen Appell an die nuklearen Supermächte: Deutschland ist – nach langem Widerspruch im Bundestag – dem Vertrag über die Nichtverbreitung von Atomwaffen beigetreten. Wir Deutschen haben endgültig darauf verzichtet, über solche Waffen zu verfügen. Dafür habe ich mitgekämpft, und wir halten uns an unsere vertragliche Pflicht. Um so mehr ist der deutsche Bundeskanzler gerechtfertigt, wenn er im Namen Deutschlands verlangt, daß die atomaren Supermächte endlich auch ihren Teil des Vertrages erfüllen, der sie nämlich zur nuklearen Abrüstung verpflichtet.

Der Frieden im nuklearen Zeitalter ist etwas sehr Empfindliches, sehr Vielschichtiges, und man darf bei bloßen Überzeugungen und Bekenntnissen allein nicht stehenbleiben. Den Frieden zu stiften, das ist eine ungeheuer komplizierte Aufgabe.

Das Zweite Vatikanische Konzil hat mit Recht gesagt, der Friede sei niemals ein endgültiger Besitz, sondern eine immerwährende Aufgabe, und Immanuel Kant, der deutsche Philosoph, hat mit Recht geschrieben, daß der Friede kein Naturzustand ist, sondern daß er immer neu gestiftet werden muß.

Wir alle hier in Düsseldorf und viele Millionen Deutscher

mehr, wir fragen uns: Was ist dabei meine Aufgabe? Was ist dabei unsere gemeinsame Aufgabe? Es geht uns dabei ja nicht allein um die Bewahrung des Nicht-Krieges; es geht doch auch um den inhaltlichen Frieden. Der inhaltliche Friede kann von der Bibel ausgehen. Nur *der* Friede hat eine dauerhafte Zukunft, der auch das Wohl des Feindes sucht, ›denn sein Wohl ist auch Euer Wohl‹ – so heißt es bei Jeremia. Und das Gebot Jesu zur Feindesliebe, das leugnet ja die Tatsache der Feindschaft keineswegs, sondern es fordert vielmehr dazu auf, den Widerstand gegen den Gegner auf das Ziel der Versöhnung hinzuführen.

Wir Deutschen, liebe Freunde, wir waren in all den Jahrhunderten seit dem Verfall von Karls des Großen Reich an sehr vielen Kriegen beteiligt. Im Zentrum Europas lebend, haben wir Deutschen mehr Nachbarn als irgendein anderes Volk auf der Welt, und häufig haben sich die Nachbarn mit Gewalt in das Zentrum Europas hineingedrängt. Aber häufig genug haben wir Deutschen mit Gewalt nach außen gedrängt – am schlimmsten unter Hitler, und deswegen mußte unser inhaltlicher Friede nach 1945 beginnen mit dem Willen zu guter Nachbarschaft. Deshalb mußten den Westverträgen die Ostverträge des beiderseitigen Verzichts auf Gewalt zwischen uns und unseren Nachbarn nachfolgen. Wer mit seinem Nachbarn nicht reden will, wer auf seinen Nachbarn nicht hören will, der kann den Frieden mit dem Nachbarn nicht bewahren.

Nachbarschaft, das heißt Zwang zur Zusammenarbeit mit dem Nachbarn. Und Zusammenarbeit, das bedeutet, die widerstreitenden Interessen durch Kompromiß auszugleichen.

Das vornehmste Instrument, den Kompromiß und den Frieden dauerhaft zu machen, das ist der Vertrag zwischen den Nachbarn. Wer keine Verträge schließen kann, wer keine Kompromisse zustande bringen will, wer Konflikte nicht friedlich regeln kann, der kann auch den Frieden nicht bewahren, und dies gilt für den inneren Frieden, von dem Herr Dr. Kohl mit Recht gesprochen hat, ebenso wie für den äußeren Frieden. Und keiner von uns darf dabei vergessen: Wenn der innere und wenn der soziale Friede in einem Staat zum Teufel geht, dann ist auch unser äußerer Friede schnell in Gefahr.

Manche Teilnehmer des Katholikentages – ebenso wie beim Evangelischen Kirchentag – glauben: Wenn wir Deutschen auf alle Waffen verzichteten, dann ergäbe sich für uns der Friede von selbst. Dazu will ich drei Gedanken vortragen:

Erstens. Der bedingungslose Pazifismus einer einzelnen Person hat meinen vollen Respekt. Dabei bleibe ich, auch wenn ich selbst nie ein Pazifist werde.

Zweitens. Wenn aber einer nicht nur für sich selbst Verantwortung trägt, sondern auch für einen anderen, z. B. wenn er Verantwortung trägt für ein Kind, das ihm anvertraut ist, und wenn dann das Kind mit Gewalt angegriffen oder mißhandelt oder mißbraucht wird, dann sieht die Sache ganz anders aus. Dann wird er sich sittlich verpflichtet fühlen, das Kind so gut zu verteidigen wie er es kann.

Drittens. Das gilt erst recht für diejenigen, die für das Leben, für die Unversehrtheit, für die Menschenwürde und die Freiheit vieler anderer Menschen verantwortlich sind. Jeder Abgeordnete, jeder Minister in Bonn: wir sind in der Tat für die Bewahrung und Sicherung von Leben und Menschenwürde vieler Millionen Deutscher und, mit unserem Anteil, für die Bewahrung und Sicherung von Leben und Menschenwürde von noch viel mehr Millionen europäischer Nachbarn verantwortlich und mitverantwortlich. Deshalb darf ein einzelner zwar sagen: Ich wehre mich nicht, und wenn es meine Freiheit und mein Leben kostet. Aber eine Regierung darf nicht sagen: Wir verzichten für unser ganzes Volk darauf, uns zu wehren, und wenn es unsere Freiheit oder unser aller Leben kostet. Das darf sie nicht.

Deshalb also sind unsere Soldaten und deshalb ist unser Verteidigungsbündnis notwendig, und denen, die dauernd dazwischenschreien, muß ich sagen: Einer, der für den Frieden eintritt, der kann das nicht durch Geschrei und Pfeifen tun, der muß zuhören, wenn ein anderer vom Frieden redet.

Unsere Soldaten sollen nicht Krieg führen, sondern sie sollen einem Nachbarn, falls er unfriedliche Gedanken hegen sollte, zeigen: Siehe, wir können uns wehren. Du nähmest ein hohes Risiko auf dich, wenn du uns mit Gewalt angreifen wolltest, oder wenn du mit Gewalt und Drohung dein eigenes politisches System uns aufzwingen wolltest.

Man nennt das Abschreckung. Auch gegenseitige Abschreckung ist in der Geschichte nichts Neues. Neu aber ist die unerhörte Zerstörungskraft nuklearer Abschreckungswaffen. Neu ist, daß diese Zerstörungskraft ausreicht, die Menschen des jeweiligen Gegners nicht nur einmal zu vernichten, sondern viele Male – ja die ganze Menschheit zu vernichten.

Das Dilemma für uns bleibt: Soll ein Christ zum Zwecke der Abschreckung auch den Einsatz von atomaren Waffen androhen, wenn er doch weiß oder wenigstens ahnt, daß er das tatsächliche Abschießen dieser Waffen sittlich nicht würde verantworten können? Und sind es eigentlich nur wir, die Christen, die dieses Dilemma auf sich lasten fühlen? Muß nicht der atheistische sowjetische Generalsekretär, müssen nicht seine Kollegen im Politbüro ähnliche tiefgreifende Zweifel haben?

Seit einer Reihe von Jahren weiß Herr Breschnew von mir – und ich habe es ihm öfter wiederholt –, daß ich Angst habe vor den sowjetischen SS-20-Raketen, die ja vornehmlich auf Deutschland gerichtet sind. Als wir das erstemal darüber sprachen – das ist über vier Jahre her –, da hat er mir gesagt, das sei doch nicht so schlimm, es gäbe schließlich ein ungefähres Gleichgewicht. Aber inzwischen hat sich die Zahl dieser Raketen verachtfacht, und ganz offensichtlich herrscht in jener Hauptstadt zumindest ein völlig übertriebener Sicherheitskomplex – und dabei wollen unsere sowjetischen Nachbarn nicht erkennen, daß sie zwangsläufig nicht nur Ängste im Westen auslösen, sondern zwangsläufig auch westliche Gegendrohungen auslösen.

Tatsächlich ist ja der sogenannte Doppelbeschluß die Folge der SS-20-Aufrüstung. Der Doppelbeschluß läßt zum ersten Male auf die Vorrüstung der einen Seite eben nicht automatisch eine Nachrüstung der anderen Seite folgen, sondern er läßt vielmehr den Vorschlag folgen, gemeinsam und auf beiden Seiten zu verringern, und er hat für die Verhandlungen darüber vier Jahre Zeit gegeben.

Dies ist ja doch das Ziel der Friedensbewegung: Verringerung der Waffen. Dies ist auch mein Ziel. Das atomare Abschreckungsdilemma kann doch nur gelöst werden durch Abrüstung der atomaren Waffen überhaupt. Deswegen haben die europäischen Regierungen zuerst die amerikanische Regierung und dann die sowjetische Führung von der Notwendigkeit zu Verhandlungen überzeugt. Nur ein vertraglich festgeschriebenes, festgehaltenes Gleichgewicht kann die Welt vor einem weiteren Rüstungswettlauf schützen. Der Friede bedarf der Verhandlung, des Vertrages, er bedarf der Vertragspartnerschaft. Wer keine Verträge schließt, wird sich auch nicht vertragen. Bei diesen Verhandlungen darf keiner den anderen auf die Knie zwingen wollen, ihn demütigen oder ihn zur politischen oder zur wirtschaftlichen Kapitulation zwingen wollen.

Deshalb stimme ich dem Papst zu, wenn er sagt: ›Wenn die Weltsituation angesichts totalitärer Ideologien und eines erschreckenden Rüstungswettlaufs immer bedrohlichere Formen annimmt, sollt ihr euch an eurem jeweiligen Platz um politisch verantwortliche Wege der friedlichen Konfliktlösung bemühen.‹

Das ist hier vor zwei Tagen als Botschaft des Papstes an den Katholikentag übermittelt worden. Und dabei weiß der Heilige Vater, und natürlich bleibt es richtig, daß der Frieden innerhalb Europas durch den Ost-West-Gegensatz bedroht erscheint. Hier auf dem europäischen Kontinent, auf deutschem Boden sogar, stehen sich zwei Konzeptionen von Staat und Gesellschaft gegenüber, die in ihren Grundwerten nicht vereinbar sind. Auf der Seite, auf der wir leben, gehören Frieden und Menschenwürde und Freiheiten untrennbar zusammen: z. B. die Freiheit, anders zu denken und zu kritisieren und dabei nicht polizeilicher Verfolgung ausgesetzt zu sein; zum Beispiel die Freiheit des wirtschaftlichen Handelns; zum Beispiel die Freiheit von Arbeitnehmern, ihre Interessen im freien Zusammenschluß durch ihre Gewerkschaft zu vertreten.

Wir wollen diese Freiheiten bewahren – und ich will sie notfalls auch verteidigen. Ich empfinde die Pflicht zum Frieden als einen Teil meiner eigenen Existenz – aber ich muß und ich will deshalb das Recht zur Verteidigung unserer eigenen Menschenwürde, unserer eigenen Freiheit nicht aufgeben.

Vertraglicher Verzicht auf eigene Gewalt bedeutet nicht: Verzicht auf Widerstand gegen fremde Gewalt, wenn sie unsere eigene Menschenwürde, unser eigenes Menschenrecht verletzt. Wir wissen aus Ungarn, aus der ČSSR, aus Afghanistan, aus dem Libanon, aus Falkland, aus dem südlichen Afrika: immer wieder haben Staaten Gewalt gegen andere Völker eingesetzt. Wir erkennen daraus die tatsächlichen Gefahren, in denen wir leben und gegen die man sich sichern muß.

Aber wir wollen nicht Kreuzzüge für unsere Überzeugungen führen. Kreuzzüge, aus noch so edlen Motiven herrührend, haben schließlich doch nur ein hohes Maß an Gewalt und an Blutvergießen ausgelöst.

Kardinal Höffner hat heute abend gesagt, die Menschheit habe gelernt, die Sklaverei zu überwinden. So ist es, und daraus ergibt sich: Die Menschheit ist tatsächlich lernfähig, und jeder Christ muß in diesen Prozeß des Lernens seinen Friedenswillen und seine Motive mit einbringen. Der Friede ist tatsächlich der Ernstfall, der uns alle fordert. Der Friede von heute und morgen – nicht der letzte Friede im Sinne Gottes.

Wir müssen im ›Vorletzten‹ handeln, heute, unter den heutigen Umständen Europas den Frieden denken und ihm dienen, und wir Deutschen selbst tragen dabei die Hauptlast der Verantwortung dafür, daß aus Hitlers Wahnsinn die richtige Konsequenz gezogen wird: Niemals wieder darf vom deutschen Boden ein Krieg ausgehen.

Und weil wir eine Großmacht nicht sind und auch nicht werden wollen, so bedürfen wir Deutschen der Geduld und der kleinen Schritte voran – und die große, edle Utopie des ›ewigen Friedens‹ soll dabei geistiger Ansporn sein. Allein ist sie noch kein Rezept für das, was unser Land tun muß. Wir müssen allen denen tatkräftig helfen, die für den Frieden arbeiten.

Aber wir verfolgen nicht nur das Machbare in der politischen Wirklichkeit der Welt, sondern wir vertrauen auch darauf, daß uns das Heil verheißen ist und nicht die Verdammnis und daß Gott der Herr der Geschichte bleibt.

III.
SOZIALDEMOKRATIE IN DER VERANTWORTUNG

Erklärung des Bundeskanzlers zur Vertrauensfrage

Erklärung in der 84. Sitzung des Deutschen Bundestages am 5. Februar 1982 zu seinem Antrag gemäß Artikel 68 des Grundgesetzes

»Herr Präsident, meine Damen und Herren!

I.

Mit dem Recht, das der Artikel 68 des Grundgesetzes dem Bundeskanzler gegeben hat, habe ich am Mittwoch die Vertrauensfrage gestellt. Bevor die Mitglieder des Bundestages heute darüber entscheiden, will ich meinen Antrag begründen.

Als die Vertrauensfrage im September 1972 von Willy Brandt zum erstenmal gestellt wurde, ging es darum, nach einer nicht vom Wähler legitimierten, sondern durch Fraktionswechsel mehrerer damaliger Abgeordneter zustande gekommenen Veränderung der Mehrheitsverhältnisse, den Weg zur Neuwahl der Abgeordneten frei zu machen.

Diesmal geht es bei der Vertrauensfrage um etwas ganz anderes, nämlich darum, den Bürgerinnen und Bürgern unseres Landes, die gerade in schwieriger Zeit Anspruch darauf haben, und der internationalen Öffentlichkeit ein Signal der Klarheit zu geben.

Wer den Sozialdemokraten und den Freien Demokraten am 5. Oktober 1980 seine Stimme gegeben hat, weil er die Politik der sozial-liberalen Koalition fortgesetzt sehen wollte, der braucht Gewißheit darüber, daß die Regierung ihr für vier Jahre erteiltes Mandat auch tatsächlich ausüben wird, gestützt auf eine solide parlamentarische Mehrheit der *beiden* Parteien SPD und FDP.

Auch unsere Verbündeten im Westen müssen Klarheit darüber haben, woran sie mit der Bundesrepublik sind. Auch die Staaten im Osten, mit denen die sozial-liberale Koalition Verträge zustande gebracht hat, mit denen sie Ausgleich und Versöhnung sucht, müssen wissen, woran sie sind. Unsere Partner in der Dritten Welt sollen keinen Zweifel daran haben, daß unsere Politik des fairen Interessenausgleichs fortgesetzt wird.

Die notwendige Klarheit war in den zurückliegenden Tagen, Wochen und Monaten nicht immer hinreichend vorhanden. Man sprach in der Mitte des vergangenen Jahres vom ›Sommertheater‹. Einige haben jetzt auf ein ›Wintertheater‹ gehofft. Es gab auch Spekulationen über den Kurs der Friedens- und Sicherheitspolitik.

Manche Vorkommnisse haben in der Tat den Kurs der Bundesregierung und den Zusammenhalt der sozial-liberalen Koalition zeitweise unklar erscheinen lassen, und niemand in der Koalition wird sich von Schuld hieran gänzlich freisprechen wollen.

Auch die von weniger Berufenen angestellten Überlegungen, ob die sozial-liberale Koalition nun ein Bündnis oder ob sie eine Zweckehe sei, haben Verwirrung gestiftet. Alle solche Überlegungen gehen am Kern der Sache vorbei. Die sozial-liberale Koalition steht für die Fortsetzung der von Willy Brandt und Walter Scheel durchgesetzten, von Hans-Dietrich Genscher und mir fortgeführten, von der CDU/CSU damals wie heute bekämpften Politik des Dialogs und der Kooperation mit dem Osten, für die Bewahrung des sozialen Friedens, für die Sicherung der Beschäftigung, des sozialen Netzes und der wirtschaftlichen Leistungsfähigkeit.

SPD und FDP sind verschiedene Parteien. Sie haben unterschiedliche Programme und verschiedene Wege in der deutschen Geschichte. Jeder weiß, der Bundeskanzler ist ein Sozialdemokrat. Aber jeder weiß auch, der Bundeskanzler muß sich dafür verantwortlich fühlen, daß Meinungsverschiedenheiten zu einem Kompromiß geführt werden. Wenn dies letztere schon innerhalb einer einzigen Fraktion gilt, gilt es um so mehr zwischen zwei Fraktionen. Dabei kann niemand sich oder seine Interessen allein durchsetzen. Vielmehr muß man einander entgegenkommen, und das ist auch immer tatsächlich erreicht worden.

In der Bündnispolitik, in der Ostpolitik, in der Sicherheits- und Friedenspolitik insgesamt war das oft leichter als in den Fragen der Wirtschafts- und Sozialpolitik. Aber auch auf diesem letzteren Feld haben wir dies immer wieder, auch in der gegenwärtigen Woche, möglich gemacht. Wir haben seit 12 Jahren gemeinsam nicht nur erfolgreich Frieden und Verständigung, sondern ebenso erfolgreich soziale Sicherheit, wirtschaftlichen Fortschritt, Solidarität und sozialen Konsensus gesichert.

Durch die heutige Abstimmung soll dieser gemeinsame Weg für jedermann wieder eindeutig werden: für alle, die auf die sozial-liberale Koalition setzen, und auch für diejenigen, die darauf hoffen, uns aus der Verantwortung herauszudrängen.

Es besteht kein Zweifel, daß wir es nach außen wie nach innen mit einer politisch zerklüfteten Wegstrecke zu tun haben. Die tiefreichenden Verwerfungen des Systems weltwirtschaftlicher Beziehungen haben ihre Spuren auch bei uns hinterlassen. Kein Industrieland, auch kein Land des kommunistischen Systems, kein Land im Entwicklungsprozeß hat sich dem Druck der Anpassung an die weltweit neuen ökonomischen Bedingungen entziehen können.

Gleichgültig, welche Kräfte, welche Parteien in den verschiedenen Regierungen der verschiedenen Staaten Verantwortung tragen, die Herausforderung an alle Regierungen ist die gleiche, nämlich Kampf der Arbeitslosigkeit, Eindämmung der Inflation, Strukturwandel und Modernisierung der Produktion, Bewahrung des freien Handels und schrittweise Abbau des überhöhten internationalen Zinsniveaus.

Die Bundesregierung steht vor den gleichen Herausforderungen. Sie will sich diesen Herausforderungen nicht entziehen.

Parallel zu den wirtschaftspolitischen Verwerfungen in der Welt unterliegen die internationalen Beziehungen besonders im West-Ost-Verhältnis gegenwärtig harten Belastungsproben. Entwicklungen, die Menschenrechte und friedlichen Wandel verwirklichen sollen, werden gewaltsam unterdrückt. Bereits gebahnte Pfade der Verständigung, des Dialogs und der Verhandlungen drohen von neuen Konfliktherden überwuchert zu werden. Es besteht die Gefahr einer weltweiten Rüstungsspirale.

Die Bundesrepublik hat sich in dieser Weltlage ihrer Position, ihrer Interessen und ihrer politischen Möglichkeiten auf diesen Feldern erneut vergewissern müssen. Das Ergebnis dieser Vergewisserung ist die Beibehaltung des Kurses der sozial-liberalen Bundesregierung. Der Kurs richtet sich nicht auf Wochen oder Monate, sondern auf lange Frist.

II.

In der Weltwirtschaft gibt es von den mehr als 160 Nationen der Völkergemeinschaft nur sehr, sehr wenige, die in der Beschäftigung, in Sachen Preisstabilität oder im Lebensstandard nicht gerne mit den Deutschen tauschen würden. Es ist der Bundesrepublik gelungen, mit den Problemen bisher besser als ihre vergleichbaren Partner in der Weltwirtschaft fertig zu werden.

Dies festzustellen, darf nicht bedeuten, sich beruhigt zurückzulehnen; dies festzustellen, heißt vielmehr, sich des

Ausmaßes und des Charakters der internationalen Herausforderung an die nationalen Wirtschafts- und Finanzpolitiken bewußt zu werden. Wenn einer die Augen davor verschließt, daß die Bundesrepublik als zweitgrößte Handelsnation der Welt sich weder von der Weltwirtschaftsrezession noch von dem weltweiten Hochzinsniveau abschirmen kann, dann kann er schuldhaft schwere Fehler begehen.

Die in allen westlichen Industrieländern stark ansteigende Arbeitslosigkeit wird bei uns zusätzlich dadurch beeinflußt, daß geburtenstarke Jahrgänge auf den Arbeitsmarkt drängen.

Es ist deshalb ein gemeinsames Handeln aller in Wirtschaft und Gesellschaft Verantwortung tragenden Personen, Gruppen und Institutionen notwendig.

Die Bundesregierung hat im Zusammenhang mit der Beratung des Jahreswirtschaftsberichts für dieses Jahr eine Gemeinschaftsinitiative für Arbeitsplätze, Wachstum und Stabilität beschlossen. Dieser Beschluß stellt den zweiten Teil eines Gesamtprogramms dar, dessen erster Teil, auch Operation '82 genannt, schon im letzten Jahr beschlossen und zu Beginn dieses Jahres in Kraft getreten ist.

Schon mit der Operation '82 haben Bundestag und Bundesregierung Maßnahmen zur Verbesserung von Wirtschaftsstruktur und Beschäftigung in einem Umfange von annähernd 28 Milliarden DM für die Jahre 1982 bis 1985 beschlossen. Zusammen mit der jetzt verabschiedeten Gemeinschaftsinitiative werden für diesen Zeitraum insgesamt Finanzierungsmittel in Höhe von etwa 40 Milliarden DM zur Verfügung stehen, um zur Lösung der Struktur- und Arbeitsmarktprobleme beizutragen.

Der staatliche Beitrag zur Gemeinschaftsinitiative besteht dabei in einer zeitlich begrenzten Investitionszulage sowie in anderen Förderungen von privaten und öffentlichen Investitionen, nämlich durch die Kreditprogramme des ERP-

Sondervermögens und der Kreditanstalt für Wiederaufbau, in der Aufstockung der Bundesmittel für Maßnahmen im Hochbau, in Neuregelungen im Mietrecht, die darauf abzielen, Investitionen im frei finanzierten Wohnungsbau anzuregen, in gezielten Mitteln zur Bekämpfung der Jugendarbeitslosigkeit und schließlich in einer Prüfung von Vorschlägen zur Verkürzung der Lebensarbeitszeit.

Der Schwerpunkt dieser Beschlüsse liegt eindeutig bei der Förderung privater und öffentlicher Investitionen. Es wird an diesen Beschlüssen erneut deutlich, wie schwierig es ist – und wie schwer es manchem fällt –, im konkreten Fall das ökonomisch Notwendige, finanzwirtschaftlich Mögliche zu tun und zugleich doch dem Gebot der sozialen Gerechtigkeit zu entsprechen.

Von einigen Verbänden sind die beschlossenen Maßnahmen kritisiert worden, weil sie durch ihre Finanzierung aus der Mehrwertsteuererhöhung nur eine Umschichtung der Nachfrage darstellten. Die Umlenkung von Teilen des Sozialprodukts vom Verbrauch in die Investition ist allerdings unsere Absicht. Gerade diese Umlenkung ist notwendig. Wie anders als durch vermehrte Investitionen sollen denn Arbeitsplätze neu geschaffen werden? Zwar führt nicht jede Investition notwendigerweise zu einem neuen Dauerarbeitsplatz, aber ohne zusätzliche Investitionen können zusätzliche Arbeitsplätze nicht geschaffen werden.

Unabhängig von den beschlossenen Maßnahmen der Regierung ist es die Überzeugung der Bundesregierung, daß der wirksamste Schritt zur Schaffung von Arbeitsplätzen gegenwärtig eine deutliche und dauerhafte weitere Zinssenkung wäre. Die Gestaltung des Haushalts 1982 innerhalb unserer eigenen Volkswirtschaft zielt darauf hin, die Voraussetzungen für die Zinssenkung zu schaffen. Wir ändern diesen Kurs nicht. Deshalb wollen wir Investitionshilfen des Staates nicht durch zusätzlich aufzunehmenden Staatskredit finanzieren. Deshalb müssen wir uns weiter für den Abbau des Leistungsbilanzdefizits in der deutschen Zahlungsbilanz einsetzen. Dieser Prozeß ist dank einer ausgezeichneten Exportentwicklung auf gutem Wege.

Es bleibt auch heute unsere Überzeugung, daß die Vergrößerung des geldpolitischen Spielraums für die Bundesbank in Richtung auf Zinssenkungen Vorrang behält.

Der Jahreswirtschaftsbericht legt die Beiträge dar, welche Bundestag und Bundesrat zur wirtschaftlichen Gesundung leisten müssen. Die Gemeinschaftsinitiative setzt zugleich den Rahmen, innerhalb dessen alle Verantwortung tragenden Personen und Gruppen sich der Herausforderung stellen können und stellen müssen. Ihnen allen gilt mein eindringlicher Appell.

Wir haben in der Geschichte der Bundesrepublik mehrfach die Erfahrung machen können, daß wir großen Herausforderungen gewachsen waren – vorausgesetzt, wir haben sie als Aufgaben begriffen, die der Gemeinschaft gestellt und die deshalb nur gemeinsam und nur solidarisch zu bewältigen sind.

Ich nenne in meinem Appell als erste die Gewerkschaften. Ich will dem DGB auch von dieser Stelle ausdrücklich dafür danken, daß er durch seine Aktivität die Öffentlichkeit über das Ausmaß und den Charakter der arbeitsmarktpolitischen Herausforderung aufgeklärt hat. Die Gewerkschaften sind erneut einer Verantwortung nachgekommen, die sie für die Entwicklung unseres Staates schon oft wahrgenommen haben, nämlich als freie und eigenverantwortliche Vertretungen der Arbeitnehmer zu handeln. Ohne unsere freien Einheitsgewerkschaften hätten wir die hohe Wettbewerbsfähigkeit unserer deutschen Industrie niemals erreichen können. Ohne freie Gewerkschaften gäbe es keine funktionsfähige Demokratie.

Als am 18. Dezember der Bundestag über die polnische

Tragödie debattierte, habe ich diesem Hause erklärt: Ich stehe mit ganzem Herzen auf der Seite der Arbeiter. Alle drei Fraktionen des Hauses werden verstehen: Was für polnische Arbeiter gilt, das gilt erst recht für deutsche Arbeitnehmer und deutsche Gewerkschaften.

Ich bin überzeugt, daß die Gewerkschaften und ihre Tarifpartner ihrer Verantwortung auch in der bevorstehenden Lohnrunde gerecht werden. Wo das Gemeinwohl aufgerufen ist, baue ich darauf, daß die freien Gewerkschaften ihren Beitrag zur Gemeinschaftsinitiative leisten werden.

Ich appelliere zugleich an die Unternehmen und an die Unternehmensvorstände, ihren Beitrag durch Mut zur Investition *und* durch Preisdisziplin zu leisten. Sicherlich gilt für die Unternehmungen wie für die Gewerkschaften, daß beide bei den diesjährigen Tarifabschlüssen unseren engen wirtschaftlichen Spielraum berücksichtigen müssen.

Besonders eindringlich möchte ich an die gewerbliche Wirtschaft, an die Mittel- und Kleinbetriebe, an den Einzelhandel, an das Handwerk appellieren, alle Anstrengungen zu unternehmen, um neue Lehrstellen und Ausbildungsplätze zu schaffen. Dies liegt auch in ihrem eigenen Interesse. Wenn die Bundesrepublik in Zukunft ihre wirtschaftliche Stellung in der Welt halten oder verbessern will, dann muß in diesem Sommer mehr getan werden, um jungen Menschen eine fachliche Ausbildung zu ermöglichen. Man darf den Leistungswillen junger Menschen nicht enttäuschen.

Auch von der Bundesbank erwarten wir Unterstützung für die Gemeinschaftsinitiative. Ihr Beitrag sollte darin bestehen, daß sie in ihrer Geldpolitik den oberen Zielkorridor ansteuert und daß sie die Spielräume, die sich aus der internationalen Entwicklung ergeben, tatsächlich für eine Senkung der Zinsen nutzt.

Aber ich rufe auch jeden einzelnen Bürger im Lande auf.

Wir werden uns den Herausforderungen dann gemeinsam gewachsen zeigen, wenn jeder bereit ist, unvermeidliche Einbußen solidarisch im Interesse der Gesamtheit und der Gemeinschaft mitzutragen. Das gilt für Rentner wie für Arbeitnehmer, für Beamte wie für Landwirte.

Ich appelliere mit Ernst an alle drei Fraktionen, daß auch der Bundestag sich der Gemeinschaftsinitiative für Arbeitsplätze, Wachstum und Stabilität nicht entzieht. Dazu ist es notwendig, die Gesetzgebungsvorhaben zügig zu verwirklichen.

Es ist oft nicht leicht zu bitten. Es fällt besonders dann schwer, wenn – wie heute – im Falle einiger CDU- bzw. CSU-regierter Bundesländer allzuschnelle öffentliche Festlegungen bereits erfolgt zu sein scheinen. Verweigerung und Ablehnung können nicht das letzte Wort dieser Landesregierungen sein.

Im Interesse unseres Landes, seiner Zukunft, im Interesse unseres sozialen Friedens wende ich mich deshalb auch an den Bundesrat und bitte ihn, seinen Beitrag zu leisten und sich den notwendigen Gesetzgebungen nicht in den Weg zu legen.

Soweit man es aus öffentlichen Äußerungen entnehmen kann, weiß ich, daß es – ähnlich wie innerhalb der sozialliberalen Koalitition – auch innerhalb der Parteien CDU und CSU Meinungsverschiedenheiten über die wirtschafts-, beschäftigungs- und finanzpolitisch zweckmäßigen Schritte gegeben hat und vielleicht noch heute gibt. Ich kann dies gut verstehen.

Ich verstehe deshalb auch, daß diese beiden Parteien selbst bisher keine Gesetzentwürfe angekündigt oder vorgelegt haben. Auch wir in der sozial-liberalen Koalition haben es damit nicht leicht gehabt. Aber, meine Damen und Herren von der CDU und der CSU, der Zeitpunkt zum Handeln ist jetzt gekommen. Eine weitere Verlängerung der öffentlichen Debatte wäre schädlich für das Vertrauen in die wirtschaftliche Entwicklung und schädlich für die Investitionen. Wenn ich mir die hoch überdurchschnittliche Arbeitslosigkeit in Schleswig-Holstein oder in Niedersachsen oder im Saarland vor Augen halte, dann fällt es mir schwer zu glauben, daß die Ministerpräsidenten Stoltenberg oder Albrecht oder Zeyer die Gemeinschaftsinitiative für Arbeitsplätze, für Wachstum und Stabilität tatsächlich verhindern wollen. Ich kann mir auch von dem Regierenden Bürgermeister in Berlin nicht vorstellen, daß er diese Gemeinschaftsinitiative verhindern will.

III.

Die politische Linie, für die ich heute den Bundestag um Erneuerung seines Vertrauens bitte, betrifft nicht nur die Wirtschafts- und Arbeitsmarktpolitik. Die Vertrauensfrage gilt auch dem außenpolitischen Kurs der von mir geführten Bundesregierung und ihrer Sicherheits- und Friedenspolitik. Dieser Kurs ist seit der Einleitung einer aktiven Ostpolitik durch die erste sozial-liberale Bundesregierung klar abgesteckt. Unsere Linie ist aber nicht nur deutsche Politik, sondern sie ist gemeinsame Politik des Bündnisses: mit unserer sehr maßgeblichen Mitwirkung im Bündnis entwickelte und vom Bündnis getragene gemeinsame Politik. Sie beruht auf der Verteidigungsfähigkeit und dem Verteidigungswillen des Bündnisses, gleichzeitig auf der Gesprächsbereitschaft Richtung Osten und dem Willen zur Kooperation.

Daran hat sich auch nichts geändert, als nach und nach in allen unseren westlichen Partnerländern die Regierungen mehrfach gewechselt haben. Wir haben dazu beigetragen, im partnerschaftlichen Verbund des Bündnisses beide Komponenten der Politik des Bündnisses zu pflegen, und wir tun das weiterhin.

Dabei konnte nicht ausbleiben, daß die Stetigkeit in den

internationalen Beziehungen bisweilen Belastungsproben unterworfen wurde. Der Kurs der Bundesregierung ist dabei zeitweilig auch Mißverständnissen ausgesetzt gewesen. Ich appelliere an jedes Mitglied des Bundestages, solchen Fehldeutungen keine Nahrung zu liefern.

In der Tat hat unsere auf militärisches Gleichgewicht ebenso wie auf Dialog und Kooperationsbereitschaft abgestellte Friedenspolitik auch aus dem Auslande Kritik erfahren. Wir nehmen das ohne Wehleidigkeit zur Kenntnis, auch ohne Selbstüberschätzung.

Ich erinnere in diesem Zusammenhang an den Satz des amerikanischen Präsidenten Harry Truman, den er anläßlich der Unterzeichnung des Nordatlantikpaktes 1949 gesagt hat: ›Wir sind der Überzeugung, daß es möglich ist, daß sich Länder über die großen Prinzipien der menschlichen Freiheit und Gerechtigkeit einig sind und daß sie in anderer Hinsicht zugleich die große Vielfalt erlauben, deren der menschliche Geist fähig ist.‹

An unserer festen Position in der Gemeinschaft der Völker, die sich in jenem Pakt zusammengeschlossen haben, gibt es nichts zu deuteln. Wir sehen in diesem Bündnis nicht einfach eine gepanzerte Versicherungsgesellschaft auf Gegenseitigkeit, sondern vor allem den Verbund freier Völker auf der Grundlage gemeinsamer Werte und Zielvorstellungen. Sie umfassen auch die Freiheit der wirtschaftlichen Initiative, die Freiheit zur Kritik und Gegenkritik, die Freiheit der Arbeitnehmer, sich zur Vertretung ihrer Interessen zusammenzuschließen. Wir wissen, daß nur mit diesen Freiheiten eine gerechte und solidarische Gesellschaft angestrebt werden kann, eine Gesellschaft, die dauerhaft den Frieden nach innen wahren und den Frieden nach außen sichern kann.

Die Bundesregierung weiß, daß ihr außenpolitischer Spielraum und ihr außenpolitisches Gewicht abhängig sind von der politischen Kraft des Bündnisses und von der Rolle, welche die Bundesrepublik im Bündnis spielt. Deshalb machen wir unsere politischen Positionen im Bündnis deutlich und stimmen uns mit unseren Partnern ab. Es gehört zum besonderen Verdienst des Außenministers Genscher, daß dies in hohem Maße gelungen ist.

Mißverständnisse haben zuletzt unsere Haltung zu Polen betroffen. Inzwischen ist überall verstanden worden, daß wir Deutschen in unserer Solidarität mit dem polnischen Volk hinter niemandem auf der Welt zurückstehen. Dies entspricht unseren Vorstellungen von Menschenwürde und Menschenrecht. Es ist auch Ausdruck der schuldbeladenen deutsch-polnischen Geschichte.

Frühere deutsche Schuld verpflichtet uns Deutsche heute, uns im Tone zu mäßigen. Zudem ändert keine Empörung etwas an den Kräfteverhältnissen unseres in zwei Blöcke zerteilten Europa. Keine Empörung ändert etwas daran, daß hier in Europa große Rüstungspotentiale gegeneinander gerichtet sind.

Um eine Umkehr des Trends zu immer neuen Waffen und immer neuen Vernichtungsmitteln zu erreichen, gibt es nur den Weg des Verhandelns. Der ermordete Präsident Kennedy hat das in seiner Antrittsrede vor 21 Jahren schon mit Recht so formuliert: ›Laßt uns nie aus Furcht verhandeln, aber laßt uns niemals fürchten, zu verhandeln.‹

Zum Verhandeln gehört, daß man die eigene Position in aller Deutlichkeit darstellt, daß man seinen Verhandlungswillen aber nie in Zweifel geraten läßt. Sicherheit gibt es nur durch bindende Verträge. Verträge sind nur dann akzeptabel und nur dann dauerhaft, wenn sie militärisches Gleichgewicht festschreiben. Dauerhafte Regelungen müssen ein möglichst niedriges militärisches Niveau anstreben. Voraussetzung zu Verhandlungen ist der Wille zum Gespräch und der Wille zum Ausgleich. Voraussetzung für Verträge ist

Gleichgewicht. Darin liegt der Sinn der Sicherheitspartnerschaft.

Wir haben diese Linie in allen Gesprächen – auch gegenüber dem sowjetischen Generalsekretär Breschnew – eingehalten. Nur auf diesem Wege sind die Genfer Verhandlungen zu erreichen gewesen, die darauf abzielen, die schwerwiegende Bedrohung der Bundesrepublik durch sowjetische Mittelstreckenraketen zu vermindern oder zu beseitigen. Weder wären die Genfer Verhandlungen ohne den Brüsseler Doppelbeschluß je begonnen worden, noch würden sie ohne ihn Aussicht auf Erfolg haben.

Die Ereignisse seither haben noch deutlicher gemacht, daß dieser Beschluß der den Problemen angemessene Ausdruck der Grundlinie des Nordatlantischen Bündnisses ist, nämlich auf der einen Seite die eigene militärische Sicherheit zu wahren und auf der anderen Seite gleichzeitig Verhandlung und Vertrag mit dem Osten zu suchen. Ich begrüße, daß Präsident Ronald Reagan in dieser Woche der sowjetischen Seite einen Vertragsentwurf für eine beiderseitige Null-Lösung hat vorlegen lassen. Dies liegt auch im deutschen Interesse, und wir Deutschen hatten es so vorgeschlagen.

Die Bundesregierung verfolgt ihren friedenspolitischen Kurs mit Augenmaß, aber ebenso mit Stetigkeit und Verläßlichkeit. Auch für unsere Friedenspolitik bitte ich um erneute Bestätigung durch den Bundestag. Ich weiß, daß wir dabei auf die Unterstützung einer sehr großen Mehrheit der Deutschen zählen können.

IV.

Ich bitte um Vertrauen. Ich bitte um Vertrauen in meine außen- und innenpolitische Stetigkeit und Verläßlichkeit. Ich bitte um Vertrauen für die von den Fraktionen der Sozialdemokraten und der Freien Demokraten gemeinsam getragene Bundesregierung.

Bitte zeigen Sie, daß wir auch in rauhem Wetter nicht daran denken zu schwanken, sondern daß wir ähnlich einer Kompaßnadel – gleich von welchem Ort aus – unverrückbar dem gleichen gemeinsamen Ziel zustreben.

Unsere Aufgabe heute ist eine solidarische gemeinschaftliche Initiative. Nur gemeinsam können wir Arbeit und Ausbildung schaffen für die, die einen Arbeitsplatz oder einen Ausbildungsplatz suchen. Keineswegs geht das ohne eigene Opfer; aber es ist in einer freien Gesellschaft des gesicherten Friedens durchaus möglich, es ist durchaus erreichbar.

Dabei wird unser aller wirtschafts- und friedenspolitische Vernunft den Wagen nicht aus der Spur geraten lassen. Weil aber die Wegstrecke, die vor uns liegt, uneben und steil ist, vertraue ich darauf, daß alle mit in die Speichen greifen.

Hören wir auf, meine Damen und Herren, mit dem Zerreden von Maßnahmen, ehe diese überhaupt wirksam werden können! Machen wir uns gemeinsam an die Arbeit. Gemeinsam können wir es schaffen. Und wir werden das auch schaffen!«

Ein Leben für die Demokratie

Rede anläßlich
der 60jährigen Parteimitgliedschaft
von Alex Möller im Stuttgarter Landtag
am 26. März 1982

»Sehr geehrter Herr Ministerpräsident,
lieber Herr Späth,
meine sehr geehrten Damen und Herren,
und es sei mir erlaubt, für meine Parteifreunde die Anrede hinzuzufügen, die Sozialdemokraten untereinander seit 120 Jahren gebrauchen:
liebe Genossinnen und Genossen,
und es sei mir fernerhin gestattet, Alex Möller so anzureden, wie ich das nun seit fast zwei Jahrzehnten zu tun gewohnt bin:
lieber älterer Bruder Alex!

Zu Deinen Ehren sind wir heute hier zusammengekommen. Wir ehren einen Freund, einen Genossen, einen Ratgeber, einen großen sozialdemokratischen Politiker. Und ich sage: wir ehren damit natürlich zugleich auch unsere Sozialdemokratische Partei, deren halbes Leben in der Geschichte Du mit Deinem ganzen Leben begleitet und mitgestaltet hast.

Und für alle, die sich nicht als Sozialdemokraten angesprochen fühlen – das sind leider in Baden-Württemberg noch eine ganze Menge, meine Damen und Herren –, will ich doch auch hinzufügen: Wir ehren damit auch unseren demokratischen Staat, der nur leben kann, wenn er sich auf

Grundsatztreue, auf prinzipienfeste Bürger stützen kann, auf Menschen, die sich selber ihr ganzes Leben lang treu bleiben.

Heute gelten Achtung und Zuneigung dem Älteren, mit dem viele von uns durch jahrzehntelange Freundschaft verbunden sind – auch ich. Diese Freundschaft mit Alex Möller hat für mich am Anfang so etwas wie eine politische Lehrzeit bedeutet, Bank an Bank im Bundestag mit dem Leiter des Arbeitskreises ›Öffentliche Finanzwirtschaft‹ in meiner damaligen Fraktion. Später sind dann gemeinsame Jahre im Parteivorstand und im Parteipräsidium gefolgt.

Besonders gut ist mir die Zeit in Erinnerung, in der Egon Franke, Alex Möller und ich zu dritt die Bundestagsfraktion in den Jahren der Großen Koalition zu leiten hatten. Und es war mindestens in der zweiten Hälfte jener Periode 1966/69 gar nicht so ganz einfach, den Laden zusammenzuhalten.

Es ist heute auch gerade wieder einmal nicht so ganz einfach, den Laden zusammenzuhalten. Aber so, wie es damals gelungen ist, gelingt es auch heute. Besonders ist mir auch die Zeitspanne in Erinnerung, in der wir beide gemeinsam im ersten Kabinett Brandt/Scheel gearbeitet haben, Du für die Finanzen verantwortlich und ich für die äußere Sicherheit.

Ich denke, es wird manchen Bundestagsabgeordneten aller drei Parteien ähnlich wie mir und wie insbesondere den eigenen Parteifreunden gehen, den Kolleginnen und Kollegen aus Baden-Württemberg, denen Du als Chef der Landesgruppe, wie es so schön heißt, vier Jahre lang in Bonn präsidiert hast. Ich mache mich zu ihrem Sprecher, wenn ich sage: Sie empfinden heute ihre Dankbarkeit besonders eindringlich dafür, daß Du ihnen so etwas wie ein väterlicher Mentor gewesen bist – so wie zuvor auch für mich, wie für viele von uns und für mich auch noch gegenwärtig und, wie ich sehr hoffe, weiterhin. Wir haben auf Deinen Rat gebaut und haben uns immer auf ihn verlassen. Und es hat sich immer gezeigt, daß wir uns darauf verlassen durften.

Ich sagte, daß 60 Jahre Mitgliedschaft in der SPD die Hälfte der ganzen Geschichte dieser Partei ausmacht, der ältesten, traditionsreichsten demokratischen Partei überhaupt in Deutschland. Und daher zeichnet Alex Möllers Lebenslauf zwangsläufig auch alle die Höhen und Tiefen nach, die meine Partei im Laufe der letzten sechs Jahrzehnte erlebt hat. Die Lebensgeschichte Alex Möllers und die Geschichte der Sozialdemokratie sind schwer voneinander zu trennen.

Ulrich Lang hat ein paar Daten in Erinnerung gerufen. Ich will ein oder zwei andere Daten hinzufügen. 1928 war Alex Möller schon Abgeordneter im Preußischen Landtag, übrigens für den preußisch-sächsischen Wahlkreis Halle/Merseburg – in der Zeit also, in der sich das Ende der Weimarer Demokratie anbahnte. Ein geborener Hallenser hat mir heute erzählt, Du habest damals bei Schneidermeister Alter in der Lindenstraße in Halle an der Saale gewohnt. Übrigens war das unser Außenminister Genscher, der damals noch ein kleines Kind war, aber seine Eltern müssen ihm das erzählt haben. Er läßt Dir zum heutigen Tage durch mich seinen herzlichen Glückwunsch übermitteln.

Alex Möller war dann einer von den jungen Sozialdemokraten, die wie manche Menschen aus anderen politischen Richtungen, aus den beiden Kirchen und auch aus den Gewerkschaften gegen die Nazis und gegen das Ermächtigungsgesetz gekämpft haben. Du hast damals die einzige Chance gegen die Errichtung der Diktatur in einem Generalstreik gesehen. Er kam nicht zustande. Statt dessen wurde wie vieles andere auch unsere Partei zerschlagen. Ihre Führer wurden in die Emigration gedrängt, in die äußere und z. T. in die innere Emigration. Und viele fanden sich in ›Schutzhaft‹ wieder, wie auch Alex Möller, oder sie traten wie Kurt Schumacher den Weg in die Konzentrationslager an.

Aber sie haben nicht resigniert, sofern sie den Terror der Jahre lebend überstanden haben. Alex Möller hat auch nicht aufgegeben. Im Gegenteil, wir, die Überlebenden der Katastrophe, haben von Euch gelernt, wir, die wir jünger waren, von Euch, die ihr überlebt und die Ihr trotz aller Erlebnisse nicht den Willen aufgegeben hattet, der zweiten deutschen Demokratie, der zweiten deutschen Republik eine festere Grundlage zu geben, als es für die erste erreicht worden war. Dazu gehören dann in unserer Partei ebenso wie Schumacher oder Möller, die ich eben genannt habe, Menschen wie Georg August Zinn, Wilhelm Kaisen, Louise Schröder oder Ernst Reuter, aber auch Carlo Schmid oder jüngere wie Fritz Erler oder wie Egon Franke, von dem ich schon sprach. Und viele weitere Namen müßte man nennen.

Dieser Wille, der zweiten deutschen Demokratie ein festeres Fundament als der ersten zu geben, kam in der ersten Rede zum Ausdruck, die Alex Möller nach dem Krieg in einer Parteiversammlung in Karlsruhe gehalten hat. Das war am 24. November 1945, und ich zitiere wörtlich: ›Wir wollen uns in den ersten Tagen und Wochen unseres politischen Wirkens nichts vormachen, uns keinem Selbstbetrug hingeben, sondern wir müssen uns zusammenraffen und noch einmal alle Kraft und Energie zusammennehmen, um unser Volk zu retten. Ich weiß, wie schwer das ist: An keinem von uns sind die Geschehnisse der letzten Jahre spurlos vorübergegangen. Jeder hat sein Leid zu tragen. Niemand hat die Folgen der ungeheuren Strapazen und Entbehrungen, die das Hitler-Reich uns auferlegte, heute schon überwunden. Aber es hilft alles nichts. Wir müssen durch dieses Elend hindurch und den Weg finden in eine bessere Zukunft.‹

Und wie Reinhold Maier, Hermann Veith und wie die unter uns anwesenden Herren Gebhard Müller und Wolfgang Hausmann und manche andere hast Du dann, Alex, zu den Gründervätern des Südweststaates gehört, der in diesem

Frühjahr seinen 30jährigen Geburtstag feiert. Und Du hast zugleich auch zu den Gründervätern der Republik gehört.

Alex Möller hat dann bis in die frühen 60er Jahre dem Landtag in Stuttgart angehört, fast die ganze Zeit als Fraktionsvorsitzender. Du hast durch Deine Arbeit mitgeholfen, die Sozialdemokratie auf die Regierungsverantwortung im Bund vorzubereiten. Alex Möller hat eine gewichtige Rolle bei der Konzipierung und bei der Bildung der Großen Koalition 1966 unter Kurt Georg Kiesinger und Willy Brandt und der sozial-liberalen Koalition 1969 unter Willy Brandt und Walter Scheel gespielt.

Einige nennen ihn im Spaß ›Genosse Generaldirektor‹. Mir ist der Titel zu lang, muß ich sagen. Aber irgendwo schwingt da auch Anerkennung mit, weil man Respekt gegenüber dieser selten anzutreffenden Mischung zwischen einem sozial engagierten Spitzenpolitiker und einem erfolgreichen Mann aus der Privatwirtschaft hat; einem Mann, der zwei gesellschaftliche Bereiche mit großem Erfolg mitgesteuert, mitgeführt hat, nämlich auf der staatlichen Seite die staatliche Finanzpolitik, die staatliche Finanzwirtschaft und auf der privatwirtschaftlichen Seite die Assekuranz.

Du hast als Vorstandsvorsitzender der Karlsruher Lebensversicherung und mit dem Bundestagsmandat des Wahlkreises Heidelberg natürlich dem badischen Landesteil des Südweststaates angehört. Wir aus Norddeutschland haben mit einigem politischen Interesse beobachtet, wie lange es gedauert hat, bis die beiden ›Stämme‹ sich hier im Südwesten zusammgerauft haben – die Badener und die Schwaben. Das lag nicht an der Sozialdemokratie, muß ich sagen dürfen – die hat eigentlich immer wieder Anstöße zum Zusammenschluß von Württemberg und Baden gegeben –, sondern es lag an der damals zerstrittenen CDU. So ändern sich die Zeiten. Aber sie ändern sich wieder.

Ulrich Lang hat das, glaube ich, vorhin geschichtlich richtig zitiert – und ich will es noch mit zwei Worten ausweiten –, daß Sozialdemokraten schon lange nur der Zusammenschluß von wirtschaftlich starken Industriegebieten mit wirtschaftlich schwächeren ländlichen Gebieten als ausreichende Basis für einen lebensfähigen Südweststaat vorgekommen ist – übrigens schon in der Weimarer Zeit; dies ist nicht eine geistige Entdeckung der Nachkriegszeit.

Inzwischen ist dieses Land, dieser Südweststaat sehr lebensfähig geworden. Das sieht man als Norddeutscher mit Neid. Sie haben nicht nur Ihren Schwarzwald, sondern auch weniger Arbeitslose als die Schleswig-Holsteiner, die Niedersachsen, die Bremer und Hamburger.

Theodor Heuss hat dieses Bundesland als ein ›Modell deutscher Möglichkeiten‹ bezeichnet. Ich bin mir nicht ganz sicher, was er gemeint hat. Und Ralf Dahrendorf – wie ich annehme, in Erinnerung an seine Konstanzer Jahre – hat einmal vom ›Kalifornien der Bundesrepublik‹ gesprochen. Ich vermute, des Klimas und der Landschaft wegen, vielleicht aber auch wegen der wirklich glücklich gemischten Wirtschaftsstruktur, vielleicht wegen des wirklich glücklichen hohen Anteils mittlerer und kleinerer Betriebe. Das müssen jedenfalls wir Norddeutschen neidvoll anerkennen. Genauso wie wir bereit sind – ohne dabei den Neid unterdrücken zu müssen –, daß dieses Land einen hohen Freizeitwert hat, den wir auch ganz gerne mit genießen, wenn Sie uns lassen.

Ich sagte eben, dieses Land steht wirtschaftlich im Vergleich zu anderen Bundesländern sehr glücklich da, auch zu vielen, überhaupt fast allen Regionen Europas. Ich wundere mich nicht, daß Herr Späth das als sein Verdienst in Anspruch nimmt. Das ist seine politische Pflicht. Wir ziehen einen Diskont ab, Herr Späth, das ist in Ordnung.

Aber nicht in Ordnung wäre es, wenn Sie nun den ganzen Südweststaat für sich vereinnahmen wollten. Es sollte nicht vergessen werden, denke ich, daß es wesentlich eben auch

Sozialdemokraten gewesen sind, sei es als Arbeitnehmer und Gewerkschafter, sei es als Unternehmer wie Alex Möller, sei es als Oberbürgermeister in vielen Städten dieses Landes, sei es als Minister – ich erinnere mich besonders gut an Viktor Renner, zu ihm hatte ich ein besonders enges Verhältnis in den 50er Jahren, an Hermann Veith, an Fritz Ullrich –, daß eben wesentlich auch Sozialdemokraten mitgeholfen haben, den Wiederaufbau nach dem Kriege im deutschen Südwesten zu bewerkstelligen.

Dann haben die baden-württembergischen Sozialdemokraten etwas gemacht, was vielleicht nicht ganz richtig war. Sie haben in den letzten 30 Jahren zahlreiche Spitzenleute nach Bonn exportiert, neben Alex Möller Carlo Schmid. Übrigens: Andere Parteien haben das z. T. auch gemacht, mit Theodor Heuss, Eugen Gerstenmaier, schließlich sogar mit Kurt Georg Kiesinger. Aber wir Sozialdemokraten haben das besonders schlimm betrieben und haben das Land zeitweilig ein bißchen zu sehr zur Ader gelassen. Ich denke dabei an Fritz Erler, der nach dem Kriege hier wieder angefangen hat, ich denke an Karl Mommer, um nur einige zu nennen.

Als ich mich heute in der Mittagspause, die der Bundesrat dem Bundestag aufgezwungen hatte, auf diesen Abend in Stuttgart vorbereitete, da hat es mich selbst sehr überrascht, als ich die Liste durchging, wie viele Schwaben und wie viele Badener, die gebürtigen eingerechnet, gegenwärtig als Minister der Bundesregierung dienen: Volker Hauff, Andreas von Bülow, Reiner Offergeld, Dieter Haack, Kurt Gscheidle, zwei Staatsminister: Gunter Huonker und Peter Corterier, ein Parlamentarischer Staatssekretär, Rolf Böhme, der demnächst Oberbürgermeister von Freiburg werden will, und dann in der Fraktion auch noch eine ganze Menge Amtsträger: etwa Wolfgang Roth, jung, wie er ist, schon stellvertretender Fraktionsvorsitzender. Ihr müßt aufpassen, daß Ihr nicht alle guten Leute nach Bonn abgebt.

Wenn wir uns heute zu Ehren des Sozialdemokraten Alex Möller hier im Stuttgarter Landtag versammelt haben – jedenfalls muß ich das für uns Sozialdemokraten bei dieser Gelegenheit sagen –, wollen wir damit gleichzeitig auch dokumentieren, daß für unsere Partei Baden-Württemberg nicht von der politischen Landkarte verschwunden ist, wenn auch nun seit langer Zeit die CDU hier allein regiert. Das muß ja nicht so bleiben, würden wir in Hamburg sagen.

In diesen 35 Nachkriegsjahren waren sozialdemokratische Landesminister 16 Jahre an den Landesregierungen hier in Stuttgart beteiligt. Und wie gesagt, die Sozialdemokraten aus Baden-Württemberg haben in der Bundespolitik eine noch größere Rolle gespielt. Auch heute spielt der baden-württembergische Landesverband der Sozialdemokratie eine hoch einzuschätzende Rolle nicht nur innerhalb der Bundesregierung, von der ich eine Reihe von Namen gerade genannt habe, sondern insgesamt. Und ich sage meinen Freunden hier im Lande: Es gilt eben auch hier vor Ort im Südwesten, eine hervorragende sozialdemokratische Nachkriegstradition aufrechtzuerhalten und fortzusetzen.

Hier hat mit Ulrich Lang und seiner Mannschaft im Landtag eine Wachablösung stattgefunden, die auf die Zukunft, auf die Landtagswahlen von 1984 gerichtet ist. Der Stab ist nunmehr an Jüngere weitergegeben worden, den nacheinander Erwin Schoettle, Alex Möller, Walter Krause, der unter uns ist, Heinz Bühringer, der unter uns ist, und Erhard Eppler getragen haben – alle die bisherigen Landesvorsitzenden oder die Vorsitzenden der Fraktion hier im Stuttgarter Landtag.

Ulrich Lang hat neulich geschrieben, und ich darf das zustimmend zitieren:

›Unsere Väter haben uns mit der Bildung des Südweststaates ein festes Fundament geschaffen. Wir, die wir zur Nachkriegsgeneration gehören, haben die Fassaden und das Dach des Hauses Baden-Württemberg gemeinsam errichtet. Nun, wo es gilt, für unser Land an einer freien und sozialen Zukunft zu arbeiten, wird es vor allem darum gehen müssen, dem Innenausbau – der inneren Struktur, den Arbeits- und Lebensformen der Menschen in Baden und in Württemberg – eine besondere Bedeutung beizumessen.‹

Ich halte das für richtig und füge hinzu: Heute haben diese Jüngeren noch Zeit und Gelegenheit, aus den Erfahrungen von Älteren zu lernen. Sie können z. B. von Alex hören, welche kaum für möglich gehaltene Wendung die deutsch-französischen Beziehungen seit dem Kriege genommen haben und wem dies zu danken ist. Hier spielen zwei hervorragende Franzosen am Beginn eine Rolle, aber auch viele Deutsche – und viele Mühe und viel gegenseitiges Einfühlungsvermögen.

Wenn man die Jahrhunderte zurückschaut auf die Grenze am Oberrhein zwischen Lörrach und Karlsruhe, dann ist das, was im Lauf der letzten Jahrzehnte entstanden ist, geradezu einzigartig. Das kam nicht von selbst, und das wurde auch nicht durch Beschlüsse herbeigeführt, die man mit Mehrheit verabschieden kann. Sehr viel menschliches Einfühlungsvermögen auf beiden Seiten war die Voraussetzung. Und natürlich war und ist die Großzügigkeit und das Entgegenkommen der Franzosen an erster Stelle zu nennen, sei es von Robert Schuman, sei es von Jean Monnet oder sei es von Charles de Gaulle.

Die geschichtliche Aufgabe, die historische Aufgabe ist in der Tat gelungen, zum westlichen Nachbarn Brückenpfeiler und Brücke für eine Verständigung zu sein, wie Alex Möller einmal geschrieben hat. Das ist tatsächlich zustande gebracht worden.

Es gibt noch mehr Nachbarn des deutschen Volks. Wir haben die ›Erbfeindschaft‹ mit Frankreich, wie unsere Väter sie genannt haben, geschichtlich wohl überwunden – einer der größten Erfolge der Nachkriegspolitik. Wir sind vielleicht auf dem Wege, auch die Versöhnung mit dem polnischen Volk zu erreichen. Das ist noch sehr viel schwieriger, weil das polnische Volk in einer Herrschaftsform lebt, die wir nicht akzeptieren können. Trotzdem müssen wir die Versöhnung mit dem polnischen Volk zustande bringen.

Es gibt viel zu lernen von den Älteren, die nach dem Kriege dies alles angefangen haben. Heute haben jüngere Genossen noch die Gelegenheit, von Alex Möller zu lernen, z. B. auch, wie sehr es auf finanzwirtschaftliche Solidität ankommt und wie entscheidend wichtig monetäre Disziplin ist, wenn eine Industriepolitik, Wirtschaftspolitik insgesamt oder insbesondere eine Beschäftigungspolitik erfolgreich sein soll.

Ich muß sagen, gerade in diesen Zusammenhängen vermisse ich Dich in Bonn ganz besonders, Alex. Ich höre seit Jahr und Tag viele Wünsche. Man muß immer um mehr Realismus im Urteil kämpfen. Das geht vielen so. Ich nehme an, das geht dem Ministerpräsidenten in Stuttgart auch nicht viel anders. Und deswegen braucht man Leute, die die Erfahrung haben und an deren Autorität andere nicht vorbeigehen können. Vielleicht braucht man auch Deinen Rat, und vielleicht habe ich ihn nötig – ich halte das für denkbar –, was den Umgang mit dieser neuen Bundesratsmehrheit angeht. Sie ist jetzt dabei, das deutsche Parlament mit ihren Stimmpaketen in den Schatten stellen zu wollen. Herr Späth hat gleich fünf Stimmen, wenn ich das richtig weiß, sein Kollege aus München auch, andere Kollegen ebenfalls. Ich glaube, niemand von uns hat ein gleiches Maß an Erfahrung im Umgang mit dem Bundesrat und mit den Stimmpaketen dort, wie Du es als ehemaliger Vorsitzender des Vermittlungsausschusses zwischen Bundesrat und Bundestag gesammelt hast.

Und Deine Tätigkeit im Vermittlungsausschuß – das ist

wohl kein Zufall – hat dann ja auch dazu geführt, daß Du in Bonn – gemeinsam mit Hermann Höcherl – immer als einer der Abgeordneten genannt wirst, die auch in stürmischen Bundestagszeiten niemals den Kontakt zur anderen Seite haben abreißen lassen. Es gibt mitunter Zeiten, wo man einander braucht.

Beim Durchblättern von Alex Möllers ›Erinnerungen‹ ist mir aufgefallen, wie sehr seine Sorge um den Bestand der zweiten deutschen Demokratie das Leitmotiv dieses Buches ist. Und ich denke, wir sind uns doch alle einig: Bonn ist in der Tat nicht Weimar, es wird es auch nicht werden. Aber es gibt manche Bewährungsprobe und manche Sorge, manche Not – das gilt insbesondere auch für meine eigene Partei –, in der man die Erfahrungen der ersten deutschen Republik, der ersten deutschen Demokratie auswerten und beherzigen muß.

Geschichte zu treiben hat keinen wirklichen Nutzen – für den Politiker jedenfalls –, wenn man sie nicht auswerten und daraus lernen will für das, was man in der Gegenwart selber zu tun hat. Die Sozialdemokratische Partei hat eine lange Geschichte. Sie kann, wenn sie will, aus dieser Geschichte vieles lernen. Sie wird daraus auch lernen, daß sie in aller Regel, so wie früher im Deutschen Reich und in Preußen, so heute in der Bundesrepublik Deutschland und in manchen Bundesländern, der Mitspieler bedarf, der Partner, der Koalitionspartner oder des Bundesrats, daß sie der Bereitschaft und der Fähigkeit zum Kompromiß bedarf.

Wer den Kompromiß nicht kann oder nicht will, ist zur Demokratie nicht zu gebrauchen. Ich meine ganz ernst, was ich eben gesagt habe. Das ist auch etwas, was man aus der Weimarer Zeit lernen muß. Und dieser Satz gilt übrigens auch für den äußeren Nachbarn und für die Aufrechterhaltung des Friedens. Wer den Kompromiß mit dem äußeren Nachbarn nicht kann oder nicht will, sei es mit dem Nachbarn im Westen, im Süden oder sei es mit dem Nachbarn im Osten – ist für den Frieden nicht zu gebrauchen.

Auf diesem Felde des Zustandebringens von tragfähigen Kompromissen, wo beide Seiten gleich unzufrieden sind – und das ist immer das beste Merkmal für einen guten Kompromiß –, hat Alex vieles zustande gebracht. Er wird auch häufig zitiert. Man schaut auch schon einmal in den Akten nach, wie das damals eigentlich gemacht worden ist und wie er es damals gemacht hat.

Ich möchte aber mit einem Wort schließen, das über diesen notwendigen Bestandteil eines demokratischen Systems, nämlich den Willen zum Kompromiß, hinausgeht. Alex Möller hat hier im Stuttgarter Landtag im April 1947, wohl in seiner ersten Rede im Landtag, gesagt: ›Die Demokratie ist kein System, sondern eine Frage der Gesinnung, und aus dieser Gesinnung heraus wird sie zur Weltanschauung.‹ So die damalige Sprache. Heute würde man vielleicht sagen: Zum Lebensprinzip. Jedenfalls darf man sagen: Zum Lebensprinzip ist sie für einen Mann wie Alex Möller geworden, der nun auf 60 Jahre eines aufopferungsvollen und unermüdlichen Einsatzes für die Demokratie und für eine der großen demokratischen Parteien zurückblicken darf.

Wir empfinden, lieber Alex, die Verpflichtung, die uns Jüngeren aus Deiner Arbeit erwächst. Wenn ich Dich seit Mitte der 60er Jahre häufig mit ›älterer Bruder‹ angeredet habe, so entsprach das auch meinem Gefühl, daß ich das, was Du tatest und getan hattest, als Vorbild empfunden habe. Ein älterer Bruder ist der, nach dem der jüngere Bruder sich richten möchte und richten kann. Meine Partei als Ganzes muß die Verpflichtung empfinden, das Vermächtnis zu erfüllen, das diejenigen übergeben, die ein Leben lang für diese Republik, ein Leben lang für eine Demokratie in Deutschland, ein Leben lang für eine humane Gesellschaft gekämpft haben.

Erlauben Sie mir, meine Damen und Herren, als Sozialdemokrat zu meinen Freunden einen letzten Satz hinzuzufügen. Lieber Alex, Männer wie Du halten uns, die wir nachfolgen, vor Augen, daß der mühselig zu ziehende SPD-Karren in Wirklichkeit doch nach einem Stern orientiert ist.«

Zwischenbilanz

»Vorwärts«, 15. April 1982

Vorbemerkung

1. In fast allen demokratischen Staaten hat die weltwirtschaftliche Strukturkrise seit Ende 1973 zu mehreren Regierungswechseln durch die Wähler beigetragen – so zum Beispiel je zweimal in USA, Kanada, England, Frankreich, in anderen westlichen Staaten noch häufiger –, wobei immer auch verschiedene innenpolitische Kontroversen eine Rolle gespielt haben. Die erste Weltwirtschaftskrise hatte zu Weimarer Zeiten im damaligen Deutschen Reich sogar einen häufig wiederkehrenden Regierungswechsel ausgelöst, obschon die Reichsregierungen für die Weltwirtschaftskrise und ihre katastrophalen Folgen nur in sehr geringem Maße mitverantwortlich waren.

Die Tatsache aber, daß dies in Deutschland 1976 und 1980 bisher eben nicht geschah, gibt mir Selbstvertrauen und Mut zur Führung.

2. Ich sehe nicht, daß eine andere Koalition in Bonn unserem Lande bessere Dienste anbieten könnte. Ich kann auch in Franz Josef Strauß oder Helmut Kohl keine Führungspersonen erkennen, die unser Volk sicherer durch Weltwirtschaftskrise und Ost-West-Krise der Rüstungen und Konfrontationen hindurchsteuern könnten. Wohl aber erkenne ich für uns selbst die Notwendigkeit zur Zwischenbilanz,

zur Erneuerung von Zielsetzungen, zum erneuten Abwägen von Möglichkeiten und Mitteln – auch zur Erneuerung des Konsensus zwischen beiden Koalitions-Partner-Parteien und zur Erneuerung des Konsensus innerhalb jeder der beiden Parteien.

3. Dabei ist es nicht meine Sache, der FDP öffentlich Ratschläge zu geben. Ich möchte vielmehr dem Konsensus innerhalb meiner Partei dienen, der Partei Willy Brandts, Herbert Wehners, Herbert Weichmanns, Kurt Schumachers, Wilhelm Kaisens, Wilhelm Hoegners, Waldemar von Knoeringens, Ernst Reuters, Carlo Schmids, Fritz Erlers, Adolf Arndts, Hans Böcklers, Otto Brenners, Julius Lebers, Carl Legiens, Hermann Müller-Frankens und Otto Brauns – die zugleich immer die Partei Lassalles und Bebels bleibt, wie sehr auch Zeitläufe, politische Umstände und ›Produktionsverhältnisse‹ sich verändern.

4. Beständigkeit in den sittlichen Grundwerten und Kontinuität in den politischen Grundlinien können durch plakativ vorgetragene Ratlosigkeiten ebenso wie durch ein Überangebot an sich widersprechenden Ratschlägen verdunkelt werden und verlorengehen, wenn das Augenmaß für das Mögliche überwuchert wird von der Leidenschaft für das Wünschbare. Und ebenso können endzeitliche Ängste zu falschem Ratschlag führen, wenn die Selbstdisziplin zur nüchternen Analyse vom Opportunismus zersetzt wird. *Nicht was als ›vermittelbar‹ innerhalb eigener Gruppen erscheint, sondern vielmehr was geschehen muß, um das Notwendige möglich zu machen, hat Leitschnur für die eigene Politik zu sein.*

Nicht was innerhalb eigener Zirkel ›ankommt‹, sondern die öffentliche *Beständigkeit der eigenen politischen Zielsetzung und die öffentliche Glaubwürdigkeit der handelnden Personen entscheiden über Zustimmung (›Akzeptanz‹) oder Ablehnung durch die Wählerinnen und Wähler.*

5. Während meines ganzen politischen Lebens habe ich mich an argumentativer politischer Auseinandersetzung innerhalb meiner Partei beteiligt, der ich seit 36 Jahren angehöre. Oft habe ich dabei meine eigene Meinung vervollkommnet oder geändert. Sehr selten habe ich öffentlich Beschlüsse von Bundesparteitagen kritisiert oder gar sie herabgesetzt. Insgesamt nehme ich für mich in Anspruch, in drei Dutzend Jahren aktiven politischen Lebens ein hohes Maß an politischer Disziplin gegenüber meiner sozialdemokratischen Partei und ihren Genossinnen und Genossen geübt zu haben. Ich werde das auch weiterhin so halten – auch in diesem Manuskript. Gleichwohl habe ich stets für richtig gehalten, daß Willy Brandt mehrfach festgestellt hat, seine Verantwortung als Bundeskanzler, wie sie das Grundgesetz festlegt, könne ihm in konkreten Fällen gebieten, anders zu handeln, als die Partei von ihm erwartete.

6. Ich greife hier zur Feder, um aus meiner eigenen Einsicht einige Gedanken zu der Diskussion beizusteuern, der sich die Sozialdemokratie stellen muß und die in unserer Partei begonnen hat. Ich tue dies nicht aus meinem staatlichen Amte heraus: keine Regierungserklärung. Ich kann auch keineswegs vollständig sein. Aber einige Elemente zur fällig gewordenen Zwischenbilanz möchte ich vorlegen: Sie stammen aus der in den letzten beiden Jahrzehnten gewonnenen Erfahrung, von denen ich 16 Jahre in sozial-liberalen Koalitionen mitgewirkt habe – als Senator in Hamburg sowie als Bundesminister und Bundeskanzler in Bonn.

Diese Elemente sind sehr unvollständig, zum Teil in zufälliger Niederschrift und insgesamt an den letzten Sonntagen entstanden. *Eine Skizze also, die der Ausfüllung durch Diskussion bedarf – weder Geschichte noch Zukunftsziele betreffend, sondern vielmehr – beides voraussetzend – einige ziemlich schmucklose Bilanzposten für eine Zwischenbilanz zur Hälfte der Legislaturperiode 1980–84.*

I. Über den Umgang innerhalb der Partei

7. Mit Nachdruck will ich wiederholen, was viele in letzter Zeit mehrfach gesagt haben: Wir haben allen Anlaß, besser miteinander umzugehen, als dies seit der Bundestagswahl im Oktober 1980 geschehen ist. Es sind nicht wenige, die sich hier angesprochen fühlen sollten, und ich will mich selbst nicht ausnehmen.

Wahr ist: Mehr als früher hat die SPD Schwierigkeiten mit sich selbst. Für viele Bürger werden ihre politischen Konturen unscharf. Die Vielfalt der innerparteilichen Diskussion, besonders aber die Schärfe und der publicitysüchtige Drang nach öffentlicher Geltung, mit der manche Kontroversen geführt werden, stellt häufig die Geschlossenheit nach außen in Frage.

Allzu sehr glauben einige in unserer Partei, sich dadurch bekanntmachen und politischen Aufstieg erreichen zu können, daß sie mit einer von der erarbeiteten und sodann beschlossenen Meinung der Partei abweichenden Ansicht (mitunter auch durch kalkulierte Provokationen gegen führende Personen aus Regierung und Partei) in die Medien drängen. Auf Dauer ist das politisch kaum zu tragen, denn damit wird die Regierungsfähigkeit der SPD beschädigt und ihre Handlungsfähigkeit insgesamt auf das Spiel gesetzt. Wer in seiner Gemeinde oder in seinem Bundeslande Wahlen verliert, der darf sich jedenfalls dann nicht über die sogenannte ›Bonner Großwetterlage‹ als Ursache beklagen, sofern er selbst zu der verwirrenden Meinungsvielfalt, d. h.: Unklarheit für die Wählerinnen und Wähler, beigetragen hat.

Ich möchte nicht falsch verstanden werden: Ich rede keineswegs einem Versuch das Wort – ein Versuch, der ohnehin mißlingen müßte –, aus der SPD einen Gesangverein mit festgelegten Noten zu machen. ›In einer offenen Gesellschaft‹, so hat die Grundwertekommission formuliert, ›können auf Dauer nur offene Parteien ihre Funktion erfüllen; Parteien also, die – auf der Basis ihrer Grundsätze – das kritische und kontroverse Gespräch ihrer Mitglieder nicht als Störung ihrer Geschlossenheit betrachten, sondern als Chance der Korrektur und Weiterentwicklung ihrer Konzeption.‹

Diese Aussage ist richtig. Ebenso aber machen kontroverse Diskussionen allein noch keine fortschrittliche und jedenfalls noch keine handlungsfähige Partei aus. Auf Diskussionen müssen Beschlüsse folgen, und sie müssen von allen gemeinsam vertreten werden. In der Sprache der Grundwertekommission: Notwendig ist ›aber auch die Bereitschaft zur Solidarität mit den Grundsätzen der Partei. *Dazu gehört die Loyalität gegenüber Entscheidungen, bei denen man selbst überstimmt worden ist, damit ein Mindestmaß erkennbaren politischen Gesamtwillens der eigenen Partei nach draußen gewahrt bleibt.*‹

Unsere Partei ist in ihrer Geschichte nie ein Wahlverein, nie ein Honoratiorenklub oder eine Gefolgschaftstruppe gewesen. Diskussion hat uns befähigt, Probleme zu analysieren und Wege zur Lösung zu zeigen – Solidarität und Gemeinschaftsbewußtsein haben uns die Kraft zum gemeinsamen Handeln gegeben.

Nach meinem Eindruck mangelt es an manchem Ort heute am Gemeinschaftsgefühl. Ich weiß, es war früher selbstverständlicher und einfacher, Solidarität zu leben und zu leisten – im Kampf gegen einen feindseligen Staat, in der Verfolgung, auch in der Opposition nach 1949.

Es war in den Zeiten hoher Wachstumsraten einfacher, innerparteiliche Kompromisse für gesellschaftliche und ökonomische Fragen zu finden, als unter den Bedingungen einer Weltwirtschaftskrise. Dies war 1930 genauso – nur daß die damalige Weltwirtschaftskrise viel schwerer wog als die heutige. Schon 1929 hatten wir im Deutschen Reich eine höhere Arbeitslosigkeit als heute. Und die Arbeitslosen lebten in der Mehrzahl am Rande des Existenzminimums. Die heutigen Arbeitslosen dagegen haben einen höheren Lebensstandard als alle aktiven Arbeitnehmer in den ersten zwei Dritteln des 20. Jahrhunderts.

Gleichwohl: Arbeitslosigkeit und Stagnation haben 1982 die Politik schwieriger gemacht. Deshalb brauchen wir Solidarität mehr als bisher, um handlungsfähig zu bleiben. Regierungspersonen z. B. sind auf die solidarische Unterstützung von Fraktion und Partei angewiesen. Die Erwartungen vieler Parteimitglieder, vor allem jüngerer, und die tatsächlichen Möglichkeiten von Staat und Regierung klaffen weiter auseinander als gegen Ende der 70er Jahre. Dies wird von manchen leider als mangelnde Solidarität der (auf die Grenzen des tatsächlich Möglichen stoßenden) sozialdemokratischen Regierungsmitglieder ihrer Partei gegenüber empfunden und dargestellt.

Geschieht das – wie häufig – mit großer Lautstärke, so entsteht der schädliche Eindruck einer Kluft zwischen Partei und Regierung. Wer Regierung und Partei auseinanderdividiert, fördert den Eindruck, es gebe innerhalb der Sozialdemokratie größere Meinungsunterschiede als zwischen den Sozialdemokraten insgesamt und ihren Gegnern. *Eine als zerklüftet erscheinende politische Partei verliert einen Teil ihrer Attraktivität.* Es bedeutet eine Spitze der Fehlentwicklung, wenn in den Medien über der innerparteilichen Debatte die Auseinandersetzung mit dem politischen Gegner in einen bedeutungslosen Rang rückt.

8. Solidarität nach innen wie gegenüber den Benachteiligten und Schwachen in der Gesellschaft ist eines der stärksten bindenden Elemente in der Geschichte der Arbeiterbewegung und der Sozialdemokratie gewesen. Ich frage mich heute, ob Solidarität für manche nur noch ein historisches Überbleibsel in den Erzählungen alter Genossen ist. Ob die mora-

lisch-politische Forderung nach Solidarität von einigen nurmehr argwöhnisch als Instrument der Disziplinierung abweichender Meinung betrachtet wird? Ist Solidarität unnütz geworden durch Emanzipation, unbrauchbar, weil wir regieren und die Regierenden nicht nur mißtrauisch kontrolliert, sondern sogar bekämpft werden müssen, weil sie die in sie gesetzten illusorischen, trügerischen Erwartungen nicht erfüllen können?

Solche Fragen sind wohl zulässig. Solidarität – so sagt der Orientierungsrahmen '85 – drückt die Erfahrung und die Einsicht aus, daß wir als Freie und Gleiche nur dann menschlich miteinander leben können, wenn wir uns füreinander verantwortlich fühlen und einander helfen. Solidarität hat für uns eine allgemeine menschliche Bedeutung.

In dem Wort ›Solidarität‹ steckt übrigens der gleiche Ursprung wie im Wort ›solide‹: Wo Solidarität herrscht, kann man sich jenseits aller Meinungsverschiedenheiten im einzelnen darauf verlassen, daß der andere verläßlich an den Prinzipien der Gemeinschaft festhält und sie in seinem Handeln zu verwirklichen sucht. Wer Solidarität übt, darf auf das Vertrauen in der eigenen Gruppe rechnen, und er erweist sich als solide nach außen. Ohne Solidarität gerät die SPD ins Abseits.

9. *Zur Solidarität gehört Selbstdisziplin. Und persönliche und politische Glaubwürdigkeit müssen hinzutreten!*

Selbstdisziplin verbietet Profilierung auf Kosten anderer. Glaubwürdigkeit verbietet, daß eigene Forderungen und eigenes Handeln auseinanderklaffen! Hier liegt eine der wichtigsten Ursachen für den Vertrauensverlust aller politischen Parteien. Deshalb muß Solidarität auch Verläßlichkeit bedeuten.

10. *Das Maß an Einheit, an Selbstdisziplin und Solidarität, an Glaubwürdigkeit im Handeln,* das die SPD an den Tag legt, *dies wird auf Dauer mehr als andere Elemente der Politik*

über unsere Fähigkeit entscheiden, die Menschen zu überzeugen und die Regierungsverantwortung in der Hand zu behalten.

Aber Selbstbewußtsein gehört dazu! Wo im Westen gäbe es denn soviel soziale Sicherheit, wo in der Welt eine so große Rolle der freien Organisationen der Arbeitnehmer – wo denn wäre man in West oder Ost bisher mit der Weltwirtschaftskrise besser fertig geworden? Die in diesem Winter erfolgreich durchgestandene Auseinandersetzung um den Haushalt 1982, um die Gemeinschaftsinitiative für Arbeit, Wachstum und Stabilität, unsere besonderen deutschen Beiträge zur Sicherung des Friedens in der Afghanistan- und in der Polenkrise haben gezeigt: Wir Sozialdemokraten haben Grund zur Selbstbewußtsein und Zuversicht. Niemand soll uns das zerreden – am allerwenigsten wir selbst!

II. Arbeitnehmer im Zentrum

11. Politik für Arbeitnehmer, fortschrittliche Politik, Reformpolitik kann nur durchgesetzt werden, soweit
- die Mehrheit der Bürger dafür zu gewinnen ist und
- das Geld dafür freigemacht werden kann.

Umgekehrt: Gegen die harten Fakten des ökonomischen Rahmens oder gegen Grundeinstellungen oder Einsicht gerade der Betroffenen werden Veränderungen im Namen der Gerechtigkeit und des sozialen Ausgleichs nur schwer und kaum auf lange Sicht durchzusetzen sein.

Wertvorstellungen und Meinungen zu Fragen unserer Zeit fallen nicht vom Himmel. Sie sind Ergebnisse der Meinungsbildung in der Gesellschaft, zwischen den Mitbürgern, zwischen Bürgern und Medien, zwischen Bürgern und Politikern, langfristig vor allem zwischen geistigen Anregern und Meinungsführern verschiedener Art einerseits und der Gesellschaft andererseits.

12. Aus der Sicht der Meinungsforschung muß für 1981/82 die politische Lage der SPD, aber auch der Bundesregierung, als eine im Vergleich zu früheren Stimmungseinbrüchen *gravierende Situation* bewertet werden. Eine Fülle von Einzelergebnissen weist in die gleiche Richtung. Beunruhigend ist vor allem die Dauerhaftigkeit des Tiefs, das mit dem Jahreswechsel 1980/81 eingesetzt hat.

Einer geringen Zufriedenheit von SPD- und auch von FDP-Wählern mit ihren Parteien entspricht *ein ausgesprochen niedriges SPD- und bisher unerreicht niedriges Koalitionspotential.* Dagegen findet sich ein entsprechend großes CDU/CSU-Potential und beachtliche Protentialwerte für Grüne bzw. Alternative. Überdurchschnittliche Verluste hat die SPD bei Arbeitnehmern, jüngeren Wählern und bei politisch besonders Interessierten hinnehmen müssen. Dies hat strategische Bedeutung, weil sich gerade Teile der Stammwähler, des Nachwuchses und der Multiplikatoren von der SPD abwenden. Das schwache Abschneiden der SPD bei den 81er Wahlen und bei den ersten Wahlen in diesem Jahr ergänzt dieses Bild.

13. Auffällig ist auch der ausgeprägte Pessimismus über die gegenwärtige, zukünftige und allgemeine wirtschaftliche Lage. Allerdings wird die jeweils eigene wirtschaftliche Situation von einer Mehrheit als relativ günstig beurteilt. Der staatspolitisch wohl bedrückendste Hinweis liegt in einer geringen allgemeinen Zukunftshoffnung und in einer ungewöhnlich starken Abnahme der ›Systemzufriedenheit‹.

Der Prozeß, der zu diesem Meinungsbild geführt hat, ist in den letzten 15 Monaten eindeutig gegen uns gelaufen. Aus konservativen Lagern meldete sich schon sehr früh eine Reihe von Vordenkern zu Wort. Sie sahen: Wenn eine zugunsten der Arbeitnehmer fortschreitende Form der Gesellschaft gestoppt, erschwert oder gar ins Gegenteil verkehrt werden soll, dann muß man den Meinungsbildungsprozeß beeinflussen, dann mußte man an den Einstellungen gerade der Arbeitnehmer ansetzen.

14. Unsere Hoffnung, diesen Angriff auf unsere Arbeit abwehren zu können, hat sich bisher nicht erfüllt. Unter den Gründen dafür will ich zwei nennen:

Erstens. Wir haben in den wichtigen politischen Bereichen begrifflich den Konservativen das Feld überlassen. Wir haben z. B. nicht genug Widerstand dagegen geleistet, daß aus ›sozialer Gerechtigkeit‹ vielmehr ›die neue soziale Frage‹ gemacht wurde, aus dem ›Sozialstaat‹ der ›Schuldenstaat‹. Die Konservativen bemühen sich bisher vergeblich, aus ›Entspannungspolitik‹ vielmehr ›Entspannungseuphorie‹ oder ›Traumtänzerei‹ zu machen; hier ist aufmerksame sozialdemokratische Aktivität geboten.

Zweitens. Viele Menschen, für die wir die Reformpolitik gemacht haben, sind inzwischen gesellschaftlich aufgestiegen und haben sich in ihrer politischen Einstellung bürgerlich-konservativen Schichten angepaßt. Heute stellen Sozialdemokraten und Gewerkschafter fest, daß auch die politischen Vorstellungen eigener Anhänger wesentlich von der Massenpresse und von konservativen Fernsehsendungen geprägt werden.

15. Das Ergebnis: *Egoistische Einstellungen haben an Boden gewonnen, die Solidarität zwischen den Gruppen hat abgenommen.*

Ein Beispiel für Veränderungen ist die Haltung der Arbeitnehmer zu den ausländischen Arbeitern. Seit 1978 steigt der Anteil derer, die die Gastarbeiter am liebsten nach Hause schicken wollen. Heute sind es fast 60 Prozent der Arbeitnehmerschaft. Wahlergebnisse, wie das einer ausländerfeindlichen Gruppierung bei den schleswig-holsteinischen Kommunalwahlen in einigen Kieler Bezirken, sind bestürzende Konsequenz dieser Entwicklung. Zu dieser Veränderung hat allerdings auch die objektive Lage beigetragen: Der

Mangel an Arbeitsplätzen, die Konzentration von Gastarbeitern in bestimmten Regionen und das Hereinströmen von unechten Asylbewerbern, die das Bild von Gastarbeitern – häufig zu Unrecht – prägten.

Insgesamt haben wir wohl die Wirkung der ständigen Indoktrination zu Lasten der Interessen der Arbeitnehmer und der Reform der Gesellschaft unterschätzt. Wir haben nicht genügend entgegengehalten, als eine konservative Grundstimmung erzeugt wurde. Vorkommnisse wie bei der ›Neuen Heimat‹ wirken in diese unerwünschte Richtung.

Wenn wir langfristig erfolgreicher sein wollen, dann müssen wir versuchen, den Trend umzukehren. Auf lange Sicht wird Politik für Arbeitnehmer dann wieder besser ermöglicht, wenn es uns gelingt, die politischen Koordinaten der Wählerschaft wieder zurechtzurücken, zur linken Mitte hin zurück. Mit anderen Worten: *Wähler der Mitte an uns binden, statt sie nach rechts abdriften zu lassen.*

Dazu muß jeder beitragen: Im Betrieb und im Freundeskreis, in der Bundesregierung, in der Parteiführung, in der Partei – auf allen Ebenen.

III. Aktuelle Aufgaben der SPD

16. In den nächsten neun Monaten wird alles darauf ankommen, das Tief zu überwinden. Aus meiner Sicht geht es dabei vor allem um folgende Punkte:

Erstens: Die *Bekämpfung der Arbeitslosigkeit* hat für Sozialdemokraten erste Priorität. Sie kostet Opfer. Dafür stehen Sozialdemokraten in der Pflicht. Nach unserer Überzeugung verletzt Arbeitslosigkeit die Würde des Menschen. Sie hinzunehmen, würde den Grundwerten des Godesberger Programms widersprechen. Arbeitslosigkeit ist aber eine weltweite Erscheinung. Gelöst werden kann das Problem nur im weltwirtschaftlichen Maßstab. Aber es gibt auch nationale Mittel, die mit Entschlossenheit und Augenmaß angewendet werden müssen.

Zweitens: Ausreichendes Vertrauen gewinnen Sozialdemokraten nur, wenn sie einerseits in der Lage sind, den Bürgern glaubhaft darzustellen, daß sie in der Regierungsverantwortung *die klassischen Staatsfunktionen gut erfüllen können, daß sie andererseits aber zu notwendigen Reformen und Verbesserungen bereit und fähig sind.*

Drittens: Unseren eigenen Beitrag zu den wieder in Gang gebrachten *Abrüstungsverhandlungen* darf die SPD nicht in Frage stellen. Es wäre schädlich, auf dem Bundesparteitag in München noch einmal die Grundsatzfrage Ja oder Nein zum Doppelbeschluß aufzunehmen. Es kommt vielmehr darauf an, unsere Einwirkungsmöglichkeiten auf die Verhandlungspartner zu stärken, nicht, sie durch Verweigerung zu schwächen.

Viertens: Die Anziehungskraft der SPD wird größer, ihre Chancen verbessern sich, wenn es gelingt, den Bürgern *eine zugleich vernünftige und engagierte politische Linie im Feld zwischen Wirtschaft und Umweltschutz* deutlich zu machen. Ich halte nichts davon, hier falsche Fronten aufzubauen. Sozialdemokraten haben eine Vermittlungsaufgabe – nicht theoretisch, sondern in jedem einzelnen konkreten Felde, in jedem Einzelfall müssen wir die unterschiedlichen Interessen, die betriebswirtschaftlichen, volkswirtschaftlichen und ökologischen Gesichtspunkte auf einen gemeinsamen Nenner bringen.

Fünftens: Die SPD muß alle Kraft zusammennehmen, die *Meinungsführerschaft bei dringenden Zukunftsproblemen* zurückzugewinnen. Neben der Friedenssicherung und der Sicherung von Arbeitsplätzen nenne ich stichwortartig nur einige wenige Beispiele: die Entwicklung der Nord-Süd-Beziehung, den Jugendprotest, die Integration ausländischer Arbeitnehmer, das Drogenproblem.

Sechstens: Die Kommunalpolitik muß in ihrem hohen Rang wieder anerkannt werden. Ländliche und städtische

Ortsvereine und Kreisverbände oder Unterbezirke müssen vor allem anderen ihren Wählern zeigen können, daß sie die konkreten kommunalen Fragen im Rathaus besser lösen als andere! *Tüchtige, erfolgreiche, Vertrauen erweckende und Vertrauen bindende Bürgermeister und Gemeinderäte sind wichtiger als theoretische Papiere! Sie sind die wichtigsten Stützen der Sozialdemokratie!*

17. Es geschieht oft, daß städtische junge Menschen, wollen sie die sie bedrängenden Fragen diskutieren, dafür eher Ansprechpartner bei den Alternativen, in Wohngemeinschaften und in den Kirchen finden. Zweifellos haben es diese Ansprechpartner leichter, auf Vorstellungen der Jugendlichen einzugehen, da sie nicht in der Pflicht stehen, ihre Vorstellungen politisch umzusetzen. Und sicher sitzen Jugendliche stärker noch als andere dem Irrtum auf, daß derjenige, der ein Problem benennt, auch in der Lage sei, es zu lösen. Aber auch wir, die wir in der praktischen Politik stecken, sind an dieser Entwicklung nicht ganz unschuldig; oft wird mißmutig auf derartige Fragen und kritische Anmerkungen reagiert.

18. *Wir dürfen uns in der zentralen Frage unserer Wähleransprache weder selbst auseinanderdividieren noch uns von anderen gegeneinander ausspielen lassen.*

Die SPD ist in ihrem großen Wählerkern die Partei der Arbeitnehmer, der Gewerkschaftsmitglieder und der Betriebsräte. Sie muß dies bewußt bleiben und bleiben wollen! Aber es haben natürlich immer Akademiker und Intellektuelle in unserer Partei mitgearbeitet, das ist nicht erst seit 1969 so. Marx und Lassalle waren Intellektuelle, keine Arbeiter. Engels war ein Unternehmer und August Bebel ein Handwerker, später auch er ein kleinerer Unternehmer. Alle die genannten haben eine große Rolle in der geistigen Entwicklung der Sozialdemokratie gespielt. *Das breite Bündnis unterschiedlicher Schichten gab es in der SPD schon immer!*

Allerdings haben die Arbeiter – und seit 1945 die Arbeitnehmer insgesamt – die Haltung der Delegiertengremien unserer Partei früher auf allen lokalen, regionalen Ebenen, ebenso auf der Ebene des Deutschen Reiches, sehr viel stärker geprägt, als dies in der bundesrepublikanischen Politik seit den 60er Jahren der Fall ist. *Die Tatsache, daß sich viele der jungen Akademiker in der Partei als Arbeitnehmer fühlen und glauben, für die Arbeitnehmerschaft generell zu sprechen, ist dafür kein ausreichender Ersatz.*

19. Bei der Bundestagswahl 1972 ist die Arbeitnehmerpartei SPD dadurch mehrheitsfähig geworden, daß sie sich gegenüber der Jugend und den Mittelschichten geöffnet hat. Bei den 18–24jährigen erhielt die SPD 54,6 Prozent. Gleichzeitig erhielt sie bei den Facharbeitern 60 Prozent und bei den un- und angelernten Arbeitern 58 Prozent der Wählerstimmen.

20. Natürlich muß man die Veränderungen in der Struktur unserer Gesellschaft berücksichtigen. *Neben den klassischen Typus des Facharbeiters, der an Zahl abnimmt, tritt eine wachsende Zahl von Angestellten und Arbeitern im privaten und öffentlichen Dienstleistungsbereich.* Diese Gruppen haben z. T. andere Orientierungen. Dies wird vor allem bei jungen Menschen deutlich. Wir erleben die Entstehung einer alternativen Kultur mit einem ganz anderen Leistungsbegriff und anderen Lebenszielen.

Deshalb muß die Sozialdemokratie sich darauf besinnen, daß für sie ›Arbeiter‹ und ›Arbeitnehmer‹ nie bloße statistische Daten gewesen sind und sein können, sondern daß in diesen Namen vergleichbare soziale Lagen, ähnliche Bildungsvoraussetzungen und gleichartige Existenzrisiken und die daraus resultierenden Interessen gemeint waren. Daraus ergaben sich und müssen sich auch fürderhin ergeben die positiven Zielsetzungen für den sozialen Wandel.

Bei dessen Bewertung können sicherlich auch unterschiedliche Akzente gesetzt werden. Klar ist, daß sich die Vielschichtigkeit der Gesellschaft in unserem Wählerpotential widerspiegeln muß – jedenfalls dann, wenn wir erfolgreich sein wollen!

21. Dazu möchte ich zitieren, was ich 1971 in einem Aufsatz ›Zwischenbilanz‹ ausgeführt habe: ›Unsere Zielgruppen Arbeiter und Angestellte müssen ihre Priorität behalten. Dabei wissen wir, daß Arbeiter nicht gleich Arbeiter ist und schon gar nicht Angestellter gleich Angestellter. Es gibt sehr verschiedene Gruppen in sehr verschiedenen psychologischen Situationen und mit sehr verschiedenen Interessen und politischen Erwartungen. Auf sie und auf ihre Ehefrau müssen wir unsere Politik und unsere Argumentation besonders sorgfältig einstellen.‹ Auch weiterhin ›wird die Sozialdemokratische Partei zwar durchaus Lehrer, Ärzte, Anwälte, Geistliche und Angehörige freier Berufe in sich bergen; aber wenn sie noch eine gewichtige politische Kraft ist, dann wird sie vornehmlich eine Partei der Arbeitnehmer, der Angestellten und Arbeiter sein! Wenn sie das nicht bliebe, dann würde sie von einer Volkspartei zu einer Sekte‹.

Ich halte das auch heute für zutreffend. Ich würde nur die damals vergessenen *selbständigen Gewerbetreibenden und Landwirte ausdrücklich mitaufnehmen.*

22. Die notwendige Sorge um ein in sich eindeutiges Erscheinungsbild darf nicht den Blick dafür verstellen, daß tatsächlich ein wertgebender Gleichklang der Interessen bewußtgemacht werden kann. Bei vielen wichtigen Themen besteht ein *weit verbreiteter Interessengleichklang,* der den Facharbeiter mit dem Jungwähler verbindet und der den an der Fach- oder Hochschule Ausgebildeten nicht vom gewerblichen Arbeitnehmer trennt. Anders wäre z. B. *die hohe Zustimmung, die die Friedenspolitik der Bundesregierung in allen Bevölkerungsschichten findet,* nicht zu erklären.

Den genannten Gruppen ist weiterhin gemeinsam, daß sie stärker als andere eintreten

- für den Kampf gegen die Arbeitslosigkeit,
- für soziale Sicherheit,
- für Reformpolitik,
- für liberale Rechtspolitik,
- sie sehen stärker die Gefahr des Neonazismus,
- die Gefahr der Umweltzerstörung,
- sie wenden sich überdurchschnittlich gegen Kürzungen bei der Hilfe für unterentwickelte Länder.

23. Die Übereinstimmung in diesen Interessen müssen wir nutzen und stärken, um bisherige Wähler zu halten und um neue dazuzugewinnen. Deshalb muß die Partei ihre Position der linken Mitte bewahren. Sie muß auch für jene die politische Heimat bleiben, die sich als dezidiert linke Sozialdemokraten verstehen. *Sie darf aber auf keinen Fall die sogenannte politische Mitte vernachlässigen.* Wenn wir an dem politischen Ziel festhalten wollen, dann brauchen wir ein politisches Bündnis von großer Spannbreite.

24. Die verschiedenen gesellschaftlichen Gruppen sind für die SPD nicht nur als Wähler wichtig. *Wir brauchen sie auch als geistige und politische Anreger!* Und sie sind insbesondere als Multiplikatoren unentbehrlich. Denn auf die Unterstützung durch große Medien kann sich die SPD nicht verlassen; und mit Werbung allein ist keine Wahl zu gewinnen.

Gespräche im Betrieb, in Vereinen und Jugendhäusern, beim Einkaufen in der Nachbarschaft sind unverzichtbar. Erst dadurch wird ein politisches Klima geschaffen, das die Durchsetzung unserer politischen Vorstellungen begünstigt.

Für diesen Weg hat Peter Glotz vor wenigen Jahren gesagt: ›Unduldsame Rechthaber mit dem Drang zur reinen Lehre (die es auf dem rechten wie auf dem linken Flügel der SPD gibt) müssen in einer Integrations- oder Volkspartei kleingehalten werden ... Die Volkspartei darf nicht zur Partei des gesunden Volksempfindens werden – aber auch nicht zum realitätsvergessenen Diskutierclub.‹

IV. Die Freiheit sichern und den Frieden bewahren

25. Das Kernstück unserer auswärtigen und Sicherheitspolitik heißt Friedenspolitik. Von ihr hängt unser individuelles und nationales Überleben ab.

Friedenspolitik steht im Zentrum der nunmehr zwölf Jahre sozial-liberaler Regierungsverantwortung. Die Kontinuität dieser Friedenspolitik zieht sich von den Kabinetten Brandt/Scheel unverändert zu den Kabinetten Schmidt/Genscher. Friedenspolitik gehört weiterhin zum inhaltlichen Kernbestand der sozial-liberalen Koalition. Niemand sollte einen Zweifel haben: Diese Friedenspolitik war und bleibt nur in der sozial-liberalen Koalition durchsetzbar. Ohne das Engagement und den Einsatz der beiden liberalen Außenminister wäre sie in dieser Form nicht denkbar gewesen. Wer – aus welchen Gründen immer – den Koalitionspartner kritisieren zu müssen glaubt, sollte diese Tatsache im Gedächtnis behalten.

Ebenso wäre unsere Friedenspolitik nicht ohne das Engagement der drei sozialdemokratischen Verteidigungsminister so möglich gewesen. *Nur gestützt auf die ungeschmälerte Glaubwürdigkeit des Verteidigungswillens der Bundesrepublik Deutschland und ihrer sozial-liberalen Regierungen war die Vertragspolitik in Richtung Ost-Europa für Moskau interessant und im Westen akzeptabel.* Wenn jedoch die Glaubwürdigkeit der Verteidigungsanstrengung beschädigt würde, so könnte Entspannungspolitik zu einer Vorstufe werden für die Oktroyierung fremden Willens – d. h.: für einen Verlust von Freiheit. Sie würde dann *auch* die mehrheitliche Zustimmung der Bundesbürger verlieren.

26. Auf das Prinzipielle zurückgeführt, gibt es in heutiger

Sicht drei Wege, militärische Mittel als Instrumente der Friedenspolitik zu benutzen.

Der erste Weg vertraut auf militärisches Übergewicht und auf die Sicherheitsgarantie der Waffen. Er endet im Rüstungswettlauf und kann den Frieden gefährden, wie nicht nur die Beispiele der europäischen Großmächte vor 1914 zeigen.

Der zweite Weg ist durch eine pazifistische Einstellung oder naives Vertrauen auf einseitige Abrüstung gekennzeichnet. Pazifistische Überzeugungen sind mir persönlich achtenswert. Aber auch hierzu zeigt die *geschichtliche Erfahrung, daß einseitige Ohnmacht nicht Aggression durch die Übermacht verhindert.* Finnland hat vor über 40 Jahren als Nachbar der Sowjetunion diese Erfahrung ebenso gemacht wie viele Nachbarstaaten der aggressiven Hitler-Diktatur; die Erinnerung an Afghanistan ist noch frisch.

Der dritte Weg ist der des Gleichgewichts der militärischen Kräfte, der gleichen Sicherheit (und der gleichen Verwundbarkeiten!). Ungleiche Abrüstungsverträge sind für keine Seite akzeptabel. Sie sind vor allem nicht politisch durchsetzbar. *Daher ist das Gleichgewichtsprinzip die Voraussetzung einer Vertragspartnerschaft zur beiderseitigen Sicherheit von West und Ost,* wie wir sie anstreben. Nur auf diesem Weg läßt sich die begründete Sorge um den Frieden bewältigen. Eine Sorge, die ansonsten immer wieder politisch mißbraucht werden kann.

27. Bei allen intellektuellen Schwierigkeiten, die einer mit dem Gleichgewichtsbegriff haben kann: das militärische Gleichgewicht ist und bleibt eine unerläßliche Voraussetzung für die Erhaltung des Friedens. Ein Hauptziel unserer Politik ist daher, dieses *Gleichgewicht durch Abrüstungsverhandlungen auf ein möglichst niedriges Niveau zu senken.*

28. *Militärisches Gleichgewicht in Europa ist ohne das westliche Bündnis undenkbar.* Dies ist eine sehr breite Über-

zeugung unter unseren Mitbürgern. Alle Meinungsumfragen zeigen hierzu klare absolute Mehrheiten. Diese Mehrheiten haben recht! Das Gipfeltreffen im Juni in Bonn wird diese Tatsache erneut unterstreichen.

Das Bündnis kann ohne die politische Führung und den Verteidigungsbeitrag der USA nicht leben. Für die Bundesregierung hat deshalb die Erhaltung und Pflege unserer freundschaftlichen Beziehungen zu den Vereinigten Staaten weiterhin hohe Bedeutung. Diese Aufgabe wird uns – ungeachtet der in jedem Jahrzehnt auftretenden Meinungsverschiedenheiten in wechselnden Einzelfragen – dadurch erleichtert, *daß uns mit den USA nicht nur Sicherheitsinteressen verbinden.* Ebenso klar ist, daß unser gemeinsames Friedens-, Freiheits- und Demokratie-Interesse *nicht notwendigerweise verlangt, in allen anderen Feldern der äußeren und inneren, wirtschaftlichen und sozialen Politik mit den USA übereinzustimmen.*

29. *Friede ist ein Grundwert.* Friede trägt dazu bei, die anderen Grundwerte des demokratischen Sozialismus – Freiheit, Gleichheit und Solidarität – zu verwirklichen.

In unserer Friedenspolitik lassen wir uns von der Einsicht leiten, daß es heutzutage nicht mehr möglich ist, dauerhafte Sicherheit auf Kosten der Sicherheit der anderen Seite zu erreichen. Sicherheit ist dauerhaft nur in einem Verhältnis der Gegenseitigkeit möglich. Ich habe dafür den Begriff ›Sicherheitspartnerschaft‹ benutzt, die *durch ein Vertragsverhältnis zwischen Ost und West,* zwischen den beiden Paktsystemen erreicht werden muß.

Wir haben nie Zweifel daran gelassen, daß der Friede durch militärische Anstrengungen allein nicht erhalten werden kann. Sicherheitspolitik bedarf vielmehr der Verträge, der Entspannung und der Kooperation. Dazu gehört der Gewaltverzicht, das heißt die feste Entschlossenheit, beim Austragen von Konflikten auf die Anwendung oder die Androhung von Gewalt zu verzichten. Dieser Gewaltverzicht ist ein wesentliches Element unserer Ostverträge. Er hat zum Beispiel den Polen die Angst vor angeblichem deutschen Revanchismus genommen. Dazu gehört die Dialogbereitschaft, Mäßigung im politischen Handeln wie in der politischen Rede, dazu gehört der Wille zum Ausgleich.

30. Das Prinzip der Kooperation verpflichtet die Partner, Bereiche ausfindig zu machen, in denen sie – trotz aller sonstigen Gegensätze – gemeinsame Interessen erkennen. Dies gilt zu allererst für *Rüstungsbegrenzung und Abrüstung. Beides bedarf der vertraglichen, verpflichtenden Form.* Beides bedarf der Verhandlungen!

Verhandlungen und Verträge müssen sich nicht auf die Sicherheitspolitik im engeren Sinn beschränken. Wirtschaft und Kultur bieten Felder für fruchtbare Zusammenarbeit, die einen wichtigen Beitrag zur Festigung des Friedens leisten können. Möglichst vielfältige und enge Zusammenarbeit, von der beide Seiten profitieren, dient der Friedenssicherung und dem friedlichen Wandel. Das sind die Grundsätze, von denen sich die Bundesregierung bei ihrer Friedenspolitik leiten läßt.

Wenn ich auf die letzten zwei Jahre zurückblicke, vor allem auf die Treffen mit Präsident Reagan, mit Präsident Mitterrand, auf die Beratungen im Rahmen der Europäischen Gemeinschaft und auf den Weltwirtschaftsgipfeln, wenn ich meine Zusammenkünfte mit Generalsekretär Breschnew und mit Generalsekretär Honecker bilanziere, dann kann ich sagen: Diese Grundsätze haben sich bewährt.

31. Wir haben weltpolitisch schweres Wetter zu bestehen. Seit 1978 wird die politische Entschlußfreiheit unseres Landes zunehmend durch sowjetische SS-20-Raketen gefährdet, die auf unser Gebiet gerichtet sind; wir haben diese sowjetische Rüstung nicht provoziert.

Vor zwei Jahren verschlechterte sodann der Einmarsch sowjetischer Truppen in Afghanistan das politische Klima zwischen den beiden Weltmächten grundlegend. Die polnische Tragödie kommt hinzu. Es droht, zu einer Vereisung der Ost-West-Beziehungen zu kommen, die wir für sehr gefährlich halten und mit der wir uns aufgrund unserer geographischen Lage nicht einfach abfinden können. Ich bin *immer der Ansicht gewesen, daß gerade in Spannungszeiten der Dialog zwischen West und Ost besonders wichtig sei. Deshalb haben wir uns für die Wiederaufnahme des Dialogs eingesetzt und ihn selber praktiziert.*

32. Trotz mancher Warnungen bin ich im Sommer 1980 nach Moskau gereist. Es war mein wichtigstes Anliegen, die Voraussetzungen für Verhandlungen zwischen den USA und der Sowjetunion über eine Reduzierung der uns tödlich bedrohenden sowjetischen Mittelstreckenraketen zu schaffen, wie sie der Doppelbeschluß der NATO von 1979 vorsah.

Die sowjetische Regierung hatte zunächst den propagandistischen Standpunkt vertreten, daß sie sich erst dann zu Verhandlungen bereitfinden würde, wenn der NATO-Doppelbeschluß, der für den Fall des Scheiterns der Verhandlungen die Stationierung amerikanischer Mittelstrekkenraketen in Europa vorsieht, in aller Form zurückgenommen werde.

Es gelang bei den Gesprächen in Moskau, an denen auch Außenminister Genscher teilnahm, die sowjetische Führung zu überzeugen, daß sie ohne Vertrag mit Sicherheit ab 1983 mit amerikanischen Mittelstreckenwaffen auf europäischem Boden zu rechnen hat.

Deshalb erklärte sie sich sodann zu Verhandlungen mit den Amerikanern bereit.

Nach dem Präsidentenwechsel in den USA gab es skeptische Stimmen auch über den amerikanischen Verhandlungswillen. Die Gespräche, die ich im Mai 1981 in Washington mit dem neuen Präsidenten Reagan führte, ließen jedoch keine Zweifel an der grundsätzlichen Verhandlungsbereitschaft der amerikanischen Regierung. Präsident Reagan, mit dem ich fortlaufend engen Kontakt halte, hat sich dann die von uns propagierte beiderseitige Null-Lösung als Verhandlungsziel zu eigen gemacht. Beim Bonner Besuch des sowjetischen Generalsekretärs Breschnew habe ich ihm meine Überzeugung von der Echtheit der Verhandlungsbereitschaft der amerikanischen Regierung dargelegt.

Seit dem 30. November 1981 verhandeln nun die beiden Weltmächte in Genf über die Mittelstreckenwaffen. Unsere nachhaltigen Bemühungen um das Zustandekommen solcher Verhandlungen haben sich also bisher gelohnt. Ich sehe im Beginn der Verhandlungen einen Entspannungserfolg, der die Richtigkeit der friedenspolitischen Grundvorstellungen der SPD bestätigt. Es bedarf auch zukünftig unserer Beständigkeit und unseres Einflusses. Niemand darf sich täuschen: *Die Wahrscheinlichkeit eines Abrüstungsvertrages über die Mittelstrecken-Waffen würde dann schnell sinken, wenn die Sowjet-Führung nicht mehr fest damit zu rechnen brauchte, daß andernfalls die Nachrüstung des Westens stattfinden wird.* Dies war und bleibt die gemeinsame, feste Beurteilung durch Carter und Reagan, Giscard d'Estaing und Mitterrand, Callaghan und Frau Thatcher und durch die sozial-liberale Bundesregierung.

33. Da sich unsere Friedenspolitik in den letzten Jahren vorwiegend um eine Minderung der Spannungen zwischen Ost und West bemüht, übersieht die Öffentlichkeit zuweilen, welchen enormen Friedensgewinn die Europäische Gemeinschaft erbringt. Sie hat kriegerische Auseinandersetzungen zwischen den westeuropäischen Staaten undenkbar gemacht. Sie hat sogenannte ›Erbfeindschaften‹ überwunden. Wenn man auf die mit so viel Blut geschriebene Geschichte Westeuropas zurückblickt, ist es *keine Übertreibung zu sagen, daß die Europäische Gemeinschaft dem Frie-*

den eine neue Dimension erschlossen hat. Natürlich hat dabei die Versöhnung mit Frankreich die entscheidende Rolle gespielt. *Die Zusammenarbeit zwischen Bonn und Paris ist auch heute und für die achtziger Jahre von sehr hoher Bedeutung!*

Angesichts der historischen Leistung wiegen die gegenwärtig noch ungelösten Probleme der Gemeinschaft vergleichsweise geringer. Die Rolle der EG als Friedensfaktor muß uns aber ständiger Ansporn sein, die Europäische Gemeinschaft zu festigen und weiter zu entwickeln. Dabei dürfen wir uns auch durch Rückschläge nicht entmutigen lassen.

34. Europa hört nicht auf an den Grenzmarkierungen zwischen den militärischen Paktsystemen. *Unsere Friedenspolitik,* wie sie sich beispielsweise in der Schlußakte der Konferenz von Helsinki darstellt, *hat immer das ganze Europa gemeint.* Gerade deshalb sind wir von den Ereignissen, die sich in diesen Monaten in Polen vollziehen, so betroffen. Aber auch hier muß sich der Grundgedanke der Friedenspolitik, nämlich Prinzipientreue mit Mäßigung in Sprache und Handeln, erneut bewähren – in unserem Interesse und vor allem im Interesse des polnischen Volkes.

Sozialdemokraten stehen mit ganzem Herzen auf der Seite polnischer Arbeitnehmer. Für freie Gewerkschaften einzutreten, für ihr Recht, frei und unabhängig die Interessen der Arbeitnehmer zu vertreten, ist ein unteilbarer Grundsatz. In der Freiheit der Gewerkschaften sehen wir eine Grundlage für den sozialen Frieden und damit eine Voraussetzung für den Frieden auch zwischen den Völkern. Trotzdem sind es gerade wir Deutschen, die sich einer besonderen Disziplin im Handeln gegenüber dem polnischen Volk verpflichtet fühlen müssen. Wir können uns nicht aus der schuldbeladenen deutsch-polnischen Geschichte verabschieden.

Wer als Deutscher polnische Internierungslager mit dem Nazi-Wort ›Konzentrationslager‹ belegt, der darf nicht vergessen, was in Auschwitz und in Treblinka in so benannten Lagern geschehen ist. Wir müssen aus Einsicht in die politische Vernunft und aus dem Bewußtsein unserer historischen Verpflichtung uns an die Mäßigung halten, wie sie auch aus dem Vatikan zu hören ist. Wir müssen ebenso widersprechen, wenn einer, der selbst in gesicherter Freiheit sein Leben genießt, den Polen den Einsatz ihres Lebens anempfehlen möchte.

35. Friedenspolitik hat eine Nord-Süd-Dimension. Zu den langfristigen Bedingungen einer Sicherung des globalen Friedens gehört, die Spannungen zwischen entwickelter und im Entwicklungsprozeß befindlicher Welt zu mindern. Zur weltweiten Verbreitung dieser Erkenntnis hat Willy Brandt einen hohen Beitrag geleistet.

Die Bundesrepublik muß dazu ihren wirtschaftlichen Beitrag leisten: Sie hat dazu nationale Mittel. Auch wenn ihr finanzieller Beitrag durch öffentliche *Entwicklungshilfe* noch lange Zeit unter dem Ziel, das mit 0,7 Prozent des Bruttosozialproduktes Anfang der 60er Jahre gefordert wurde, bleiben wird, so liegt er doch *unvergleichlich viel höher als der Beitrag der Großmacht USA – ganz zu schweigen von dem verschwindenden Beitrag der Sowjetunion.*

Der *Nord-Süd-Dialog* hat übrigens gezeigt, daß Finanzmittel allein keine Wende herbeiführen können – so wichtig sie auch sind. Gleiche Bedeutung kommt der technischen, der administrativen und bildungsfördernden Hilfe zu. Vor allem müssen wir unsere Märkte für die Produkte der Entwicklungsländer offenhalten – die Bundesrepublik ist darin ein Vorbild – und möglichst deren Preise stabil halten. Wir haben dazu durch die Abkommen Lomé I und II wesentlich beigetragen.

Es bleibt aber wahr: Jede Hilfe, der akuten Hungersnot zu

begegnen, wird so lange in einem Faß ohne Boden versikkern, wie es nicht gelingt, die explosive Zunahme der Bevölkerung in der Dritten Welt zu begrenzen.

Das läßt sich nur international verwirklichen. Deshalb nutzt die Bundesrepublik ihren Einfluß in den internationalen Gesprächsforen – wie etwa dem Cancun-Gipfel –, den Zusammenhang aller dieser Probleme im internationalen Bewußtsein zu fördern und dazu beizutragen, daß durch fairen Interessenausgleich sie einer Lösung nähergebracht werden können. Wir haben damit unser internationales Ansehen und Gewicht sehr gemehrt.

36. Sozialdemokratische Überlegungen zur Frage der Freiheitssicherung und Friedensbewahrung können nicht ohne ein *Wort zur Bundeswehr* abgeschlossen werden. Die Zeiten emotionaler Schwierigkeiten zwischen der Sozialdemokratie und der Bundeswehr gehören der Vergangenheit an. Sozialdemokraten tragen die Hauptverantwortung für unseren Beitrag zur gemeinsamen westlichen Verteidigung, der in der Bevölkerung eine breite Zustimmung gefunden hat. In Umfragen zeigt sich, daß trotz des zum Teil heftigen Streits um Rüstungspolitik und Friedensbewegung die Bundeswehr eine hohe Zustimmung (von 70 Prozent – bei nur 23 Prozent Neinstimmen!) findet und damit in der Rangliste der Sympathie unmittelbar auf den Bundestag folgt. Wer dies nicht anerkennt, handelt unpolitisch.

Der Wille junger Menschen, ihren Beitrag zur Friedenssicherung mit dem Wehrdienst zu leisten, ihre Motivation, ihr Bewußtsein, einen Beitrag zum Frieden zu leisten, sind noch wichtiger als alle Ausrüstung und jede Waffe. *Auch dies ist eine Gewissensentscheidung!* Sie wird in dem Maße erleichtert, wie die politische Führung einen überzeugenden Kurs der Friedensbereitschaft, des Ausgleichs und der Kooperation verfolgt. Hierin zeigt sich erneut der Zusammenhang von friedenspolitischer Anstrengung und Verteidigungsbereitschaft der Bundeswehr. *Kämpfen zu können verhilft dazu, nicht kämpfen zu müssen.*

37. In der Diskussion des letzten Jahres hat Angst eine wichtige Rolle gespielt. Es gab sogar Stimmen, die den politisch Verantwortlichen unterstellten, sie hätten keine Ängste und lieferten damit den Grund für Angst.

Angst ist sicher eine menschliche Grundgegebenheit; die Vermutung, jemand sei frei von allen Ängsten, ist abwegig. Gerade die Angehörigen meiner Generation haben in der Nazi-Zeit, in Kriegs- und Nachkriegszeit Erfahrungen mit sehr direkter, sehr persönlicher Angst machen müssen. Meine persönlichen Erfahrungen mit Angst enden auch nicht mit den 50er Jahren.

Wenn wir uns heute um die Stabilisierung des Friedens bemühen, dann aus der eigenen Erfahrung mit den Schrecken des Krieges, den die Älteren von uns mitgemacht haben. Krieg war und ist immer schrecklich. Gerechtfertigte Angst vor dem Krieg ist nicht erst mit den Atomwaffen auf die Welt gekommen.

Es geht aber darum, Ängste nicht zum Grunddatum oder Hauptfaktor politischen Handelns zu machen, sondern sie als das zu begreifen, was sie von Natur aus sein müssen: als *Signale für die Auslösung des Angst bewältigenden Handelns.* Es geht darum, Wege deutlich zu machen, wie Ängste zu überwinden sind, dabei auch deutlich zu zeigen, daß der politisch Verantwortliche und Handelnde ebenfalls Ängste überwinden muß. Keine Angst zu kennen, ist ebenso gefährlich wie in den Ängsten zu verharren. Verhängnisvoll für den einzelnen Menschen wie für ein ganzes Volk wäre es, sich von Ängsten überwältigen zu lassen.

Wer Verantwortung für sein Volk und für seine Mitbürger tragen will, der muß auch im Zustand der Ängstigung vernünftig handeln. Wenn jemand einfach seinen Ängsten nachgibt, handelt er keinesfalls schon deswegen moralisch.

Wenn jemand sich allein von seinen Ängsten treiben läßt und diese sogar noch auf andere Menschen überträgt, obgleich er öffentliche Verantwortung trägt, dann läuft er vielmehr größte Gefahr, damit unmoralisch zu handeln!

38. Daß sich manche Ängste in der gegenwärtigen Debatte so ausdrücklich vor allem auf westliche Waffen beziehen, die es überhaupt noch nicht gibt, andererseits aber die bestehende Bedrohung durch die sowjetischen SS-20-Raketen nur am Rande als angststiftend begriffen werden, weist auf ein Versäumnis: Wir haben in der öffentlichen Debatte wohl nicht ausreichend klar gemacht, wie handgreiflich die Bedrohung durch schon installierte Waffen auf der sowjetischen Seite ist. Wer aber die Quellen seiner begründeten Befürchtungen nur halbiert wahrnimmt, dessen Bewältigungsversuche – so er sie überhaupt unternimmt – geraten aus dem Gleichgewicht, sie werden ebenfalls halbiert.

So haben wir uns die Frage zu stellen, ob wir alles getan haben, um Ziel und Weg unserer Politik – wie Carlo Schmid 1955 gefordert hatte – ›moralisch bewußt‹ zu machen? Und ebenso erhebt sich die Frage: Nehmen wirklich alle, die heute ihre Ängste laut verkünden, die Gefährdung des Friedens so ernst, daß sie sich mit aller Kraft um die Einsicht in die Chancen, in die Möglichkeiten und in die Wege zur Friedensbewahrung bemühen?

Viele Menschen, zumal jüngere, erheben heute den Anspruch oder äußern die Bitte, von den Ängsten, die sie befallen haben, befreit zu werden. Es ist zu verstehen, daß sie aus ihrer Sorge heraus – ich zitiere noch einmal Carlo Schmid – nach ›Gleichungen‹ suchen, ›die ohne Rest aufgehen‹. Zum Teil sind es ja durchaus begründete Zukunftsängste, die die jungen Menschen beherrschen. Und weil Politik für den Menschen da sein soll, glauben sie, die Politiker müßten ihnen die Ängste restlos nehmen können.

Zu dieser Frage hat mir Siegfried Lenz geschrieben: ›Angst

ist zumindest in der Politik ein schlechter Ratgeber. Ein Politiker, der von Angst besetzt ist und sie zu erkennen gibt, wird sich bald mittellos vorfinden. Jeder hat erfahren, daß Angst nachgiebig macht, gefügig, am Ende sogar erpreßbar. Die Welt liefert uns alltäglich Beispiele, wie Herrschaft sich festigt, indem sie Angst weckt und diese dann ausbeutet.‹

Etwas später heißt es: ›Es ist ja nicht so, daß es lediglich ein paar Überempfindliche sind ..., die sich zu ihrer Furcht bekennen, es sind Millionen in etlichen Ländern, eine Bewegung, die sehr wohl in der Lage ist, eine Politik von unten einzuleiten – eine unübersehbare Politik ..., weil ja irrationale Ausschläge möglich sind.‹

Es gilt für alle Sozialdemokraten, zumal für diejenigen unter ihnen, die mit Führungsaufgaben betraut sind: Der Politiker darf sich nicht scheuen, dieses Dilemma anzupacken. Noch einmal mit den Worten von Lenz: ›*Der Politiker muß sich einerseits unserer Angst annehmen und darf sich andererseits nicht durch Angst gefügig machen lassen.*‹

39. Debatten über Grundzüge und Mittel der Sicherheitspolitik sind notwendig. Sie sind erwünscht, wenn sie realitätsbezogen und vernunftbestimmt geführt werden. Vor allem bedeuten sie keinen Anti-Amerikanismus. Gerade gegenwärtig erleben wir erneut, daß auch in den USA und im Senat Auseinandersetzungen über den künftigen Kurs der Verteidigungspolitik aufbrechen; solche Auseinandersetzungen können also nicht prinzipiell als antiamerikanisch mißverstanden werden.

Die Sowjetunion hat inzwischen eine absolute Überlegenheit bei nuklearen Mittelstreckenraketen und eine erhebliche Überlegenheit bei den übrigen nuklearen Mittelstreckenwaffen. Die Vereinbarung eines Moratoriums würde diese heutige Überlegenheit festschreiben. Die Sowjetunion hätte ihr Ziel erreicht: Nichtverwirklichung des Nachrüstungsteils des Doppelbeschlusses. Unser wichtigstes Ziel, Herstellung eines Gleichgewichts auf möglichst niedrigem Niveau, wäre in weite Ferne gerückt. Denn der Anreiz der Sowjetunion, in Genf zügig und erfolgsorientiert zu verhandeln, damit bis Herbst 1983 erste Ergebnisse erreicht werden können, wäre entfallen.

Das von den Sowjets propagierte Moratorium, die Zahl der Kernwaffenträger mittlerer Reichweite in Europa festzuschreiben, ist außerdem so ausgestaltet, daß es auch im Detail einseitig den Interessen der Sowjetunion dient.

- Es sollen nur die Nuklearwaffenträger in Europa erfaßt werden. Damit hätte die Sowjetunion die Möglichkeit, im nichteuropäischen Teil ihres Territoriums ohne jede Beschränkung weitere nukleare Mittelstreckenwaffen aufzustellen. Bei einer Reichweite der heute insgesamt vorhandenen rund 300 Raketen vom Typ SS 20 (jede mit drei Sprengköpfen) von 4000 bis 5000 km können diese Raketen aber auch von jenseits des Urals fast jedes Ziel in Europa erreichen.
- Die von der Sowjetunion in Genf vorgeschlagene Festschreibung der Zahl der Startgeräte gäbe der Sowjetunion die Möglichkeit, ihr Programm des Austauschs der veralteten Raketen SS 4 / SS 5 durch die hochmoderne SS 20 fortzusetzen und dadurch die Zahl der Sprengköpfe, drei auf jeder SS 20, zu erhöhen.

Die Sowjetunion hat sich in den Verhandlungen über Rüstungsbegrenzung immer berufen auf das *Prinzip der Gleichheit und gleichen Sicherheit. Auch der allerjüngste sowjetische Moratoriumsvorschlag ist damit nicht zu vereinbaren.*

40. Nicht rechtlich, aber tatsächlich besteht für die zur Dislozierung vorgesehenen amerikanischen nuklearen Mittelstreckenwaffen ein einseitiges Moratorium bis mindestens Ende 1983. Die Sowjetunion hätte spätestens 1978 ihrerseits durch ein tatsächliches einseitiges Moratorium si-

cherstellen können, daß eine Begrenzung der Mittelstreckenwaffen auf möglichst niedriger Ebene vereinbart werden konnte. Mehrfach habe ich die Sowjetunion dazu aufgerufen; darauf hat man in Moskau erst jetzt reagiert, nachdem man eine Armada von 900 Sprengköpfen auf 300 SS-20-Raketen erreicht hat.

Noch ungleicher ist die Situation noch nie gewesen! Sie ist *für mich eine Quelle tiefer Sorge – denn diese überwältigende Macht kann später zu politischem Druck auf uns und andere benutzt werden.*

Zusammenfassend: Ein vereinbartes beiderseitiges Moratorium für Mittelstreckenraketen kann in der gegenwärtigen Lage nicht in Betracht kommen, weil es unser Verhandlungsziel der Verschrottung vorhandener nuklearer Mittelstreckenwaffen nicht fördert, sondern geradezu das Gegenteil festschreibt. Angesichts der völlig unausgewogenen heutigen Lage versucht die sowjetische Seite mit ihrem Moratoriumsvorschlag, sich unter dem Schein der Gleichheit für beide Seiten einseitig einen überwältigenden Vorteil zu verschaffen.

41. Eine *europäische kernwaffenfreie Zone* ist angesichts der heute vorhandenen Mittelstreckenraketen und ihrer großen Reichweiten gegenwärtig kein geeignetes Mittel der Friedenspolitik. Man kann mit diesen Waffen ohne Mühe von außen alle Ziele innerhalb der Zone zerstören.

Für die politische und militärische Wirkung von Waffen ist nicht ihr Standort diesseits oder jenseits des Ural entscheidend, sondern ihr Zielgebiet.

Um die nukleare Bedrohung unseres Landes und ganz Europas zu verringern, muß zumindest ein großer Teil der auf uns gerichteten Kernwaffen vernichtet werden.

42. Danach kann die Idee einer kernwaffenfreien Zone in Europa (vergleiche das Godesberger Grundsatzprogramm) in Zukunft durchaus Bedeutung gewinnen. Sie setzt dann aber

auch voraus, daß dann innerhalb dieser Zone *auch* kein einseitiges Übergewicht bei konventionellen Waffen besteht. Auch deshalb bleiben die Wiener Verhandlungen über beiderseitige, das Gleichgewicht wahrende konventionelle Truppenreduzierungen von hoher Bedeutung. Sie haben leider immer noch keinen entscheidenden Fortschritt erbracht.

43. Die Mittelstreckenwaffen haben politisch und militärisch für Europa – auch für die Sowjetunion, für Frankreich und England! – eine strategische Bedeutung. Sie sind eurostrategische oder kontinental-strategische Waffen – ebenso, wie die interkontinentalen Langstrecken-Raketen eine strategische Bedeutung für die Sowjetunion und für die USA haben.

Auf *beiden* strategischen Feldern muß abgerüstet werden! Es ist deshalb gut, daß SALT I und II bisher im wesentlichen eingehalten werden. Aber auf die *Wiederaufnahme der Verhandlungen zur Begrenzung der interkontinentalen Waffen kann nicht verzichtet werden.*

Wir drängen unsere amerikanischen Bündnispartner zur Wiederaufnahme. Ich gehe davon aus, daß *dies spätestens zum Bonner Gipfeltreffen des Nordatlantischen Bündnisses angekündigt* werden wird.

44. CDU/CSU sind in der Friedens- und Sicherheitspolitik diffus – und zwar teils mit Absicht: die Bürger sollen nicht wissen, woran sie wirklich sind – und teils aus Unvermögen. Zwar unterschreibt einerseits Ministerpräsident Späth den Friedensappell des DGB – als einer der wenigen aus der CDU –, und Professor Biedenkopf äußert Zweifel darüber, daß die nukleare Abschreckungsstrategie langfristig konsensfähig sei.

Andererseits aber gab es während des ganzen Winters Äußerungen von prominenten CDU/CSU-Politikern, vor allem von Herrn Ministerpräsident Strauß, die zeigen: CDU/

CSU halten wenig vom steinigen, harten Weg der Verhandlungen. Vorrang haben für sie: mehr Rüstung und mehr Waffen. So hat Herr Wörner schon im Frühjahr 1981 davon gesprochen, die Verwirklichung des Nachrüstungsbeschlusses müsse Vorrang haben, dem hätten sich andere Dinge unterzuordnen. Herr Zimmermann hat gesagt, an der notwendigen Nachrüstung des Westens mit modernen atomaren Mittelstreckenwaffen führe kein Weg vorbei. Herr Kiep meinte, wir müßten zunächst rüsten, um dann abrüsten zu können. Herr Strauß hat die Gleichrangigkeit von Verteidigungsanstrengungen und Verhandlungsbereitschaft als ›Geburtsfehler des NATO-Doppelbeschlusses‹ bezeichnet, der angeblich ›taktisch bedingt, aber in der Sache leider unlogisch‹ gewesen sei. Strauß hat vor kurzem das westliche Verhandlungsziel einer beiderseitigen Null-Option für Mittelstreckenwaffen als ›baren Unsinn‹ abgewertet. Auch aus der Kommentierung des Breschnew-Besuches vom November 1981 durch die CDU/CSU ging hervor, wie wenig Gewicht sie Verhandlungen beimessen wollen.

Sie wollen weder einen ernsthaften Dialog noch ernsthafte Verhandlungen. Sie sind unfähig, in Krisensituationen mäßigend zu wirken. Einige von ihnen würden einen Handelskrieg mit der Sowjetunion durchaus in Kauf nehmen.

Wir können von Glück sagen, solange Herr Ministerpräsident Strauß sich mit Drohgebärden bescheiden muß und keine Chance hat, seine politischen Vorstellungen zu verwirklichen.

Diejenigen, die in der CDU/CSU das Sagen haben, sind in der Friedens- und Ostpolitik rückwärts gewandt wie eh und je. Herbert Wehner hat in diesem Sommer sprachlich drastisch, aber in der Sache treffend über die CDU/CSU gesagt, sie sei eine ›Nachrüstungs- und Rüstungspartei‹. Dieser Vorwurf gilt gewiß nicht für alle CDU-Politiker. Aber für die Führungsspitze trifft er bedauerlicherweise zu. Und Herr

Kohl beschränkt sich auf Leerformeln, wie diese: ›Es passiert mir immer wieder, daß ich gefragt werde: Worin besteht denn eigentlich der Unterschied Ihrer Politik, der Unionspolitik, zu der des Kanzlers? Ich kann dazu nur sagen, was ich in Washington immer wieder erklärt habe: Es ist der Unterschied zwischen Worten ohne Mehrheit und der Geschlossenheit und Durchsetzungsfähigkeit einer großen politischen Kraft, der CDU/CSU.‹

45. Typisch für das diffuse Bild von CDU und CSU war auch die Reaktion auf mein Treffen mit Erich Honecker: Lob vom Regierenden Bürgermeister von Berlin und Ministerpräsidenten Späth. Strauß und der CSU fiel dagegen nur der absurde Kommentar ein, ich sei bei meinem Besuch ›in die Falle gegangen‹.

Wenn die CDU/CSU-Opposition ausreichenden Kontakt mit den Bürgern der DDR und ihren Kirchen hätte, so könnte sie wissen: Die Menschen drüben wurden in ihren Hoffnungen bestärkt, weil Deutsche mit Deutschen am Werbellinsee und in Güstrow redeten und reden wollten! Die Kritik der CSU und CDU blieb ihnen unverständlich, obgleich sie alle im Bundestag gegen uns vorgetragenen Argumente natürlich im West-Fernsehen verfolgt haben.

Die Deutschen drüben setzen ihre Hoffnung auf Entspannung, auf Evolution, auf die sozial-liberale Bundesregierung in Bonn. Mit Recht! Auch deshalb darf diese Koalition nicht leichtfertig aufgegeben werden.

46. In der Bundesrepublik erweisen die Meinungsumfragen eine *klare Mehrheit für die Friedens- und Entspannungspolitik der sozial-liberalen Koalition.* Zwar geben rd. 50 Prozent der Wähler an, CDU/CSU wählen zu wollen; ein großer Teil dieser Wähler unterstützt aber zugleich die Friedens- und Entspannungspolitik der sozial-liberalen Koalition. Dies hat sich auch durch die polnische Tragödie nicht verschlechtert, sondern vielmehr erneut bestätigt. Mit ande-

ren Worten: Kohl und Strauß haben bei der Friedenspolitik in der eigenen Wählerschaft keine Mehrheit. Mehr als drei Viertel aller Wähler sind für die Fortsetzung der Entspannungspolitik mit der Sowjetunion und mit den osteuropäischen Staaten.

Zwar lassen die Herren Strauß und Kohl keine Gelegenheit aus, uns mit absurden Vorwürfen wie ›Finnlandisierung‹, ›Nationalismus‹, ›Neutralismus‹, ›Vernachlässigung des Bündnisses‹ etc. zu belegen. Die Bürger denken aber auch hierin ganz anders. Drei Viertel von ihnen vertreten die Ansicht, die Bundesregierung setze sich gleichermaßen für die Entspannungspolitik gegenüber dem Osten *und* für die Bündnispolitik mit den USA und der NATO ein. Mit Recht. Übrigens sind auch zwei Drittel der CDU/CSU-Wähler dieser Meinung.

47. Aus dieser breiten Zustimmung zu unserer Friedens- und Entspannungspolitik dürfen wir Mut für die Zukunft schöpfen!

Sie sollte aber auch noch einmal nachdrücklich in Erinnerung rufen, daß Solidarität auch auf diesem politischen Felde notwendig ist. Auch hier gilt, was ich schon 1971 in einer damaligen ›Zwischenbilanz‹ geschrieben habe:

›Bei allen Fehlern, die die eigenen Abgeordneten, die eigenen Führer, die eigene Regierung machen können, kommt es darauf an, den Frauen und Männern, die man selbst gewählt hat, zu helfen und ihnen nicht bloß am Fernsehschirm zuzuschauen, wie sie sich abrackern, mal Siege erringen und mal Niederlagen erleiden. Sie sind mehr, als die Genossen im Lande vielleicht erkennen können, auf Zustimmung, Zuspruch und Hilfe angewiesen.‹

Johannes Rau hat daran erinnert, daß die Partei 1980 mit mir unter dem Motto ›Den Frieden sichern‹ in den Bundestagswahlkampf gezogen ist. Er hat hinzugefügt: ›Und wenn man dann ansieht, daß wir ein Jahr später diskutieren, als müßte man den Frieden vor Helmut Schmidt sichern, dann stimmt etwas nicht mit unserer Gesprächsfähigkeit und unserer Übersetzungsfähigkeit der Politik, vor allem gegenüber jüngeren Menschen.‹

Ich füge hinzu: *Das Vertrauensvotum aller sozial-liberalen Bundestagsabgeordneten bezog sich* – wie ausdrücklich vorher in einer Regierungserklärung dargelegt – *zugleich auf das Hauptproblem der Bekämpfung der Wirtschaftskrise und unsere dazu vorgeschlagene Gemeinschaftsinitiative und zugleich auf unsere Friedenspolitik, d. h. unsere Sicherheits- und Entspannungspolitik.* Diejenigen Genossen, die diese Politik öffentlich herabsetzen, gehören denn auch dem Bundestag nicht an. Ihre Solidarität mit Bundestagsfraktion und Regierung ist erheblichen Zweifeln ausgesetzt. Zugleich kostet sie Vertrauen der Wähler.

V. Arbeitsplätze, Wachstum und Stabilität

48. Die Bekämpfung der Arbeitslosigkeit ist für alle westlichen Industrieländer ein Kardinalproblem der Weltwirtschaftskrise.

Arbeitslose in Prozent aller Erwerbspersonen (Ende 1981)

Bundesrepublik	6,5
Frankreich	8,9
Großbritannien	11,3
Italien	9,8
USA	8,0

In fast allen Industrieländern hat die Arbeitslosigkeit inzwischen ein Ausmaß erreicht, das erheblich über dem der ersten Ölkrise in der Mitte der 70er Jahre liegt.

Der Anstieg der Arbeitslosigkeit in der Bundesrepublik ist nicht nur darauf zurückzuführen, daß auch sie von der weltweiten Rezession erfaßt worden ist, sondern auch auf die Tatsache, daß seit 1978 – wegen der geburtenstarken Jahrgänge – die Erwerbsbevölkerung Jahr für Jahr um 100000 bis 250000 zunimmt. Der Anstieg der Erwerbsbevölkerung wird sich bis in die zweite Hälfte der 80er Jahre fortsetzen.

Trotzdem ist es uns *gelungen, die Arbeitslosigkeit in der Bundesrepublik unter dem Stand der meisten anderen Industrieländer zu halten.*

49. Auch die Preisentwicklung ist in der Bundesrepublik günstiger verlaufen als in den meisten Industrieländern.

Anstieg der Verbraucherpeise in Prozent (Ende 1981)

Bundesrepublik	6,3
Frankreich	14,0
Großbritannien	12,0
Italien	18,2
USA	8,9

Die Bundesrepublik ist eines der Länder mit der höchsten Wirtschaftsleistung:

Brutto-Sozialprodukt je Einwohner (1979, in US-Dollar)

Bundesrepublik	11730
Schweiz	13920
Schweden	11930
USA	10630
Frankreich	9950
Japan	8810
Großbritannien	6320
Italien	5250

Diese hohe Wirtschaftsleistung schlägt sich in den *Reallöhnen und Renten* nieder, *die zu den höchsten der Welt gehören.*

50. Ohne einen kräftigen Anstieg der Investitionstätigkeit lassen sich weder neue Arbeitsplätze noch neue Ausbildungsplätze bereitstellen. *Von unserer Exportfähigkeit hängt ein Drittel aller Arbeitsplätze ab! Der Export hängt aber von unserer internationalen Wettbewerbsfähigkeit ab. Deshalb sind Investitionen für neue Produkte, zur Energieeinsparung und zur Kostenrationalisierung unerläßlich.*

Unbefriedigend ist immer noch, daß die private Investitionsquote seit der ersten Ölkrise zunächst stark abgesunken ist und seitdem das alte Niveau noch nicht wieder erreicht hat.

Private Investitonen in Prozent des Bruttoinlandprodukts

	1972	1974	1976	1978	1979
USA	16,0	15,5	14,5	16,4	
Frankreich	19,9	20,8	19,9	18,4	18,4
Großbritannien	14,0	15,1	14,6	15,3	15,1
Italien	16,9	19,5	16,6	15,5	15,8
Bundesrepublik	21,8	17,8	17,1	17,8	18,9

Deswegen steht die Förderung der Investitionstätigkeit im Zentrum der Gemeinschaftsinitiative. Wir erwarten, daß durch die Investitionszulage von zehn Prozent ein zusätzliches Investitionsvolumen von rund 40 Milliarden DM gefördert wird. Dazu kommt die Aufstockung der Kreditprogramme der Kreditanstalt für Wiederaufbau und des ERP-Sondervermögens – vornehmlich zugunsten kleiner und mittlerer Unternehmen und der Gemeinden.

51. Unbefriedigend ist auch die Entwicklung der *öffentli-*

chen Investitionen von Bund, Ländern und Gemeinden. Seit Beginn der 70er Jahre ist ihr Anteil an den Gesamtausgaben deutlich gesunken.

Anteil der Bruttoinvestitionen des Gesamt-Staates (Bund, Länder und Gemeinden) an den Gesamtausgaben

1970	12,0
1972	10,2
1974	9,4
1976	7,6
1977	7,1
1978	7,3
1979	7,8
1980	8,3
1981	7,5

Besorgniserregend ist insbesondere, daß Länder und Gemeinden ihre investiven Ausgaben 1982 um rund fünf Prozent senken. Das verschärft in der gegenwärtigen Wirtschaftslage die Rezessionstendenzen in unserer Wirtschaft. Wir haben deshalb auch die Länder und Gemeinden zu neuen Anstrengungen zur Verbesserung ihrer Investitionshaushalte aufgefordert. Ihre Mitwirkung an wichtigen Investitionsprogrammen ist zu begrüßen, wie zum Beispiel am Energiesparprogramm und am Fernwärmeprogramm.

Die Umstrukturierung der öffentlichen Haushalte von den konsumtiven auf die investiven Ausgaben kann jedoch nicht durch einen Gewaltakt bewerkstelligt werden. Auch dies kann nur durch eine längerfristige Anstrengung Schritt für Schritt erreicht werden.

52. Unsere schwierigen Beschäftigungsprobleme können wir nur dann mit Aussicht lösen, wenn wir alle zusammen eine große Kraftanstrengung machen. Wir haben deshalb an

alle gesellschaftlichen Gruppen und an alle staatlichen Institutionen appelliert, an einer *Gemeinschaftsinitiative für Arbeitsplätze, Wachstum und Stabilität mitzuwirken.* Zusammen mit den Anfang dieses Jahres in Kraft getretenen Beschlüssen sollen im Zeitraum 1982–1985 insgesamt rund 40 Milliarden DM zusätzlich an Finanzierungsmitteln für private und für öffentliche Investitionen zur Verfügung gestellt werden.

Die Bundesratsmehrheit der CDU- und CSU-Länder versucht bisher, die notwendige Gesetzgebung zu verzögern und zu verhindern. Unter dem Deckmantel des Argumentes, sechs Monate einer Ein-Prozent-Mehrwertsteuer-Erhöhung vom 1. 7. 1983 bis 31. 12. 1983 seien wirtschaftlich nicht tragbar, blockieren sie das Artikelgesetz in Wirklichkeit, um Bundestagsmehrheit und Bundesregierung in ein Finanzierungsdilemma hineinzuzwingen. Das Motiv liegt allein in parteipolitischer Taktik – der Vermittlungsausschuß soll abermals zum Überparlament gemacht werden. In Wahrheit kommt es vor allem darauf an, daß für die Wirtschaft möglichst schnell Klarheit und nicht neue Unsicherheiten über staatliche Maßnahmen geschaffen wird.

53. Der Appell an *Länder und Gemeinden,* die ihnen aus der Fehlbelegungsabgabe und aus der Zinsanhebung zufließenden Mittel für zusätzliche soziale Wohnungsbauprogramme einzusetzen, scheint dagegen weitgehend Erfolg zu haben.

54. Ähnliches gilt für die *Tarifparteien,* die bei den bisherigen Tarifabschlüssen dieses Frühjahrs tatsächlich den engen wirtschaftlichen Spielraum berücksichtigt haben. Die Gewerkschaften haben ihre Solidarität mit jenen Arbeitnehmern bewiesen, die Arbeit suchen, sie aber gegenwärtig nicht finden können.

55. Auch die *Bundesbank* hat bisher die Spielräume genutzt, die sich aus der schnellen Gesundung unserer Zah-

lungsbilanz (siehe unten Ziffer 57) ergeben haben: Die Senkung der Zinsen ist im Gange.

56. Unser Appell an die *gewerbliche Wirtschaft,* an das *Handwerk* und an den *Handel,* ihre Anstrengungen für die Schaffung neuer Ausbildungsplätze zu verstärken, liegt in unser aller Interesse. Er hat noch keinen voll ausreichenden Erfolg erreicht. Wenn aber die Bundesrepublik *morgen* ihre wirtschaftliche Stellung in der Welt halten oder verbessern will, dann müssen wir *heute* mehr tun, um den jungen Menschen die berufliche Qualifikation zu ermöglichen. Schon in wenigen Jahren wird es einen deutlichen Mangel an Facharbeitern geben – er wird dann aber nicht abermals durch Ausländer gedeckt werden dürfen. Deshalb bleibt es nötig, nicht nur in den Parlamenten über Lehrstellen zu diskutieren, sondern sich in jedem Ortsverein konkret in den Monaten Mai, Juni und Juli um die Schulabgänger zu kümmern – ihnen zu raten und zu helfen! – und zu diesem Zweck konkret auf Betriebs- und Unternehmensleiter einzuwirken!

57. Seit dem Ende der 60er Jahre hat sich die Struktur der Weltwirtschaft tiefgreifend verändert. Das Weltwährungssystem von Bretton Woods, das auf festen Währungsparitäten beruhte, ist zu Beginn der 70er Jahre schrittweise zusammengebrochen. Der Zusammenbruch ergab sich in erster Linie aus der Überforderung der US-Volkswirtschaft durch gleichzeitige Finanzierung eines teuren Krieges in Vietnam und innerer Reformen. Die daraus resultierenden großen Zahlungsbilanzdefizite der USA führten zu einer Überschwemmung der Weltwirtschaft mit US-Dollar-Liquidität. Die Folge war ein Ansteigen der Inflation in fast allen Ländern.

Zwei Ölpreisexplosionen haben sodann zu Verwerfungen in der Zahlungsbilanzstruktur der Welt geführt und zu einer Konzentration der internationalen Kaufkraft bei den Ölförderländern, die in dem vergangenen Jahr allerdings wieder etwas abgebaut wurde.

Leistungsbilanzen in Mrd. US-Dollar

	1978	1980	1981
USA	– 14,1	+ 3,7	+ 8,8
Japan	+ 16,5	– 10,7	+ 5,5
Bundesrepublik	+ 9,4	– 16,6	– 8,5
EG insgesamt	+ 15,3	– 39,9	– 20,8
Nichtöl-Entwicklungsländer	– 23,0	– 60,0	– 68,0
OPEC-Länder	+ 4,0	+ 110,0	+ 60,0

58. Die Internationalisierung aller Geld- und Kapitalmärkte hat in den 70er Jahren in einem rasanten Tempo zugenommen. Gleichzeitig hat auch die internationale Arbeitsteilung während der 70er Jahre deutlich zugenommen.

Insgesamt sind alle Industrieländer heute stärker abhängig von der weltwirtschaftlichen Entwicklung als früher. Dies gilt in ganz besonderem Maße für die Bundesrepublik. Unsere Exportfähigkeit ist zu einem immer wichtigeren Faktor der Industrie-Beschäftigung geworden.

Anteil der Ausfuhr von Gütern und Dienstleistungen am BSP in Prozent

	1960	1970	1980
USA	5	5	10
Japan	11	11	15
Frankreich	14	15	21
Großbritannien	20	22	28
Bundesrepublik	20	22	29

Die Industrieländer wurden durch diese Entwicklung vor schwierigste Anpassungsprobleme gestellt. Die Bundesrepublik hat diese Herausforderung relativ gut bestanden. Wir gehören nicht nur zu den Ländern mit den niedrigsten Preissteigerungen, auch die Arbeitslosigkeit hat bei uns nicht das Ausmaß angenommen wie bei anderen wichtigen Industrieländern. Wir haben unsere Stellung in der Weltwirtschaft nicht nur halten können, sondern sogar gefestigt, obwohl wir zu den Ländern mit dem höchsten Lohnkostenniveau gehören. *Gegenwärtig erleben wir einen bedeutsamen Export-Anstieg, der dieses Jahr wahrscheinlich zum Ausgleich unserer Leistungsbilanz führen wird.* Er ist die Folge unserer sehr erfolgreichen Energiekosten-Einsparung, unserer vergleichsweise niedrigen Zinsen und des vergleichsweise niedrigen deutschen Preisanstiegs.

59. Die Bundesrepublik muß einen immer größeren Teil ihres realen Sozialproduktes an das Ausland abführen, um ihre Energieeinfuhren (vor allem Öl und Erdgas) zu bezahlen. Unsere Ölrechnung ist seit 1973 ständig gestiegen, obwohl unsere Einfuhr von Mineralöl und Mineralölprodukten infolge hoher Einsparungen beim Autofahren, bei der Wohnungsheizung und in der Industrie mengenmäßig deutlich zurückgegangen ist:

	Ölrechnung Mrd. DM	Nettoeinfuhr Mineralöl und -produkte Mio. t
1973	13,5	145
1975	26,8	123
1978	29,8	138
1979	45,1	144
1980	59,3	130
1981	65,0	109

An unserer Energieversorgung läßt sich am deutlichsten vor Augen führen, wie abhängig die Bundesrepublik von internationalen Entwicklungen ist. Jede Krise im Nahen Osten kann zu großen Schwierigkeiten für unsere Ölversorgung führen, erneut das Preisgefüge gefährden und unsere Beschäftigungsprobleme verschärfen.

Deshalb müssen die Anstrengungen zur Energieeinsparung unvermindert fortgesetzt werden. Außerdem müssen wir uns bemühen, unsere Energieimporte soweit wie möglich auf verschiedene Energieträger (Brennstoffe), auf verschiedene Lieferländer und -regionen zu verteilen, um dadurch unsere Abhängigkeit von einem einzigen Lieferland, einer einzigen Region oder von einem einzigen Brennstoff so gering wie möglich zu halten. Der Gesichtspunkt der Risikoverteilung zwingt uns zu einer optimalen Kombination in der Nutzung *aller* Energieträger.

60. Die *Energieproblematik* ist im Laufe des letzten Jahres aus dem Zentrum der Aufmerksamkeit etwas an den Rand der öffentlichen Diskussion gerückt. Der konjunkturelle Abschwung und erste Erfolge bei der Umstrukturierung der Wirtschaft in den Ölabnehmerländern haben zusammen mit ansteigender Ölproduktion außerhalb der OPEC die Lage an den Weltenergiemärkten entspannt.

Das darf jedoch nicht darüber hinwegtäuschen, daß die *Energiepolitik für uns zentrale Bedeutung behält.* Trotz leichter Preissenkungen sind die Ölpreise doppelt so hoch wie im Jahre 1976; sie werden mittelfristig weiter steigen. Obwohl die Öleinfuhr von 138 Millionen t 1978 auf 109 Millionen t im Jahre 1981 gesunden ist, haben sich die Devisenausgaben der Bundesrepublik für Öl in diesem Zeitraum von knapp 30 Milliarden DM auf 65 Milliarden DM verdoppelt.

Unsere Abhängigkeit von Öl, das zu großen Teilen aus einer instabilen Weltregion kommt, ist mit 44 Prozent Anteil am Primärenergieverbrauch noch immer hoch. Der zum Teil sehr schmerzhafte *Anpassungsprozeß* in unserer Wirtschaft muß daher weitergehen. Mit der Verabschiedung der 3. Fortschreibung ihres Energieprogramms am 4. November 1981 hat die Bundesregierung beschlossen, den bewährten Kurs der Energiepolitik konsequent beizubehalten.

61. Erste *Priorität* behält weiterhin die *sparsame und rationelle Verwendung von Energie,* insbesondere von Öl.

Hier haben wir in den letzten Jahren große Erfolge vorzuweisen. Von 1973 bis 1981 sank der Primärenergieverbrauch um 1,9 Prozent und der Ölverbrauch um 21 Prozent, obwohl das BSP real um 17,2 Prozent gestiegen ist. Das ist eine beachtliche Leistung aller.

Verbraucher, Unternehmer, Arbeitnehmer, Hausbesitzer, Mieter, Autofahrer haben gezeigt, daß sie sich der Herausforderung der Energiepreisexplosionen stellen wollen und können. Doch *Energieeinsparung bleibt vorrangige Daueraufgabe. Dabei steht fest, daß nach der Ausschöpfung der ersten Sparpotentiale jeder weitere Schritt kleiner wird, mit höheren Kosten verbunden ist und größere Investitionen verlangt.* Fernwärme aus Kraft-Wärme-Kopplung und bisher noch ungenutzt verpuffte Abwärme werden einen größeren Beitrag leisten müssen.

Die Sicherung der *Energieversorgung* zu Bedingungen, die die *Wettbewerbsfähigkeit* unserer Wirtschaft garantiert, verlangt neben Energieeinsparung die Ausweitung des Angebots *aller* verfügbaren Energieträger zu Lasten des Öls. D. h. optimale Nutzung der deutschen Kohle, Entwicklung der erneuerbaren Energiequellen, weiterer Einsatz von Erdgas und *bedarfsgerechter Zubau von Kernkraftwerken.*

Wichtig ist dabei, daß die Energieversorgung durch Diversifizierung und durch Risikostreuung zusätzlich sicherer gemacht wird: Risikostreuung hinsichtlich der Lieferländer und der Energieträger mit ihren jeweils unterschiedlichen Preis-, Verfügbarkeits-, Umwelt- und Sicherheitsrisiken.

62. Grundlage für eine ausgewogene Versorgungsstruktur bleibt die *deutsche Kohle.* Die Bundesregierung erwartet und wird ihren Teil dazu beitragen, daß die deutsche Steinkohle auch für den Rest des Jahrhunderts optimal genutzt wird und ihren Versorgungsbeitrag zum Primärenergieverbrauch – 1981 ein Drittel – hält. Die besonderen Herausforderungen für die Kohle werden in den nächsten Jahren die Wiedereroberung von Marktanteilen am Wärmemarkt über die Fernwärme und der Einstieg in die Kohleveredelung sein.

63. Trotz deutlich verlangsamter Stromzuwachsraten wird in den nächsten Jahren aus energie- und industriepolitischen Gründen ein *Ausbau auch der Kernenergie* notwendig sein. Öl, Gas und langfristig auch Braunkohle müssen – auch wegen des Rohstoffbedarfs der chemischen Industrie! – aus der Stromerzeugung herausgenommen werden; die Steinkohle, deren Vorrang in der Stromerzeugung gesichert bleibt, kann deren Anteil nicht übernehmen. Schon heute stehen deutlich weniger Grundlastkraftwerke, die im 24-Stunden-Einsatz kostengünstigen Strom produzieren, zur Verfügung, als im Interesse eines international wettbewerbsfähigen Strompreisniveaus dringend notwendig ist. Den Bedarf an Kernkraftwerken auf der Basis realistischer Annahmen über die zukünftige Stromnachfrage im einzelnen abzuschätzen, bleibt Aufgabe der Energiewirtschaft und der Genehmigungsbehörden der Länder. Zusammen mit den Ländern wird die Bundesregierung die Verwirklichung ihres international anerkannten Entsorgungskonzepts mit besonderem Nachdruck vorantreiben.

Diese Energiepolitik der Bundesregierung ist in ein unter den westlichen Industrieländern abgestimmtes Konzept eingebettet. Sie war auch bestimmt von dem Gedanken, daß Energieeinsparung und Nutzung fortgeschrittener Technologien den Weltenergiemarkt zugunsten der Entwicklungsländer entlastet, die von den Ölpreisexplosionen noch wesentlich härter getroffen worden sind als die Industrieländer.

Im übrigen darf nicht übersehen werden: *Gegenwärtig wird die nationale Umwelt durch konventionelle Kraftwerke* (›saurer Regen‹!) *ungleich höher belastet als durch Kernkraftwerke.*

64. In den 60er Jahren hat die Diskussion über die (›ökologischen‹) Grenzen des Wachstums begonnen, die wegen der Aufrechterhaltung der Natur gezogen werden müssen oder sollen. Es geht um reines Wasser, reine Luft, um die Erhaltung der Wälder, Heiden und Feuchtgebiete, der Vielfalt der Pflanzen und Tiere. Die ökologische Diskussion hat auch die politischen Parteien in der Bundesrepublik erfaßt – naturgemäß stärker die reformorientierten unter ihnen.

Seit dem Beginn sozial-liberaler Regierungsverantwortung ist der Schutz der natürlichen Umwelt als politische Herausforderung begriffen worden. Bedeutende gesetzgeberische Maßnahmen zum Schutz der Umwelt sind getroffen. *Bundesminister Baum hat hier besondere Verdienste;* wer nach sozial-liberalen Gemeinsamkeiten sucht, kann sie im Bereich des Umweltschutzes reichlich finden.

In der Sozialdemokratie wird die Diskussion besonders intensiv geführt. Das hängt auch damit zusammen, daß die Träger des neuen ökologischen Bewußtseins gesellschaftlichen Schichten zugehören, die für Wahlerfolge der SPD nötig sind. Die SPD hat sich in ihrer Tradition immer dazu verpflichtet gefühlt, die Frage nach dem Sinn und der Qualität des technischen Fortschritts aufzugreifen. Ihre Vorstellungen von einer freien, gerechten und solidarischen Gesellschaft haben sich nie auf die Fortentwicklung der Technik und eine Vermehrung der Güterproduktion beschränkt.

Umweltschutz war immer auch Politik für die Unterprivilegierten. Seit Beginn der Industrialisierung haben Arbeitnehmer am Arbeitsplatz und in den Wohnstädten unter Lärm, Schmutz und gefährlichen Stoffen gelitten. Darum hat Willy Brandt schon in der ersten sozial-liberalen Regierungserklärung Umweltschutz zu einem Reformschwerpunkt erklärt. Es war schließlich die IG Metall, die auf ihrem Kongreß von 1972 den Begriff ›Qualität des Lebens‹ ins Bewußtsein gehoben hat.

In ihrem Kampf für einen menschlichen Fortschritt hat die Sozialdemokratie dazu beigetragen, daß es gelungen ist, materielle Not und ökonomisches Elend weitgehend zu beseitigen. Die Arbeiterbewegung hat sich in ihrer Geschichte gegen die Ausbeutung der menschlichen Arbeitskraft durch einen ungebändigten Kapitalismus erfolgreich zur Wehr gesetzt. *Sie muß heute Mittel und Wege finden, eine Überlastung der natürlichen Grundlagen zu verhindern,* um eine menschenwürdige Umwelt zu erhalten.

Bisher sind wichtige Verbesserungen erreicht worden, bei der Reduzierung der Luftverschmutzung, des Lärms, bei der Erhaltung von Naherholungsgebieten, etwa durch die Beseitigung wilder Müllkippen.

65. Sehr vieles bleibt freilich noch zu tun. Die einfache Polemik, moderne Industriegesellschaften benutzen ›das Warenhaus Natur als Selbstbedienungsladen‹, greift freilich zu kurz. Denn seit es Menschen gibt, haben sie immer von der Ausbeutung der Pflanzen und Tiere gelebt – wovon denn auch sonst? Erst die starke Bevölkerungszunahme und die Konzentration in Städten haben in geschichtlicher Zeit stellenweise dazu geführt, daß die Natur durch den Menschen überfordert wurde. Die Abholzung der Wälder Jugoslawiens oder Spaniens sind dafür geschichtliche Beispiele.

Aber erst in diesem Jahrhundert haben derartige Gefahren ein lebensbedrohendes Ausmaß erreicht. Die beiden Hauptgründe dafür lauten: die Explosion der Weltbevölkerung infolge moderner Medizin und hohen Lebensstandards sowie die rapide Industrialisierung, die für diesen Lebensstandard notwendig war.

Die Entwicklung in Deutschland liefert ein handgreifliches Beispiel für diesen Zusammenhang.

	Fläche	Bevölkerungszahl	Fläche/Bevölkerungszahl
	qkm	Mill.	qm/Kopf
Deutsches Reich	540 000	65	8300
Weimarer Republik	470 000	66	7100
Bundesrepublik Deutschland	250 000	60	4200

Die Gesamtfläche an Boden, die für den Bundesbürger für alle seine Bedürfnisse – d. h. Wohnen, Arbeitsplätze, Ernährung, Transport, öffentliche Einrichtungen, Freizeit, usw. – zur Verfügung steht, beträgt lediglich 40 × 100 Meter. Sie ist gegenwärtig nur noch halb so groß wie damals für den Bürger des Deutschen Reiches. Es liegt auf der Hand, welche Folgen diese Entwicklung für die Umweltbelastung haben mußte.

Weltweit betrachtet heißt das: Wenn man den zusätzlichen zwei Milliarden Menschen, die bis Ende dieses Jahrhunderts die Weltbevölkerung auf über sechs Milliarden steigen lassen werden, auch nur annähernd den Lebensstandard ermöglichen will (und das muß man wollen!), den wir heute aus sittlichen Gründen als Minimum ansehen, dann ist eine zusätzliche Überforderung der Natur unausweichlich. Eine der wichtigsten Konsequenzen aus der ökologischen Herausforderung wäre also, die Bevölkerungsexplosion zu stoppen.

66. Doch selbst bei ziemlich gleichbleibender Bevölkerung – wie in unserem Lande – bedarf es langer Anstrengungen und großer Investitionen, um die gegenwärtige Inanspruchnahme der Natur durch Autos, Flugzeuge, Industrie, Wohnungsheizung, Beleuchtung, Medikamente, usw. zu

mindern. *Wer dabei zu schnell vorgeht und nicht berücksichtigt, daß die internationale Wettbewerbsfähigkeit deutscher Produkte bewahrt werden muß, der bewirkt langdauernde, unbehebbare strukturelle Arbeitslosigkeit.*

Zu unseren höheren Lohn- und Energiekosten im internationalen Wettbewerb können nicht auch noch einseitig wesentlich höhere Umweltschutzkosten treten. Sonst gingen Export und Beschäftigung zurück! Der Umweltschutz darf also aus Beschäftigungsgründen nicht einfach davon absehen, daß die Bundesrepublik eng mit der Weltwirtschaft verflochten ist. *Umweltschutz kann also nur schrittweite durchgesetzt werden – je internationaler, um so schneller!*

Umweltschutzpolitik hat bisher kaum deutsche Arbeitsplätze ins Ausland verdrängt. Allerdings hat die aus Umweltschutz-Motiven geschehene Verzögerung um Bau-Investitionen in Industrie, Energieversorgung und Verkehr zweifellos die Schaffung neuer Arbeitsplätze verzögert.

Manche beabsichtigten Investitionen darf man in der Tat aus Umweltschutz-Gründen nicht zulassen, andere jedenfalls nur unter sorgfältigen behördlichen Auflagen. Dafür gibt es Gesetze, Genehmigungsverfahren, Aufsichtsbehörden und – notfalls – Gerichtsverfahren.

Genehmigungs- und Gerichtsverfahren verbrauchen bei uns zuviel Zeit. Sie bedürfen der Straffung.

67. Die Bundesregierung hat das *Verursacherprinzip* zur Richtschnur gemacht. Die bisher auf Dritte oder auf die Allgemeinheit abgewälzten Kosten müssen denen angelastet werden, die sie verursachen. Sonst ergeben sich Kostenverzerrungen und damit Wettbewerbsverfälschungen zwischen umweltbelastenden und die Umwelt nicht belastenden Unternehmen. Umweltschutz auf der Basis des Verursacherprinzips ist für das Funktionen der Marktwirtschaft ebenso wichtig wie die staatliche Gewährleistung des Wettbewerbs durch das Kartellgesetz.

Mit der Entwicklung von umweltfreundlichen Produktionsverfahren und Produkten, die auch im Ausland verstärkt nachgefragt werden, eröffnet sich die deutsche Industrie Zukunftsmärkte – auch im Export. Dieser Bereich gehört also zu den strukturellen Anpassungen, die unsere Wirtschaft in diesem Jahrzehnt zu leisten hat.

68. Umweltschutz gehört zu den Überzeugungsaufgaben der SPD. Von der ökonomischen Notwendigkeit ökologischer Zielsetzung müssen wir die Arbeitnehmer überzeugen. Wir müssen dem Chemiearbeiter, der um seinen Arbeitsplatz fürchtet, verständlich machen, daß die Sorgen um reine Luft, um die Gesundheit der Bäume und Wälder, um die Sauberkeit unserer Flüsse und des Grundwassers auch seine Sorgen sind und nicht nur Sorgen einer kleinen Minderheit.

Genauso umgekehrt: Dem ökologisch Interessierten muß die Sorge des Chemiearbeiters oder des Bauarbeiters um seinen Arbeitsplatz verständlich gemacht werden, er muß die Notwendigkeit für ein schrittweises Vorgehen der Umweltpolitik verstehen lernen.

Wenn wir die grundsätzliche Berechtigung ökologischer Forderung anerkennen – wie das etwa in der Stellungnahme der Bundesregierung zu der Studie ›Global 2000‹ in diesen Tagen geschehen ist –, so heißt dies nicht, daß wir uns *allen* ökologischen Strömungen oder eifernden Einzelforderungen öffnen dürfen. Offensiv müssen sich Sozialdemokraten mit solchen Strömungen auseinandersetzen, die ihre Forderungen nicht vernunftbezogen, sondern in mystischen Endzeitvisionen begründen; die eine durch staatlichen Zwang herbeigeführte asketische Gesellschaft wollen; oder die das Ideal einer vorindustriellen, handwerklichen Kleinproduzenten-Gesellschaft politisch verallgemeinern wollen.

›Alles muß einfacher werden‹ ist keine brauchbare Devise zur Lösung der anstehenden Probleme. Neue umweltfreundliche Technologien erfordern nicht ein Weniger, sondern ein Mehr an technischem Erfindungsgeist! Kurz gesagt: Lösungen sind schwieriger, als man bisher dachte.

In jedem konkreten Einzelfall eines Streites zwischen Investitions- oder Beschäftigungsinteresse und Umweltschutzinteresse ist es eine hochwichtige kommunal- und landespolitische Aufgabe von Sozialdemokraten, die Güter gegeneinander abzuwägen und die für das Gemeinwohl beste Lösung herauszufinden. *Ganz wichtig ist dabei, die Gründe der Entscheidung öffentlich verständlich zu erklären.*

Mit anderen Worten: Kein Sozialdemokrat kann grundsätzlich für oder grundsätzlich gegen alle neuen Kraftwerke, Bergwerke, Autobahnen, Eisen- oder U-Bahnen, Startbahnen usw. sein. Keiner darf eine Investition in seiner Nachbarschaft ablehnen, um sie einem vergleichbaren Nachbarn vor die Haustür zu legen.

Mit denjenigen in der Ökologiebewegung jedoch, die sich um eine rationale Umweltpolitik bemühen, ist Gemeinsamkeit in vielen Zielsetzungen und die Diskussion über die richtigen Wege und Mittel fruchtbar!

69. Wir haben trotz aller Belastung durch die weltwirtschaftliche Krise auch in den 70er Jahren unser *soziales Sicherungssystem* ausbauen können. Es ist zugleich gelungen, das Netz zu straffen und zu festigen.

So haben von 1970 bis 1981 die realen Nettolöhne je Beschäftigten um insgesamt 30,5 Prozent zugenommen, die realen Renten je Kopf aber um 42,5 Prozent! Zieht man die erwartete Entwicklung für 1982 hinzu (reale Nettolöhne: – 1 bis 1,5 Prozent; reale Renten: + 1 bis 1,5 Prozent) ergibt sich eine *Rentenverbesserung in den vergangenen zwölf Jahren, die anderthalbmal so groß ist wie der Anstieg der Nettolöhne!*

70. Die enorme Steigerung der Sozialleistungen ist natürlich durch Steuern und Sozialabgaben bezahlt worden. *Ent-*

sprechend ist die Belastung des Brutto-Einkommen der breiten Arbeitnehmermassen gestiegen.

	Sozialleistungen des Staates (Gebietskörperschaften und Sozialversicherung)	Sozialleistungsquote (Sozialleistungen in % des BSP)
1970	174,7	25,7
1971	198,8	26,3
1972	224,0	27,1
1973	252,6	27,5
1974	288,9	29,3
1975	330,3	31,9
1976	354,9	31,6
1977	380,6	31,8
1978	403,5	31,3
1979	425,1	30,4
1980	449,5	30,1
1981	rd. 480	rd. 31

Übersicht zur Steuerquote – Abgabenquote – Staatsquote

	Steuerquote	Abgabenquote	Staatsquote (in % des BSP)
1968	22,8	32,8	37,9
1969	24,3	34,7	37,9
1970	22,7	33,6	38,0
1971	22,8	34,0	39,2
1972	23,8	35,5	40,2
1973	24,4	36,9	41,0
1974	24,3	37,1	43,9
1975	23,4	36,8	47,7
1976	23,8	37,8	47,0
1977	24,9	39,0	47,0

	Steuer-quote	Abgaben-quote	Staatsquote (in % des BSP)
1978	24,7	38,7	46,8
1979	24,5	38,4	46,7
1980	24,5	38,4	47,3
1981	24,0	38,3	48,4

Belastung der Arbeitnehmer durch Steuern und Sozialversicherung

	Anteil der Lohnabzüge (Steuern u. Sozialvers.) aller Beschäftigten in der Gesamtwirtschaft in % der Bruttolohn- und Gehaltssumme	Anteil der Steuern und Sozialvers. eines 4-Personen-Arbeitnehmerhaushaltes in % des Haushaltsbruttoeinkommens
1970	22,7	19,0
1971	24,0	20,3
1972	24,0	20,9
1973	26,5	22,2
1974	27,6	22,9
1975	27,5	21,7
1976	29,2	23,2
1977	30,0	24,0
1978	29,3	23,1
1979	29,1	23,1
1980	30,1	23,1
1981	30,4	23,5 (3. Vj.)
1982	31,2	–

Wer gegenwärtig eine weitere Ausweitung der Sozialleistungen fordert, der muß wissen, daß er zwangsläufig die Belastung der aktiven Arbeitnehmer immer stärker erhöht. Mir ist klar, daß es psychologische (und politische!) Grenzen für solche Mehrbelastungen gibt, die man nicht überschreiten darf.

71. *Deshalb ist eine Einschränkung der Möglichkeiten zum Mißbrauch des sozialen Netzes ein Gebot der Solidarität,* auch wenn dies vielfach oberflächlich als ›unsozial‹ abgetan wird. Dabei können Fehler gemacht werden, wie jüngst im Vermittlungsausschuß auf Betreiben der CDU/CSU-Mehrheit des Bundesrates hinsichtlich des Taschengeldes für Bewohner von Altersheimen. Dieser Fehler bedarf der Korrektur.

Aber ohne Zweifel gibt es vielerlei Nassauer und Mitnehmer – hier liegen *derzeit unangenehme, aber unausweichliche Aufgaben der Sozialpolitik.* Gerade *weil* das soziale Netz nicht überbeansprucht werden darf, wenn es nicht Risse geben soll – wenn der soziale Friede gewahrt werden soll.

72. Auch aus diesem Grunde haben wir den *Zustrom von Ausländern* gebremst. Für ihre Maßnahmen zur Begrenzung des Zustroms wird die Bundesregierung teilweise heftig gescholten. Vor allem Organisationen der Ausländer und Betreuungsverbände, aber auch Mitglieder SPD sprechen von Inhumanität und verweisen auf unsere Verpflichtung für Menschen, denen es schlechter geht als uns.

Eine wachsende Mehrheit von Arbeitnehmern meint im Gegenteil, wir täten nicht genug, um unser Volk vor Entwicklungen zu bewahren, die unter der unscharfen Überschrift ›Überfremdung‹ laufen. Vieles davon ist gefährliche Emotion, vieles davon ist aber auch richtig.

Tatsache ist, daß man die Ausländer anfangs gerufen hat, da wir mehr Arbeit hatten, als wir selbst bewältigen konnten. Richtig ist auch, daß ein jetzt drohender Umschlag der Stimmung bis hin zu häßlichen Ausbrüchen der Ausländerfeindlichkeit nicht allein die Schuld der Ausländer ist; sie haben den Ölpreisschock mit all seinen Folgen bis hin zum

Verlust von Arbeitsplätzen nicht zu verantworten, aber sie sind nun natürlich zu Konkurrenten auf dem Arbeitsmarkt geworden. Wir dürfen trotzdem die hier lebenden Ausländer nicht entgelten lassen, daß wir so viele zuerst gerufen und später einfach hereingelassen haben.

73. Wir können uns aber *keine unbeschränkte Kraft zur Integration* zutrauen. Sehr rasch könnte ein Punkt erreicht sein, an dem die Integrationsprobleme schon quantitativ nicht mehr zu bewältigen wären. Als Folge davon würde es zu sozialen Konflikten und zu Abwehrhaltungen kommen, bei Deutschen und Ausländern gleichermaßen, die eine Eingliederung der Zugewanderten schließlich unmöglich machen würden.

Nicht alle der 4,6 Millionen Ausländer, nicht einmal der größere Teil davon, bereiten uns Probleme. Einige Nationalitäten tun sich allerdings schwer damit, sich in unsere Lebensweise einzufügen.

Wenn aber die vielfältigen Integrationsbemühungen des Staates, der gesellschaftlichen Gruppen und vieler engagierter Bürger in Zukunft Erfolg haben sollen, so müssen Rahmenbedingungen eingehalten werden, die das Integrationskonzept sichern. An erster Stelle steht dabei die *Beschränkung der weiteren Zuwanderung auf integrationsfähige Familienangehörige* von Ausländern, d. h. auf solche, die *nach ihrem Lebensalter* und ihrer sozialen Prägung in unsere Gesellschaft tatsächlich eingliederbar sind.

74. Aber selbst dann, wenn diese Beschränkung der Zuwanderung gelingt, so reicht guter Wille auf beiden Seiten allein nicht aus, die Schwelle zur Integration zu überwinden. Wenn beispielsweise von 1,5 Millionen Türken mehr als 500 000 Kinder unter 16 Jahren sind, dann müssen Kindergärten und Schulen in die Lage versetzt werden, Integration auch wirklich zu leisten.

Für die rund 250 000 Erwachsenen, die als nicht-berufstätige Angehörige von türkischen Arbeitnehmern hier leben, müssen Instrumente des Heranführens an unsere Gesellschaft gefunden werden, weil ja Schule oder Arbeitsplatz als Integrationsstätten in diesen Fällen nicht greifen können. Hier sind die Gemeinden gefordert, auch die Betriebe.

Aber *auch von den ausländischen Mitbürgern müssen wir viel verlangen.* Sie müssen insbesondere Verständnis dafür aufbringen, daß wir Probleme mit ihnen haben und daß die in vielen Hunderten von Jahren gewachsenen europäischen Kulturen sehr viel weniger flexibel sind als zum Beispiel die Gesellschaften der klassischen Einwanderungsländer in Übersee.

Für den vietnamesischen Bootsflüchtling, den ein deutscher Ministerpräsident am Flughafen empfangen hat und der nun im Lager darauf wartet, daß seine Angehörigen aus Vietnam ausreisen dürfen, um dann mit ihnen zu Verwandten nach Amerika weiterzureisen, müssen uns andere Lösungen einfallen als für den nur *scheinbaren Asylbewerber* aus anderen Ländern, dem eine Schlepperorganisation leichte Arbeit und guten Lohn in Deutschland versprochen hat, sofern er nur das Wort ›Asyl‹ gebraucht und den richtigen Anwalt findet.

75. Mancher rät uns, die ›Fiktion, wir seien kein Einwanderungsland‹, endlich aufzugeben. Daran ist so viel richtig: wären wir ein klassisches Einwanderungsland, dann wäre manches leichter. Denn niemand verübelt es zum Beispiel Kanada oder Australien, wenn sie den Zuzug quotieren, ethnische und nationale Quoten für die Zuwanderung festsetzen, berufliche Qualifikation zum Auswahlkriterium machen und schließlich rigoros auf Assimilation drängen. Wenn dies unser Weg nicht sein soll, dann braucht man den Streit um das Wort ›Einwanderungsland‹ nicht ausufern zu lassen.

Aber eine Straffung und Beschleunigung der Asyl-Verfah-

ren ist jedenfalls unumgänglich nötig. Hans Koschnick und viele andere und der Bundesrat haben grundsätzlich recht. Wer eine politische oder rassische oder religiöse Verfolgung in seinem Heimatland lediglich vorgetäuscht hat, der muß nach Hause abgeschoben werden. Die ›Scheinasylanten‹ werden davon angezogen, daß das soziale Netz jedermann in Deutschland einen viel höheren Lebensstandard ermöglicht – auch und gerade wenn er arbeitslos ist –, als zu Hause schwere Arbeit. Dieser Mißbrauch unseres sozialen Netzes stört den inneren Frieden. Er muß beendet werden.

76. Unsere hier lebenden ausländischen Mitbürger aber müssen die Kraft aufbringen, sich zu entscheiden. Manche Probleme sind nur deshalb entstanden, weil zu viele sich in ihrem Verhalten und in ihrer Lebensplanung so eingerichtet haben, als würden sie nach wenigen Jahren wieder in ihr Land zurückkehren. Sie haben sich unserer Sprache und Kultur verschlossen, ihre Kinder und Ehefrauen in der Heimat gelassen, sie aber dann zu sich geholt, als es für die Kinder Zeit wurde, eine Arbeit anzunehmen.

Dies kann nicht auf Dauer so bleiben. Wer bei uns leben will, sollte sich konsequent dafür entscheiden. Wer nur vorübergehend hier arbeiten will, sollte die Konsequenz der Rückkehr akzeptieren. *Wir haben hier auf beiden Seiten zu lange zu viel in der Schwebe gehalten.*

77. *Zusammenfassung zur wirtschaftlichen und sozialen Lage 1982:* Die Weltwirtschaft insgesamt zeigt nur teilweise aufwärts gerichtete Tendenz. *Bei uns in der Bundesrepublik sinkt der Preisanstieg, die Zinsen* (auch die Hypothekenzinsen) *sinken, die realen Lohnkosten steigen nicht, sondern sinken. Infolgedessen steigt der Export, einer der wichtigsten Beschäftigungsfaktoren, und unsere Zahlungsbilanz* (Leistungsbilanz) *kommt in Ordnung. Dies alles sind positive Zeichen!*

Zwar hängen wir weiterhin stark von der Entwicklung der

Weltwirtschaft und besonders der USA ab, zwar führen zunehmende Auftragseingänge nicht schon im Herbst 1982 zu durchschlagendem Abbau der Arbeitslosigkeit; *aber insgesamt werden wir besser fahren!*

78. Natürlich wären wir nach sozialdemokratischer Auffassung mit staatlichen Investitionshilfen, speziell auf wirtschaftliche Strukturanpassung gezielt, besser bedient als mit der allgemeinen Investitionszulage. Ebenso wäre uns eine Ergänzungsabgabe für höhere Einkommen – zusätzlich zur Mehrwertsteuer-Anhebung ab 1. 7. 1983 – aus Gründen der sozialen Gerechtigkeit sehr erwünscht.

Ebenso hätten wir ein langsameres Tempo bei der Mietanpassung gewünscht. Aber der Koalitionspartner FDP hielt ein noch höheres Tempo für nötig. Er war zunächst gegen die Finanzierung der Investitionszulage aus Mehrwertsteuer-Erhöhung, er war zunächst gegen jegliches Beschäftigungsprogramm und statt dessen für noch stärkeres Sparen im Bundeshaushalt, vor allem bei den Sozialleistungen. *Auch die FDP hat also weitreichende Zugeständnisse gemacht.*

Auch in Zukunft werden beide Koalitionspartner sich gegenseitig entgegenkommen müssen – und außerdem hat bei der Gesetzgebung die CDU/CSU-Mehrheit des Bundesrates einen Hebel, der zu Kompromissen zwingt. *Wer allerdings den Kompromiß nicht will oder kann, der taugt weder für den sozialen Frieden noch für die Demokratie überhaupt.*

Deshalb müssen wir Sozialdemokraten weder unsere sozialen und ökonomischen Grundgedanken aufgeben noch das Godesberger Grundsatz-Programm! Sondern wir müssen es *schrittweise* verwirklichen. Besonders wichtig bleibt hier Philip Rosenthals immer wiederholte Einsicht: *Das sozialdemokratische Kontrastprogramm von Mitbestimmung und Vermögensbildung steht sowohl gegen den ungebändigten Kapitalismus als auch gegen Verstaatlichung und staatlich-bürokratische Bevormundung.*

VI. Staat – Gesellschaft – Jugend

79. Gegenwärtig gibt es in unserem Land – aber nicht nur bei uns – zahlreiche und sehr heftig, zum Teil gewaltsam geführte Auseinandersetzungen um Entscheidungen politischer, aber auch juristischer Instanzen vor allem über die Einführung neuer Großtechnologien und -projekte. In der öffentlichen Diskussion um diese Vorgänge taucht bei einigen jugendlichen Bürgern und bei einigen Intellektuellen die schwerwiegende Behauptung auf, der Staat stünde in einer Legitimationskrise, d. h.: in einer Krise seiner Rechtfertigung. Es wird behauptet, daß legal getroffene und gerichtlich sanktionierte Entscheidungen keine ausreichende Legitimation mehr besäßen. Sie stünden mit veränderten Wertvorstellungen der Bürger nicht in Einklang und könnten deswegen nicht akzeptiert und nicht mitgetragen werden. Um veränderte Wertvorstellungen und veränderten Vor- und Nachrang von Werten der Bürger durchzusetzen, werden Beteiligungsformen verlangt, die unsere im Grundgesetz verankerte parlamentarisch-repräsentative Demokratie verändern sollen. Bevor man über derartige Vorschläge nachdenkt, scheint mir notwendig, zunächst das dahinterstehende Problem genauer zu analysieren.

Ich halte es für *leichtfertig, von einer Legitimationskrise des demokratischen Verfassungsstaates zu sprechen.* Auch die weitaus überwiegende Zahl der Demonstranten für den Frieden oder gegen Kernkraftwerke oder gegen die Startbahn West will im Grunde keine Veränderung unserer demokratischen Staatsform. Der allergrößte Teil der Demonstranten ist darüber hinaus friedfertig und achtet das Recht.

80. Für die Zerstörungswütigen unter den Demonstranten werden allerdings Gesellschaft und Staat schlechthin leicht zu Angriffsobjekten. Für sie geht es weniger darum, Umwelt und Leben zu schützen. Vielmehr sind sie unzureichend darauf vorbereitet, die Disziplin zu lernen, die durch

das enge Zusammenleben von sehr anspruchsvollen Massen auf engstem Raum notwendig ist (vgl. oben Teilziffer 65).

Der hohe Lebensstandard hat zu einer erhöhten Inanspruchnahme der verfügbaren Fläche für privates Wohnen und privaten Verkehr, für private Freizeit, aber auch für öffentliche Einrichtungen und öffentlichen Verkehr sowie für Produktion und Arbeitsplätze geführt. Zugleich haben die Ergebnisse des Zweiten Weltkrieges den pro Einwohner verfügbaren Raum drastisch verringert. Und ›hart im Raume stoßen sich die Sachen‹. *Je enger der Raum, desto größer der Zwang zur rechtlichen Regelung, desto größer der Zwang zur Arbeitsteilung, desto größer der ›Sachzwang‹.* Diese Zwänge werden durch den deutschen Hang zu übertriebener Regelung noch vermehrt.

Es ist schwierig, diese Zwänge einzusehen, zumal dies an unseren Schulen und Hochschulen unzureichend gelehrt wird. Der natürliche Unabhängigkeitsdrang junger Menschen begehrt dagegen auf – nicht nur heute und nicht nur bei uns. Die Illusion, man könne besser leben, ohne sich zu gegenseitiger Rücksichtnahme zu disziplinieren, kommt hinzu. Die Predigt des Konfliktes tritt leicht an die Stelle der Predigt zur Toleranz – zu schweigen von der Fähigkeit zum Kompromiß. All dies trägt bei zu der natürlicherweise in vielen Jugendlichen vorhandenen Neigung, das Ventil in der Aggression zu suchen. *Dies zu verstehen – und gegenüber dem einzelnen jungen Menschen oder einer ganzen Gruppe von ihnen* (oder einer Arbeitsgemeinschaft von Jungsozialisten!) *zu verstehen, darf aber nicht sich im Verständnis erschöpfen. Das Verständnis darf auch nicht zu opportunistischem Gewährenlassen führen. Vielmehr ist* – zusätzlich zum Verständnis – *vor allem beharrliche, feste Vertretung des Standpunktes rationaler Interessenabwägung und demokratischer Entscheidungsprozesse unerläßlich.*

81. Wer dagegen als politisch Verantwortlicher bei Kon-

flikten um die Einführung neuer Großtechnologien und -projekte auf das Spannungsverhältnis zwischen Legalität und Legitimität verweist, der kommt in die Gefahr, in die Falle derer zu geraten, die Gewalt ausüben wollen, denen es um den Bruch der Legalität geht. Die Forderung nach ›sanften Technologien‹ und Gewalt schließen sich moralisch gegenseitig aus.

In Wahrheit muß es sich um einen Streit um die richtige Politik handeln! Was diesen politischen Streit schwierig macht, ist Verabsolutierung eigener moralischer Ansprüche unter großzügiger Mißachtung der Ansprüche und Interessen anderer. Solche Mißachtung hat teilweise zu einer Totalisierung der gegensätzlichen Standpunkte geführt. Dies macht es so schwer, Konflikte im Rahmen der herkömmlichen Entscheidungsverfahren zu regeln und *demokratische Mehrheitsentscheidung* und rechtsstaatliche Gerichtsentscheidung zu akzeptieren.

Wer seinen eigenen moralischen Eifer verabsolutiert, der wird taub und blind für die Erwägungen der Gegenseite; und er verleugnet dann allzu leicht, daß auch sie ihre Entscheidungen auf moralische Beweggründe stützt. Obgleich er wohl jedenfalls theoretisch die moralische Priorität der Erhaltung und Mehrung von Arbeitsplätzen anerkennt. Eine Entscheidung setzt in jedem Falle eine vernunftgemäße Güterabwägung voraus, die beide moralische Ansprüche in ihrer Substanz erhält und sie möglichst geringfügig tangiert.

82. Ich sehe neben Information, Dialog, Toleranz und der Bereitschaft, sich umzuorientieren, kein anderes Verfahren, das zu einem besseren Ergebnis führen kann. Ich vermag deswegen in der Forderung nach Volksabstimmungen über anstehende technische Großprojekte keine Lösung für die politischen Auseinandersetzungen zu erkennen. Dies nicht nur, weil unser Grundgesetz sich für die repräsentative Demokratie entschieden hat, sondern vor allem aus Erwägun-

gen der Zweckmäßigkeit. *Denn auch in einer plebiszitären Demokratie müssen sich Minderheiten mit Mehrheitsentscheidungen abfinden!* Ein Blick auf unseren Nachbarn Schweiz zeigt übrigens, daß auch in einer Demokratie mit weit stärker ausgeprägten plebiszitären Elementen die Auseinandersetzungen in derselben Schärfe wie bei uns ausgetragen werden – und die Ergebnisse erzeugen auch keine größere Befriedigung.

Unsere deutsche Geschichte der Weimarer Zeit macht deutlich, daß bei uns plebiszitäre Entscheide sehr wohl von emotionalen Bewegungen und deren Führern zur *Ver*führung ausgenutzt werden können. Man stelle sich zum Beispiel vor, wir hätten vor fünfzehn Jahren einen Volksentscheid über ein großes Kernenergie-Bau-Programm durchgeführt. Oder wir würden heute eine Volksabstimmung über ›Ausländer raus!‹ veranstalten – und man stelle sich die hemmungslose Agitation vor, an den verantwortungsbewußten politischen Parteien vorbei, die damit ausgelöst werden könnte.

Ich glaube also nicht, daß der Volksentscheid in Deutschland prinzipiell besser geeignet wäre, divergierende moralische Ansprüche auszugleichen, als der Entscheid durch das Parlament.

Es ist gut, daß in den letzten Jahren die Möglichkeiten zur Beteiligung der Bürger erweitert und von ihnen mit wachsendem Engagement wahrgenommen wurde. Ich denke zum Beispiel an die Anhörungsverfahren im Baurecht, nach dem Atomgesetz, im Bereich des Immissions- oder Umweltschutzes oder an die besonders weit entwickelten Mitwirkungsformen im Schulbereich. Ein besonderes Problem der Bürgerbeteiligung gerade bei der Entscheidung über Großtechnologien bleibt, daß die Entscheidungsvorbereitung auf vielen Ebenen stattfindet und das Bürgerengagement häufig erst dann erfolgt, wenn die Entscheidungsfindung sich schon verdichtet hat.

83. Bedürfnisse oder Probleme, welche private Bürger gemeinsam und gerecht bedenken oder lösen können, brauchen nicht von Staats oder Stadt wegen geregelt zu werden. Beispiele gibt es genug: zum Beispiel Jugendzentren, zum Beispiel Zentren zur Integration. Hier liegt – fast in jedem Ort! – ein weites Feld für sozialdemokratische Initiativen.

84. Die jungen Menschen, die heute am Ende ihrer Schulzeit oder in der Ausbildung stehen, waren im Kindergartenalter, als die erste sozial-liberale Koalition gegründet wurde. Zwanzig Jahre konservativer Regierungspolitik unter Adenauer und Erhard, danach die Große Koalition, die den ersten Aufbruch brachte, sind für sie Geschichte, ihnen nicht näher als der Krieg, die Nazi-Zeit oder Weimar.

Wie tiefgreifend seither sozial-liberale Politik unser Land und unser Zusammenleben verändert hat, wissen sie aus eigenem Erleben nicht. Vieles von dem, was wir heute als selbstverständlich begreifen, sind Leistungen neuester Zeit, die wir zum Teil gegen außerordentlich harte Widerstände durchgesetzt haben: Wir haben seit Anfang der siebziger Jahre gewaltige Anstrengungen unternommen, um die gefährdete Umwelt zu schützen – erst seit damals ist Umweltschutz zum politischen Begriff geworden, und unsere Gesetzgebung ist heute einer der strengsten der Welt. Jugendarbeitsschutz war nur ein Mindestschutz, ehe wir ihn 1976 wirksam ausgebaut haben, ebenso wie das Betriebsverfassungsgesetz oder BAFöG oder das Kindergeld, deren heutige Leistungsrahmen wir geschaffen haben.

Wer weiß noch, daß es zum politischen Erleben heute aktiver Politiker gehört hat, Zwergschulen abzuschaffen oder Maschendraht-Zäune zwischen katholischen und evangelischen Schulhöfen zu beseitigen? Gymnasien und Hochschulen waren überwiegend Anstalten für Kinder von höheren Beamten, Ärzten, Rechtsanwälten und leitenden Angestellten. Arbeiterkinder waren in der kleinen Minderheit. Deshalb hat Willy Brandt in seiner ersten Regierungserklärung Bildung und Ausbildung an die Spitze der Reformen gestellt – mit Erfolg: der Anteil von Arbeiterkindern an den Hochschulen hat sich seitdem beinahe verdoppelt. Besonders deutlich haben die Mädchen an den Gymnasien aufgeholt – sie stellen dort heute fast die Hälfte aller Schüler. Gleichzeitig ist der Anteil der Jungen und Mädchen, die ohne Schulabschluß oder berufliche Ausbildung ins Leben gehen, beträchtlich gesunken.

Schon diese wenigen Beispiele lassen klar erkennen: junge Menschen – zumal wenn sie das Ausland noch nicht wirklich kennen – müssen dies alles für selbstverständlich halten. Fast zwangsläufig halten sie auch unsere Freiheit von ausländischer Pression und von Diktatur für selbstverständlich.

Viele von ihnen müssen erst durch Diskussionen zu der Einsicht gebracht werden, daß es sehr großer Anstrengungen bedarf, dies alles in einer Zeit erheblicher weltweiter Ost-West-Spannung und weltweit tiefgreifender Wirtschaftskrise zu erhalten und zu bewahren, daß dies gegenwärtig Opfer kostet und daß es später noch weiterer Anstrengungen bedürfen wird, dies alles noch weiter auszubauen und zu mehren!

In einer Gruppe von Redakteuren von Jugendzeitschriften und Jugendrundfunkprogrammen wurde ich neulich gefragt: ›Sagen Sie uns, was eigentlich macht das Leben in diesem Staate noch lebenswert?‹ Ich habe ganz ruhig zurückgefragt: ›Was meinen Sie mit dem Wörtchen ›noch‹? Glauben Sie, es war in Deutschland eher lebenswert zur Zeit des Flüchtlingselends, des Krieges, der Bomben auf Hamburg oder Dresden, der Nazi-Diktatur oder zur Zeit der sechs Millionen Arbeitslosen, der Weimarer Demokratie, des Ersten Weltkrieges oder Wilhelms II.? Oder glauben Sie, das Leben unter Ulbricht oder Stalin sei eher lebenswert gewesen? Was meinen sie also mit *›noch‹?*‹

Natürlich haben die jungen Leute diese Gegenfragen nicht beantwortet. Aus der anschließenden Diskussion wurde mir ein weiteres Mal deutlich: Die Abneigung gegen unsere heutige Gesellschaft und ihren Staat ist Mode, ist ›in‹. Vieles von dem, was manche Jungen in ihrem eigenen Bewußtsein für ›kritisches Denken‹ halten, ist in Wirklichkeit bloß Konformismus innerhalb der eigenen Schicht oder Gruppe. Mit Festigkeit müssen sie zur Einsicht gebracht werden: *Diese* Gesellschaft, *dieser* Staat, sie sind – trotz aller verbesserungswürdiger Unvollkommenheit – in der Tat das andere, das bessere Deutschland. *Der geschichtliche Vergleich tut not! Und für die Schule gilt: Geschichte ist noch wichtiger als Soziologie!*

85. Ohne diese Anstrengung des geschichtlichen Vergleichs werden wir der nachwachsenden Generation nicht das Bild dessen vermitteln können, wonach sie am meisten verlangen: das positive Bild einer mitmenschlichen Gesellschaft der Solidarität; einer Gemeinschaft auch der Leistung, nicht aber der Ellbogen; das Bild einer freien Gesellschaft – frei vom Gewissenszwang; das positive Bild eines Staates, der frei ist vom Zwang durch eine ausländische Supermacht. Und die Einsicht, daß dies alles für ein Land in der Mitte Europas überhaupt nicht selbstverständlich ist.

86. Auftrag und Triebfeder sozialdemokratischen Handelns war es von Anfang an, *mehr* Menschlichkeit, *mehr* Gerechtigkeit, *mehr* Solidarität zu verwirklichen. In diesem kleinen Wörtchen ›Mehr‹ liegt – wie Waldemar von Knoeringen es sinngemäß einmal formuliert hat – der Auftrag an zukünftige Generationen.

Dieses ›Mehr‹ zu verwirklichen, kann auch heißen: es anders zu machen. Deshalb respektiere und achte ich ernsthafte Versuche junger Leute, alternative Lebensformen zu verwirklichen, von denen sie sich *mehr* Solidarität, *mehr* Sinnerfüllung ihres Lebens versprechen. Ihnen sollten wir nicht das gemeinsame Dach der Sozialdemokratie entziehen, wenn sie unter ihm leben wollen und solange sie nicht auf Kosten anderer leben wollen.

Wer nur auf diejenigen schaut, die lautstark oder gewaltsam ihren Protest äußern, der gewinnt ein falsches Bild von der Jugend. Tagtäglich kümmern sich junge Männer und Frauen um hilfsbedürftige Mitbürger, fahren ›Essen auf Rädern‹ aus oder betreuen ausländische Kinder. Ohne die Mithilfe junger Menschen lägen wichtige Teile der Arbeit unserer Wohlfahrtsverbände lahm, bekäme das Engagement für die Dritte Welt nicht genug neue Impulse.

Diese jungen Menschen versuchen auf verschiedenen Wegen das Ziel zu erreichen, dessen Verwirklichung für die deutsche Sozialdemokratie von jeher bewegend war: das solidarische Miteinander. Wir erleben das täglich in vielfältigen Formen: in spontanen Aktionen der Hilfe für Unterdrückte, in durchaus lebensfähigen Wohngemeinschaften, in Umgangsformen, die vom Aufeinander-Zugehen weit mehr als von Konkurrenz bestimmt sind.

87. Ich sehe allerdings auch, daß es in Sprache und Kleidung ein bewußtes Absetzen von uns Älteren gibt. Wir wissen, daß friedliche politische Manifestation und Selbstdarstellung oft ganz dicht neben aggressiver Militanz liegen. Und verbale Kraftmeierei mancher Juso-Entschließung ist auch bloß Anpasserei an vermutete Militanz der eigenen Generation. Schade!

Hier liegt jedenfalls eine Aufgabe für uns, eine Aufgabe, die aber dann fast unlösbar bliebe, wenn sie nicht auch von der Jugend selbst aufgenommen wird.

Wir müssen der Jugend die Freiräume bewahren, ›anders‹ zu sein, denn hier liegt zugleicht die Chance zum Besseren, zum ›Mehr‹ im Sinne Knoeringens. Ebenso aber müssen wir allen Ansätzen wehren, durch die das zerstört werden kann, was diese Republik zum ›anderen Staat‹ gemacht hat. Denn diese Gesellschaft, dieser freiheitlich-demokratische Rechtsstaat, ist der ›andere Staat‹ gegenüber dem diktatorischen Unrechtsstaat, aus dessen Untergang die Bundesrepublik und das Freiheitsangebot unserer Verfassung entstanden sind.

Ich appelliere an die Jugend der Partei: *Ihr werdet nur dann etwas Besseres zustande bringen, wenn Ihr die Geschichte versteht, wenn Ihr das Gute erkennt und bewahrt!*

VII. Konsequenzen

88. Zieht man die Summe aus diesem Gang durch die politischen Probleme von heute – der, so ausführlich er erscheinen mag, natürlich keineswegs vollständig sein will –, dann steht die deutsche Sozialdemokratie vor einer doppelten Herausforderung: Einerseits bedroht die Weltwirtschaftskrise Arbeitsplätze, den erarbeiteten Wohlstand, die Stabilität des sozialen Netzes und damit in der Konsequenz den sozialen und inneren Frieden. Andererseits stellt ein drohender neuer Rüstungswettlauf, die Verschärfung des internationalen Klimas besonders zwischen Ost und West die Friedenspolitik vor eine schwierige Bewährungsprobe.

In der Wirtschafts- und Sozialpolitik sind – das sollte über aller Kritik an gegenwärtigen Entwicklungen nicht vergessen werden – durch sozialdemokratisch geführte Bundesregierungen in den vergangenen fast dreizehn Jahren beträchtliche Fortschritte gemacht worden. Arbeitnehmer sind heute in diesem Land rechtlich gesicherter und wirtschaftlich besser dran als jemals zuvor. Wir haben dabei ein System des Ausgleichs zwischen den Interessen aufgebaut, das auf der Welt seinesgleichen sucht. *Keine in der gegenwärtigen Weltwirtschaftskrise im Ausland oder Inland angebotene Theorie oder Ideologie, die vorgibt, alle Probleme besser zu lösen, darf uns veranlassen, diese gewachsene und bewährte Struktur aufzugeben.* Vielmehr können Sozialdemokraten stolz darauf sein, an diesem erfolgreichen Modell wesentlich mitgearbeitet zu haben, das wirtschaftliche Prosperität und zugleich soziale Gerechtigkeit fördert. *Wir haben sehr viel zu verlieren!*

Ebenso viel steht in der Frage der Friedenspolitik auf dem Spiel. Dreizehn Jahre hindurch haben sozialdemokratisch geführte Bundesregierungen einen wesentlichen Beitrag dazu geleistet, daß an die Stelle von Konfrontation und polemischer Abgrenzung eine Politik der Gesprächsbereitschaft, der Fähigkeit zum Dialog, des Augenmaßes und der friedlichen Konfliktlösung treten konnte. *Es ist die historische Aufgabe der Sozialdemokratie, beharrlich diesen Weg fortzusetzen. Versagten wir dabei, so können wir zugleich die meisten Erfolge der letzten zwölfeinhalb Jahre gefährden.*

Für die Sozialdemokratie ist diese Doppelkrise keine neue Erfahrung. Die politische Kraft, die schon immer für die Interessen der Arbeitnehmer, der nicht Privilegierten und der Schwachen in dieser Gesellschaft eingetreten ist, hat immer wieder handgreiflich die Erfahrung machen können, daß gewalttätige und autoritäre Lösungen innerer Konflikte im Zusammenbruch des äußeren Friedens endeten. *Für die deutsche Arbeiterbewegung gehört der Zusammenhang von innerem und äußerem Frieden zur Grunderfahrung ihrer Geschichte.*

89. *Ein Sozialdemokrat, der glaubt, der Partei täten zwei Jahrzehnte der Opposition gut, der* sollte sich selbst jedenfalls der eigenen Geschichte stellen! Er *müßte wissen: Niemals haben sozialdemokratisch geführte Regierungen in Deutschland Kriegs- oder Bürgerkriegsrisiken groß werden lassen!* Dies gilt auch seit 1969 – trotz Terrorismus, trotz Afghanistan und Polen. Es wird auch für die Zukunft gelten.

Wer aber als Sozialdemokrat glaubt, er dürfe über die Kernkraftfrage den Sturz der Regierung Börner, über die Frage des Doppelbeschlusses den Sturz der Bundesregierung in

Kauf nehmen, der nähme um seines persönlichen Standpunktes willen in Kauf, unseren *gemeinsamen geschichtlichen Auftrag* zu vereiteln.

Mit Recht hat Otto Braun über den von der Sozialdemokratie selbst ausgelösten Rücktritt des sozialdemokratischen Reichskanzlers Hermann Müller-Franken gesagt: ›Man kann auf den Kurs des Wagens keinen Einfluß nehmen, wenn man nebenher läuft. Man muß auf dem Kutschbock bleiben!‹ *Wer über einer Streitfrage zweiten Ranges den Kutschbock für die Herren Strauß oder Kohl oder Albrecht oder Dregger frei machte,* der nähme nicht nur in Kauf, daß diese Streitfrage von der neuen Regierung *ohne* skrupulöse Abwägung, und zwar *gegen* ihn entschieden würde. Er *nähme vor allem in Kauf, die Antworten auf die erstrangigen Fragen des inneren und äußeren Friedens durchaus ungeeigneten politischen Kräften zu überlassen* – um es milde auszudrücken.

90. *Eine regierende sozialdemokratische Partei bedarf mitwirkungsbereiter Partner. Dies gilt international wie in der Innenpolitik.*

Man hat weder in Bonn noch in Saarbrücken eine Entscheidung über die Haltung von vierzehn Regierungen und Staaten des nordatlantischen Bündnisses, noch über die Haltungen in Ost-Berlin oder in Osteuropa. Aber man kann seine Freunde beeinflussen; durch Festigkeit in der Verfolgung unserer nationalen Interessen, durch Dialogbereitschaft und durch Kompromißbereitschaft; nicht durch Unterwerfung unter fremden Willen. Man kann auch die Nachbarn im Osten beeinflussen – aber gewiß nicht durch Anpassung!

Man hat weder in Bonn, noch in Wiesbaden allein eine Mehrheit – man bedarf des Koalitionspartners. Der Verlust von Koalitionspartnern in Berlin und lange vorher in Niedersachsen hat uns die Gesetzgebung im Bundesrat außerordentlich erschwert, uns im Vermittlungsausschuß die Mehrheit gekostet und den Meinungsführer Ministerpräsident Strauß in eine Position des Vetos und der gesetzgeberischen Verweigerung gebracht.

Wer aber des Mitspielers oder des Koalitionspartners bedarf, der muß auf den Mitspieler Rücksicht nehmen.

91. Solche Rücksichtnahme fällt oft schwer, sie fällt oft auch dem Koalitionspartner FDP schwerer, als von außen erkennbar.

Die FDP konnte seit Begründung der Bundesrepublik prinzipiell sowohl mit der CDU/CSU als auch mit der SPD koalieren. Dafür sorgte nicht nur die Tatsache, daß sie – geschichtlich gesprochen – sowohl freisinnige als auch national-liberale Kräfte und Personen in sich miteinander verbindet. Darüber hinaus war und (voraussichtlich) bleibt es eine Existenzvoraussetzung der kleinen, häufig an der Fünfprozentgrenze laborierenden FDP, daß sie sowohl von der einen wie der anderen großen Volkspartei als Koalitionspartner benötigt werden kann. *Wenn die FDP prinzipiell nicht mehr wechseln könnte, so könnte sie überflüssig werden.*

Im Bundestag hatte die FDP seit 1969 fast zwölf Jahre lang keinen Anlaß, über einen abermaligen Wechsel nachzudenken. Die gemeinsame Außen- und Sicherheitspolitik zum äußeren Frieden entsprach voll ihrer eigenen Vorstellung – sie hatte an der Verwirklichung sichtbar einen maßgeblichen Anteil. Sie hat sich dafür engagiert und festgelegt. *Wenn zunehmend seit Anfang 1981 in unserer eigenen Partei wichtige Elemente der gemeinsamen Friedenspolitik in Zweifel gezogen werden, so muß dies die FDP nervös machen.*

92. Die FDP hatte von 1969 bis 1980 einschließlich auch auf den innenpolitischen Feldern keinen Anlaß, über einen Wechsel nachzudenken. Erst seit 1981 gibt es bei ihr *zwei innenpolitische Gründe zur Nervosität.*

Zum einen: Seitdem zusätzliches Einkommenswachstum nicht zu verteilen ist, vielmehr – vorübergehende! – Opfer unvermeidlich geworden sind, tritt der ohnehin starke Drang der FDP zur Vertretung der materiellen Interessen des ›Mittelstandes‹ sehr viel stärker hervor. Sie will Vertreterin der Interessen der gehobenen Angestellten sein, der gehobenen und höheren Beamten, des Managements, der Landwirte, vor allem der freien Berufe und der selbständigen Gewerbetreibenden. Die große Masse der kleineren Arbeitnehmer, der Rentner, der Arbeitslosen liegt ihr dagegen vergleichsweise ferner.

Aus der forcierten Vertretung von Gruppeninteressen ergibt sich zwangsläufig eine Vergrößerung des Konfliktpotentials zur SPD. Schon 1919 machte sich Walther Rathenau als Angehöriger der Deutschen Demokratischen Partei Sorgen darüber, daß diese Partei ›gegenüber der Sozialdemokratie nur das bürgerlich-kapitalistische Berufsleben zu verteidigen hat und weder von Wirtschaftserneuerung noch von politischem Idealismus etwas wissen will‹.

Gewiß trifft dieser schon damals allzu harte Vorwurf heute nicht zu – die heutige FDP hat gemeinsam mit uns aus ›idealistischer‹ Überzeugung auf vielen Gebieten erfolgreiche Reformarbeit geleistet! –, aber ein Körnchen Wahrheit steckt unter den wirtschaftlichen Bedingungen des Jahres 1982 doch in jenem über 60 Jahre alten Zitat.

Allerdings: auch wir Sozialdemokraten vertreten selbstverständlich materielle Interessen, und zwar Interessen großer und größter Gruppen – wenn auch nicht unter Ausschließung des Willens zu gerechtem Ausgleich mit den gerechtfertigten Interessen anderer Gruppen und keineswegs ohne ›politischen Idealismus‹ im Sinne Rathenaus.

Demokratische Vertretung von Interessen ist nicht unehrenhaft – sie ist vielmehr für alle Parteien selbstverständlich!

Zum anderen: So sehr die Führung der FDP weiß, daß ihre Parteifreunde in Hannover, in Hamburg, in Düsseldorf und in Berlin schuldhaft beteiligt waren an ihrem Ausscheiden aus regierenden Landtags-Koalitionen, ebensosehr sieht sie aus ihrer Sicht heute die Bundestags-Koalition durch manchen Sozialdemokraten gefährdet. Der Prozeß dessen, was mit den Worten der FDP als ›*Ausfransen*‹ der SPD erscheint, *bedroht in den Augen der FDP-Führung auch die FDP,* weil er auf deren sogenannten linken Flügel übergreifen kann.

93. Vor allem muß die FDP-Führung zur Zeit für 1984 eine potentielle absolute Mehrheit der CDU/CSU befürchten; dies würde – wie in vielen Bundesländern – auch in Bonn die FDP ihre Schlüsselstellung kosten. Die Sorge, in einzelnen Bundesländern von Grünen oder Alternativen überflügelt und zur vierten Partei herabgestuft zu werden, kommt hinzu.

All dies sind Gründe für viele Kommentatoren, einzelne Äußerungen von FDP-Politikern als Signale für einen bevorstehenden vorzeitigen Koalitionswechsel zu interpretieren und zu plakatieren. Es liegt gewiß im *Interesse der FDP, nicht als ›Pendlerpartei‹ hingestellt werden zu können.* Man möchte keinen Koalitionswechsel, wenn er aber dennoch eintreten sollte, so möchte man im voraus sichergestellt haben, daß der größere Koalitionspartner SPD, nicht aber man selbst daran schuldig zu sein erscheint.

94. *Herrn Genscher und die FDP dürstet es nicht nach einer Kanzlerschaft von Strauß oder Kohl.* Es dürstet sie nicht nach einer Koalition mit einer CDU/CSU, die eine weitgehend andere Sicherheitspolitik und Ostpolitik propagiert und die alle außen- und innenpolitischen Leistungen seit 1969 systematisch herabsetzt, für welche die FDP angetreten ist und eintritt. Das *Vertrauensvotum für den Bundeskanzler* hat ihr deshalb auch keine Hürde bedeutet.

Die FDP-Abgeordneten wissen, daß dieses Votum nicht ungeschehen gemacht werden kann. Das Vertrauensvotum bindet auch die sozialdemokratischen Abgeordneten. Es war durch die vorausgegangene Erklärung des Bundeskanzlers ausdrücklich auf die Sicherheitspolitik und auf die ökonomische Politik bezogen worden. Es bindet beide Partner. Dabei muß die SPD wissen: Wir haben seit langem prinzipiell nur die FDP als möglichen Koalitionspartner. Um so mehr muß dieser Partner schonsam behandelt werden – auch wenn wir viermal so viele Bundestagsmandate auf die Waagschale legen können; denn es will ja kein Sozialdemokrat mit den Herren Strauß und Kohl koalieren.

Die FDP ihrerseits hat nötig, Rücksichtnahme nicht nur in ihrer Richtung zu erwarten, sondern auch in unserer Richtung zu üben. Dies wird um so stärker sich wieder durchsetzen, je geschlossener und eindrucksvoller unsere SPD sich selbst darstellt. Es wird um so stärker sich *wieder durchsetzen, je mehr beide Koalitionsparteien gemeinsame Zielsetzungen und Vorhaben anpacken.* Wenn ich auch nicht vorgreifen will: Ein neuer Weg zur produktiven *Vermögensbildung* könnte zum Beispiel ein solches Vorhaben sein.

95. Es ist nicht nötig, hier des längeren über *CDU und CSU* zu handeln. Herr Kohl weiß, daß er zur Bundestagswahl 1984 nicht ein zweites Mal zum Kanzler-Kandidaten gekürt werden wird, sofern er dann nicht bereits Kanzler sein sollte. Deshalb hofft er auf einen Regierungswechsel vor der Zeit. Er meint, auf einer Zeitströmung zu schwimmen, die er durch eigenes politisches Profil, durch klare Herausstellung alternativer politischer Konzepte gefährden zu können glaubt. Deshalb der klägliche Verzicht auf alternative politische Substanz und die Beschränkung auf die negative Rolle. Deshalb die Veto-Rolle im Bundesrat; Herr Kohl nimmt in Kauf, als Erfüllungsgehilfe der Sonthofener Strategie von Herrn Strauß zu erscheinen, um durch Verweigerung der Bundesratsmehrheit die sozial-liberale Koalition in finanzwirtschaftliche Schwierigkeiten zu treiben – eine ziemlich verantwortungslose Haltung gegenüber dem Gemeinwohl.

Auch die würdelose Anbiederung bei rechtskonservativen und reaktionären Publizisten und Politikern im Westen verfolgt den Zweck, die sozial-liberale Koalition im Zusammenspiel zwischen einigen amerikanischen und einigen deutschen Zeitungen auseinanderzudividieren.

Über Straußens Rolle in USA wäre jedes Wort zuviel. Auch er weiß, daß er 1984 kaum ein zweites Mal Kandidat sein wird. Deshalb der Versuch, sich rechtzeitig wenigstens eine Kurfürsten-Rolle zu sichern, an der kein anderer vorbei kann. Das vorsichtige taktische Verhalten anderer möglicher späterer Kanzler-Kandidaten ihm gegenüber ist offensichtlich – wenngleich sie auch wiederum nicht so weit gehen, unserem Lande die gegenwärtigen ökonomischen Rezepte Washingtons anzuempfehlen.

Gefährlich ist dies alles nicht. Gefährlich wäre nur, wenn wir in der politischen Mitte verärgerte Wähler an die CDU abgäben. Wir dürfen die linke Mitte weder für die FDP noch für die CDU frei machen!

96. Im Kampf um die Wahrung ihrer Positionen stößt die Sozialdemokratie zur Zeit auf verbreitete Stimmungen des Niedergangs. Untergangsvisionen von links wie von rechts haben Konjunktur. Dabei werden zum Teil Elemente aus der gegenwärtigen Entwicklung von Wirtschaft und Technik oder aus politischen Meinungsumfragen scheinbar objektiv hochgerechnet und der Zusammenbruch des gesellschaftlichen Systems oder des Weltfriedens oder der Verlust der Regierungsfähigkeit der SPD als angeblich zwingend ausgegeben. Was manche der Autoren solcher Hochrechnungen vielleicht als *eine,* nur rechnerische Möglichkeit vorhersagen, verbreiten andere als schicksalhafte Notwendigkeit.

Eine politische Kraft wie die Sozialdemokratie, die angetreten ist, den sozialen, den technischen und wirtschaftlichen Wandel politisch beherrschbar zu machen im Interesse der Mehrheit derer, die ihm ausgeliefert sind, kann eine solche Entwicklung nicht sprachlos und handlungsscheu hinnehmen.

Allerdings ist auch die SPD von einem Trend betroffen, statistischen Momentaufnahmen den Vorzug vor Deutungen zu geben, die den historischen Prozeß sichten und politisch bewerten. Es würde sich verheerend auswirken, wenn diese Entwicklung sich im Identitätsbewußtsein der Partei durchsetzte. Geschichtliche Erfahrung ist gewiß nicht der einzige Schlüssel zur Erkenntnis der eigenen Gegenwart. Aber der Umgang mit der eigenen Geschichte, mit der Geschichte der eigenen Erfolge und Mißerfolge, die Erfahrung der programmatischen Kontinuität der Sozialdemokratie hat für die SPD von heute weitreichende Bedeutung.

Denn aus der Geschichte ist ablesbar, welche Kraft die deutsche Arbeiterbewegung aus der engagierten, bisweilen auch streitigen Auseinandersetzung mit der sozialen Wirklichkeit, aber auch aus einheitlichem und solidarischem Handeln gezogen hat. Wieder und wieder ist es der Sozialdemokratie so gelungen, in Krisenzeiten die Ärmel aufzukrempeln und den Karren aus dem Dreck zu ziehen. Und – fast ebenso wichtig – *es gibt die Erfahrung, daß in Zeiten, wo diese Solidarität zusammenbrach, der deutsche Karren insgesamt auf abschüssige Bahn geriet!*

Doch Beispiele des solidarischen Gelingens überwiegen, die Nachkriegszeit und der Aufbau der zweiten deutschen Republik liefern eine Fülle von positiven Beispielen. Nicht, weil sie die Theoriedebatte in immer neue Feinheiten und Verästelungen trieben, haben Sozialdemokraten in den Jahren nach der Kriegskatastrophe in vielen Städten und Gemeinden die Zustimmung ihrer Mitbürger bekommen. Was ihnen Mehrheiten brachte, waren die Leidenschaft, die Hingabe und die Tatkraft, mit der sie sich daranmachten, aus den geistigen und materiellen Trümmern ein Land aufzubauen, in dem Arbeitnehmer ihren gleichberechtigten Platz finden konnten.

97. Es hat lange gedauert, bis die Erfahrungen von Wei-

mar, die Erfahrungen von Niedergang, Ausschaltung und Zusammenbruch verarbeitet waren. Aber bei aller Gegensätzlichkeit hat das Ringen um neue Grundlagen, die dann in unser Godesberger Programm und dessen Ortsbestimmung der deutschen Sozialdemokratie in der zweiten Hälfte dieses Jahrhunderts Eingang gefunden haben, die SPD stärker und mehrheitsfähig gemacht.

In diesem Programm hat sich die Sozialdemokratie geeinigt, daß

- kein Zustand der Gesellschaft als endgültig anerkannt wird, sondern jede historische Gesellschaftsform wieder und wieder gemäß den Prinzipien des demokratischen Sozialismus überprüft werden muß.
- daß es keine ›Klasse‹ gibt, die nach angeblich objektiven historischen Gesetzen diesen Endzustand herbeizuführen imstande ist, sondern daß sozialdemokratisches Handeln sich auf ein breites Bündnis aller derer stützt, die bereit sind, die Prinzipien Freiheit, Gleichheit und Solidarität in ihrem Handeln zu verwirklichen;
- daß dieses Bündnis immer wieder neu durch eine realistische Wertung der politischen Gegebenheiten und durch solidarisches gemeinschaftliches Handeln hergestellt werden muß.

Godesberg gilt heute genau so wie 1959.

98. Wie solidarisch stellt sich die SPD aber gegenwärtig in der öffentlichen Meinung dar? Auf die Frage: *›Ist die SPD heute geschlossener oder zerstrittener als vor einem Jahr?‹* ergaben sich zwischen September 1980 und Anfang Januar 1982 folgende Ergebnisse (Tabelle S. 233).

Ganz offenbar hat die Partei in der jüngsten Vergangenheit viel zu viel Kraft und Anstrengung darauf verwandt, sich öffentlich mit innerparteilichen Adressaten auseinanderzusetzen. Zu oft ist Profilierung nur gegenüber dem

	geschlossener Prozent	zerstrittener Prozent	keine Angabe Prozent	Differenz
1980:				
September	43	22	35	+ 21 !
Oktober	37	29	34	+ 8
November	36	27	37	+ 9
Dezember	33	33	34	0
1981:				
Januar	24	46	30	− 22
Februar	9	75	16	− 66
März	10	73	17	− 63
April	11	67	22	− 56
Mai	11	69	20	− 58
Juni	7	77	16	− 70
Juli	12	70	18	− 58
August	12	70	18	− 58
September	12	68	19	− 56
Oktober	9	75	16	− 66
November	9	73	18	− 64
Dezember	12	69	19	− 57
1982:				
Januar	11	68	21	− 57

Konkurrenten in der eigenen Partei gesucht worden, der Kampf mit dem politischen Gegner ist dabei zu kurz gekommen. Solidarität ist allzu oft nicht mehr als Brüderlichkeit verstanden worden.

Selbstzerfleischung hat der Meinungsbildung innerhalb der Partei nicht wirklich genützt, wohl aber die Handlungsfähigkeit der SPD als Ganzes in Frage gestellt.

99. Mehr noch als 1974 muß gelten, was *Willy Brandt im*

April jenes Jahres so formuliert hat: ›Da, wo es für wichtig genug gehalten wird, wird jeder Äußerung, die einzelne für eine Gruppe machen, glasklar entgegengesetzt werden, was die Meinung der Partei ist.‹ Und weiter: ›*In der SPD ist jedenfalls fehl am Platze, wer Aktionseinheit mit Kommunisten betreibt,* wer Pamphlete produziert, die das Godesberger Programm als Bündnisangebot an das Großkapital hinstellen oder dazu auffordern, die Arbeiterschaft gegen die SPD zu mobilisieren, oder *wer Sozialdemokraten in der Regierungsverantwortung verleumdet.*‹

Meinen Eindruck, daß so rasch wie möglich eine Veränderung eingeleitet werden muß, teilen viele innerhalb unserer Partei, aber auch viele Beobachter außerhalb. Die SPD in Baden-Württemberg hat aus ihrer eigenen Bestandsaufnahme Schlußfolgerungen gezogen, die auch für die Gesamtpartei Gültigkeit besitzen: ›Die SPD wird sich ... stärker mit der Arbeits- und Lebenswelt der Arbeitnehmer (insbesondere mit den Facharbeitern, Technikern, Ingenieuren, den berufstätigen Frauen und den Bediensteten des einfachen, mittleren und gehobenen öffentlichen Dienstes) befassen und die Arbeitnehmer intensiver in die innerparteiliche und gesellschaftliche Willensbildung einbeziehen.‹

100. Dies muß Konsequenzen für die Arbeit in den Ortsvereinen haben. Glauben wir wirklich, wir könnten es aushalten, daß in manchem Ortsverein gewerbliche Arbeitnehmer kaum mehr aktiv dabei sind, ganz zu schweigen von den Delegierten und anderen Mandatsträgern? Vor zehn Jahren hat Willy Brandt an die Gewerkschaften appelliert, sie sollten ihre Leute in die Partei und in die Parlamente schicken. Dieser Appell kann nur dort auf fruchtbaren Boden fallen, wo die Partei willens ist, *Betriebsarbeiter, Betriebsräte, gewerkschaftliche Vertrauensleute und hauptamtliche Gewerkschafter aufzustellen* und mit ihrem Vertrauen in die Parlamente zu schicken. Andernfalls würde das breite Bünd-

nis, das für die Sozialdemokratie identitätsstiftend ist und das ihre Handlungsfähigkeit begründet, schon auf dieser Ebene zur Farce.

Die Sozialdemokratie hat sich im Laufe von 120 Jahren selbst befähigt, die Arbeiter von Objekten politischer Willkür zu Subjekten der politischen Gestaltung zu machen. An die Seite dieser Erfahrung muß eine zweite treten: Trotz aller Erfolge auf diesem Wege gibt es kein politisches Feld, auf dem man bloß auf sich allein gestellt erfolgreich handeln kann – *man braucht Partner!*

Es geht um die Einsicht, daß in aller Regel Kompromisse eben nicht ›faule Kompromisse‹ sind. *Wer grundsätzlich den Kompromiß nicht will, der ist weder zur Demokratie noch zum Frieden geeignet.*

Es geht um die Einsicht, daß wir allein die Weltwirtschaftskrise nicht abwenden können, daß wir aber alles in unseren Kräften liegende tun können, um ihre Auswirkungen für unsere Wirtschaft und Beschäftigung abzufangen und sogar fruchtbar zu machen; daß wir allein den Weltfrieden weder militärisch noch politisch endgültig sichern können, daß wir aber einen gewaltigen Beitrag dazu zu leisten vermögen, den Kurs der weltpolitischen Entwicklung auf Frieden zu richten.

Eine Wende zum Realismus und eine Erneuerung der Solidarität – dies beides ist 1982 notwendig.

Rede auf dem SPD-Bundesparteitag München 1982

»Liebe Genossinnen und Genossen! Liebe Freunde! Wahrscheinlich hat dieser Parteitag für die Partei eine geschichtliche Bedeutung. Wir stehen in einer Zeit weltweiter Gefährdungen vor der Entscheidung:

Entweder wir haben weiterhin den Willen und trauen uns selbst die Kraft zu, das Wohl unseres Landes mit allen den Mitteln zu gestalten, die das Grundgesetz der Bundestagsmehrheit und der Bundesregierung und dem Bundeskanzler gibt,

oder wir verspielen unnötig und selbstverschuldet die Chance, aus der Regierungsverantwortung heraus deutsche Politik zu gestalten.

Gemeinsam mit Willy Brandt und Herbert Wehner kämpfe ich dafür, daß wir die bestimmende Kraft in unserem Lande bleiben.

(Beifall)

Entweder wir trauen uns auch weiterhin die Fähigkeit zu, das Gewicht unseres in Europa und in der Welt einflußreichen Staates unverändert für die Bewahrung des Friedens und für die Überwindung der Wirtschaftskrise einzusetzen,

oder wir überlassen vielleicht kleinmütig das Feld jenen, die ohne unseren geschichtlich gewachsenen Sinn für Maß und Verantwortung deutsche Macht ausüben wollen.

Ich bin überzeugt, daß unsere Partei als diejenige mit der längsten und einzig umfassenden Tradition aller politischen Kräfte Deutschlands ihrer geschichtlich gewordenen geistigen und politischen Gestalt gerecht werden wird.

Entweder wir wollen weiterhin für viele Deutsche und für viele Europäer auf der anderen Seite, die ihre eigene Meinung nicht laut sagen können, eine Quelle der Hoffnung sein:

(Beifall)

der Hoffnung auf Sicherung ihres Friedens und damit zugleich auf zukünftige, wenn auch schrittweise Entfaltung ihrer größeren persönlichen Freiheit,

oder wir verleugnen unseren geschichtlichen Auftrag und weichen vor jenen zurück, die zwischen Resignation und gefährlicher Selbstüberschätzung Politik in Deutschland und in Europa machen wollen.

Ich vertraue darauf, daß wir Sozialdemokraten durch unser Handeln erneut unserem Auftrag gerecht werden, Sachwalter der Interessen des ganzen deutschen Volkes in seiner europäischen und weltweiten Verantwortung zu sein.

(Beifall)

Unsere Partei war und ist und bleibt eine Partei der Menschenrechte, der Grundrechte, eine Partei der Arbeit, eine Bewegung zur Verteidigung der Freiheit gegen jedwede Unterdrückung und Diktatur, eine Bewegung für die Freiheit von Not. Sie war seit Lassalle und sie muß bleiben eine Gemeinschaft von Idealisten, die eines – jedenfalls seit Marx – auch gelernt haben: daß nämlich unser Idealismus keinen Boden fände ohne ökonomische Teilhabe und ohne soziale Gerechtigkeit.

Die Verantwortung der Sozialdemokratie für die Mehrheit in unserer Gesellschaft ist in dem Maße gestiegen, in dem die wirtschaftliche Lage der Welt sich verschlechtert hat. Es wäre eine Übertreibung, von ›Blut und Schweiß und

Tränen‹ zu reden. Aber ich muß sagen: Große Anstrengungen und auch erhebliche materielle Opfer bleiben notwendig. Unsere Sache ist es, diese Opfer gerecht zu verteilen und keine unnützen Opfer zu verlangen.

(Beifall)

Gewiß haben wir auch Fehler gemacht. Die Bundesregierung und ich sind offen für Eure Kritik, wir sind auf Euren Ratschlag angewiesen. Wenn Herbert Wehner hier sein könnte, dann würde er das ebenso auch für die Fraktion und für sich selbst sagen. Wir bedürfen der deutlichen Kritik und des deutlichen Ratschlages.

Ebenso deutlich werden wir aber aus unserer Verantwortung für das Ganze dann widersprechen, wenn wir einen Ratschlag nicht für zweckdienlich oder für undurchführbar oder für falsch halten. Aus diesem Grunde haben wir z. B. vor einigen Jahren den damaligen Verfechtern des sogenannten Null-Wachstums widersprechen müssen. Nach den wirtschaftlichen Erfahrungen eines uns vorübergehend tatsächlich aufgezwungen gewesenen Null-Wachstums sehen wir die Folgen mit aller Deutlichkeit: Die Arbeitslosenzahl in den Industrieländern der Welt ist inzwischen auf fast 30 Millionen angestiegen.

Vor allem werde ich selbst den bisher von einigen Genossen mehr indirekt gegebenen Ratschlag, die Bundesregierung in die Hände der Herren Strauß, Kohl und Zimmermann zu übergeben, nicht befolgen.

(Beifall)

Vielmehr kämpfe ich auf diesem Parteitag – gemeinsam mit vielen Genossinnen und Genossen – für die Stärkung der Regierungsfähigkeit unserer Partei.

Es ist wahr und es ist unvermeidbar: Es gibt die Sorge, im täglichen Geschäft mit dem Koalitionspartner verwische sich die klare Kontur unserer Programmatik. Es ist wahr: Der CDU/CSU-Mehrheit im Bundesrat, aber auch ausländischen Partnern müssen Konzessionen gemacht werden, Kompromisse müssen gemacht werden. Viele von uns haben die Sorge, im täglichen Gesetzgebungs- und Regierungsgeschäft verliere unser Eintreten für die Interessen der Arbeitnehmerschaft seine kantige Handgreiflichkeit. Diese Sorge muß ernst genommen werden, und der Parteitag wird darüber reden müssen, wie dieser Sorge zu begegnen ist.

Die Diskussion wird dann zu der Erkenntnis führen, daß dafür Arbeitsteilung notwendig ist. Die Gesamtpartei und ihr höchstes Organ, der Parteitag, haben die weitreichende Aufgabe der Analyse, der Zielsetzung, der Kritik. Die Bundesregierung hat die Aufgabe, jeden einzelnen Schritt der Verwirklichung im engen Raum der tatsächlichen ökonomischen und politischen Umstände und Möglichkeiten, auch der koalitionspolitischen Möglichkeiten, zu bemessen. Die Bundestagsfraktion steht in der Mitte: Sie ist jede Woche im Parlament das Sprachrohr sozialdemokratischer Zielsetzungen, sie wacht aber auch über jeden einzelnen Schritt, sie wirkt durch ihre Gesetzgebung an jedem einzelnen Schritte mit und trägt insoweit eine große Verantwortung.

Weder Partei noch Fraktion noch Regierung unterschätzen die Ängste in der heutigen Zeit, wenngleich sie in Deutschland etwas übertrieben sind. Man merkt das, wenn man in anderen Ländern Europas mit Menschen redet. Aber ich nehme diese Ängste politisch ernst, und ich habe Respekt davor, weil ich Respekt vor der Würde jedes einzelnen Menschen habe. Ich habe dies auf dem Evangelischen Kirchentag im letzten Sommer und erneut am 9. Oktober letzten Jahres im Bundestag sehr ausführlich dargelegt.

Aber gleichzeitig bleibe ich auch dabei, was dort gesagt wurde: *Angst lähmt die Vernunft.*

Wer handlungsfähig bleiben will, muß also die Gründe der Angst erkennen und sie, wenn es geht, beseitigen. Das öffentliche Bekennen der eigenen Angst ist redlich, aber dies allein kann die Welt nicht zum Besseren wenden. Regierungen müssen vielmehr handeln, um dies zu erreichen. Wer Angst davor hätte, in der harten Welt der Tatsachen zu regieren, der wäre kein legitimer Sprecher der Sozialdemokratie.

(Beifall)

Ich habe seit 1946 mit heißem Herzen Kurt Schumachers Kampf um sozialdemokratische Regierungsmacht verfolgt. Ich habe nach 1953 acht Jahre lang unter Erich Ollenhauers Vorsitz das Brot der Bundestagsopposition gegessen – es war meist ein bitteres Brot. Mit tiefem Engagement habe ich damals meine Hoffnung auf Fritz Erler und Carlo Schmid und Herbert Wehner gesetzt – und auf den Godesberger Programm-Parteitag 1959.

Erst jene Genossen und das Godesberger Grundsatzprogramm haben dann Willy Brandt und uns allen den Weg in die Regierung geebnet. Damals in Godesberg war bei sehr vielen sehr viel Selbstüberwindung notwendig. Trotz alledem hat es von Willy Brandts Nominierung als Kandidat der Sozialdemokratie für das Kanzleramt bis zu seiner tatsächlichen Kanzlerschaft nochmals fast ein ganzes Jahrzehnt gedauert! So lange dauert so etwas! Und wie vieles war vorher, in der Zwischenzeit von 1949 bis 1966, gegen uns Sozialdemokraten entschieden und verfestigt worden!

Auch diesmal würde es sehr lange dauern. Unser Land würde unter einer durchgehend konservativen Herrschaft seiner neugewonnenen Verantwortung in Europa und in der Welt nicht mehr gerecht werden. Deutschland würde zu einem Anhängsel der Politik anderer Mächte werden.

(Beifall)

Unsere gesellschaftliche Ordnung würde Gegenstand neokonservativer Experimente.

(Beifall)

Die Folge wäre: Die Aussteiger aus der Politik und die Umsteiger in die totale Opposition könnten der Zahl nach dramatisch zunehmen.

Dreierlei steht auf dem Spiel:

Erstens *die Identität der Sozialdemokratie,* von der Willy Brandt gestern geredet hat. Sie wird weniger durch andere als vielmehr durch uns selbst gefährdet. Unsere Partei darf durch die widerspruchsvolle Vielfalt ihrer öffentlichen Erscheinungsformen weder die Wählerschaft noch sich selbst über die eigene Identität verunsichern!

(Beifall)

Zweitens steht auf dem Spiel die schrittweise Erfüllung unseres geschichtlichen Auftrags für die Bundesrepublik Deutschland: *den Frieden zu sichern.*

Drittens steht auf dem Spiel unser Wille, den sozialdemokratischen Beitrag zur gesellschaftlichen Gestaltung fortzusetzen: nämlich *Menschenwürde und Freiheit und Gerechtigkeit zu verwirklichen.* Wir dürfen nicht zulassen, daß ein neokonservativer Radikalismus vieles von dem zerstört, was wir auf diesem Weg erreicht haben.

Es gibt in unserer Politik keinen Raum für eine – um mit Max Weber zu sprechen – ›absolute Ethik des Rechthabens‹ – ganz gewiß und schon gar nicht für den Bundeskanzler. Meine Person ist weniger wichtig, als mancher meint.

Allerdings: Das Grundgesetz hat aus gutem Grunde, nämlich aus geschichtlicher deutscher demokratischer Erfahrung, Gewaltenteilung und Arbeitsteilung vorgeschrieben. Gemäß dem Grundgesetz ist uns Führung auf Zeit verliehen – aber, liebe Freude, umgekehrt *auf Zeit eben auch Führung* verliehen.

(Beifall)

Das Jahr 1982 ist vor allem ein Jahr der Sicherung des Erreichten. Ich sage ›vor allem‹, weil es natürlich auch wichtige Verbesserungen und Reformen gibt, die kein Geld kosten. Aber nur auf der Grundlage der Sicherung sind weiterführende Reformen möglich, die das Land auch in Zukunft braucht und die wir anstreben.

Umgekehrt: Zur Wahrung des Erreichten ist die Fortsetzung des Reform-Kurses notwendig. Der Weg des zähen, zentimeterweisen gesellschaftlich und politischen Fortschritts ist der Sozialdemokratie immer angemessen, genauso wie er unseren Gewerkschaften immer angemessen ist.

Dabei wissen wir: ›Weder ist der Staat das Ganze der menschlichen Existenz‹ (Ratzinger) noch will sich unsere Partei mit dem Staat gleichsetzen.

Der demokratische Staat bedarf jeden Tag der Kunst des Kompromisses. Wer den Kompromiß nicht will oder wer ihn nicht kann, der taugt nicht für die Demokratie, der taugt weder für den inneren noch für den äußeren Frieden.

(Beifall)

Wer den Weg des mühseligen Kompromisses – z. B. auch mit dem Partner FDP – verlassen will, der müßte wissen, daß er unseren Staat der Führung durch die Herren Strauß und Kohl übergibt, und er müßte die Konsequenzen solcher Auslieferung verantworten.

(Beifall)

Ich will zur Beleuchtung solcher Konsequenzen zunächst über die Herausforderung sprechen, vor der wir stehen, auch über unsere eigene Leistung in der Beantwortung dieser Herausforderung, sodann aber ausführlich über die Frage, was innenpolitisch und was friedenspolitisch zu tun ist.

Die Herausforderung

Die Welt hat es heute mit einer *doppelten Gefährdung* zu tun: weltweit *Hunger, Arbeitslosigkeit und Wirtschaftskrise* mit bitteren Folgen für unzählige Menschen und auf der anderen Seite eine tiefgreifende *Gefährdung des Friedens,* die in einigen Regionen der Welt den Krieg als Mittel der Politik wieder aufgewertet und weltweit die Frage nach der Überlebensfähigkeit der Menschheit bedrohlich aktualisiert hat.

Nun gehört die Verbindung von wirtschaftlicher Krise

und außenpolitischer Spannung zum alten Erfahrungsbestand der Sozialdemokratie. Immer wieder hat die alte Arbeiterbewegung erleben müssen, daß ungelöste oder unterdrückte soziale Konflikte in Aggression nach außen umgeschlagen sind. Und sie hat erlebt, wie äußere Friedlosigkeit den Weg verbaut, im Inneren eine gerechtere Ordnung zu schaffen.

Das Neue der gegenwärtigen Herausforderung liegt darin, daß sie keine Region der ganzen Welt unbetroffen läßt, daß sie tatsächlich global ist. Kein Land hat sich von der ökonomischen Krise abschotten können. Weltweit grassiert Inflation. Weltweit haben die Zinsen im vorigen Jahr eine Rekordhöhe erreicht. Und weltweit strangulieren diese hohen Zinsen die Investitionstätigkeit. Versteckte oder offene Arbeitslosigkeit kennzeichnet die Situation überall.

Alle Ländergruppen sind in den Sog der Rezession hineingezogen worden: ob westliche Industriestaaten, ob Entwicklungsländer im Süden oder ob kommunistische Staatswirtschaften im Osten. Die politischen Unterschiede der jeweiligen Regierungen haben prinzipiell nicht verhindern können, daß ihre Staaten hineingezogen und getroffen wurden. Die Kommunisten haben in Wahrheit längst verstanden, daß dies nicht etwa eine sogenannte ›Krise des Kapitalismus‹ ist, denn ihre eigenen Volkswirtschaften sind in Wahrheit sehr viel schlimmer dran als wir. *In Wahrheit stehen wir alle vor einer schweren Herausforderung.*

Ebenso ist für uns alle global der Frieden gefährdet. Konflikte in sehr entfernten Weltgegenden – ob in Kambodscha oder in Afghanistan, ob im südlichen Afrika oder im Mittleren Osten, ob in Lateinamerika oder im Südatlantik – könnten in ihren Auswirkungen auch auf Europa übergreifen. Geographisch unmittelbar betroffen sind wir durch die Verschärfung der Sprache und der Haltungen im West-Ost-Verhältnis durch die andauernde Hochrüstung, die zur Spirale zu werden droht.

Es gibt in Wirklichkeit kein Patentrezept auf der Welt, dieser doppelten Gefährdung, dieser doppelten Herausforderung zu begegnen. Die Staatsmänner der Welt müssen sich und müssen ihren Völkern Klarheit für jedes einzelne Konfliktfeld verschaffen, und dazu gehört auch der Mut zur Unpopularität.

Für uns Sozialdemokraten sind zwei Weltkriege, die enorme Arbeitslosigkeit der 30er Jahre und die faschistische Diktatur eine immerwährende Verpflichtung zur Sicherung des Friedens und zur Überwindung von Massenarbeitslosigkeit. Wir haben die Risiken unserer Zeit verstanden, und deshalb experimentieren wir nicht auf Kosten von Menschen. Wir handeln mit Augenmaß.

(Beifall)

Die Wirtschaftskrise verlangt auch mehr denn je danach, für die Menschen einzustehen, die von der Krise am stärksten betroffen sind. Die Gefährdungen des Friedens verlangen mehr denn je nach Verläßlichkeit, nach Verständigung, nach internationaler Solidarität, z. B. gegenüber den Freunden im Westen oder den Partnern im Süden. Wir wissen aber auch, daß gerade wegen der grundsätzlichen Unvereinbarkeiten mit den Ländern in Osteuropa Frieden nur zu erhalten ist durch Sicherheitspartnerschaften eben auch mit diesen gegnerischen Systemen.

(Beifall)

Denn keine der beiden Seiten kann den Frieden allein sichern.

Nach diesen Orientierungen hat sich die Bundesregierung gerichtet. Wir haben geschafft, daß unser Land in der zurückliegenden Zeit seiner internationalen Verantwortung gerecht worden ist.

- Ohne uns gäbe es heute keine Verhandlungen in Genf, und die Bedrohung durch sowjetische Mittelstreckenraketen für uns wäre unüberwindlich;

(Beifall)

- ohne uns wäre der KSZE-Prozeß geplatzt, und die europäische Entspannungspolitik wäre nur noch eine geschichtliche Erinnerung;
- ohne uns wären die West-Ost-Spannungen sehr leicht in einen Handelskrieg eingemündet;
- ohne uns wären weder die Weltwirtschaftsgipfel zustande gekommen, und wer kann bezweifeln, daß die Partnerstaaten der Weltwirtschaft nahe daran waren, in einem Kampf aller gegen alle zu geraten, wie wir ihn in den 30er Jahren erlebt haben und wie er in den 30er Jahren die Weltkrise so besonders tief hat werden lassen;
- ohne uns hätte die Arbeitslosenziffer in der Bundesrepublik ähnliche Größenordnungen erreicht wie in vielen unserer Partnerländer;
- ohne uns wäre die Mitbestimmung von Arbeitnehmern nicht so weit entwickelt worden, daß wir darin – so vieles auch zu wünschen bleibt – in der ganzen Welt an der Spitze stehen!

(Beifall)

- Ohne unseren Beitrag läge die Anpassung unserer Gesellschaft an die Notwendigkeiten des Umweltschutzes noch weit zurück.

Dies alles hat dazu beigetragen, daß wir in der weltweiten Rezession Nachzügler bleiben konnten und daß wir zu Vorreitern zum neuen Aufschwung werden können. Man hat international auf uns gehört, und wir haben infolgedessen unsere deutschen Interessen einbringen und wahren können. Durch unsere Politik ist die Bundesrepublik Deutschland im Laufe von mehr als einem Jahrzehnt zum anerkannten Faktor der Stetigkeit und der Verläßlichkeit in ganz Europa geworden.

Dies alles berechtigt uns zur *Zuversicht auch für die Zukunft,* so schwierig sie sein mag.

(Beifall)

Natürlich hat für einen Sozialdemokraten die *Beseitigung von Massenarbeitslosigkeit,* die *Schaffung von Arbeitsplätzen,* die *Wiedergewinnung ausreichenden Wirtschaftswachstums* Vorrang. Wir brauchen dafür mehr Investitionen, privatwirtschaftliche und öffentliche, insbesondere solche, die der strukturellen Anpassung unserer Wirtschaft dienen.

Ich brauche übrigens über dieses Thema heute nicht im Detail zu sprechen, weil es gestern von Willy Brandt sehr eindrucksvoll abgehandelt worden ist. Ich schließe mich seinen Aussagen zu diesem Thema voll an.

Es ist richtig: Nicht jede Investition schafft neue Arbeitsplätze. Aber ohne Investitionen können neue Arbeitsplätze kaum irgendwo geschaffen werden.

Ich weiß: Eine dauerhafte Sicherung der Beschäftigung ist nur zu erreichen auf der Grundlage der Stabilität, gerade auch der Preisstabilität. Bittere Erfahrungen einiger Länder um uns herum sind ein eindrucksvolles Zeugnis dafür.

Die beschäftigungspolitische Aufgabe ist aber nur zu bewältigen, wenn sie von allen gesellschaftlichen Gruppen gemeinsam in Angriff genommen wird. Deshalb hat die Bundesregierung die *Gemeinschaftsinitiative* auf den Weg gebracht und an alle Gruppen appelliert, sich zu beteiligen. Ich möchte den Gewerkschaften auch meinerseits noch einmal Dank sagen, daß sie dafür die Anregung gegeben und durch Gespräche den Boden vorbereitet haben.

(Beifall)

In diesem Zusammenhang stellen der Bund, die Bundesländer und die Gemeinden auf unseren Vorschlag für den Zeitraum von 1982 bis 1985 insgesamt 40 Milliarden DM an zusätzlichen Finanzierungsmitteln für private und öffentliche Investitionen zur Verfügung, teils als Investitionshilfen – wie z. B. für den Stahl oder den Ausbau der Fernwärme, für die Mikroelektronik usw. –, teils aber auch für die Lehrlingsausbildung. Die Finanzierung der Zulage der allgemeinen Investitionen wird gegenwärtig allerdings noch durch die Bundesratsmehrheit blockiert.

Solche Blockadepolitik ist auch deshalb unverantwortlich, weil die Arbeitnehmer Deutschlands durch ihre Gewerkschaften mit den Tarifabschlüssen eine beachtliche Vorleistung erbracht haben. Ich appelliere noch einmal an die Bundesländer, im Interesse der Gesamtheit den Widerstand zu beenden, damit auch die Unsicherheit in der Wirtschaft, bei den Unternehmen wie bei den Unternehmern, endlich beseitigt werden kann.

(Beifall)

Wir erwarten von den Unternehmensleitungen, daß sie das verantwortungsvolle Verhalten der Arbeitnehmer honorieren durch die Nutzung ihrer Investitionsmöglichkeiten, durch eine maßvolle Preispolitik und durch die Schaffung von Ausbildungsplätzen oder Lehrstellen, wie ich ein wenig altertümlich immer noch sage.

Nach wie vor stützen die öffentlichen Haushalte wegen ihrer hohen Finanzierungsdefizite die Konjunktur. Das ist wirtschaftspolitisch geboten. Deshalb wende ich mich gegen die Zumutung, durch zusätzliche Ausgabenkürzungen zum gegenwärtigen Zeitpunkt diese konjunkturstützenden Haushaltsfehlbeträge zu reduzieren. Mit uns ist eine Brüningsche Politik nicht zu machen. *Wir wollen die Wirtschaft nicht kaputtsparen.*

(Beifall)

Wohl aber werden wir uns weiterhin bemühen, mittelfristig Schritt für Schritt die Struktur des Haushalts zu verbessern und dabei den Anteil der investiven Ausgaben zu erhöhen.

Ich sehe jedoch wenig Sinn darin – auch das muß ich sagen, wenn auch nicht mit erhobener Stimme –, daß ausländische Staaten in Deutschland Kredite aufnehmen, während der Bund und die Länder große Anstrengungen zur Begrenzung ihrer Kreditaufnahme machen, um den Zinsen auf den Kreditmärkten Spielraum nach unten zu verschaffen.

Hans Matthöfer hat *Vorschläge zur Erhöhung der Energiesteuern* vorgelegt, um damit die Energie-Einsparpolitik der Bundesregierung zu unterstreichen. Es besteht in der Tat die Gefahr, daß viele Leute wegen der sinkenden Benzin- und Heizölpreise glauben, es gebe gar kein Energieversorgungsproblem mehr. Ich hatte deshalb für Matthöfers Vorschläge durchaus Sympathie. Allerdings haben diese Vorschläge auch in unserer eigenen Partei bisher keine mehrheitliche Zustimmung gefunden.

Ich hätte mir gewünscht, daß zur Finanzierung der Gemeinschaftsinitiative auch *die höheren Einkommen stärker herangezogen* würden,

(Beifall)

sei es durch eine zeitweilige Erhebung der Ergänzungsabgabe oder sei es durch eine Erhöhung des Spitzensteuersatzes bei der Einkommensteuer sowie durch Beseitigung steuerlicher Schlupflöcher.

(Beifall)

Holger Börner und andere Genossen haben ähnliche Vorstellungen. Jedoch wißt Ihr, daß die Ergänzungsabgabe im Bundestag und im Bundesrat nicht durchsetzbar gewesen ist.

Angesichts des Rückgangs der Realeinkommen von Millionen Arbeitnehmern erscheint mir die Höhe der Spitzeneinkommen in der Privatwirtschaft und bei einigen freien Berufen recht problematisch. Darüber nachzudenken, diese Einkommen aus Gerechtigkeitsgründen steuerlich stärker heranzuziehen, kann wohl nicht verboten sein.

(Beifall)

Allerdings muß ein Weg gefunden werden, um jenen Teil der Unternehmenseinkommen, der unmittelbar zur Finanzierung von Investitionen dient, davon auszunehmen. Es ist zu prüfen, ob dies z. B. durch eine Differenzierung der Besteuerung von ausgeschütteten und nicht entnommenen, reinvestierten Gewinnen möglich wäre.

Wenn man sich auf die wirklich hohen Einkommen beschränkt, dann wird das finanzielle Aufkommen sehr viel kleiner sein, als viele glauben. Es könnte sich also nur um einen Solidaritätsbeitrag handeln, aber um einen, der mir aus Gründen der Gerechtigkeit dringend geboten erscheint.

(Beifall)

Die *neo-konservativen politischen Kräfte* versuchen auf der ganzen Welt, die wirtschaftlichen Schwierigkeiten zu nutzen, um zurückzudrehen, was erreicht wurde. Sie nutzen die Sorgen und den Unmut vieler Bürger in vielen Staaten aus und präsentieren ein eindeutiges Feindbild: Schuld an allen Übeln sei der Staat, genauer gesagt der Sozialstaat. Sie predigen die Hoffnung, der Staat müsse sich nur aus seiner Verantwortung für die Beschäftigung zurückziehen, dann lösten sich alle Probleme von selbst.

Aber dort, wo diese Rezepte ausprobiert werden, sind die Ergebnisse verheerend.

(Beifall)

In jenen Ländern ist die Arbeitslosigkeit deutlich gestiegen, und neues Wachstum und Stabilität sind nicht erreicht.

Es ist bekanntlich nichts so falsch, daß es nicht doch Gläubige fände. Auch in der Bundesrepbulik haben die neokonservativen Ideologen ihre Nachbeter gefunden. Einige CDU- und CSU-Leute sind offenbar geneigt, einen neokonservativen Klassenkampf von oben einzuleiten, der eine Verschlechterung der sozialen Lage der Arbeitnehmer bewußt in Kauf nehmen will.

(Beifall)

Ich warne auch jene Verbände, die mit derartigen Gedanken spielen: Für sie füge ich hinzu: *Der soziale Friede ist auch ein Produktivitätsfaktor.*

(Beifall)

Wer diesen Faktor durch soziale Ignoranz oder durch Klassenkampf beschädigt, schadet auch den Unternehmungen.

Einer dieser ideologischen Sprecher hat diese Weltanschauung neulich in Henri Nannens ›Stern‹ folgendermaßen formuliert – ich zitiere –:

›Die staatlichen Wohlfahrtssysteme in den westlichen Industrieländern haben die Arbeitsmoral der unteren Klassen zerstört. Arbeitslosenunterstützung begünstigt Simulantentum. Wenn der Staat vaterlose Familien unterstützt, begünstigt er den Zerfall der Institution Ehe.‹

Gewiß drückt sich hier nicht die Wertegemeinschaft aus, von der wir reden. Jedes Land muß die Verantwortung für den eigenen Weg selber tragen. Keiner braucht sich etwas aufschwatzen zu lassen. Aber eines sollte keiner aus den Augen verlieren – auch keiner von unseren Freunden und Verbündeten –: Im Wettbewerb zwischen den politischen Systemen in West und Ost könnte keine westliche Politik bestehen, die sich nicht ihrer *sozialen Verantwortung* stellte. Dies gilt für uns im geteilten Vaterland noch mehr als für irgendein anderes Land.

(Beifall)

Deshalb halten wir fest an unserem Weg, auf dem wir soziale Konflikte zum Konsens bringen. Gerade in einer wirtschaftliche Phase, in der von Unternehmen wie von Arbeitnehmern die Anpassung an neue Rahmenbedingungen verlangt wird, halten wir *Mitbestimmung der Arbeitnehmer* für unerläßlich. Herbert Wehner hat auf dem Wahlparteitag 1980 in Essen mit Recht gesagt: Wer an die Mitbestimmung der Arbeitnehmer rührt, rührt an den Nerv der zweiten deutschen Demokratie.

(Beifall)

Arbeitnehmer müssen am wirtschaftlichen und am gesellschaftlichen Prozeß teilhaben. Das ist unsere Grundüberzeugung. In der gegenwärtigen wirtschaftlichen Lage erscheint es mir dringlich – auch Willy Brandt hat es gestern gesagt –, eine *neue Initiative* zu ergreifen, *um die Arbeitnehmer stärker am Zuwachs des produktiven Vermögens zu beteiligen.* In einigen Branchen haben die Tarifparteien dies verstanden. Ich stelle mir vor, daß wir helfen müssen, diesen Weg zu ebnen.

Natürlich muß hier eine Einschränkung erwähnt werden: Die finanziellen Möglichkeiten staatlicher Förderung sind gegenwärtig gering. Aber jedenfalls sollten die rechtlichen Hindernisse beseitigt werden.

Ich weiß, daß solche Vorschläge nicht die ungeteilte Zustimmung aller Gewerkschaften erhalten, jedenfalls jetzt noch nicht. Aber ich bitte um erneute Prüfung solcher Vorschläge. Im übrigen ist uns durch das Godesberger Programm aufgegeben, diesen Gedanken voranzubringen.

(Beifall)

Die *deutschen Gewerkschaften,* die Einheitsgewerkschaften, haben gerade in jüngster Zeit ihr Verantwortungsbewußtsein bewiesen. Sie bleiben, was sie seit Hans Böckler immer gewesen sind: ein Grundpfeiler der Demokratie, ein unerläßlicher Stabilitätsfaktor der Wirtschaft, vor allem aber eine weit vorausschauende Vertretung der Interessen der Arbeitnehmer.

An der Spitze des DGB vollzieht sich demnächst ein Wechsel. Heinz-Oskar Vetter hat in seiner Amtszeit viel für die Steigerung des Ansehens der DGB-Gewerkschaften und des DGB in der Welt getan.

(Beifall)

Er hat – gemeinsam mit seinen Kollegen – einen großen Einfluß auf das Handeln der sozial-liberalen Bundesregierung ausgeübt.

Mir ist klar, daß das Ergebnis weder für Heinz-Oskar noch für Hermann Brandt immer befriedigend gewesen ist. Aber wir wissen natürlich auch alle, daß Herr Geißler und daß Herr Blüm leider nur soziale Aushängeschilder der Opposition sind. Wenn gehandelt wird, hat tatsächlich der CDU-Wirtschaftsrat den bestimmenden Einfluß. Das haben wir doch nun viele Jahre lang beobachtet.

(Beifall)

Ernst Breit wird nach seiner Wahl an eine gute und erfolgreiche Tradition des DGB anknüpfen können. Er wird sich dabei auf vielfach bewährte Kollegen – wie auf Alois Pfeiffer – stützen können.

(Beifall)

Die Vorgänge um die ›Neue Heimat‹ bedrücken viele von uns. Ich vertraue darauf: Der DGB wird das in Ordnung bringen. Deshalb will ich für uns nur das eine sagen: Wir Sozialdemokraten setzen uns auch in Zukunft *für das Prinzip der Gemeinwirtschaft* ein. Die gemeinwirtschaftlichen Unternehmen müssen auch in Zukunft ihre wichtige Rolle als Alternative zu den privatwirtschaftlichen Unternehmen und als Korrekturfaktor in unserer Marktwirtschaft spielen.

(Beifall)

Energiepolitik

Eines der wichtigsten Problemfelder bleibt die *Energieversorgung.* Nach wie vor sind wir viel zu stark von der Öleinfuhr aus zumeist recht unsicheren Weltgegenden abhängig. Die Bundesregierung hat den energiepolitischen Kurs in der dritten Fortschreibung des Energieprogramms vor kurzer Zeit erneut festgelegt. Er setzt die Priorität bei sparsamer und rationeller Verwendung von Energie. Ich muß sagen: Hierbei haben die Haushalte, die Autofahrer, das Gewerbe und die Industrie inzwischen große Erfolge erzielt, wie sie zu Beginn der Ölkrise eigentlich von niemandem für möglich gehalten worden waren.

Von besonderer Priorität für die Sicherung unserer Energieversorgung ist und bleibt natürlich *die deutsche Kohle.* Die Sicherung schließt aber ein, daß wir bei allen Energie-Importen uns von keiner Region der Welt übermäßig abhängig und daß wir uns nicht von einem Energieträger oder von zwei Energieträgern allein abhängig machen dürfen. Wir müssen vielmehr unsere Importrisiken auf viele Länder, von denen wir Energie importieren, und auf alle wirtschaftlich zur Verfügung stehenden Energien verteilen. Dazu gehört dann auch die Kernenergie.

In dem Versuch, für die Energiepolitik eine möglichst breite Mehrheit hier auf dem Parteitag zu finden, ist die Energie-Kommission des Parteivorstands bei der Ausarbeitung des Leitantrags so weit gegangen, wie es tatsächlich noch zu vertreten ist. Ich habe dem im Parteivorstand zugestimmt.

Sachlich nicht mehr vertretbar ist das später in der Antragskommission eingefügte zweijährige Moratorium für neue Kernkraftwerke. Ich bitte darum, daß ein solches Moratorium abgelehnt werde.

(Beifall)

Im übrigen als Fußnote: Wer den Bau von Kernkraftwerken wegen des ihm ungelöst erscheinenden Entsorgungsproblems ablehnt, der darf dann wohl nicht zugleich den Bau von Entsorgungsanlagen verhindern, die wir doch jedenfalls für die schon bestehenden Kernkraftwerke benötigen.

(Beifall)

Bei alledem darf eines nicht übersehen werden. Gegenwärtig und noch auf lange Zeit belasten die konventionellen Kraftwerke auf Kohle-, Braunkohle- und Erdölbasis die natürliche Umwelt ungleich höher als die Kernkraftwerke. Ich sage: Noch auf absehbare Zeit wird das so sein, insbesondere durch Staub, durch Kohlendioxyd und durch Schwefeldioxyd. Mit Recht hat Willy Brandt gestern auf die Gefährdung unserer Wälder durch den ›sauren Regen‹ hingewiesen.

Es ist auch die westdeutsche und westeuropäische Industrie, die durch ihren ›sauren Regen‹ die Wälder bis nach Schweden und Finnland auf das stärkste gefährdet.

Das Verbrennen von Kohle, Öl und Gas und ganzer Wälder in anderen Kontinenten führt außerdem zu einer fortschreitenden Anreicherung der Atmosphäre des Erdballs mit Kohlendioxyd. Die Folgen für das Klima der Erde sind noch unabsehbar. Wissenschaftler sprechen von der Gefahr, daß es zu einer nicht mehr umkehrbaren schwerwiegenden Veränderung des Klimas des Erdballs kommen könnte. Auch dieses Risiko muß mit bedacht sein.

Umweltpolitik

Das Beispiel macht deutlich, daß die *Erhaltung der natürlichen Umwelt* für die ganze Menschheit ein kardinales Problem ist. Inzwischen ist es eine Binsenwahrheit: In allen Bereichen – ob auf der Erdoberfläche, ob im Wasser, ob in der Atmosphäre, ob hinsichtlich der Lebensmittel – müssen wir Wege finden, eine Überlastung der natürlichen Umwelt zu verhindern, um eine menschliche Umwelt zu bewahren und wiederherzustellen.

Dabei muß aber *in jedem Fall das Umweltschutzinteresse mit dem Interesse an Arbeitsplätzen abgewogen werden.*

(Beifall) (Zustimmung)

Es ist wahr: Oft werden neue Arbeitsplätze gerade durch Umweltpolitik geschaffen.

Aber die internationale Wettbewerbsfähigkeit deutscher Arbeitsplätze und ihrer Produkte dürfen wir nicht gefährden. Deshalb braucht man auch im Umweltschutz Partner: Je internationaler die Umweltpolitik betrieben wird, desto eher wird sie erfolgreich sein. Wir selbst werden deshalb wie bisher, so auch in Zukunft in der Europäischen Gemeinschaft und in anderen internationalen Gremien die Drängenden bleiben.

Wer nach sozial-liberalen Gemeinsamkeiten sucht, der kann sie z. B. in der Umweltpolitik finden. Ich möchte die gute Zusammenarbeit hervorheben, die hier von den Bundesministern Baum, Hauff und von Bülow geleistet wird.

(Beifall)

Ich will aber auch hinzufügen: Für uns Sozialdemokraten liegt hier ein weites Feld politischer Überzeugungsarbeit noch vor uns. Wir müssen den Chemiearbeiter von der Notwendigkeit des Umweltschutzes überzeugen – in manchen Fällen, in dem ihm die Konsequenzen an die Haut gehen –, und wir müssen dem Umweltschützer die Sorgen des Arbeitnehmers um seinen industriellen Arbeitsplatz begreiflich machen, insbesondere wenn er aus dem öffentlichen Dienst kommt.

(Zustimmung)

Ich sage ganz offen, daß man aber nicht überall Ökonomie und Ökologie zur vollen Deckung wird bringen können.

Mit denjenigen in der Ökologiebewegung, die an einer rationalen Politik interessiert sind, sind für uns nach meinem Urteil viele Gemeinsamkeiten möglich.

Aussichten der Wirtschaft

Liebe Genossen, es spricht viel dafür, daß die deutsche Wirtschaft in der zweiten Jahreshälfte 1982 *den Tiefpunkt* der konjunkturellen Entwicklung *überwunden* haben wird und daß sich dann und *für 1983 ein Wirtschaftsaufschwung* durchsetzt.

Wir stehen mit diesem relativen Optimismus nicht allein. Vor kurzem hat Bundesbankpräsident Pöhl erklärt, er erwarte im Verlauf dieses Jahres einen konjunkturellen Umschwung. Ich selbst spreche bewußt von relativem Optimismus, denn Voraussetzung ist natürlich, daß es nicht zu einer politischen Verschärfung der ohnehin noch andauernden weltwirtschaftlichen Rezession kommt.

Ich denke, daß mehrere Faktoren meine relativ positive Einschätzung rechtfertigen:

Erstens. Die außerordentlich gute Entwicklung unseres *Exportes* als Ergebnis der internationalen Wettbewerbsfähigkeit unserer Produktion.

Zweitens. Unsere *Leistungsbilanz:* Vor kurzem hatte sie noch ein besorgniserregendes Defizit aufgewiesen, in diesem Jahr wird sie kein Problem mehr sein. Und dies vor allem wird den Spielraum für unsere nationale Zinspolitik vergrößern, aber es wird auch zur Stärkung des Kurses der D-Mark führen.

Drittens. Es ist gelungen, das deutsche *Zinsniveau* in beträchtlichem Maße von der gefährlichen amerikanischen und weltweiten Zinsentwicklung abzukoppeln. Dazu hat die ausgewogene Politik der Bundesbank erheblich beigetragen. Aber ich möchte die Bundesbank ermuntern, in dieser Politik fortzufahren und alle Zinssenkungsspielräume ganz auszuschöpfen; denn das Zinsniveau ist ein entscheidendes Hemmnis für den wirtschaftlichen Erfolg, für die Erholung, ganz besonders im Bereiche der Bauwirtschaft.

(Beifall)

Viertens. Die *Tarifabschlüsse* dieses Jahres werden die Wettbewerbsfähigkeit unserer Wirtschaft auf den Weltmärkten weiter verbessern. Sie sichern Arbeitsplätze.

Allerdings wird ein Wirtschaftsaufschwung nicht zu einem schnellen Abbau der Arbeitslosigkeit führen können, auch weil immer noch mehr Jugendliche auf den Arbeitsmarkt drängen, als alte Menschen oben an der Alterspyramide aus dem Arbeitsprozeß ausscheiden. Deshalb ist die Schaffung von zusätzlichen Arbeits- und Ausbildungsplätzen bis in die zweite Hälfte des 80er Jahrzehnts eine vordringliche Aufgabe.

Wir werden bei den Staatsfinanzen in den nächsten Jahren die Auswirkungen der Rezession noch deutlich spüren.

Das heißt, auch in den kommenden Jahren wird der finanzielle Spielraum für unsere Politik sehr eng sein.

Deshalb rate ich auch den Delegierten des Parteitags, mit allen Versprechungen, die zu finanziellen Konsequenzen führen, sei es für die Städte, sei es für die Länder, sei es für den Bund, vorsichtig zu sein. Das wird dazu führen müssen, daß wir einige der Reformen, die vielen von uns am Herzen liegen, vorläufig zurückstellen müssen, weil sie zwangsläufig mit erheblichen finanziellen Belastungen für die öffentlichen Haushalte verbunden sind. Verantwortliche Politik bedeutet immer die *Konzentration auf das Mögliche.* Mit Recht hat Willy Brandt gestern gesagt: Realismus, das ist für uns der Wille zum Möglichen.

Recht und Gesellschaft

Wir erleben gegenwärtig heftige, zum Teil gewaltsam geführte Auseinandersetzungen um Entscheidungen politischer und gerichtlicher Instanzen. Und es wird in der öffentlichen Diskussion gelegentlich behauptet, der Staat befinde sich in einer Legitimationskrise; legal getroffene, gerichtlich sanktionierte Entscheidungen besäßen keine ausreichende Rechtfertigung. Auf Grund veränderter Wertvorstellungen der Bürger bräuchten solche Entscheidungen nicht akzeptiert werden. Wir bräuchten vielmehr andere Entscheidungsverfahren.

Ich bin für Beteiligung der Bürger am Ort; aber andere Entscheidungsverfahren in politischen Fragen von allgemeiner Bedeutung würden die im Grundgesetz verankerte parlamentarisch-repräsentative Demokratie vom Grunde her verändern. *Ich bekenne mich im Gegensatz dazu ausdrücklich zum Grundgesetz.*

(Beifall)

Die Weimarer Erfahrungen haben deutlich gemacht, wie schrecklich in Deutschland plebiszitäre Entscheidungen von emotionalen Bewegungen und von deren Führern zur Verführung ausgenutzt werden können.

(Beifall)

Stellt Euch doch mal Volksabstimmungen und Abstimmungskämpfe vor, z. B. über ein Thema wie ›Ausländer raus!‹ oder über ein Thema wie die Todesstrafe!

Besonders unter jungen Menschen sind viele, die nach einem anderen und nach einem besseren Staat suchen. Sie haben nur mit unserem Staat Erfahrungen gemacht. Sie kennen das Leben unter einer Diktatur nicht, weder in Polen noch in der Sowjetunion, weder in Asien noch in Afrika noch in Lateinamerika. Und sie kennen Hitlers Diktatur nur aus den Büchern und aus der Schule. Viele von ihnen können infolgedessen gar nicht wissen, wie schnell aus einer staatsrechtlichen Umwälzung eine Diktatur werden kann.

Unser Staat erscheint ihnen nicht ideal. Und darin haben sie ja, weiß Gott, recht. – Ideal ist er nicht. Aber er ist reformbedürftig; er ist auch *reformfähig.* Es ist insoweit der beste Staat, den wir Deutschen je gehabt haben in unserer Geschichte.

(Anhaltender Beifall)

Wenn junge Leute mich gelegentlich fragen: ›Lohnt es sich heute überhaupt eigentlich noch, für diesen Staat einzutreten?‹, dann frage ich zunächst einmal zurück: Was meinst Du eigentlich mit dem Worte ›noch‹? Für welchen deutschen Staat hat es sich denn eigentlich vorher gelohnt oder gar: noch mehr gelohnt?

(Beifall)

Daß die Bundesrepublik zu einem liberalen und sozialen Rechtsstaat geworden ist, daran haben Sozialdemokratie und FDP einen wesentlichen Anteil. Ich möchte gerade für das Feld der Rechtspolitik das hohe Maß der Übereinstimmung innerhalb der sozial-liberalen Koalition hervorheben. Das enge Zusammenwirken zwischen den freidemokratischen Innenministern und den sozialdemokratischen Justizministern seit 1969 hat fortschrittliche Reformen des Rechts zustande gebracht. Wir werden diesen Weg fortsetzen.

(Beifall)

Jugend

Noch einmal zurück zur Jugend: Junge Menschen sehen deutlicher, was noch nicht erreicht ist, und sie neigen stärker dazu, das Erreichte geringer zu schätzen. Und viele Jugendliche leiden mehr als Ältere an bisher nicht gelösten Widersprüchen und Ungereimtheiten.

Sie verstehen nicht, daß immer mehr Waffen hergestellt werden, obwohl die Menschheit schon längst in der Lage ist, sich auszulöschen.

(Beifall)

Und sie verstehen nicht, daß es immer noch Klassen mit 40 Schülern gibt, obgleich doch zu Tausenden junge ausgebildete Lehrer keine Anstellung finden.

(Beifall)

Und sie verstehen nicht, daß dem Staat das Geld fehlt für dieses und für jenes und es zugleich nicht möglich ist, die eine oder andere gewichtige Steuervergünstigung zu streichen.

(Vereinzelter Beifall)

Ich muß sagen, daß ich viele solcher Widersprüche ganz genauso sehe. Es ist uns nicht gelungen, in 13 Jahren alle Widersprüche aufzulösen. – Es wird auch in den nächsten 13 Jahren nicht gelingen können, alle Widersprüche aufzulösen.

Manche Widersprüche haben wir allerdings abschwächen können. Bei anderen sind wir auf Widerstände verfestigter Interessen gestoßen, die notwendige Änderungen blockieren. – Das gibt es auch in der eigenen Partei.

Wir könnten die Chance zur Reform aus der Hand geben,

wenn wir zuließen, daß jene, die sich selbst als politischer Vertreter von Interessen verstehen und nicht zulassen, daß reformiert wird, auch noch das politische Steuer in die Hand bekämen. Gerade für junge Menschen aber wäre es schlimm, wenn ihr Vorurteil, daß die bestehenden Verhältnisse unveränderbar seien, auf diese Weise noch einmal ausdrücklich bestätigt würde.

Aber wie weit tatsächlich die Politik der sozial-liberalen Koalition das Land verändert hat, müssen wir den jungen Menschen auch handgreiflich machen: z. B. beim Umweltschutz, beim Jugendarbeitsschutz, durch das Betriebsverfassungsgesetz von 1972 und das Mitbestimmungsgesetz von 1976, durch die Einführung des BAFöG, durch die Kindergeldreform.

Früher gab es für Kinder Steuervergünstigungen, die mit steigendem Einkommen der Eltern wuchsen. Wir haben nicht nur das gleiche Kindergeld für alle an ihre Stelle gesetzt, sondern es auch erheblich gesteigert. Wenn gegenwärtig etwas zurückgenommen würde: bitte, vergleicht die Zahlen mit 1972 oder 1969 oder 1959, um zu sehen, welche große solidarische Sozialleistung in diesem gleichen Kindergeld steckt.

(Beifall)

Antje Huber hat daran einen wesentlichen Anteil.

(Beifall)

Ich möchte ihr hier heute öffentlich Dank sagen.

(Anhaltender lebhafter Beifall)

Ich möchte Antje hier öffentlich Dank sagen für ihre unermüdliche Arbeit in einem Ressort, das angesichts der heutigen Finanzenge besonders schwierig zu leiten war.

(Beifall)

Wenn man nicht weiß, wie es damals war, kann man ohne Kenntnis der rechtlichen und faktischen Lage der Frauen zu Anfang der Bundesrepublik kaum ermessen, wie weitgehend inzwischen z.B. im Steuerrecht, z.B. durch den Versorgungsausgleich, z.B. durch den von uns geschaffenen sechsmonatigen Mutterschaftsurlaub, vor allem durch die Reform des § 218, die Situation der Frauen verbessert worden ist.

Aber es bleibt ohne Zweifel sehr viel zu tun übrig. Das liegt auch an uns in unserem täglichen Verhalten. Ich denke hier z.B. an die Verwirklichung des Grundsatzes: ›Gleicher Lohn für gleichwertige Arbeit‹, und zwar nicht nur durch die Tarifpartner der öffentlichen Hände, sondern auch durch die privatwirtschaftlichen Tarifpartner.

(Beifall)

Ich denke z.B. an ein Gesetz zur weiteren Durchsetzung der tatsächlichen Gleichberechtigung im täglichen Leben.

Ich selbst werde mich um dies alles bemühen. Insbesondere werde ich mich weiterhin immer wieder darum bemühen, daß auch Mädchen bessere und breitere Ausbildungschancen bekommen. Wer seiner Tochter keine anständige berufliche Ausbildung gibt, der zementiert insoweit noch einmal für 30 Jahre den Zustand der Ungleichheit!

(Lebhafter Beifall)

Es ist unsere Aufgabe, den nachwachsenden Generationen die geschichtlichen Erfahrungen zu vermitteln und die Vergleiche möglich zu machen. Wer in den 50er Jahren noch nicht erwachsen war, kann nicht ermessen, um wieviel toleranter, offener und freier das Klima in unserem Lande heute ist. Wer den Kalten Krieg nicht miterlebt hat, der kann kaum bewerten, was unsere Politik der guten Nachbarschaft, des Gewaltverzichts an Verkrustungen und Ängsten gelöst hat, und dies gerade an der Nahtstelle der beiden Blöcke.

(Beifall)

Heute versuchen viele junge Menschen auf unterschiedlichen Wegen ein Ziel zu erreichen, das die deutsche Sozialdemokratie von jeher bewegt hat, nämlich das solidarische

Miteinander. Man erlebt das täglich in vielfältigen Formen: in spontanen Hilfsaktionen für Unterdrückte oder in durchaus lebensfähigen Wohngemeinschaften oder in Umgangsformen, die vom Aufeinanderzugehen weit mehr geprägt sind als von Konkurrenz.

Ich trete dafür ein, der Jugend Freiräume einzuräumen,

(Beifall)

in denen sie ihre eigenen Vorstellungen ausdrücken und ihre eigene Lebensweise, ihren eigenen Stil verwirklichen kann. Übrigens ist dies für eine demokratische Gesellschaft selbstverständlich – oder sollte es sein.

(Beifall)

Ich füge hinzu: So sehr wir uns der Kritik junger Menschen stellen, so klar müssen wir der Jugend deutlich machen, wo wir anderer Meinung sind. Die junge Generation hat auch ein Anrecht auf Widerspruch.

(Beifall)

Ausländer

Eine kurze Bemerkung nur zu den *Ausländern und ihrer Integration.* Wir stehen hier von einer kritischen Lage: Wir können uns keine unbeschränkte Kraft zur Integration zutrauen. Es könnte sehr schnell ein Punkt erreicht werden, an dem unsere Gesellschaft schon quantitativ die Integrationsprobleme nicht mehr bewältigen könnte.

Schon deshalb – aber auch aus anderen Gründen – muß das Problem der Scheinasylanten bald gelöst werden. Ich habe mich deshalb an Herbert Wehner und Wolfgang Mischnick gewendet und sie um Hilfe zur Beschleunigung der Gesetzgebung auf diesem Felde gebeten, die im Bundestag liegt.

(Beifall)

Die Bundesregierung hat ihr *Integrationskonzept entwickelt.* Wir gehen davon aus, daß in Zukunft nur noch solche

Familienangehörigen von Ausländern zuwandern sollen, die tatsächlich in unsere Gesellschaft eingliederbar sind. Solche Begrenzung des Familiennachzuges ist nicht familienfeindlich, sondern sie ist vielmehr integrationsfreundlich.

Die unter uns lebenden, inzwischen viereinhalb Millionen ausländischer Mitbürger und ihre Familienangehörigen müssen aber die Kraft aufbringen, sich zu entscheiden. Wer zu uns gekommen ist, um hier Geld zu verdienen und zu gegebener Zeit wieder in seine Heimat zurückzukehren, der sollte den Schritt nach Hause dann tun, wenn es bei uns keine Arbeit gibt. Wer aber hier bleiben will, der sollte dann den anderen Schritt tun: sich und seine Familie und seine Kinder tatsächlich zu integrieren. Und wir müssen ihm dann alle staatsbürgerlichen Rechte und alle staatsbürgerlichen Pflichten geben – genauso wie uns selber.

(Lebhafter Beifall)

Wir wissen, wie gefährlich Emotionen sein könnten, die sich gegen Minderheiten richten. Deswegen wende ich mich – wie gestern der Parteivorsitzende – heute als Bundeskanzler an die anderen Parteien, an die Gewerkschaften, an die Kirchen, an die Sportverbände, die Jugendverbände: Lassen Sie uns eine Verabredung miteinander treffen *für eine Kampagne gegen Ausländerfeindlichkeit* in unserer Gesellschaft.

(Lebhafter Beifall)

Ausländerfeindlichkeit fiele zum Schluß auf uns Deutsche am schwersten zurück.

Was friedenspolitisch zu tun ist

Zum friedenspolitischen Kapitel, liebe Freunde! Von Anfang an ist Friedenspolitik Kernbestand der sozial-liberalen Koalition. Seit über zehn Jahren haben wir mit der Politik des Gewaltverzichts und mit den Verträgen versucht, begrenztes zwar, aber doch Vertrauen zu schaffen. Wir haben versucht, Zuverlässigkeit im Verhältnis zwischen West und Ost zu schaffen und das Vertrauen zu vertiefen.

Deshalb haben wir auch den Handel und die wirtschaftliche Zusammenarbeit zwischen West und Ost ausgebaut.

Wir leben unmittelbar an der Grenze der beiden Militärblöcke. Wir können nicht ungeschehen machen, daß das Paktsystem der östlichen Führungsmacht heute wenige Kilometer hinter Hamburg oder hinter Wolfsburg oder hinter Kassel beginnt, und zwar mit dem anderen deutschen Staat. Das ist ein wichtiger Teil unserer Weltkarte, und daraus ergeben sich unsere deutschen Interessen und unsere deutschen Verantwortlichkeiten.

(Beifall)

Die andere Seite weiß, daß unsere Position unverrückbar im Westen verankert ist. Aber sie kennt auch unsere Überzeugung – und ich habe bei meinen Gesprächen mit der sowjetischen Führung daran niemals, bei keiner Gelegenheit, Zweifel gelassen –, daß nach unserem Urteil gerade bei politischen Spannungen zwischen gegnerischen Systemen, gerade im Atomzeitalter Frieden nur möglich ist durch Vertragspartnerschaft, d. h. durch *Sicherheitspartnerschaft.*

Eine solche Vertrags- und Sicherheitspartnerschaft verwischt keine Unterschiede; kommunistische Einparteienherrschaft und freiheitliche Demokratie werden in ihren Gegensätzlichkeiten weder von SALT noch von START aufgehoben. Weder in Genf noch in Madrid noch in Bonn werden sie verkannt.

Aber Sicherheitspartnerschaft verwirklicht die Einsicht, daß wir den Krieg nur gemeinsam verhindern können, egal, unter welchem System wir leben und welches System wir gewählt haben.

(Beifall)

Nur gemeinsam kann das Europa zwischen Lissabon und Leningrad, zwischen Tromsö und Moskau, nur gemeinsam kann Nordamerika vor kriegerischer Zerstörung bewahrt werden. Und dazu gehören Verträge, Kooperation und Entspannung. Dazu gehören Gewaltverzicht und Bereitschaft zum Gespräch und zum Verhandeln. Dazu gehört die Mäßigung beim politischen Handeln in Wort und Tat, und dazu gehört vor allem *der Wille zum*

Ausgleich

Der politische Dialog zwischen den beiden Großmächten ist gerade in kritischen Zeiten notwendig. Deshalb habe ich mich mehrfach sowohl gegenüber Präsident Reagan als auch gegenüber Generalsekretär Breschnew für eine baldige persönliche Begegnung des Präsidenten und des Generalsekretärs eingesetzt. Ich begrüße es, daß inzwischen beide Seiten ihre Absicht bekundet haben, in diesem Jahr persönlich zusammenzutreffen.

Es liegt im Interesse des Friedens in der Welt, daß die beiden führenden Staatsmänner der Welt aus persönlicher Erfahrung die Vorstellungen und die Absichten des Gegenspielers kennenlernen. Ich verspreche mir von solchem Treffen keine Weltumwälzung, aber eben doch einen Impuls für Abrüstung und für Rüstungskontrolle, die doch im Interesse beider Weltmächte liegen.

Ausgleich bedeutet auch Bereitschaft zur *Wahrung eines ungefähren militärischen Gleichgewichts.* Keine Macht der Welt wird freiwillig einen ungleichen Abrüstungsvertrag unterschreiben. Dieses Prinzip des Gleichgewichts oder der gleichen Sicherheit – oder umgekehrt: das Prinzip der gleichen Verwundbarkeiten – ist daher Grundbestandteil jeder zwischen West und Ost vereinbarten oder zukünftig zu vereinbarenden Abrüstung und Rüstungsbegrenzung.

Wer aber an die Stelle vertraglich gesicherter beiderseitig vereinbarter Abrüstung vielmehr einseitige Abrüstung setzen will – nur er, nur wir rüsten ab –, dem muß ich sagen: Die geschichtliche Erfahrung zeigt, daß einseitige Ohnmacht Aggression durch die Übermacht keineswegs verhindert.

Nachbarn der Sowjetunion haben diese Erfahrung gemacht. Die Erinnerung an Afghanistan ist frisch. Und ich füge als Deutscher hinzu: Viele Nachbarstaaten der Hitler-Diktatur haben diese Erfahrung gemacht.

(Beifall)

Und damit uns heute Ähnliches nicht widerfahren kann, brauchen wir die Bundeswehr und brauchen wir unsere Verbündeten.

Gegenwärtig wird das Gleichgewicht von der Sowjetunion gefährdet, die seit langen Jahren ununterbrochen im Bereich nuklearer Mittelstreckenwaffen einseitig eine Hochrüstung betreibt, obwohl sie schon 1978 bei ungleich geringerer Zahl von SS-20-Raketen öffentlich aber auch offiziell mir gegenüber festgestellt hatte, es sei ein ungefähres Gleichgewicht erreicht. Das ist vier Jahre her, und in diesen vier Jahren sind immer mehr, immer neue Raketen hinzugefügt worden. Von dort gehen Bedrohungen unserer Sicherheit und der deutschen Handlungsfähigkeit in der Zukunft aus.

Um auf diesem Felde sowjetische Abrüstungsbereitschaft zu erreichen, hat das Nordatlantische Bündnis Ende 1979 – in voller Übereinstimmung mit dem Grundgedanken des Harmel-Berichts, der ein Jahrzehnt vorher vom Bündnis angenommen worden war – den politischen Weg des sogenannten *Doppelbeschlusses* eingeschlagen, der einerseits Verhandlungen anbietet und dafür vier Jahre Zeit einräumt und zugleich für den Fall der Erfolglosigkeit dieser Verhandlungen westliche Nachrüstung vorsieht.

Ich sage hier: Alle Europäer – auch die Sowjets – würden sicherer leben, wenn es überhaupt keine auf europäische Ziele gerichteten nuklearen Raketen gäbe!

(Beifall)

Und weil das so ist, ist die beiderseitige Null-Lösung unser Verhandlungsziel in Genf.

Es waren wir Deutschen, welche die beiden Weltmächte

zu den Genfer Verhandlungen gedrängt und bewegt haben. Sie haben beide zunächst nicht gewollt.

Natürlich stehen wir darüber in enger Konsultation mit der amerikanischen Regierung. Noch an diesem Wochenende habe ich eine ausführliche Unterhaltung mit dem amerikanischen Chefunterhändler Nitze geführt, und ich weiß, daß Präsident Reagan am Ziel einer beiderseitigen Null-Lösung festhält.

Wer aber gegenwärtig während laufender Verhandlungen in Genf – sie werden auch dieses Jahr nicht zu Ende gehen; die Verhandlungsphasen sind schon festgelegt, und solche Verhandlungen dauern immer mehrere Jahre – für ein *Moratorium* oder für einen Ausstieg aus dem gemeinsamen Beschluß eintritt, dem muß ich entgegenhalten: Die Genfer Verhandlungen zwischen den USA und der Sowjetunion werden nur dann erfolgreich sein, wenn Moskau bei einem Scheitern der Gespräche mit der Stationierung angemessener amerikanischer Waffen in Westeuropa ab Ende 1983 rechnen muß.

Auch dieser zeitliche Druck muß aufrechterhalten werden. Welchen anderen Grund sollte die Sowjetunion sonst haben, bei dem Riesenübergewicht, das sie auf diesem Felde erreicht hat, in Genf zielstrebig und ernsthaft zu verhandeln?

Der Parteitag weiß, welche prinzipielle Bedeutung ich dieser Sache beilege.

In den Erklärungen der sowjetischen Führung zu einseitigen Moratorien erkenne ich vor allem das große Interesse der Sowjetunion, eine Stationierung von Pershing II und Marschflugkörpern in Europa zu verhindern, die ihre Städte treffen könnten. Ich verstehe das sehr gut. Aber das geht nicht – und das muß die sowjetische Seite verstehen –, ohne daß sie ihre eigene unglaubliche Armada bei SS-20-Raketen aufgibt, die gegen unsere Städte gerichtet sind.

Es ist nämlich *unser Lebensinteresse, daß beides wegkommt.*

(Beifall)

Deswegen kann man eine Festschreibung des sowjetischen Übergewichts nicht in Kauf nehmen, auch nicht in einer vorläufigen Form, weil die hinterher endgültig zu werden droht. Nichts ist so endgültig wie ein Provisorium.

Wir wollen Abrüstung. Wir haben als Unterzeichner des Atomwaffen-Sperrvertrages – die CDU-Regierung hat lange genug Verrenkungen gemacht, bis wir das unter Willy Brandts Führung zustande gebracht haben –, den wir ratifiziert haben, einen völkerrechtlichen Anspruch auf Abrüstung der Atommächte.

(Beifall)

In einem Punkte geben sich manche Redner der CDU/CSU geflissentlich Mühe, mich öffentlich mißzuverstehen. Was uns mit den *Vereinigten Staaten von Amerika* verbindet, ist eine Allianz, eine Partnerschaft unter Verbündeten, und dies ist etwas kategorisch anderes als das, was ich mit dem Wort Sicherheitspartnerschaft mit einem gegnerischen Paktsystem meine.

Wir Deutschen orientieren uns nach Verfassung und Gesellschaftsordnung an gleichen Werten wie die Nationen Nordamerikas und Westeuropas. Mit vielen von ihnen sind wir befreundet. Unser enges und kooperatives Verhältnis zu den Vereinigten Staaten ist Eckpfeiler unserer Sicherheit und ein Garant unserer Freiheit. Wir wissen nur zu gut, wem Berlin sein Überleben verdankt, und jede Meinungsumfrage in Deutschland zeigt, daß die positive Grundhaltung zum Bündnis mit Amerika von einer großen Mehrheit aller Deutschen geteilt wird. Die Deutschen haben die Großzügigkeit der amerikanischen Nation schätzen gelernt, und weder ist der Marshall-Plan, noch ist Kennedy in Berlin vergessen.

(Beifall)

Das alles bedeutet nicht, daß uns die Vereinigten Staaten oder ein anderes Land der Allianz in allen Fragen der Gesellschafts- oder Wirtschaftspolitik als Modell dienen sollen. Hier bestehen wir auf unserem eigenen anderen Weg.

(Beifall)

Zwischen freiheitlich-demokratischen Staaten sind Kritik und Ratschlag legitim und auch erwünscht. Die klassische Form dafür ist die Konsultation zwischen den Regierungen. Die Konsultation – das sage ich in aller Offenheit – muß das Kennzeichen unseres Bündnisses bleiben, so daß man sich gegenseitig fragt, ehe einer handelt.

(Beifall)

Ich sage das in aller Offenheit auch solchen amerikanischen Kritikern, die uns wegen des europäisch-sowjetischen Erdgas-Röhren-Geschäfts zurechtweisen wollen.

Nun gibt es Scharfmacher auf beiden Seiten des Atlantiks. Und als ein Indiz für einen angeblichen Antiamerikanismus in Deutschland bezeichnen sie es, daß es bei uns ein öffentliches Nachdenken über die beste Strategie des Bündnisses gibt, und die muß es ja wohl geben. Tatsächlich entspricht dieses deutsche Nachdenken in Wirklichkeit doch der inneramerikanischen Strategiedebatte, die längst in vollem Gange ist. Mit angeblichem Antiamerikanismus hat das nichts zu tun. Das soll sich auch der bayerische Ministerpräsident hinter die Ohren schreiben.

(Beifall)

Es ist ganz klar: Die deutsche Politik darf nicht und kann niemals in gleicher Distanz zu Washington und Moskau gemacht werden. Wir stehen auf dieser Seite, auf der Seite freier, gleichberechtigter Völker.

Die andere Staatengemeinschaft, der wir zugehören, ist die *Europäische Gemeinschaft.* Sie ist eine Zone des Friedens geworden, wie sie mein Vater, der jüngst verstorben ist, zeit seines Lebens nie für vorstellbar gehalten hätte. Dabei ist ein

Eckpfeiler dieser Friedensordnung die Aussöhnung und die freundschaftliche Zusammenarbeit mit Frankreich. Sie hat etwas eingelöst, was Ernst Reuter schon 1947 so formuliert hatte – ich zitiere –:

›Die wichtigste Aufgabe ist natürlich das ständige Gespräch und die ständige Pflege jedes nur möglichen Versuches, mit unserem Nachbarn zu einem dauerhaften friedlichen Zusammenleben zu kommen . . .

Die Verständigung mit Polen und Frankreich (sind) für uns die wichtigsten Aufgaben . . .‹

So sagte Ernst Reuter 1947.

Wir sind froh und ein bißchen auch stolz darauf, daß wir einen Teil von dem, was Ernst Reuter damals vorschwebte, im Laufe der Jahrzehnte zustande gebracht haben, und das wird ja weitergehen, das wird weiterhin gepflegt werden – auch gegenüber Polen.

(Beifall)

Unsere englischen Freunde sind gegenwärtig in einen internationalen Konflikt verwickelt, den sie nicht ausgelöst haben. Alle Staaten der Europäischen Gemeinschaft verhalten sich hier solidarisch, und unseren amerikanischen Freunden wünschen wir auch in unserem eigenen Friedensinteresse Erfolg bei ihrem sehr schwierigen Bemühen um Vermittlung.

(Beifall)

Für die Bundesregierung und für mich als Person bleibt ein *vernünftiger Umgang zwischen den beiden deutschen Staaten* eine vordringliche Aufgabe. Nach meinen Gesprächen mit Generalsekretär Honecker hat die DDR-Führung bei Reisen in dringenden Familienangelegenheiten einen ersten, wenn auch sehr kleinen Schritt in die richtige Richtung getan. Wir sind darauf vorbereitet, mit der DDR konkret über die Verwirklichung jener Ansätze zu sprechen, die am Werbellinsee gefunden worden sind.

Wir wollen dabei die andere Seite nicht überfordern; wir wollen aber die Verantwortlichen in Ost-Berlin auch nicht im unklaren darüber lassen, daß wir uns mit den von ihnen aufgerichteten Barrieren – Stacheldraht und was alles es ist – nicht abfinden können und wollen.

(Beifall)

Wir stehen zu dem, was wir in Werbellin gesagt haben: Wir werden den Gesamtzusammenhang unserer Beziehungen wahren.

Von gutnachbarlichen Beziehungen, wie sie der Grundlagenvertrag als Ziel nennt, sind wir noch weit entfernt. Ich habe z. B. in Güstrow auf sehr bedrückende Weise erlebt, wie weit wir da von gutnachbarlichen Beziehungen entfernt sind. Aber ich bin froh darüber, später aus allen Teilen und von vielen Menschen in der DDR Zustimmung und Dank für diesen Besuch erfahren zu haben. Wir müssen, so mühsam sich diese Aufgabe in diesen Tagen darstellt und so sehr es Rückschläge gibt, die Qualität der Beziehungen zwischen Deutschen und Deutschen wenigstens schrittweise anheben, und wir werden darin nicht nachgeben.

(Beifall)

Mit Befriedigung können wir sagen, daß die Lage in und um Berlin insgesamt ruhig ist. Das ist gut so. Wir verdanken das den drei Schutzmächten, und wir verdanken das dem Abkommen der vier Mächte.

Unsere Deutschlandpolitik dient darüber hinaus – das will ich betonen – zugleich der Friedenssicherung in Europa. Die Entspannungspolitik von Wunschdenken freizuhalten und auf maximalistische Vorstellungen zu verzichten, dies dient Europa als Ganzem. Aber jene Schlußakte von Helsinki, die von den Polen, die von den Deutschen auf beiden Seiten, die von den Völkern überall in Europa – besonders von den Menschen in Osteuropa – begrüßt wurde, muß für diese Menschen in Osteuropa endlich in ihrem unmittelbaren Lebensbereich praktisch verwirklicht werden, nämlich dort, wo es um Meinungsfreiheit und um Bewegungsfreiheit für den einzelnen Menschen geht.

(Beifall)

Ich weiß, daß es dazu eines evolutionären Weges bedarf, und jeder von uns weiß, daß die *polnische Tragödie* diese Evolution und das West-Ost-Verhältnis insgesamt schwerwiegend belastet. Für uns Sozialdemokraten gibt es keine Frage: *Die polnische Arbeiterbewegung hat ein Recht auf unabhängige Gewerkschaften.*

(Beifall)

Die Polen insgesamt haben das Recht, ohne Einmischung von außen ihre Probleme selbst zu lösen. Wir Deutschen, insbesondere wir Sozialdemokraten, nehmen tiefen Anteil am Schicksal unserer polnischen Nachbarn, mit denen uns eine sehr leidvolle Geschichte verbindet. Die Polen haben einen Anspruch darauf, ihre Probleme selbst zu lösen, und ich sage hier: Sanktionen erschweren diesen Weg; solidarische Hilfe könnte ihn erleichtern.

(Beifall)

Es ist oft enttäuschend, und es bleibt mühsam, die Friedenspolitik zentimeterweise voranzubringen. Aber das Ziel all dieser Arbeit ist eine Ordnung des Friedens, ist eine Verwirklichung von Freiheit, nicht nur der Freiheit der Meinungsäußerung und der Glaubensüberzeugung, sondern auch, wie Franklin Roosevelt gesagt hat, der Freiheit von Not und der Freiheit von Furcht.

Für diesen Kurs hat die Bundesregierung Partner, Mitstreiter hier im Lande gefunden, Partner und Mitstreiter aber auch bei den anderen Staaten und ihren Regierungen. Manchmal muß man sich fragen, mit wem eigentlich diejenigen Genossinnen und Genossen zusammengehen wollen, die uns eine andere Sicherheitspolitik, eine andere Friedenspolitik empfehlen wollen. Wollen sie das gemeinsam zum

Beispiel mit der Regierung in Washington, mit der Regierung in Paris, mit der Regierung in London tun? Weder in Washington noch in Paris noch in London gäbe es für solche Politik einen Partner.

Wer Einfluß auf den Lauf der Welt nehmen will, der muß sich selber auch dem Einfluß seiner Partner öffnen, wer den Weltfrieden sichern will, der muß auf die Welt hören. Er muß auf das hören, was die Partner sagen. Er braucht nämlich diese Partner, um den Frieden zu sichern.

(Beifall)

Koalition und Opposition

Auch in der Innenpolitik gilt das. Es gilt auch zwischen FDP und SPD. Wer einen Mitspieler und Partner braucht, der muß auf den Mitspieler und Partner Rücksicht nehmen. Das ist eine Zweibahnstraße. Bei allen Belastungen, zwischen den Spitzen der beiden Koalitionsparteien im Parlament und auf der Regierungsbank hat das bisher noch immer geklappt. Ich bin überzeugt, daß Hans Dietrich Genscher und Wolfgang Mischnick zur sozial-liberalen Koalition stehen wollen. Sie wissen, daß Grundsätzliches ihrer liberalen Politikvorstellungen nur in dieser Parteienkoalition zu verwirklichen ist.

Wenn ein Koalitionspartner mit dem Zeigefinger auf den anderen weist, dann weisen – nach Gustav Heinemanns Wort – immer auch drei Finger auf ihn selbst zurück.

(Beifall)

Das gilt auch für beide Seiten. Rücksichtnahme ist in beiden Richtungen notwendig. Beständigkeit und Beharren auf den vereinbarten Grundlinien der Politik wird von beiden Seiten verlangt.

Sicher, die FDP hat eine andere Anhängerschaft als wir, und sie versucht, deren Interessen zu entsprechen. Das ist legitim. Auch wir vertreten ja weiß Gott Interessen, z. B. Arbeitnehmerinteressen. Aber darüber hinaus sind beide Parteien in ihrer Regierungsverantwortung gefordert, dem Ganzen zu dienen, nicht nur den Interessen der eigenen Anhänger. Beide Parteien müssen dabei auf die Interessen der Anhänger des anderen Partners Rücksicht nehmen.

Ich will die Frage aufwerfen: Was würde eigentlich eine Strauß/Kohl-Regierung anstelle der sozial-liberalen Regierung in Bonn tun? Ich gebe zu, die Sonthofener Rede liegt schon mehrere Jahre zurück, und viele, selbst solche, die uns nahestehen, meinen heute, die hätten alles vergessen, was damals gesagt wurde. Sie meinen, heute würde sich nur wenig ändern, wenn die Herren Strauß und Kohl an die Regierung kämen.

Aber glaubt jemand im Ernst, Strauß, Kohl und Zimmermann würden unser Konzept der Sicherheitspartnerschaft auch mit einem gegnerischen System fortsetzen? Oder sie würden den Verhandlungsteil des Doppelbeschlusses ernst nehmen? Keineswegs, sie würden dem Nachrüstungsteil den Vorrang geben. Strauß und Wörner haben dies öffentlich gesagt. Sie würden damit Konfrontation an die Stelle des Versuchs der Kooperation setzen.

Strauß und Kohl würden die neokonservativen wirtschafts- und sozialpolitischen Rezepte jener Länder übernehmen, in denen diese Rezepte ihre Untauglichkeit schon bewiesen haben. Glaubt einer im Ernst, sie würden in der gegenwärtigen Lage auf die Interessen der kleinen Leute allzu viel Rücksicht nehmen? Glaubt einer im Ernst, ihre Ankündigung der Kürzung von Sozialleistungen sei bloß so dahergesagt? Glaubt einer im Ernst, CDU und CSU würden mit der angekündigten Kürzung von Subventionen bei der Wirtschaft oder bei Steuervergünstigungen anfangen? Mitnichten! Anfangen würden sie beim Schüler-Bafög und beim Wohngeld und bei der Sozialhilfe und beim Arbeitslosengeld.

(Beifall)

Glaubt einer im Ernst, Strauß, Kohl und Dregger würden in der Rechtspolitik und der inneren Sicherheit die Linie der Mäßigung, der Verhältnismäßigkeit fortführen? Sie würden vielmehr ›Nürnberger Verhältnisse‹ an vielen Orten schaffen.

(Beifall)

Unsere fränkischen Genossen wissen, daß ich ihnen damit nicht zu nahe trete, sondern ihre eigene Meinung ausdrükke.

Da wird das Tragen von politischen Plaketten zur Majestätsbeleidigung!

(Beifall)

Da werden die Sicherheitsinteressen des Staates mit den Parteiinteressen der CSU verquickt – wie hier in München im Falle Langemann.

(Beifall)

Glaubt einer im Ernst, CDU und CSU würden an der insgesamt bewährten Arbeitsteilung zwischen privater Presse und öffentlich-rechtlichem Rundfunk und Fernsehen festhalten? Sie würden vielmehr versuchen, mit allen Mitteln zum kommerziellen Rundfunk und Fernsehen zu gelangen. Sie würden die Elefantenhochzeit zwischen Springer und Burda ermöglichen. Und man würde Herrn Springer den Zugang zum Fernsehen eröffnen.

(Beifall)

Und glaubt einer im Ernst, wir bekämen bei Herrn Strauß und Herrn Kohl mehr Umweltschutz? – Das alles muß man bedenken, wenn man glaubt, wegen zweit- und drittrangiger Fragen die Regierung aufgeben zu sollen. Zum einen würde dann in diesen zweit- und drittrangigen Fragen gegen uns entschieden, zum anderen aber würde auch in allen erstrangigen Fragen gegen uns entschieden.

(Beifall)

Liebe Freunde, ich habe versucht, Wiederholungen der Gedanken zu vermeiden, die ich in einer ›Vorwärts‹-Beilage allen Delegierten auf den Tisch gelegt habe. Ich freue mich über jeden, der diese Beiträge zu einer Zwischenbilanz mit dem kritischen Rotstift in der Hand unter seine Lupe nimmt. Aber mir liegt am Herzen, hier ein Wort *zur politischen Moral der regierenden Sozialdemokratie* anzufügen.

Die Wählerschaft unserer Partei repräsentiert ein breites Bündnis von Millionen Arbeitern und Angestellten, von vielen Hunderttausenden von Selbständigen im Handwerk und Gewerbe, in der Landwirtschaft, von Rentnern, Freiberuflern, Ärzten, Pfarrern, Lehrern, Künstlern, Intellektuellen insgesamt, von alterfahrenen politischen Menschen und ebenso von jungen Menschen voll Idealismus. Aber dazu gehören auch Menschen mit Ängsten, die vom Gefühl anscheinender Ausweglosigkeit beherrscht werden. Manche suchen verzweifelt Halt bei uns; einige verzweifeln an uns. Viele der Jungen sind keineswegs Phantasten oder Träumer; viele sind tatkräftig und einsatzbereit. Wir können ihnen allen, liebe Genossinen und Genossen, all denen, von denen ich sprach, eine vernunftgemäß begründete Hoffnung geben; und wir müssen ihnen Ziele bieten.

(Beifall)

Freilich – so hat mir Peter von Oertzen in einem Brief geschrieben, der auf diese Rede gemünzt war und für den ich mich wie für viele Briefe anderer bedanke –, den letzten Grund aller Hoffnung muß jeder in sich selbst finden, sei es im Glauben an das verheißene Heil, sei es im Festhalten am kategorischen Imperativ der sittlichen Pflicht, oder wo auch immer. Aber dann fährt der Brief fort: ›Einsicht und Erfahrung lehren uns, daß Menschen lernen können und daß es begehbare Wege gibt, Wege in der Gefahr und Wege aus der Gefahr hinaus.‹ Diese Wege zu erkennen und zu zeigen, das ist unsere Aufgabe.

Deswegen darf, wie ich meine, unsere Partei, die doch auf Reform des Bestehenden abzielt, sich nicht auf Erklärung und Verwaltung des Bestehenden beschränken,

(Beifall)

sondern sie muß Vordenker sein.

(Beifall)

Die *Partei muß Vordenker für zukunftsträchtige sachliche Lösungen sein.* Sie darf sich nicht zwischen Regierungstechnik und Alternativbewegung zerreiben. Die Partei *darf* nicht nur der Regierung, der Koalitionsregierung vorauseilen; sie *muß* es tun.

(Beifall)

Sie darf sich nicht an einem geistigen Schlepptau der Koalitionsregierung festmachen. Sie darf sich als Gesinnungs-, Gefühls- und Geschichtsgemeinschaft nicht ausschließlich dem Kalkül der tagespolitischen Zusammenarbeit anheimgeben.

(Beifall)

Aber ich füge hinzu: Sie darf weder die politische Vernunft, noch die politische Moral hintanstellen.

Zu unserer politischen Moral als Sozialdemokratie gehört unverzichtbar auch die Vertretung der materiellen Interessen der kleinen Leute. Und das geht nur in deren eigener Sprache und in deren eigener Begriffswelt. Es gehört also zu unserer politischen Moral, *die Sprache der Arbeiter und Angestellten* und nicht die Sprache der hohen Schulen zu sprechen.

(Beifall)

Wir, die wir doch die Erben der Arbeiterbewegung geworden sind, die wir die Sachwalter der Arbeiterbewegung in der Gegenwart und der Zukunft sind, dürfen nirgendwo in unserer eigenen Partei die Arbeiter durch eine schwer verständliche, wenn auch akademische Sprache verschüchtern.

(Beifall)

Zur politischen Moral gehört untrennbar *die Leidenschaft zur Vernunft.* Eugen Loderer hat mir zum Parteitag geschrieben: ›Wir brauchen alle Kräfte der Vernunft, um die Stetigkeit der Politik zu wahren.‹ Karl Hauenschilds Brief hatte einen ähnlichen Inhalt.

Nun sind, liebe Genossinnen und Genossen, politische Vernunft und Pragmatismus und Realpolitik nicht notwendig dasselbe. Aber *keines* von ihnen *kann ohne Moral auskommen.* Keiner kann ohne grundlegende Werte, ohne feste Gesinnung und Haltung, ohne moralische Grundhaltung auskommen, und es gibt keine politische Entscheidung ohne vorausgesetzte Grundwertung, auch wenn man sie nicht täglich im Munde führt, wie ich zum Beispiel. Aber neben Vernunft und Moral gehören zur Politik auch das Gefühl und die Emotionen.

Alles, was die Mitglieder von Regierung und Fraktionen entscheiden, muß der *Abwägung konkurrierender Werte* entsprechen. Aber das gilt nicht nur in der Regierung und im Bundestag. Auch wenn einer für oder gegen die Startbahn West in Frankfurt Stellung nimmt, in jedem Fall muß er abwägen zwischen dem Solidaritätsgebot gegenüber denen, für die dort Arbeitsplätze geschaffen werden, und dem Solidaritätsgebot gegenüber denen, die sich und ihre Mitmenschen den Wald und die Ruhe erhalten wollen. Beide haben Anspruch auf Solidarität.

Das macht Politik doch so schwierig: daß man in jedem Fall nicht nur in einem Konflikt von Interessen, sondern in moralischen Konflikten steht. Es soll sich niemand täuschen: Das ist beinahe jede Woche der Fall. Manchmal wird es für die Draußenstehenden sichtbar. Bei terroristischen Akten und der Frage, wie die Regierung und der Staat darauf reagieren, wird es für jeden draußen sichtbar, daß wir in moralischen Konflikten stehen. Meistens bleibt es verborgen. Auch wir tragen dazu bei, es zu verbergen.

Aber zurück zu Frankfurt. Wenn einer glaubt, gegen den Bau einer Startbahn mit Gewalt vorgehen zu sollen, dann hat er offenbar entschieden, daß ihm der Umweltschutz moralisch höher steht als der innere Frieden und als der Gehorsam gegen das Grundgesetz und als die Bewahrung unseres schwer errungenen demokratischen Verfahrens. Man muß die Menschen auch einmal zwingen, ihre Moral zu klären.

Gewiß, es gibt Menschen mit einer einwandfreien Moral, die von Zeit zu Zeit ihrer Moral untreu werden. Das gilt beinahe für uns alle. Gewiß gibt es solche, die bei verschiedener Gelegenheit mit verschiedener Zunge reden. Das soll auch in der Partei schon vorgekommen sein. Und häufig macht einer dem andern dessen moralische Begründung streitig. Das letzte finde ich schlimm. Wenn es innerhalb unserer Gesinnungsgemeinschaft geschieht, dann ist Gefahr im Verzug.

(Beifall)

Jochen Vogel hat jüngst in einem Interview gesagt: ›Es ist nicht so sehr die Tatsache, daß es in der SPD Kontroversen gibt, sondern wie diese ausgetragen werden: dies hat zu den Niederlagen entscheidend beigetragen.‹ Ich füge hinzu: Als mir zum Beispiel ein Parteimitglied ›politisch verkrüppelte Moral‹ vorgeworfen hat, habe ich darauf nicht geantwortet, genausowenig wie auf viele andere öffentlich lesbare und gesendete unqualifizierte Angriffe. Man muß ja nicht auf alles antworten. Freilich hat es verletzt. Vor allem jedoch: Dies alles kostet öffentliches Vertrauen.

(Beifall)

Es gibt eine alte deutsche Tradition, mittlere Wege und Kompromisse als moralisch minderwertig hinzustellen. An deren Stelle werden dann ›reine‹ Bekenntnisse und ›reine‹ Programme gesetzt. Bisweilen und häufig haben sie den Nachteil, politisch nicht realisierbar zu sein. Derjenige, der für den Kompromiß eintritt, wird moralisch abqualifiziert, und wenn das innerhalb der eigenen Partei geschieht, ist Gefahr im Verzuge.

Es gibt aus scheinbar oder anscheinend – ich weiß es nicht – moralischen Gründen eine Tendenz zu weitergehenden Teilungen und Zersplitterungen in der deutschen Politik – von jeher. Im Parteienspektrum macht sich gegenwärtig diese Tendenz wieder einmal deutlich bemerkbar. Während in den ersten Nachkriegsjahren die Rechte zersplittert war, bis sie sich unter Konrad Adenauer mehr und mehr in der CDU und hier in Bayern in der CSU gesammelt hat, so ist es gegenwärtig die Linke, die sich in Parteineugründungen und Gruppen und Grüppchen spaltet. Die damit gewonnene scheinbare moralische Reinheit ist allzu teuer erkauft mit der Schwächung, die das bewirkt, der Schwächung der einzig ins Gewicht fallenden Partei der Lohnabhängigen, nämlich unserer SPD, und es bewirkt indirekt eine Stärkung der konservativen Kräfte.

(Beifall)

Zwar nicht gerade Spaltungen, aber ähnliches gibt es ja auch innerhalb unserer Partei. Heinz Rapp hat neulich geschrieben vom, wie er das genannt hat, ›kindischen SPD-Sport der Flügelei‹. Ich setze das Zitat nicht weiter fort, Heinz, denn dann bist Du nicht mehr ganz so höflich. Aber ich schließe mich dem Wort vom ›Sport der Flügelei‹ an. Wir sind weder eine Flügelpartei noch eine Randgruppenpartei noch eine Klassenpartei, wir sind auch keine Dachgesellschaft für sechs oder sieben Arbeitsgemeinschaften. *Wir sind und müssen eine einzige Volkspartei bleiben.*

(Lebhafter Beifall)

Diese Volkspartei kann und muß Menschen von überall her anziehen und in sich aufnehmen. Willy hat mit Recht beklagt, daß das gegenwärtig nicht so gut funktioniert. Sie muß alle Menschen aufnehmen, die den Willen haben, sich in diese Gemeinschaft einzufügen. Aber sie kann auch nur

Menschen integrieren, die den Willen zur Integration haben. Sie kann nicht solche integrieren, die an die Stelle sozialdemokratischer Identität eine ganz andere politische Identität setzen wollen. Der Herausforderung avantgardistischer Gruppen müssen wir uns stellen, nicht aber dürfen wir uns ihnen unterwerfen.

(Beifall)

Nochmals aus demselben Interview von Jochen Vogel: Wenn der Parteitag in Kenntnis aller Argumente mit Mehrheit demokratisch entschieden hat, dann, sagt er, wäre es ›mein Wunsch und fast mein Appell, daß dann die Partei ihre Politik auf der Grundlage dieser Beschlußfassung gemeinsam vertritt‹. Und Günter Markscheffel fügt hinzu, das Problem liege in der Beantwortung der Frage, ob wir gewillt sind, die Beschlußfassung kraftvoll darzustellen und in der Auseinandersetzung mit anderen Gruppen durchzusetzen. Ich halte beides für wichtig.

Es war eine Grundregel in der alten Arbeiterbewegung, zu denken und zu sagen: Vielfalt in der Diskussion, aber Einheit in der Aktion.

(Beifall)

Das muß wieder Grundregel werden und bleiben! Wenn aber einer schon vor allen Abstimmungen des Parteitages, ehe der Parteitag zusammengetreten ist, sagt, im Falle der Annahme des Kurses des Parteivorstandes werde er ›mit um so größerer Wut ... auch außerhalb der SPD kämpfen‹, um dadurch die Möglichkeit für sich zu schaffen, ›innerhalb der SPD andere Mehrheitsverhältnisse zustande zu bringen‹, dann wird hier der innere Zusammenhalt unter Sozialdemokraten verletzt. Wer die eigene Partei durch Druck von außen ummodeln will, der kann seinen Anspruch auf Solidarität unter Genossen auch verwirken!

(Beifall)

Die sozialdemokratischen Mitglieder der Bundesregierung

dürfen und wollen ihre Bitte um Geschlossenheit der Partei nicht zu weit ausdehnen. Sie kennen vielmehr und sie anerkennen den ganz anders und den weiter gezogenen Rahmen der Aufgaben der Gesamtpartei im Vergleich zu demjenigen der Bonner Regierungsmitglieder in einer Koalitionsregierung. Aber umgekehrt bitten wir auch darum, unseren sehr viel enger bemessenen Handlungsspielraum für unsere demokratisch legitimierten Entscheidungen zu erkennen, zu begreifen und anzuerkennen.

Ich bin dankbar für das Vertrauensvotum, das alle Mitglieder der Bundestagsfraktion mir gegeben haben, ebenso wie alle FDP-Abgeordneten. Dies geschah ja in voller Kenntnis der Politik der sozial-liberalen Koalition, in voller Kenntnis der Politik, welche Regierung und ich überzeugt sind, verfolgen zu müssen.

Wir werden das Vertrauen in unsere Stetigkeit nicht enttäuschen. Wir werden festhalten an der Regierungserklärung vom November 1980. Wo verschlechterte weltwirtschaftliche und weltpolitische Umstände dies gegenwärtig nicht voll erlauben, dort wollen wir uns doch so nahe wie nur irgend möglich an der Regierungserklärung halten. Ich sehe keinen Grund darin, an Stelle der vereinbarten politischen Grundlinien, wie die Regierungserklärung sie vortrug, nunmehr ganz andere Grundlinien einzuschlagen.

Wir brauchen dieses Jahr, liebe Freunde, einen sehr nüchternen Realismus, zugleich eine große Beharrlichkeit, zugleich eine große Verläßlichkeit. Unmittelbar vor uns liegen zwei Gipfeltreffen, eines in Versailles und eines in Bonn. Dann kommt die Bürgerschaftswahl in Hamburg; dann kommt die Sondergeneralversammlung der Vereinten Nationen zur Abrüstung, wo ich für unser Volk unsere kategorische Forderung nach nuklearer Abrüstung vertreten werde; dann kommt die Entscheidung zum Bundeshaushalt 1983; dann kommen die Wahlen in Hessen und in Bayern;

und dies alles vor dem Hintergrund der andauernden Wirtschafts- und politischen Krise der Welt. Fürwahr, *ein Jahr voller schicksalsträchtiger Entscheidungen.*

Ich bitte dafür um Mithilfe, denn, um die Wahrheit zu sagen, manchmal fühlt man sich im staatlichen Amte auch ziemlich allein.

In dieser Woche hier in München geht es keineswegs in erster oder zweiter Linie um die Frage, ob dieser oder jener denkbare Parteitagsbeschluß für den Kanzler ›zumutbar‹ ist, wie einige geschrieben haben, oder gerade eben und eben noch zumutbar. Es geht auch nicht einfach um die Verlängerung sozialdemokratischer Regierungsarbeit, um ein 16. und 17. Jahr oder einer Kanzlerschaft um ein 9. oder 10. Jahr, sondern es geht vielmehr darum, das Staatsschiff nicht in sehr hartem Wetter einem anderen Kommando zu überantworten. Darum geht es in Wirklichkeit.

(Beifall)

Natürlich geht es auch um den Kanzler. Ich will mich der Kritik stellen. Ich weiß, daß ich Fehler gemacht habe, daß ich zukünftige Fehler nicht werde vermeiden können. Wer könnte das? Gleichwohl, der Bundeskanzler darf sich weder die Richtliniengewalt noch seine anderen grundgesetzlichen Aufgaben aus der Hand nehmen lassen, übrigens auch nicht hinsichtlich der Bestellung von Bundesministern.

(Beifall)

Der Artikel 64 Absatz 1 im Grundgesetz ist ganz einfach. Er sagt: ›Die Bundesminister werden auf Vorschlag des Bundeskanzlers vom Bundespräsidenten ernannt und entlassen.‹ Daran werde ich mich halten und bitte die Partei dafür um Verständnis.

(Beifall)

Eine Ausnahme ist geschehen, und ich wiederhole: Ich begrüße, daß Hans-Jürgen Wischnewski bereit ist, in die Regierungsarbeit zurückzukehren.

Aber ich will hinzufügen: Ich bin sehr betroffen, wie die Namen vieler verdienter, tüchtiger und angesehener Genossinnen und Genossen in Partei, Fraktion und Regierung durch Gerüchtemacherei in ein öffentliches Kesseltreiben hineingezogen worden sind. Wer sich als Sozialdemokrat daran beteiligt hat, der hat nicht anständig gehandelt.

(Beifall)

Ministerwechsel sind in allen Demokratien etwas Normales. Trotzdem sind sie überall auch schmerzhaft. Sie können kein Urteil sein über die menschlichen und über die politischen Qualitäten des Betroffenen. Wechsel sind manchmal unvermeidlich, aber man sollte daraus auch nicht ein politisches Allheilmittel machen wollen. Ich jedenfalls beabsichtige keine sogenannte umfassende Kabinettsumbildung.

Ihr werdet verstehen, daß ich mich zu Personalfragen des Kabinetts zunächst an keinem anderen Orte äußern kann als vor der sozialdemokratischen Bundestagsfraktion, und zwar zum angemessenen Zeitpunkt und gewiß nicht vor dem Vortrag beim Bundespräsidenten.

Vor mehr als zwanzig Jahren hat Willy Brandt anläßlich seiner Nominierung als Kanzlerkandidat auf dem Bundesparteitag in Hannover die folgenden Worte gesagt:

›Ich werde nicht verleugnen und nicht vergessen, daß es diese unsere, meine Partei ist, die mir die Aufgabe gestellt hat; aber ich sage ebenso offen, daß die Richtschnur meines Handelns das Gewissen sein wird, das nur dem Ganzen verpflichtet sein kann ... Es ist vielleicht nicht populär, wenn ich hier erkläre, daß ich nicht einfach nur Willensvollstrekker der Partei sein kann, sondern daß ich nach ernsthafter Überlegung in eigener Verantwortung jene Entscheidungen werde treffen müssen, die im Interesse unseres Volkes erforderlich sind. Aber ich weiß, daß die Sozialdemokratische Partei, deren Vertrauen ich habe, mir die Freiheit der Entscheidungen gewähren wird, die dieses Amt nach dem Grundgesetz braucht.‹

(Beifall)

So wie das für den damaligen Kanzlerkandidaten galt, so gilt es für den heutigen Kanzler. Seit es in Deutschland wieder politische Freiheit gab, bin ich Sozialdemokrat. Unsere Sozialdemokratie und das, wofür sie steht und wofür sie kämpft, ist ein Teil meines Lebens. Und das sind nun 37 Jahre. Es wird auch so bleiben; darauf kann man sich verlassen. Hier in der Partei hat mein Gewissen, von dem da eben in dem Zitat die Rede war, seine Wurzeln; das Gewissen, wie Willy Brandt gesagt hat, das die Richtschnur des Handelns eines Bundeskanzlers sein muß.

Zurück zu unserer Partei. *Wir brauchen als ganze Partei heute und dieses Jahr eine große neue Kraftanstrengung zum Realismus gegenüber zwei Herausforderungen der heutigen Welt, und wir brauchen eine Erneuerung des Wir-Gefühls in unserer Partei!*

(Beifall)

Unsere Handlungsfähigkeit zu stärken, ist unsere Pflicht gegenüber dem Vaterland, gegenüber unseren Wählern und gegenüber den Millionen Deutscher, die uns nicht wählen dürfen, die aber um so mehr ihre Hoffnungen auf die Friedenspolitik der Sozialdemokratie setzen.

(Beifall)

Wir glauben bei alledem nicht an eine konfliktfreie oder ›formierte‹ Gesellschaft oder gar eine konfliktfreie Welt. Wir sind nicht harmoniegläubig. Aber daß wir helfen können, daß wir helfen müssen, Konflikte friedlich zu lösen, von dieser Überzeugung sind wir zutiefst erfüllt.

Friedlich die Konflikte lösen, das gilt für die Außenpolitik des Friedens, und es gilt ebenso für die innere Politik. Wir wollen eine Gesellschaft, in der der Klassenkampf von oben keine Chance hat und in der der Klassenkampf von unten nicht notwendig ist.

(Beifall)

Der Verlauf des Parteitages kann dazu beitragen, daß wir das Vertrauen festigen, das uns entgegengebracht wird. Er kann auch dazu beitragen, verlorenes Vertrauen zurückzugewinnen. *Dazu müssen wir Sozialdemokraten aufeinander zugehen, deshalb müssen wir füreinander einstehen.*

Ich will meinen Teil dazu beitragen.

(Langanhaltender lebhafter Beifall – die Delegierten erheben sich)

IV.
WISSENSCHAFT, KUNST UND RELIGION

»Wie christlich kann Politik sein?«

Podiumsgespräch beim Deutschen Evangelischen Kirchentag am Freitag, 19. Juni 1981, in Hamburg (Textauszüge Bundeskanzler Helmut Schmidt)

»Ich möchte mit einer Antwort auf die Frage beginnen, die diesem Podium gestellt ist. Der Artikel 5 unseres Grundgesetzes gibt jedermann das Recht und die Freiheit, seine eigene Meinung zu sagen; das gilt natürlich auch für die Kirche und für jedes Mitglied in der Kirche, für jeden Pfarrer und jeden Bischof. Seine Meinung sagen zu dürfen, verlöre freilich seinen Sinn, wenn es niemanden gäbe, der bereit wäre, zuzuhören. Jemand, der für den Frieden eintritt und nicht bereit ist, dem anderen zuzuhören, gibt ein schlimmes Beispiel dafür, wie es zwischen Staaten enden muß, wenn man gegenseitig nicht zuhören will.

Nicht aus der Sicht des Grundgesetzes, sondern als Christ, als Mitglied meiner Kirche, füge ich hinzu: Christen sollen nach meinem Verständnis als Demokraten ihre politische Meinung deutlich sagen. Ein anderes wäre es, wenn die Kirche als Ganze oder wenn wichtige kirchliche Autoritäten verkünden wollten, wie in einzelnen Fragen in diesem Staat entschieden werden soll, zum Beispiel in der Frage der sozialen Sicherung, in der Frage, wieviel Geld für die Rentenversicherung und wieviel für die Entwicklungshilfe, wieviel für den sozialen Wohnungsbau und wieviel für die Bundeswehr zur Verfügung gestellt werden sollte.

Dies sind Fragen, die nach meinem Verständnis als Christ

nicht allein von der Heiligen Schrift her beantwortet werden können. Mit anderen Worten: Wer sich in solchen Fragen entscheidet, der muß zwar als Christ die Gebote Gottes und das, was in ihnen gesagt ist, beherzigen, ebenso bei dem, was er tut. Aber er kann nicht beanspruchen, mit dem, was er tut, allein christliche Politik zu vertreten.

Weder Herr Stoltenberg noch ich, die wir verschiedenen politischen Parteien angehören, würde je so vermessen sein zu behaupten, der andere vertrete eine Politik, die unchristlich ist, und nur man selber vertrete eine christliche Politik. Ganz wichtig ist, daß der Eindruck vermieden wird, als ob bestimmte politische Auffassungen alleine christlich seien. Das hat Professor Böckle gemeint, wenn er vorhin von der Tendenz zu einer Sakralisierung der Politik sprach.

Anders ausgedrückt und vielleicht etwas leichter verständlich: Wer so tut, als ob seine politische Meinung allein dem Worte Christi folge, der muß sich sehr drastisch warnen lassen, daß er nicht in eine ›Gott-mit-uns-Theologie‹ verfällt. Ich erinnere an die Zeit Wilhelms II., als man sich einbildete, Gott sei mit uns, wenn der Kaiser damals die deutsche Armee mit den bekannten Koppelschlössern ausrüsten ließ: Jeder Soldat trug auf dem Schloß seines Koppels diese drei Worte – ›Gott mit uns‹. Es ist eine schlimme Anmaßung zu glauben, daß Gott mit der eigenen politischen Meinung sei. Richtig ist, sich unter Gottes Gebot zu stellen, bei allem, was man entscheidet.

Natürlich hat das Evangelium für den christlichen Politiker durchaus auch eine politische Dimension. Ich stimme Professor Sontheimer darin ausdrücklich zu. Aber ich sage auch, für Fragen des Baus einer neuen Eisenbahnstrecke oder einer neuen U-Bahn-Strecke oder einer neuen Startbahn für einen Flugplatz gibt das Evangelium keine Richtschnur, da muß die Richtschnur im eigenen vernunftgemäßen Abwägen gefunden werden. Es gibt andererseits politische Fragen, in denen unmittelbar aus der Schrift heraus eine Entscheidung möglich ist.

Zum Beispiel: Wenn einer eine militärische Rüstung anstrebt, mit der er den anderen überwältigen will, so ist dies ganz zweifellos eine unchristliche Politik. Ein zweites Beispiel: Wenn einer es unternimmt, mit seinem Gesetz zwischen der Behandlung von Weißen, Schwarzen und Farbigen zu unterscheiden, dann ist dies ganz zweifellos unchristlich, weil es Brüder unterschiedlich behandeln will, die doch vor Gott alle gleich sind. Ich will bei dieser Gelegenheit sagen, daß ich es tief bedauere, daß eine Regierung einem farbigen Bischof, dem Bischof Tutu, den ich gut kenne und schätze, die Ausreise zum Kirchentag hier nach Hamburg verweigert hat.

Ich möchte aber ebenso deutlich sagen, daß ich nicht erkennen kann, daß aus dem Evangelium unmittelbar eine Handlungsanweisung für den Umgang der Staaten miteinander folgt. Am kommenden Montag wird es genau vier Jahrzehnte her sein, daß unter dem Befehl Adolf Hitlers die deutschen Armeen die Sowjetunion überfallen haben. Nichts ist wichtiger, als sich daran zu erinnern. Nichts ist wichtiger, als sich bewußt zu sein, daß die Sowjetvölker, die sich gegen diesen Einfall mit großer Kraft gewehrt haben, gerechtfertigt handelten – auch wenn ihnen in der Bergpredigt gesagt war, sie sollten der Gewalt, die an ihnen geübt wurde, nicht widerstehen. Ebenso waren die Frauen und Männer des 20. Juli 1944, die Hitler widerstanden haben, nach meiner festen Überzeugung gerechtfertigt, obgleich ihnen in der Bergpredigt gesagt war, sie sollten dem Bösen, das ihnen widerfuhr, keinen Widerstand leisten.

Die Schlußfolgerung daraus: Jede politische Entscheidung ist zugleich eine sehr persönliche Entscheidung des einzelnen Menschen. Jeder von uns muß der politischen Entscheidung stets das Abwägen vorangehen lassen. Ohne Vernunft kann Politik nicht verantwortet werden. Aber man darf die Moral nicht hinter die Vernunft zurückstellen; beides ist unabdingbar notwendig.«

»Liebe Freunde, nachdem Heinrich Albertz, den ich nie als Feind gesehen habe, sondern als Freund, in seinen Ausführungen von der Bergpredigt bis zu den jüngsten Beschlüssen des Nordatlantischen Bündnisses gekommen ist, muß ich zunächst einmal auf die Bergpredigt zurückkommen.

Es heißt in der Bergpredigt: ›Ich aber sage Euch, leistet dem, der Euch etwas Böses antut, keinen Widerstand, sondern, wenn einer Euch auf die rechte Wange schlägt, haltet ihm auch die andere hin.‹ (*Albertz:* So ist es.) Und Heinrich Albertz sagt: ›Das muß doch Folgen haben!‹ Hier wird die Frage aufgeworfen werden müssen, welche Folgen dies in unserer unerlösten Welt haben muß. Hat es zum Beispiel die Folge, daß jemand, der mit einem Mörder zu tun hat, auf das Herbeirufen der Polizei und das Anrufen des Gerichts verzichtet? Das ist eine ernstgemeinte Frage. Ich will sie aber auf den Widerspruch hin begründen.

Die schwerste Zeit, die ich als Politiker, als Bundeskanzler, erlebt habe, war während der Entführung von Hanns-Martin Schleyer, nachdem vier seiner Begleiter bereits ermordet waren, und während der Entführung eines Flugzeuges mit 90 völlig unbeteiligten Menschen erst nach Italien, dann in den Nahen Osten, dann nach Ostafrika. Ich stand gemeinsam mit meinen Regierungskollegen vor der Frage: Sollten wir dem Verlangen der Entführer entsprechen, die verurteilten und zum Teil noch nicht verurteilten, aber des Terrorismus verdächtigen Personen aus den Gefängnissen herauslassen, um das Leben Schleyers und der 90 Personen in dem Flugzeug in Mogadischu zu retten? Und wir standen vor der anderen Frage: Wenn wir die Terroristen herausließen, würden diese dann nicht später erneut anderer Menschen Leben gefährden? Wir haben lange mit uns gerungen – zutiefst ergriffen und zugleich auch unter Anstrengung aller unserer Vernunft –, und zum Schluß haben wir entschieden: Nein, wir lassen die Terroristen nicht heraus. Andere Terroristen haben daraufhin auch Hanns-Martin Schleyer umgebracht. Die 90 Menschen in dem Lufthansa-Flugzeug konnten wir mit geringfügigen Verletzungen – allerdings mit erheblichen Verlusten bei den Terroristen – befreien.

Ich bekenne: Wir haben in diesem Falle die Bergpredigt nicht wörtlich genommen. Wir haben Widerstand geleistet gegenüber dem, der uns und unseren Landsleuten Böses angetan hatte und Böses antat. Ich glaube, jetzt versteht es jeder, wenn ich frage, ob die Bergpredigt wirklich dazu führen muß, daß man gegenüber dem Gewalttäter darauf verzichtet, Polizei und Gericht anzurufen. Ob wir damals bei der Entführung von Dr. Schleyer und bei der Entführung des Flugzeuges richtig gehandelt haben, das wage ich nicht zu entscheiden. Ich bin ganz sicher, daß wir Schuld auf uns geladen haben, Schuld gegenüber Dr. Schleyer und seiner Familie. Ob wir bei einer anderen Entscheidung mehr Schuld auf uns geladen hätten, kann ich nicht entscheiden. Aber ich weiß guten Gewissens, daß ich in einem ähnlichen Falle immer wieder so entscheiden würde wie damals. Und das hat allerdings mit der Verteidigung des Rechts und des Friedens ganz zentral etwas zu tun.

Ein Jahr nach der nationalsozialistischen Machtergreifung hat sich die damalige Bekennende Kirche – bedroht durch nationalsozialistische Diktatur, bedroht durch Aushöhlung von innen, indem Nazis als sogenannte Deutsche Christen die Autorität der Kirche unterhöhlten – im Mai 1934 in Barmen getroffen und hat dort eine theologische Erklärung verfaßt, die dem geistigen, dem sittlichen, dem religiösen Widerstand gegen das Dritte Reich diente. Dort heißt es in der Ziffer 5 wörtlich: ›Die Schrift sagt uns, daß der Staat nach göttlicher Anordnung die Aufgabe hat, in der noch nicht erlösten Welt nach dem Maß menschlicher Einsicht und menschlichen Vermögens unter Androhung und Ausübung von Gewalt für Recht und Frieden zu sorgen.‹ Das war formuliert zur Zeit der Diktatur der Nazis! Und weiter: ›Die Kirche . . . erinnert . . . an Gottes Gebot und Gerechtigkeit und damit an die Verantwortung der Regierenden und der Regierten.‹

Das letztgenannte Wort nehme ich hier auf. Die Regierten haben ihre eigene Mitbestimmung zu üben, sie haben ihr Wort zu sagen. Aber auch sie müssen sich unter die Notwendigkeit der Abwägung stellen, ob denn wirklich für Recht und Frieden – wie damals in Barmen gesagt und im wesentlichen von Karl Barth formuliert – notfalls auch Gewalt angedroht oder sogar ausgeübt werden soll. Ich bekenne mich dazu, daß es zweifellos unchristlich wäre, andere mit Gewalt bedrohen oder bezwingen zu wollen. Ebenso bekenne ich mich mit meinem christlichen Gewissen dazu, sich zu verteidigen gegen fremde Gewalt; das finde ich in Ordnung, das stimmt mit meinem Gewissen völlig überein.«

»Ich will, was die Friedensbewegung angeht, grundsätzlich zwischen zwei verschiedenen Elementen unterscheiden. Ich will auf der einen Seite meinen Respekt vor den Gesinnungspazifisten ausdrücken, vor jenen, die sagen: Ich als einzelne Person nehme unter keinen Umständen eine Waffe in die Hand. Ich drücke ihnen im übrigen nicht zum erstenmal meinen Respekt aus.

Schon in den fünfziger Jahren, als ich das erste Mal in den Bundestag gewählt worden war, habe ich mich dafür eingesetzt, daß ein Gesinnungspazifist, der aus innerer Gewissensüberzeugung den Kriegsdienst verweigert, in Deutschland besser behandelt wird als in irgendeinem anderen Staat der Welt. Es gibt keinen Staat der Welt, in dem der Kriegsdienstverweigerer eine so weitgehende Freiheit für die Unversehrtheit seines Gewissens genießt wie bei uns in der Bundesrepublik Deutschland. Und ich bin stolz, daran mitgewirkt zu haben. Aber ich glaube nicht, daß diese gewissensbegründete, grundsätzlich pazifistische Haltung mich und meine Kollegen in der Bundesregierung und im Bundestag wesentlich unterstützen kann in der vernunftgemäßen Abwägung dessen, was im Zusammenleben der Staaten notwendig und was überflüssig, was gefährlich und was förderlich ist.

Das zweite Element der Friedensbewegung kann uns hingegen im Abwägen dessen, was im Umgang unter den Staaten nützlich ist, sehr hilfreich sein; ich meine diejenigen, die sich selbst als sogenannte ›rationale Friedensbewegung‹ bezeichnen. Jemand, der mit Vernunftsgründen die Politik, die wir bisher gemeinsam mit unseren Freunden und Verbündeten betrieben haben, kritisch unter die Lupe nimmt, muß uns willkommen sein. Denn wir sind angewiesen auf kritische Durchleuchtung dessen, was wir tun. Und derjenige, der mit Vernunftsgründen die Voraussetzungen und die möglichen Folgen unseres Handelns kritisch untersucht, muß uns recht sein, auch wenn wir im Ergebnis mit ihm möglicherweise nicht übereinstimmen.

Ich hatte vorhin vom 40. Jahrestag des Überfalls auf die Sowjetunion gesprochen. Auch ich war damals Soldat und als solcher in der Sowjetunion. Ich werde gegenüber den Jüngeren hier im Saal daran erinnern dürfen, daß ich andererseits um des Friedens willen fünfmal in meinem Leben zu politischen Gesprächen in Moskau gewesen bin, darunter dreimal als Bundeskanzler. Viermal habe ich persönlich mit Herrn Breschnew darüber gesprochen, was man tun kann, um den Frieden zu bewahren. Ich darf Ihnen versichern, nirgendwo haben Leonid Breschnew und ich uns besser verstanden als im gegenseitigen Vertrauen, daß auch der andere weiß und nicht vergessen hat, wie schrecklich der 2. Weltkrieg war, und in dem gegenseitigen Vertrauen, daß auch der andere weiß, daß man einen dritten Weltkrieg nicht entstehen lassen darf.

Dies hat zwischen Herrn Breschnew und mir heute vor drei Jahren – damals nicht in Moskau, sondern in Bonn – zu der Übereinstimmung geführt, die wir in einer gemeinsamen Erklärung unterschrieben und veröffentlicht haben, daß eine der Vorkehrungen für den Frieden und seine Stabilisierung ein ungefähres Gleichgewicht der militärischen Rüstung zwischen Ost und West sei – nicht zwischen der Sowjetunion und uns Westdeutschen.

Wir sind ja nur eine mittlere Macht, wir haben auch keine nuklearen Waffen. Wir sind angewiesen, was Berlin angeht, auf den Beistand der Amerikaner, der Franzosen und der Engländer. Wir sind angewiesen, was unsere eigene Sicherheit angeht, auf das Bündnis mit den übrigen Staaten Europas und auf unsere eigenen Soldaten. Wir sind eine mittlere Macht. Aber wir haben gemeinsam mit Leonid Breschnew unterschrieben, daß eine der Bedingungen für die Stabilisierung des Friedens ein ungefähres Gleichgewicht der militärischen Kräfte zwischen Ost und West ist. Dabei bleibe ich auch heute. Jemand, der das Gleichgewicht ablehnt, macht jeden Abrüstungsvertrag unmöglich, denn keiner kann einen Vertrag schließen, in dem der eine zehn bekommt und der andere nur eins. Solche Verträge sind undenkbar!

Inzwischen gibt es eine erhebliche sowjetische Aufrüstung mit SS-20-Raketen, die es 1978 nicht gegeben hat, Raketen, die auch Hamburg bedrohen, und wer hier ›Lüge‹ schreit, muß offenbar in der Sowjetunion selber nachgeschaut haben, sonst kann ich mir eine solche Äußerung nicht erklären.

Es geht nicht darum, daß *wir* ein Gegengewicht setzen, sondern es geht darum, ob die Amerikaner ein Gegengewicht setzen. Der sogenannte Doppelbeschluß, von dem Heinrich Albertz sprach, sagt doch: Erstens: Notfalls werden die Amerikaner auch solche Waffen hier in Europa hinstellen. Zweitens: Der Westen will mit der Sowjetunion darüber verhandeln. Im Idealfall wird das dazu führen, daß die Russen die Waffensysteme wieder abbauen, die sie inzwischen aufgebaut haben. Dann brauchen die Amerikaner ihrerseits auch keine Raketen mehr zu installieren.

Ich meine das vollständig ernst, und ich wehre mich dagegen, daß hier so getan wird, als ob wir Deutschen die Absicht hätten, mit Raketen aufzurüsten.

Es ist auch nicht richtig, so zu tun, als ob wir Deutschen diejenigen wären, die durch ihren Beschluß aus dem ›programmierten Wahnsinn der Menschheitsvernichtung‹, wie Heinrich Albertz das genannt hat, ausbrechen können. Notwendig ist, daß Russen und Amerikaner, daß alle in Europa miteinander reden, daß sie ihre gegenseitigen Ängste und Befürchtungen ernst nehmen und daß sie gegenseitig ihre Rüstung begrenzen. Wer sich allein auf den Weg der Abrüstung begibt, mag sich eines Tages dort wiederfinden, wo sich die Afghanen heute schon befinden.«

»Es hat einer der Publikumsanwälte das Zitat vorgelesen: ›Wenn die Russen sich nicht an die Bergpredigt halten, brauchen wir uns auch nicht an die Bergpredigt zu halten.‹ Wenn mir dieses Zitat in den Mund gelegt wird, so ist es falsch. Was ich gesagt habe, klang anders, nämlich: Weder bei ihrem militärischen Einmarsch in Ungarn noch bei ihrem militärischen Einmarsch in die Tschechoslowakei, noch bei ihrem Einmarsch in Afghanistan habe sich die Sowjetunion an die Bergpredigt gehalten. Ich habe das als Beispiel dafür angeführt, daß die Bergpredigt keine Handlungsanweisung für den Umgang mit einer Supermacht bietet.

Es hat jemand aus dem Publikum die heutige Mehrheit im

Bonner Bundestag mit der nationalsozialistischen Diktatur verglichen. Ich muß darauf hinweisen: Jeder in Deutschland, jedenfalls in der Bundesrepublik Deutschland, jeder auch hier in diesem Saal, kann heute – anders als in der Nazizeit – seine Meinung sagen, ohne um sein Schicksal fürchten zu müssen. Dies ist der einzige Punkt, der mich heute nachmittag zur Schärfe veranlaßt. Wer diesen freiheitlichen Staat herabsetzt, als ob er eine Diktatur sei, der versteht nichts von der Freiheit eines Christenmenschen.

Es ist die Frage gestellt worden, ob das Eigentum höher zu bewerten sei als das Leben. Meine Antwort: Auf keinen Fall! Leben und Freiheit sind übergeordnete Werte, deshalb finden sich beide zugleich im Artikel 2 unseres Grundgesetzes. Ihm vorangestellt ist die Würde des Menschen.

Jemand hat eine Frage nach diplomatischen Beziehungen zu diktatorischen und marxistischen Staaten gestellt. Die Bundesregierung ist der Meinung, daß sie diplomatische Beziehungen zu allen Staaten der Welt haben muß. Wenn wir uns nur auf Demokratien nach unserer Vorstellung beschränken wollten, dann könnten wir ungefähr zwei Drittel aller unserer Diplomaten einsparen. Gleichzeitig aber würden wir an der Erhaltung des Friedens nicht mehr mitwirken können.

Jemand hat, gestützt auf die ›Frankfurter Rundschau‹, aus einem Buch von mir zitiert, das ich vor 20 Jahren geschrieben habe. Ich habe seitdem mehrere Bücher geschrieben. Die Welt ist auch nicht stillgestanden, und ich habe mich mit demselben Thema inzwischen viele Male erneut beschäftigt.

Der Meinungswandel, von dem hier die Rede war, liegt vor allen Dingen im Wandel der Umstände, die analysiert werden müssen. Inzwischen gibt es längst atomare Waffen in beiden Teilen Deutschlands, gibt es längst Mittelstreckenraketen in großer Zahl in der Sowjetunion, gibt es auch westliche Raketen, die aber nicht so weit reichen, um die Sowjetunion zu treffen – bisher jedenfalls nicht.

Die Frage, ob es nicht besser wäre, wenn der Westen seine zukünftigen Waffen auf Schiffe auf hoher See stützte, ist in meinen Augen sehr gerechtfertigt. Die Bundesregierung hat diese Frage im Laufe der letzten Jahre in den Beratungen des Bündnisses mit großem Nachdruck eingebracht. Wir haben uns damit nicht durchsetzen können, weil wir akzeptieren mußten, daß dieses Programm unendlich viel teurer geworden wäre. Es gab zudem noch andere Gründe. Das haben wir akzeptieren müssen. Es kann auch nicht so sein, daß die Bundesrepublik Deutschland ihren Kopf alleine durchsetzt in einem Bündnis von 15 Staaten. Es war unser Vorschlag, wir haben uns damit bisher nicht durchgesetzt, und es gab gute Gründe für die anderen, anderer Meinung zu sein.

Dann ist die Frage gestellt worden, insbesondere Heinrich Albertz hat die Frage noch einmal unterstrichen, ob wir mit dem sogenannten Doppelbeschluß nicht im wesentlichen amerikanischen Interessen folgen, und er hat gemeint, ob ich nicht von Amerika her unter Sachzwängen steckte, denen ich nicht entrinnen könne. Dazu muß ich sagen, daß ein Politiker unter viel mehr Zwängen steckt, als er öffentlich sichtbar machen kann. Das ist auf allen Feldern so. Das gilt auch für die Finanzierung der vorhin besprochenen Sozialversicherung und der Entwicklungshilfe oder anderer öffentlicher Aufgaben.

Was aber Amerika angeht, so sitzen die Amerikaner in demselben Boot wie wir. Sie stehen vor derselben großen Schwierigkeit, ihren jungen Menschen, ihren Soldaten klarzumachen, was wir nun schon seit 25 Jahren unseren Soldaten klarzumachen haben: daß es notwendig ist, sich verteidigen zu können, damit man nie in die Lage kommt, tatsächlich kämpfen zu müssen.

Die Behauptung, daß der amerikanische Präsident Reagan

die Sowjetunion überwältigen wolle, halte ich für üble Propaganda. Es gibt sehr vieles in Amerika, was mir nicht gefällt. Es gibt manches in der amerikanischen Politik, was ich in Deutschland nicht sehen möchte. Aber nie werde ich vergessen, daß unmittelbar nach einem Kriege, der die Amerikaner Hunderttausende von Toten gekostet hat, das amerikanische Volk uns seine Care-Pakete und seinen Marshall-Plan geschickt hat, um uns in christlicher Bruderschaft zu helfen.

Ich habe mein politisches Schicksal daran geknüpft, daß zwischen West und Ost über die beiderseitige Begrenzung dieser schrecklichen Waffen ernsthaft verhandelt wird. Und wenn die Frage gestellt wird, ob nicht die Sowjetunion sich so vorkommen müsse, wie sich vor 20 Jahren die USA vorkamen, als Chruschtschow auf Kuba Raketen stationieren wollte, dann ist diese Frage nicht unberechtigt. Aber ich füge hinzu: Wie müssen wir Deutsche uns eigentlich vorkommen, nachdem seit Jahr und Tag sowjetische Raketen ohne Gegengewicht in zunehmender Zahl auf uns gerichtet werden? Wir haben auch einen Anspruch auf Unversehrtheit, auf Freiheit und auf unseren Frieden.

Eine letzte Bemerkung zu dem Hinweis von Heinrich Albertz auf eine Demonstration in Berlin, wo er nicht genug Beteiligung findet von anderen politisch ernstzunehmenden Verantwortlichen. (*Albertz:* Keine Demonstration! Ganz vornehm in der Philharmonie!) Um so schlimmer, würde ich mit Dir sagen. Ich habe mit Vergnügen registriert, wen Du dort gerne alles sehen würdest.

Aber ich möchte in diesem Zusammenhang folgendes anmerken: Ich habe heute mittag, ehe ich herkam, einen Zeitungsaufsatz fertiggestellt, der morgen wohl an verschiedenen Stellen Deutschlands unter der Überschrift ›Niemals den 2. Weltkrieg vergessen!‹ erscheinen wird. Darin sage ich: Wir, die wir heute in Deutschland leben, tragen zumeist keine Schuld am 2. Weltkrieg. Aber wir tragen die Hauptlast der moralischen Verantwortung dafür, daß aus dem Hitlerschen Wahnsinn die richtigen Konsequenzen gezogen werden. Das kann nicht dazu führen, daß wir unsere eigene Freiheit, daß wir unseren eigenen Frieden aufs Spiel setzen. Das werden wir gewiß nicht tun. Dazu haben wir Bündnisse, dazu haben wir die Bundeswehr. Aber das muß heißen, daß jeder Jude auf der Welt, jeder Franzose, jeder Pole, jeder Russe, daß jedermann in der Welt von uns Deutschen verlangen kann, daß wir Hitlers Verbrechen und Hitlers Krieg niemals vergessen. Und das heißt: Niemals darf von deutschem Boden wieder ein Krieg ausgehen!«

Musik und Theater als Ausdruck kultureller Lebensform

Rede auf der Matthiae-Mahlzeit im Kaisersaal des Rathauses Hamburg am 23. Februar 1982

»Meine sehr geehrten Damen und Herren!

›Der Reichtum und die Vielfalt der europäischen Kultur beruht auf dem Vorhandensein selbständiger nationaler Lebensformen. Ohne sie würde die Welt ärmer.‹

Als Max Brauer dies 1942 im amerikanischen Exil gesagt hat, da hatte es für viele wohl den Anschein, als würden im Inferno des Zweiten Weltkrieges auch alle die ›selbständigen nationalen Lebensformen‹ Europas untergehen. Nur einer, der an die kulturelle Kraft Europas und auch an die Kraft der eigenen deutschen Lebensformen glaubte, konnte damals so sprechen.

Ein anderer Heimkehrer aus Amerika hat ein paar Jahre später geschrieben: ›Die Menschen sehen abgeschabt aus wie in Rußland ... Die Zerstörung ist so grenzenlos. Die Ruinen, ... die zerstörten Hafenanlagen mit verrenkten, verrosteten Eisengerüsten scheinen nur eine Sprache zu sprechen: Laßt alle Hoffnung fahren.‹

So Herbert Weichmann 1948. Aber im gleichen Brief schrieb er damals auch: ›Ein Preis mußte bezahlt werden, und er ist bezahlt worden – und jetzt fängt ein neues Kapitel an.‹

Noch preußischer kann kaum beschrieben werden, was

hamburgischer Geist bedeutet. Die Katastrophe hatte gepackt und geschüttelt – auch das Wissen um die Schuld, die in die Katastrophe geführt hatte. Aber der Preis war bezahlt worden; die Rechnung war saldiert. Jetzt mußte also angepackt und geholfen werden: mit Zuversicht, Selbstvertrauen und Mut. Hanseatischer Geist!

Erlauben Sie mir hinzuzufügen: auch sozialdemokratischer Geist, jedenfalls wie ich ihn verstehe. Ich beeile mich, ähnlich wie vorhin Klaus von Dohnanyi, den Namen Kurt Sievekings hinzuzufügen – auch er ein großer Hamburger, der als Botschafter in die Welt ging, um später als Heimgekehrter seiner Stadt bedeutende Dienste zu leisten.

Der Blick über die Grenzen gehört noch immer zu unseren Hamburger Tugenden. Dabei fällt seit Generationen der Blick der Hamburger zunächst auf die große englische Handelsnation an der gegenüberliegenden Küste. England hat am stärksten das beeinflußt, was man ›hamburgischen Stil‹ nennen könnte.

Mehr im Spaß füge ich hinzu: Dies bestätigt sich auch heute noch bei einigen älteren Herren von der Elbchaussee, die sogar ihre Oberhemden in London kaufen – ohne zu ahnen, daß die genauso in Hongkong genäht werden wie die Oberhemden vom Neuen Wall.

Aber nun im Ernst: Mir ist es eine ganz besondere Freude, den Außenminister Großbritanniens, meinen Freund Lord Peter Carrington, hier im Hamburger Rathaus als Gast zu sehen.

Er hat es richtig geschildert: Unsere Freundschaft rührt aus den Zeiten her, in denen wir beide Verteidigungsminister unserer Länder waren und im Nordatlantischen Bündnis zusammenarbeiteten. Aber mehr noch als durch den Zufall gleichzeitiger Ressortzuständigkeit und durch die enge Zusammenarbeit im Bündnis fühle ich mich Lord Carrington in einer politischen Grundüberzeugung verbunden: Wir sind beide keine Anhänger von internationaler Konfrontation und Polemik, sondern wir suchen beide den politischen Erfolg in geduldiger Verhandlung.

Wie erfolgreich solch ein Weg sein kann, hat Peter Carrington im Fall Rhodesiens gezeigt, wo er durch zähe Verhandlungen den friedlichen Weg für ein unabhängiges Simbabwe gebahnt hat.

Großbritannien und die Bundesrepublik Deutschland sind Partner in der Europäischen Gemeinschaft, Verbündete im Nordatlantischen Bündnis – die Britische Rheinarmee ist dankbar anerkannter, sichtbarer Ausdruck dieser Tatsache –, und Großbritannien gehört zu den Schutzmächten Berlins.

I fully subscribe to anything which you, Peter, have said about the Anglo-German relationship, about the European Community, about NATO and about Germany. Whatever the ›Washington Post‹ may recently have written about you, Peter, I fully subscribe also to what Klaus von Dohnanyi has said about you tonight. And I wish to add: As much as we Germans depend heavily on Britain, as much do we consider you personally to be one of the most dependable representatives of your great nation.

Es ist einfach, von Lord Carrington, dem erblichen Mitglied des englischen Oberhauses, zu den ›selbständigen nationalen Lebensformen‹ zurückzukehren, von denen bei Max Brauer vorhin die Rede war. So sehr Brauer recht hatte, so wahr ist auch, daß die kulturelle Gemeinsamkeit zwischen den Europäern eine große Bereicherung für ganz Europa bedeutet.

So hat sich zum Beispiel die Hamburger Oper am Londoner Haymarket-Theatre orientiert, als sie im 17. Jahrhundert am Gänsemarkt entstand. Zu Beginn des 18. Jahrhunderts gehörte der englische Gesandte in Hamburg zum Direktorium der Oper. Zur Krönung Georgs II. wurde 1727 am Gänsemarkt ein Prolog aufgeführt mit dem schönen Titel: ›Das jauchzende Groß-Britannien‹. Und der britische Gesandtschaftssekretär in Hamburg, Thomas Lediard, übersetzte 1725 Händels Oper ›Julius Cäsar‹ – eine italienische Oper von einem Komponisten, den Peter Carrington und manch anderer für einen Engländer halten – für das deutsche Publikum in Hamburg ins Deutsche.

Wie steht es aber nun umgekehrt mit dem Beitrag Hamburgs zu der gemeinsamen europäischen Kultur? Vor fast 20 Jahren habe ich in einem damals mit drei Sternen gezeichneten ›Brief an Hamburger Freunde‹ geschrieben: ›Diese Stadt beherbergt ein unglaubliches Reservoir an weltweiter Erfahrung, an geistigem Potential ... Wißt Ihr eigentlich, was alles Ihr in Euren Händen haltet? Macht Gebrauch von diesem Kapitel, wuchert mit Eurem Pfund!‹

Heute abend möchte ich von einem besonderen Kapitel dieser Stadt reden, von einem besonderen ›Pfund‹; ich meine die Musik und das Theater. Beide haben in Hamburg lange Tradition.

Es gibt schon aus dem 13. Jahrhundert die ersten Dokumente über Hamburger Musik. Einer der Vorsteher der damals gegründeten Musik-Gilde gab allerdings als Hauptberuf noch ›Kuchenbäcker‹ an. Kurz vor dem 30jährigen Krieg erhielt die Hamburger Musik dann englische Entwicklungshilfe in Gestalt des Direktors der Hamburger Ratsmusiken, eines Engländers namens William Brade. Höheren Rang hatte in Hamburg zu jener Zeit die Kirchenmusik. Die Hamburger sind in Gelddingen penibel und meistens knauserig. Trotzdem haben sie willig all die Reparaturen der Kirchenorgeln bezahlt, wenn die Blasebälge einmal wieder von den Ratten angefressen worden waren. Das kann man alles in den Akten wiederfinden.

Geleitet wurde die Kirchenmusik damals vom Kantor des Johanneums. Erst nach der Reformation haben die Kirchen ihren eigenen Kantor bekommen. Einen der bedeutendsten unter diesen Kantoren vermute ich in Thomas Selle, der von 1637 an hier musizierte. Wir haben von ihm vor ein paar Wochen ein hinreißendes Konzert für drei Chöre, Soli und Orchester im Michel gehört. Auf Selle sind Vincent Lübeck und J.A. Reinken gefolgt, die beide auf den jungen Johann Sebastian Bach einen großen Einfluß ausgeübt haben.

Und selbst den großen Bach hätten die Hamburger beinahe für sich gewonnen, wenn seine Bewerbung um die Organistenstelle an St. Jacobi nicht am Geld gescheitert wäre. Nicht an dem Geld, was man ihm zahlen wollte, sondern an dem Geld, das er nicht bezahlen konnte, um die Stelle zu kaufen: 4000 Mark; das hat damals die Mittel Bachs überstiegen.

Manchmal waren es vergleichsweise geringe Beträge, die Hamburg daran gehindert haben, Metropole einer ganzen Epoche zu werden!

Immerhin haben dann im 18. Jahrhundert Telemann und Carl Philipp Emanuel Bach in Hamburg gewirkt. Den ersteren haben wir vorhin gehört.

An der Hamburger Oper hat Händel Geige und Cembalo gespielt und vier Opern komponiert. Freundschaft verband ihn damals mit dem Organisten und Komponisten Johann Mattheson, der im Hauptberuf Sekretär des hiesigen englischen Gesandten war.

Händel ging nach London, so wie später Johannes Brahms nach Wien ging. Kein Ruhmesblatt für unsere Stadt. Carl Maria von Weber schrieb hier 1802 ein quasi energiepolitisches Lied, betitelt: ›Die Kerze‹. Dann hat er hier noch ein anderes Lied geschrieben, das hieß: ›Umsonst‹. Hamburg hatte wieder einmal ein Talent verloren, wie später auch Felix Mendelssohn.

Nachdem 1827 die Philharmonische Gesellschaft gegründet war, ist das Konzertwesen aufgeblüht. Liszt spielte hier, auch Schumann und Hans von Bülow. Die Oper hat 1891 Gustav Mahler verpflichtet. Ihr Ruf stieg so sehr, daß sie es war, die erstmalig Richard Wagners ›Ring der Nibelungen‹ im Londoner Covent-Garden aufgeführt hat.

Ich überspringe allzu vieles. Aber wer von uns, die wir heute leben, erinnert sich nicht an Hans Schmidt-Isserstedt, der das NDR-Sinfonie-Orchester zu Weltrang brachte? Wer erinnert sich nicht an die beiden großen Namen Günter Rennert und Rolf Liebermann, die mit dem Hamburgischen Musiktheater verbunden bleiben, weil sie es zu europaweitem Ruf geführt haben?

Auch die Kirchenmusik hat bei uns eine große Renaissance erlebt. Ich denke an Günter Jena, an Heinz Wunderlich und an Ernst Ulrich von Kameke. Seit dem Konzert am vorletzten Wochenende in der Johanniskirche füge ich den Namen Claus Bantzer hinzu.

Es gab und es gibt viel begeisternde Musik in Hamburg – vom ›Starclub‹ in St. Pauli und ›Onkel Pö‹ in Eppendorf bis hin zum allerletzten Wochenende in dem ehemaligen Herrenhaus des Staatsgutes Wulfsdorf, wo fünf aus der großen Zahl junger Musikanten unserer Stadt für ihre Freunde Bläserquintette aufgeführt haben. Übrigens: Die Freunde der Musiker sind jene junge Leute, die an ihren freien Wochenenden aus diesem heruntergekommenen Gebäude ein ›Haus der Natur‹ herrichten.

Aber das Pfund, mit dem Hamburg wuchern soll, das hat nicht bloß Noten. Auch das Sprechtheater hat hierzulande seine große Tradition, und auch auf diesem Feld sind große Namen Legion: Erich Ziegel oder Ehmi Bessel, Werner Hinz, Helmut Käutner oder Ullrich Erfurth – so viele Namen fallen einem ein, und keine Aufzählung könnte vollständig sein.

Eines zeichnet unsere Stadt besonders aus: die zahlreichen Privattheater. Da sind das Ohnsorg-Theater und das St.-Pauli-Theater, da ist Peter Ahrweilers ›Kleine Komödie‹ und Gerda Gmelins ›Theater im Zimmer‹, da ist Hans Fitzes Altonaer Theater und Friedrich Schütters ›Ernst-Deutsch-Theater‹.

Und schließlich gibt es das allererste Hamburger Privattheater nach dem Kriege – die Hamburger Kammerspiele. Um dieses Theater ist es mir heute abend besonders zu tun. Seine Neuaufführung von Wolfgang Borcherts Heimkehrerstück läßt allabendlich die heutige junge Generation verstehen, was uns nach dem Krieg vor fast vier Jahrzehnten bewegt hat.

Ich habe vorhin an die leidenschaftliche Entschlossenheit der Männer des Neubeginns nach dem Krieg erinnert. Genauso war es bei Ida Ehre: Die Katastrophe überlebt – und neu angefangen! Sie gab im Dezember 1945 Ardreys ›Leuchtfeuer‹ in deutscher Erstaufführung, und Leuchtfeuer strahlt die 82jährige Dame auch heute noch aus. Eine große Schauspielerin und eine große Kämpferin – wahrhaftig eine Frau, auf die wir stolz sein dürfen.

Aber es wäre mit dem Stolz allein nicht genug getan, meine Damen und Herren. Theater sind teuer; Privattheater sind oft Finanzierungswunder. 54 Millionen Mark werden Senat und Bürgerschaft in diesem Jahr der Oper geben, 23 Millionen Mark dem Schauspielhaus – aber weniger als eine Million den Kammerspielen.

Ich weiß, die Mittelverteilung geht nach festen Schlüsseln, Klaus. Ich weiß auch, daß die Stadt ein weitgespanntes kulturelles Angebot zu finanzieren hat.

Aber ich wende mich gar nicht an den Senat, ich wende mich auch nicht an die Bürgerschaft, sondern ich wende mich an die Bürger dieser Stadt: Sollte es Ihnen, meine Damen und Herren, nicht möglich sein, in guter hanseatischer Tradition von sich aus und ohne Staatsverfügung aus dem Rathaus dieser unglaublichen Frau zu helfen? Findet Euch zusammen und helft Ida Ehre, damit sie nach sehr bitteren Erfahrungen am Abend des Lebens nicht den Eindruck haben muß, *doch* ›draußen vor der Tür‹ zu stehen! Vielleicht ließe sich damit auch einlösen, was der große Theatermann Lessing in seiner ›Hamburgischen Dramaturgie‹ folgendermaßen umschrieben hat:

›Glücklich der Ort, wo die hämischen Neider den Ton nicht angeben; wo die größere Zahl wohlgesinnter Bürger sie in den Schranken der Ehrerbietung hält und nicht gestattet, daß das Bessere des Ganzen ein Raub ihrer Kabalen und patriotische Absichten ein Vorwurf ihres spöttischen Aberwitzes ist. So glücklich sei Hamburg in allem, woran seinem Wohlstande und seiner Freiheit gelegen: denn es verdient, so glücklich zu sein.‹

Soweit Lessing vor vielen Jahren. Ich möchte es heute abend indossieren. Ich bitte um Ihre Zustimmung und um Ihre tätige Hilfe!

Ich bitte Sie auch alle um Vergebung dafür, daß ich ein einziges Mal im Hamburger Rathaus nicht über Handel und Wandel reden wollte, nicht über Politik, nicht über Rathaus, Börse und Handelskammer unter ein und demselben Dache, ein einziges Mal nicht über Hafen und Schiffahrt – sondern über Musik und Theater, über Gustaf Gründgens, Boy Gobert und eben über Ida Ehre – über Hamburgs selbständige kulturelle Lebensform im Sinne Max Brauers.

In dessen Geist wende ich mich an das Hamburger Publikum. Wenn Wolfgang Borchert recht hatte mit dem Wort ›Hamburg – das ist unser Wille zu sein‹ – dann wisset: ohne Musik und ohne Theater kann man nicht sein!

Aber, verehrte Nachbarn, verehrte Freunde, eigentlich wißt Ihr das alles selbst. Macht Euch bewußt, was Ihr an Reichtum besitzt – macht Euch Euren Reichtum zu eigen – und mehret diesen großartigen Wohlstand!«

Soziale Verantwortung und Moral des Forschers und Wissenschaftlers

Ansprache auf der Festversammlung der 33. Ordentlichen Hauptversammlung der Max-Planck-Gesellschaft am 14. Mai 1982 in Bonn

»Sehr geehrter Herr Lüst,
meine sehr verehrten Damen, meine Herren!

Vor sieben Jahren habe ich schon einmal das Wort vor Ihrer Hauptversammlung ergreifen dürfen. Für eines meiner damaligen Themen habe ich später das – eben von Herrn Lüst in Erinnerung gerufene – Wort von der Bringschuld der Wissenschaften gegenüber der Öffentlichkeit gebraucht, das ich zur wenigstens teilweisen Kennzeichnung des Verhältnisses von Politik und Wissenschaft meinte anwenden zu sollen. Es hat damals eine kleine Diskussion darüber gegeben. Ich bin erstaunt, Herr Lüst, daß die Diskussion bis zum heutigen Vormittag reicht. Aber ich bin einverstanden.

Ich hatte damals gemeint, daß unter den heutigen Bedingungen Wissenschaftler nach Mitteln und Wegen suchen und sich anstrengen müssen, die Ergebnisse ihrer Arbeit für die Gesellschaft durchsichtig, begreifbar und schließlich auch anwendbar zu machen.

Ich habe gestern abend meine damalige, etwas längere Rede noch einmal gelesen. Ich bin heute leider aus den Gründen, die Herr Lüst schon angegeben hat, an sorgfältig ausgebreiteten Darlegungen gehindert, weil ich am frühen Mittag einen hohen Staatsgast in einer anderen Stadt zu empfangen habe. Aber ich will doch, an das damalige Wort wieder anknüpfend, einige wenige Anmerkungen machen.

Es sind Anmerkungen über die soziale Verantwortung des Forschers oder des Wissenschaftlers. Oder mit anderen Worten – und für viele wird dieser Begriff nicht einen antiquierten Klang haben –: Ich möchte *die Moral der Wissenschaft* ansprechen.

Moral oder Verantwortung kann nur in Personen liegen. Ich spreche also nicht ganz allgemein von der Wissenschaft oder den Wissenschaften, sondern ich spreche unter dem Begriff ›Wissenschaft‹ die persönliche Anstrengung vieler einzelner Forscher in den Instituten und Laboren an.

Die Beispiele wissenschaftlicher Durchbrüche und Fortschritte der jüngeren Vergangenheit und der Gegenwart – Herr Lüst hat uns eben wieder einige Beispiele angeführt – lassen mir die Verantwortung des einzelnen Forschers als bedrückend erscheinen.

Auf einem einfachen Küchentisch in Berlin ist Otto Hahn und Lise Meitner die erste künstlich herbeigeführte *Spaltung eines Atoms* gelungen. Wenige Jahre später explodierten die Atombomben über Hiroshima und Nagasaki. Seither hat sich das Kernwaffenarsenal der Atommächte ins Ungeheuerliche, ins Unvorstellbare gesteigert. Ohne die vorangegangene wissenschaftliche Leistung zweier Forscher hätte die Frage nach der Bewahrung des Friedens in der Gegenwart kaum gleichzeitig zur *Frage nach der Überlebenschance der menschlichen Spezies* werden können.

Die vielfach aufgeworfene Frage ist also, ob Otto Hahn und Lise Meitner dafür Verantwortung tragen. Gesetzt den Fall, die Frage nach der Verantwortung wäre – jedenfalls zu einem Teil – mit ›Ja‹ zu beantworten: Wie sollte es eigentlich ein einzelner Forscher moralisch ertragen können, im Schatten derartiger Gefährdung und eines möglichen moralischen

Vorwurfs noch Grundlagenforschung oder angewandte Forschung zu betreiben?

Ich will ein anderes Beispiel wählen, das nicht ganz so spektakulär zu sein scheint, jedenfalls nicht tödlich im physischen Sinne wie das erste, aber doch von sehr weitreichenden, bisher keineswegs abgeschätzten Folgen: Ohne die Leistung der Forschung, ohne die Leistung einzelner Forscher und Wissenschaftler wären die *Grundlagen der Mikroelektronik* nicht gelegt worden. Eben hat Herr Lüst von neuen Lasertechniken gesprochen. Alles das wird sich noch kombinieren lassen und bisher ungeahnte Qualitäts- und Quantitätssprünge in unserer Gesellschaft auslösen.

Ich beschränke mich jetzt ausschließlich auf den Bereich der sogenannten Informations- und Unterhaltungselektronik als Folge dieser wissenschaftlichen Durchbrüche. Ich fürchte, daß die Anwendung, die uferlose, schnelle Ausbreitung dieser neuen Techniken dazu führt, daß das in *Auflösung* geraten kann, was ich andernorts die *›Lesekultur‹* genannt habe.

Die Menschen in der heutigen, technisch-wissenschaftlich geprägten Welt – eng aufeinander sitzend, auf engem Raum in immer größerer Zahl lebend – werden überschwemmt durch eine Fülle von Bildern und Buchstaben, von sogenannten ›Informationen‹ (wobei das Wort ›Information‹ in vielen Fällen eine sehr großzügige Benennung darstellt).

Selbst diejenigen, die sich der Mühe des Lesens tatsächlich unterziehen wollen, müssen einen immer größeren Teil ihrer Zeit und ihrer Arbeitskraft darauf verwenden, das Unwichtige auszusondern und *das Wichtige vom Unwichtigen zu scheiden.* Häufig bleibt dann nur noch die Gelegenheit zum kondensierenden Überfliegen.

Ich nehme an, daß ich keinem der hier Anwesenden damit etwas schildere, was ihm etwa unvertraut wäre. Vielmehr sehe ich, daß die meisten Disziplinen der Wissenschaft sich im eigenen Bereich einer *exponential steigenden Flut von Informationen* allein aus dem eigenen Fachgebiet gegenübersehen.

Aber ich darf Ihnen versichern: Auch ein Politiker beschreibt Ihnen mit diesen Worten seinen eigenen Alltag. Auch er steht vor einer exponential steigenden Flut sogenannter ›Informationen‹ und muß einen immer größeren Anteil seiner produktiven Kraft darauf verwenden, das Unwichtige auszuscheiden.

Aber das sind nur die Folgen für eine Minderheit – für Sie, für Herrn Stoltenberg, für Herrn Vogel, für Herrn Lüst, für mich –, für eine Minderheit, die durch Ausbildung und Beruf privilegiert ist. Für die große Mehrheit bleibt *angesichts dieser schier uferlosen elektronischen Überflutung* – pro Tag, pro Stunde, pro Minute – und angesichts ihres bequem verführerischen Konsums, der sich anbietet, ohne daß man danach fragt, zum Lesen weitgehend *nur noch das Durchblättern von Boulevardzeitungen* übrig. Was das für die Kultur bedeuten wird, wenn es so weitergeht, frage ich mich mit tiefer innerer Besorgnis.

Ich glaube nicht, daß es eine Übertreibung wäre, auch von einer solchen Entwicklung tiefreichende Gefährdungen für unser Leben insgesamt zu erwarten. Spätfolgen werden eintreten, die wir heute nicht übersehen – jedenfalls noch nicht übersehen können. Die Selbstbesinnung aus der Erfahrung mit dem Lesen, aus der Verarbeitung dessen, was wir gelesen haben, und das Gespräch über das Gelesene sind gleichermaßen lebensnotwendig für Kultur und Demokratie. Wenn das Lesen und das Verarbeiten des Gelesenen verlorengeht, gerät sehr viel und Wichtigeres in Gefahr als der Umsatzanstieg des Verlagswesens und der Druckereiindustrie.

Sind aber dafür wirklich die Forscher verantwortlich zu machen? Oder wie weit sind die mitverantwortlich, die auf dem Weg zur Miniaturisierung von elektronischen Leitern die Durchbrüche erzielt oder die die Lasertechnik erdacht haben? Geht die *Kette der Schuld* eindeutig Glied um Glied *vom Labor bis in die verkümmernde Lesekultur?*

Wie in vielen Fällen der Verkettung von Ursachen ist es natürlich leicht, sich mit dem *Hinweis auf die Verantwortung anderer* zu exkulpieren, das heißt die causa efficiens bei anderen festzumachen. Das bietet sich an. Die Anwender in der industriellen Umsetzung seien die Verantwortlichen, so wird man es hören. Oder wenn es sich um Waffen oder um die Kultur insgesamt handelt, wird man hören, die Politiker seien schuld.

Sicher, *ohne* einen Politiker wie Roosevelt und seine politischen Berater – übrigens auch ohne Einsteins Ratschlag – wäre es vielleicht nicht zur Anwendung der Atombombe gekommen. Aber *ohne* Otto Hahn und Lise Meitner und ohne andere Wissenschaftler hätte auch der Politiker nicht die Möglichkeit gehabt, eine derartige Waffe in seine Pläne und in sein tätsächliches Handeln hineinzunehmen.

Keiner von beiden, weder der Politiker noch der Wissenschaftler, kann die Verantwortung auf den anderen abschieben. *In der Verantwortung hängen sie vielmehr unauflöslich aneinander.* Beiden scheint es auf manchem Gebiet so zu gehen wie dem Zauberlehrling, dem die Kontrolle über den wundertätigen Besen entglitten ist. Nun wird der Besen zum Unheil, und niemand hatte es gewollt.

Da bleibt das Schlupfloch, daß derjenige nicht wirklich verantwortlich und nicht wirklich moralisch haftbar gemacht werden könne, der nicht in der Lage war, den Überblick über die möglichen Folgen seines Tuns zu haben. Mir scheint dieses Schlupfloch weniger eine Entlastung, sondern vielmehr die *Herausforderung* zu sein, sich den *Überblick über mögliche Folgen des eigenen Handelns zu verschaffen.*

Sicherlich – und auch das sehe ich mit Sorge – ist die Entwicklung der Wissenschaft durch *immer stärkere Spezialisierung* gekennzeichnet. Der fruchtbare Schoß der gemeinsamen Mutter Philosophie hat sie und alle ihre Vorgänger nacheinander entlassen, nämlich alle jene Disziplinen, deren für uns Laien manchmal abenteuerliche Aufspaltung jeder von Ihnen in Wirklichkeit auch miterlebt. Man braucht nur die Kataloge der Lehrstühle und der Institute aufzuschlagen. Ich habe mir den Jahresbericht der Max-Planck-Gesellschaft angeschaut und habe mich gefragt, wer in dem zuerst genannten Institut eine Vorstellung von der Arbeit hat, die in dem zuletzt genannten Institut geleistet wird, und umgekehrt.

Anscheinend gilt die Erfahrung: Wer sich nicht spezialisiert, verliert den Anschluß an den Standard, den die anderen Spezialisten schon vorgegeben haben. Überall werden Löcher in immer größere Tiefen gebohrt, es wird geforscht und gebohrt, aber die Befunde der Bohrlöcher anderer Disziplinen dringen nicht mehr in das eigene Bewußtsein. Sie können – wenn ich das Bild vom Bohren noch einmal mißbrauchen darf – im eigenen Bewußtsein gar nicht mehr ›vertieft‹ werden.

Es hat in geschichtlicher Vergangenheit einzelne leuchtende Beispiele von Personen gegeben, mit denen die mögliche Einheit von wissenschaftlicher Spitzenleistung und Universalität erreicht worden ist. Man mag einwenden, daß das in der Gegenwart von der Kompliziertheit der Sache her gar nicht mehr möglich sei. Ich will dagegenhalten und sagen: *Von der Verantwortung, von der gesellschaftlichen Moral des Wissenschaftlers her bleibt die Anstrengung zum umgreifenden Überblick unausweichlich geboten!*

Ich will das Wort von der Bringschuld wiederaufnehmen und – unter dem Gesichtspunkt dieser Verantwortung gegenüber der Gesellschaft – etwas erweitern: Ich möchte an die Forscher und Wissenschaftler appellieren, sich der Anstrengung zum ordnenden Überblick nicht zu entziehen. Das heißt dann vielleicht in einer Vorstufe: sich auch der Anstrengung um einen einordnenden Überblick des eigenen Feldes zum Zweck einer geistigen Ordnung insgesamt nicht zu entziehen.

Anders als die Menschen am Hochofen und an den Fließbändern genießen Sie, meine Damen und Herren, ein sehr *seltenes Privileg. Sie haben Ihre Lieblingsbeschäftigung zu Ihrem Beruf machen können.* Herr Lüst hat eben mit entwaffnender Ehrlichkeit völlig überzeugend gesagt: Er forsche, weil es ihm Spaß mache. Dann hat er mich zitiert: Ich segelte, weil es mir Spaß mache. Das ist wahr, es ist auch mein Hobby, aber nicht mein Beruf. Ob der Beruf immer nur Spaß macht . . .?

Sie haben das große Privileg, daß bei den meisten von Ihnen Hobby und Beruf übereinstimmen. Jedenfalls ist Ihr Beruf Ihr wichtigstes Hobby.

Ein solches Zusammentreffen von Beruf und Hobby kann freilich kaum jemals einer Fabrikarbeiterin oder einem Fließbandarbeiter in einer Automobilfabrik oder an einem Stahlkocher gelingen. Es ist schier undenkbar, daß ihnen das gelingt.

Ich sehe das in diesem Zusammenhang, wenn ich erwäge, was Reimar Lüst über den Bundestag und seinen Haushaltsausschuß geklagt hat und über die zwölf Financiers, elf Länder und einen Bund – ein Konvoi von zwölf Schiffen, hat er gesagt –, die sich nur mühsam über den Kurs und die Geschwindigkeit der Finanzierung einigen. Ich verstehe das gut. Was glauben Sie, wie angenehm für uns das Leben mit diesem Konvoi ist?

Wer Föderalismus, wer Demokratie meint, muß aber dies alles liebend mit umfassen. *Demokratie ist immer auch Kompromiß unter verschiedenartigen Kräften,* die in unterschiedliche Richtungen gehen. Föderalismus – ich gebrauche das Wort nicht so gerne, weil es in Deutschland häufig mißbraucht wird – ist eben auch Kompromiß zwischen verschieden gerichteten Kräften.

Wer den Kompromiß grundsätzlich nicht will oder nicht kann oder nicht mag, ist vielleicht nicht tauglich für diese Art von Staatsform, die wir uns nach dem Krieg, nach unendlichen Opfern, schließlich und endlich geistig und innerlich angeeignet haben. Demokratie ist Kompromiß.

Wer von anderen finanziert wird, der muß sich leider deren Entschlüssen – mindestens zu einem Teil, als Rahmen, wie Sie vielleicht sagen würden – anheimgeben.

Ich will mich ganz an die Seite von Herrn Lüst stellen, wenn er von der Notwendigkeit eines guten Forschungsklimas redet und von der Notwendigkeit spricht, der Forschung Flexibilität innerhalb des nun einmal zwangsläufig gegebenen Rahmens zu gewähren. Die Frage bleibt dann: Was ist der Rahmen? Und darüber gibt es dann wieder Streit.

Voll an seine Seite werde ich mich stellen, wenn er von der Notwendigkeit des Spielraums für die Selbstverwaltung redet. Mir ist allerdings fraglich, warum er neben Flexibilität und Selbstverwaltung als drittes Element das Wort ›Effizienz‹ gesetzt hat. Wer von uns Außenstehenden oder wer im Deutschen Bundestag möchte sich anmaßen, die Effizienz der Forschung zu beurteilen?

Ich möchte damit den Exkurs zu den Bemerkungen von Herrn Lüst abschließen und zur gesellschaftlichen Verantwortung der Forschung zurückkehren.

Ich sagte, es ist ein ungeheures Privileg, wenn einer das Glück hat, einen Beruf ausüben zu können, der eigentlich von Kindesbeinen oder von Jugend auf sein Hobby war. *Privilegien bedeuten Verantwortung.*

Ich habe eben gesagt: Wie sollten wir Nichtforscher eigentlich die Effizienz der Forschung beurteilen? Und zurück zur Frage der Notwendigkeit einer sinngebenden Einordnung, damit eine Grundlage für die moralische Bewertung möglicher Folgen von Forschung gegeben sei: Wie sollten wir Laien eigentlich diesen Überblick gewinnen, wenn Sie, die in diesem Feld Privilegierten, die Forscher und Wissenschaftler Ihrerseits die Gesamtschau nicht hätten?

Schlimmer noch: Wenn Sie, die Wissenschaftler und Forscher, diesen Überblick gar nicht haben wollten, weil Ihr Tun und Denken auf die Spezialisierung und auf die Spitzenleistung im eigenen Fach konzentriert ist, wenn Sie sich weigerten, anderen die Gesamtschau darzubieten oder zu vermitteln?

Ihre Bringschuld trifft Sie nicht allein. Herr Lüst hat gesagt, es gebe auch eine Holschuld der Politiker. Ich will das aufnehmen. Die *Bringschuld findet ihr Gegenstück in der notwendigen Annahmebereitschaft bei den Adressaten der Bringschuld,* nicht nur bei den Politikern, bei den übrigen Nichtwissenschaftlern, sondern bei der öffentlichen Meinung schlechthin. Sie müssen bereit sein, eine Art *Wissenschaftskultur der Laien* zu entfalten, die Bereitschaft nicht nur, Ihre Bemühung um den Überblick zu respektieren, sondern vor allen Dingen die Bereitschaft, ihn nachzuvollziehen.

Im Zusammenhang mit der ›Anzapfung‹ ein Wort über den Beitrag des Politikers aus meiner eigenen Berufs- und Lebenserfahrung: Der Bundeskanzler ist einer von den vielen in der Politik, die dahin wirken, daß die *wissenschaftliche Vernunft Einfluß auf die Auseinandersetzungen in der Demokratie* hat und behält. Das ist eine ganze Menge und gar nicht so selbstverständlich. Er wirkt dahin, daß dieser Einfluß sich nicht in dem grassierenden, inflationär aufgeblähten *Unwesen sogenannter Gutachterei* und immer neuer sogenannter Sachverständigen-Beiräte erschöpft.

Das sind Einrichtungen – jetzt werde ich einmal überscharf und bitte um Nachsicht bei den Politikern wie bei den

Wissenschaftlern –, in denen nur allzuoft Politiker und Wissenschaftler sich gegenseitig einander dienstbar machen und damit ihre jeweilige Autorität, soweit vorhanden, verspielen können. Vor allem aber können das Einrichtungen werden – ich kenne einige von ihnen und habe sie erlebt –, in denen beide Seiten ihre eigene Entscheidungs-Verantwortlichkeit von sich wegschieben wollen. Politiker berufen sich auf Wissenschaftler, und die Wissenschaftler sagen: Wir haben ja das Beste gewollt, die Politik hat das Schlechteste daraus gemacht. Dabei haben wir ihnen doch so gute Ratschläge gegeben.

Nur wenn wir uns ernsthaft bemühen, die möglichen Folgen des eigenen Tuns als innerhalb unserer Verantwortung liegend zu verstehen und abzuwägen – und das geht nur, wenn wir dabei den Überblick über das Ganze von Wissenschaft und Gesellschaft nicht aus den Augen verlieren –, sind wir als Wissenschaftler oder als Politiker *moralisch legitimiert,* jenen großen, *unauflösbaren Rest der nicht absehbaren Folgen* mit Vertrauen und mit Gelassenheit innerlich *zu akzeptieren.*

Wenn wir uns ernsthaft bemühen, die möglichen Folgen abzuwägen und sie in den Gesamtzusammenhang von Gesellschaft und Wissenschaft einzubetten, leitet mich die Hoffnung, daß gelten wird, was Karl Popper folgendermaßen formuliert hat:

›Wie es mit unseren Kindern geht, so geht es auch mit unseren Theorien und letztlich mit allem, was wir tun. Unsere Werke werden schließlich weitgehend unabhängig von uns, von ihren Erzeugern. So können wir von unseren Kindern und von unseren Theorien mehr Wissen erlangen, als wir ihnen je mitgegeben haben.‹

Ich sagte, dies sei meine Hoffnung, daß es so sei. Sie ist eine sehr ungewisse Hoffnung. Gewiß jedenfalls bleibt mir: *Sie, die Forscher, und wir, die Politiker, haben beide die Folgen unseres Tuns zu verantworten.*

Für Sie, meine Damen und Herren, bedeutet das: Wissenschaft ist heute nicht ausreichend definiert mit der Suche nach der Wahrheit. Ich denke, sie ist auch nicht ausreichend definiert – wie Carl Friedrich von Weizsäcker es einmal versucht hat – als ›sozial organisierte Erkenntnissuche‹. Sicher ist das zutreffend. Die Max-Planck-Gesellschaft ist ein hervorragendes Beispiel für die Organisierung von Erkenntnissuche. Ich möchte vielmehr wiederholen: *Wissenschaft ist immer* nicht nur sozial organisierte, sondern *auch sozial verpflichtete,* der Gesellschaft verpflichtete *Erkenntnissuche.*

In diesem Verständnis Ihrer Arbeit wünsche ich der Max-Planck-Gesellschaft und Ihnen allen, die Sie beruflich oder ehrenamtlich in der Max-Planck-Gesellschaft arbeiten, von Herzen Erfolg und Befriedigung in Ihrer Erkenntnissuche.

Aber uns übrigen wünsche ich auch, daß Sie darüber Ihre *gesellschaftliche Verantwortlichkeit* niemals aus den Augen verlieren.«

Vorwort Festschrift Carl Friedrich von Weizsäcker

»Einen guten Redner nennt Cicero einen guten Staatsbürger, der des Redens kundig sei. In Anlehnung an diese klassische Definition lautet die Kennzeichnung, die Carl Friedrich von Weizsäcker für den guten Wissenschaftler gegeben hat: der sei ein guter Staatsbürger, der Erfahrungen mit dem Wissen habe.

Es könnte den Anschein haben, als würde hier dem Politischen Vorrang eingeräumt. Das hieße aber sowohl die ciceronische Kennzeichnung wie ihre Ableitung mißzuverstehen. Der große Rhetor der ausgehenden römischen Republik formulierte im Bewußtsein des – aus seiner Sicht – unaufhebbaren Zusammenhanges von Staats- und Redekunst; Weizsäckers Formulierung sucht nach angemessenem Ausdruck für die unauflösliche Verschränkung von Wissenschaft und ihren Folgen mit den Lebensbedingungen des Menschen am Ende dieses Jahrhunderts – und folglich mit der Politik.

Wie in keiner Zeit zuvor prägen Wissenschaften und ihre technischen Anwendungen und Umsetzungen die Lebenswelt jedes einzelnen Bürgers – was ihre Chancen und Freiräume, aber auch was ihre Bedrohungen und Zwänge betrifft. Zu Recht ist vom wissenschaftlich-technischen Zeitalter die Rede. Der ›erste Urheber der Bewegung‹ – um mit Aristoteles zu reden – des beschleunigten gesellschaftlichen Wandels unserer Epoche ist die wissenschaftlich-technische Intelligenz. Ihre Ergebnisse begründen und sichern zuvor unbekannte Freiheiten, aber zugleich erscheinen in ihrem Horizont – zuvor durch Jahrhunderte nur geahnte – Katastrophen und Zwänge. Von dem Utopia manchen gesellschaftlichen Entwurfes aus der Vergangenheit trennt uns zwar mehr als von dem Orwellschen ›1984‹ – und das nicht nur zeitlich; trotzdem macht jede historische Betrachtung – selbst wenn man sie nur wenige Jahrzehnte zurück beginnen läßt – deutlich, welches Maß an Elend, Unterdrückung und Unmündigkeit durch Wissenschaft und ihre Anwendung überwunden worden ist. Jedenfalls sind Entscheidungen gefallen, die wir nur um den Preis eines sicheren Zusammenbruchs aller unserer Lebensbedingungen wieder rückgängig machen könnten.

Mit dieser durchgehenden Technisierung und Verwissenschaftlichung unserer Lebensbedingungen sind jedoch die Probleme nicht geringer geworden. Denn mit den durch Technik und Wissenschaft gewachsenen Lösungsmöglichkeiten haben sich die Probleme globalisiert. Heute stellen sich alle Herausforderungen im Weltmaßstab: ob Friedenssicherung oder Armutsbekämpfung, ob Umweltbewahrung oder Rohstoffverfügbarkeit. Der *eine* Weltkreditmarkt bestimmt die Spielräume nationaler Finanzpolitiken, der *eine* Weltmarkt die Chancen wirtschaftlicher Wohlfahrt in den Ländern aller Beteiligter.

Nirgendwo wird diese Totalität allerdings so spürbar wie in dem Problem der Sicherung und Bewahrung des Friedens. Mit der Entwicklung nuklearer, chemisch-biologischer, aber auch dem schnellen technischen Fortschritt bloß ›konventioneller‹ Waffen, Waffen von ungeahnter Vernichtungskraft, ist die Frage von Krieg oder Frieden zur Frage nach den Überlebenschancen der menschlichen Spezies geworden.

Am Anfang dieser Entwicklungen standen naturwissenschaftliche Durchbrüche. Am Anfang der Bedrohung durch die Nuklearwaffen z.B. stand die erste künstliche Atomspaltung durch Otto Hahn, der in geschichtlich sehr kurzem Abstand die Bomben von Hiroshima und Nagasaki folgten. Seither ist das Selbstverständnis von Wissenschaft nicht mehr durch ein Verhalten ausreichend geprägt, das nach den Regeln der eigenen Disziplin verläuft. Es ist kein Wunder, daß für eine ganze Generation von Wissenschaftlern die beiden genannten Daten einen Kreuzweg der eigenen Entwicklung bedeuten.

Zu den herausragenden Vertretern dieser Generation zählt Carl Friedrich von Weizsäcker. Sein umfassendes Interesse und sein Denken sind nur vor diesem Hintergrund zu verstehen. Sie zielen auf die Bedingungen der Möglichkeit des Friedens und auf die Voraussetzungen eines menschenwürdigen Lebens in einer von Wissenschaft und Technik geprägten Welt.

Immer wieder hat für Weizsäcker das wissenschaftlich fundierte Nachdenken über den Frieden im Atomzeitalter im Vordergrund gestanden. Er hat – wie in seinem jüngsten Vortrag vor der Evangelischen Akademie in Tutzing über ›Möglichkeiten und Probleme auf dem Weg zu einer vernünftigen Weltfriedensordung‹ – wieder und wieder die Struktur des gegenwärtigen Systems der Kriegsvermeidung ebenso wie die Motoren seiner Destabilisierung analysiert.

Seine Einsichten in die Beweggründe des Rüstungswettlaufs – die Angst der Mächte voreinander, genauer: die Angst vor den technisch-rationalen Bewältigungsversuchen dieser Angst auf der Seite des Gegners – gehören zu den Voraussetzungen vernunftgemäßer Abrüstungspolitik. Seine rationale Kritik der atomaren Abschreckung ist ebenso fruchtbar wie seine Formel: ›Die Alternative zu Raketen auf beiden Seiten sind keine Raketen auf beiden Seiten.‹

Die Reihe der Grundeinsichten, die Zustimmung verdienen oder aber die weiterführende kritische Auseinandersetzung ermöglichen, ließe sich verlängern. Eines kennzeichnet sie alle: Sie nehmen die Verantwortung wahr, die wissenschaftlicher Vernunft in der Gegenwart zugewachsen ist; sie sind Erkenntnisse eines ›guten Staatsbürgers, der Erfahrungen mit dem Wissen hat‹.

Diese Verantwortung kann nur wahrnehmen, wer in der Einsicht lebt, daß wissenschaftliches Handeln auch schuldhaft werden kann – selbst und gerade dann, wenn es allein nach wissenschaftlichen Maßstäben fehlerlos verläuft. Wer unter der Möglichkeit von Schuld handelt, weiß, daß er dabei einsam sein kann. Auch Weizsäcker kennt diese Erfahrung. Er hat sich davon nicht beirren lassen.

Nur dieser Sinn für die eigene Verantwortung verleiht aber das Recht auf eine Hoffnung, die Karl Popper so formuliert hat: ›Wie es mit unseren Kindern geht, so geht es auch mit unseren Theorien und letztlich mit allem, was wir tun. Unsere Werke werden schließlich weitgehend unabhängig von uns, von ihren Erzeugern. So können wir von unseren Kindern und von unseren Theorien mehr Wissen erlangen, als wir ihnen je mitgegeben haben. Auf diese Weise können wir uns selbst an unserem Zopf aus dem Sumpf unserer Unwissenheit herausziehen.«

V.
ENDE DER SOZIAL-LIBERALEN KOALITION

Erklärung zur Lage der Nation vor dem Deutschen Bundestag am 9. September 1982

»Herr Präsident!
Meine Damen und Herren!

Seit dem letzten Bericht zur Lage der Nation im April des vorigen Jahres sind die Spannungen im West-Ost-Verhältnis größer geworden. Infolgedessen ist auch die Schwierigkeit größer geworden, im Schatten solcher Spannungen *Deutschlandpolitik* zu betreiben.

Die SED und die politische Führung der DDR machen große Anstrengungen, ihr Ansehen und ihre politischen Auffassungen hier bei uns, beim westdeutschen Publikum, zu fördern. Dieses Ansehen hat durch die Verdoppelung der Mindestumtauschsätze sehr schwer gelitten. Die Bundesregierung fordert eine substantielle Korrektur.

Im übrigen wäre – wenn wir uns einmal in die Rolle der kommunistischen Propagandisten versetzen – das Minimum dessen, was sie aus ihrem eigenen Interesse tun müßten, die Herabsetzung auf das alte Maß wenigstens für Rentner, für sozial schwache Schichten und für Jugendliche.

Die Ostberliner Führung weiß, daß wir die Herabsetzung auf das alte Maß für alle wünschen. Im übrigen wäre dies auch gar keine finanzielle Einbuße für die DDR, denn es würden viel mehr Menschen reisen als heute.

Wenn drüben bisher ein solcher Entschluß immer noch nicht gefallen ist, so handelt es sich wahrscheinlich um das Motiv, die Kontaktflächen zwischen beiden Teilen des deutschen Volkes einzuschränken; und ich will bürokratische Rechthaberei als Motiv dabei auch nicht ausschließen. Beides gilt für gegenwärtige Behinderungen im Reiseverkehr zum Beispiel solcher Mitbürger, die früher einmal legal die DDR verlassen hatten.

Trotz dieser Belastungen ist es im letzten Jahr gelungen, die deutsch-deutschen Beziehungen und die Lage in und um Berlin in einem ruhigen Fahrwasser zu halten.

Meine Zusammenkunft mit Generalsekretär Honecker diente dazu, durch direkten Dialog füreinander verständlicher zu werden und sich gemeinsam der Verantwortung für den Frieden zu stellen. Die deutschen Mitbürger in beiden Staaten erwarten dabei von uns, daß die Regierungen auf der Basis der abgeschlossenen Verträge und der Schlußakte von Helsinki Beziehungen zueinander unterhalten und vertiefen.

Solche Begegnungen sollten nach Überzeugung der Bundesregierung in regelmäßigen Abständen stattfinden. Sie sollten zum normalen Umgang der beiden deutschen Staaten miteinander werden. Deshalb ist die Bundesregierung auch weiterhin daran interessiert, daß der vereinbarte Gegenbesuch von Herrn Honecker in der Bundesrepublik stattfindet. Über den Termin gab es und gibt es keine Absprachen. Soll dieser Gegenbesuch – was wir wünschen – fruchtbar werden, so muß allerdings das politische Klima der Gesamtbeziehungen zwischen den beiden Staaten in Ordnung sein.

Der Bundespräsident und ich haben Herrn Honecker kürzlich zum 70. Geburtstag gratuliert. Dies ist gewiß ein Datum, an dem man zurückblickt. Herr Honecker stammt aus dem Saarland und denkt wohl bisweilen daran – ähnlich wie Herbert Wehner oder Wolfgang Mischnick an ihre sächsische Heimat denken oder Rainer Barzel an Ostpreußen. Deutsche Schicksale ähneln einander.

Ich will auch nicht vergessen, daß Herr Honecker zehn Jahre seines Lebens als Gegner der nationalsozialistischen Machthaber im Zuchthaus Brandenburg verloren hat. Von jener deutschen Generation, die das hat ertragen müssen, sind nicht mehr allzu viele unter den Lebenden. Kurt Schumacher ist schon 30 Jahre tot.

Wir halten an der Forderung fest, daß Deutsche mit Deutschen reden können. Wir halten daran fest, daß die Hoffnung der Bürger beider deutscher Staaten auf mehr Begegnung und Nähe nicht enttäuscht werden darf. Denn über alles Trennende hinweg ist das Gemeinsame und der Wille zur Gemeinsamkeit lebendig geblieben.

Ich habe in diesem Sommer im Urlaub den Ratzeburger Dom besucht. Ratzeburg gehört auch heute noch zum Sprengel des mecklenburgischen Landesbischofs in Schwerin, zu demselben Sprengel, zu dem auch Güstrow gehört. Beide Dome entstammen der norddeutschen Backsteingotik, die von Schleswig bis ins Baltikum Zeugnis von der gewachsenen Einheit deutscher und europäischer Kultur ablegt.

Mich hat dieses doppelte Erlebnis – erst Güstrow in der Deutschen Demokratischen Republik, dann Ratzeburg diesseits der Grenze – innerlich sehr bewegt, auch die Gespräche mit den Menschen in diesen beiden Kirchen. Und so gibt es Millionen Deutsche auf beiden Seiten, die tief bewegt sind, daß sie nicht zueinander können, obgleich sie doch zueinander gehören wollen.

Wenn es richtig ist – und es ist ja richtig –, daß sowohl der Staatsratsvorsitzende der DDR als auch der Bundeskanzler sagen, von deutschem Boden dürfe nie wieder ein Krieg ausgehen, dann gehört dazu, daß nicht nur die beiden Regierungschefs miteinander reden, sondern daß die Deutschen insgesamt miteinander in Kontakt bleiben.

Dies gilt doch ebenso für den Frieden Europas und für alle Bürger Europas; es gilt für die Polen, die Ungarn, die Tschechen, aber ebenso für Skandinavier, für Österreicher, für Griechen und so weiter: Wer mit seinem Nachbarn nicht reden und ihm nicht zuhören will, der gefährdet seine eigene Fähigkeit, Frieden mit dem Nachbarn zu halten. Und noch viel mehr gilt dies – außerdem aus noch vielen anderen Gründen – für Deutsche und Deutsche.

Ich unterstreiche die Auffassung des Kollegen Genscher, daß beide deutsche Staaten ungeachtet ihrer Zugehörigkeit zu verschiedenen Bündnissystemen wesentliche Beiträge zur Friedens- und Abrüstungsdiskussion leisten können und sollten.

Die *Sorge um den Frieden* ist allerdings keine deutsche Besonderheit. In vielen Ländern der Welt breiten sich Angst und Sorge über die Bedrohung des Friedens aus. Das Verlangen nach Abrüstung und die Sehnsucht nach einer friedlicheren Welt finden gerade in diesem Jahr überall vielfältigen Ausdruck.

Wir teilen alle diese Sehnsucht. Deshalb bleibt Sicherheit durch ein vertraglich vereinbartes militärisches Gleichgewicht auf niedrigerer Rüstungsebene ein Hauptelement der Friedenspolitik der Bundesregierung. Waffen allein sichern den Frieden nicht auf Dauer, ja, sie können nicht einmal allein die Sicherheit auf Dauer verläßlich garantieren. Sicherheit ist nicht einfach das Ergebnis mathematischer Gleichungen. Frieden beruht auf Offenheit und Vertrauen, auf Gespräch, auf Verhandlungen. Wer sich vertragen will, der braucht Verträge. Ohne Verträge, insbesondere zur Abrüstung, gibt es keine Sicherheit auf Dauer zwischen West und Ost.

Nach langem Widerspruch und langer Debatte hier im

Bundestag hat die Bundesrepublik den Vertrag über die *Nichtverbreitung von Atomwaffen* ratifiziert, ist ihm beigetreten. Wir Deutschen haben endgültig darauf verzichtet, über atomare Waffen zu verfügen. Wir halten uns an unsere vertragliche Pflicht.

Um so mehr ist die Bundesregierung gerechtfertigt, wenn sie im Namen Deutschlands immer wieder verlangt, daß auch die atomaren Mächte endlich ihren Teil des Vertrages erfüllen.

Mit innerer Leidenschaft wiederhole ich meinen zweimal von den Vereinten Nationen ausgesprochenen Appell an die nuklearen Supermächte: Ihr habt euch in dem gleichen Vertrag zur nuklearen Abrüstung verpflichtet. Haltet diese Verpflichtung ein!

Für die Bundesrepublik als jenes Land, auf das sich die Mehrzahl der neuen sowjetischen Mittelstreckenraketen richtet, sind die amerikanisch-sowjetischen Verhandlungen über nukleare Mittelstreckenwaffen in Genf von besonderer Wichtigkeit. Die Bundesregierung hat ihren Beitrag zum Zustandekommen und auch zum Verhandlungsziel dieser Konferenz geleistet. Ich bin überzeugt, daß beide Seiten in Genf mit Ernst verhandeln, denn auch sie selbst müssen ja große Sorgen haben.

Diese Verhandlungen sind erst durch den sogenannten *NATO-Doppelbeschluß* ermöglicht worden, der die Antwort des Nordatlantischen Bündnisses auf die sowjetische SS-20-Aufrüstung darstellt. Durch diesen Beschluß wird übrigens zum ersten Male eben nicht auf die Vorrüstung der einen Seite automatisch mit Nachrüsten der anderen Seite reagiert. Der Kern dieser Entscheidung liegt vielmehr in dem Vorschlag, gemeinsam vereinbart zu verringern. Er sieht für die Erreichung solcher Vereinbarungen eine Frist von vier Jahren vor. Die Vereinbarung soll Gleichgewicht schaffen durch Abrüstung – nicht durch Aufrüstung.

Die Bundesregierung wird sich weiterhin mit aller Kraft dafür einsetzen, daß die *Genfer Verhandlungen* vor Ende des nächsten Jahres zu einem Ergebnis kommen. Die wirksamste Möglichkeit dafür sehen wir in einer engen Abstimmung mit den Vereinigten Staaten von Amerika.

Aus unserem Festhalten an einem vertraglich gesicherten Gleichgewicht ergibt sich, daß wir auch künftig einseitige Abrüstung der eigenen Seite für ebenso destabilisierend halten wir einseitige Aufrüstung der anderen Seite.

Ich füge hinzu: Vertraglicher Verzicht auf eigene Gewaltanwendung bedeutet nicht, auf Widerstand gegen fremde Gewalt zu verzichten, wenn sie die eigene Menschenwürde, das eigene Menschenrecht verletzt. Das bedeutet es nicht! Wir wissen aus Ungarn, aus der ČSSR, aus Afghanistan, aus dem Libanon, aus Falkland, aus dem südlichen Afrika: Immer wieder setzen Staaten Gewalt gegen andere Völker ein. Wir erkennen daraus die tatsächlichen Gefahren, in denen wir leben und gegen die man sich sichern muß.

Über die militärische *Strategie des Nordatlantischen Bündnisses* hat in der Öffentlichkeit Nordamerikas und Europas ein heftiger Diskussionsprozeß eingesetzt. Menschen in Nordamerika, in Europa, in beiden Teilen Deutschlands – überall –, die sich für den Frieden engagieren, verlangen Antworten auf ihre drängenden Fragen. Deren Ängste hat der Wiener Kardinal König so gekennzeichnet: Nach einer atomaren Totalvernichtung werde es niemanden mehr geben, der klagen und neu beginnen könne. Er fuhr fort: ›Wir sitzen auf einem Pulverfaß. Wir haben Angst, aber wir schaufeln immer noch mehr Pulver in dieses Faß hinein. Wir reden von Sicherheit, aber wir meinen unsere Sicherheit. Wir reden von Abrüstung und meinen die Abrüstung der anderen. Aber die Sicherheit ist immer auch die Sicherheit des anderen, und die Abrüstung ist immer auch unsere eigene Abrüstung.‹

Soweit Kardinal König, den ich seit Jahren kenne und sehr verehre.

Ich füge dem, was Kardinal König sagt, einen anderen Gedanken hinzu: Unsere Soldaten sollen nicht Krieg führen, sondern sie sollen einem Nachbarn für den Fall, daß er unfriedliche Gedanken hegen sollte, zeigen: Wir können uns wehren; du nähmest ein hohes Risiko auf dich, wenn du uns mit Gewalt angreifen wolltest oder mit Gewalt oder Drohungen dein eigenes politisches System uns aufzwingen wolltest. Dies ist das Konzept der Abschreckung.

Nun ist auch gegenseitige Abschreckung in der Geschichte nichts Neues. Neu aber ist die unerhörte Zerstörungskraft nuklearer Abschreckungswaffen. Neu ist, daß diese Zerstörungskraft ausreicht, die Menschen des jeweiligen Gegners nicht nur einmal zu vernichten. Neu ist, daß sie die ganze Menschheit auslöschen kann.

Ich habe zu diesem Dilemma vor wenigen Tagen, gemeinsam mit Herrn Dr. Kohl auf dem Katholikentag sprechend, gefragt: ›Soll ein Christ zum Zwecke der Abschreckung auch den Einsatz von atomaren Waffen androhen, wenn er doch weiß oder wenigstens ahnt, daß er das tatsächliche Abschießen dieser Waffen sittlich nicht würde verantworten können?‹

Ich habe die andere Frage hinzugefügt: ›Und sind es eigentlich nur wir, die Christen, die dieses Dilemma auf sich lasten fühlen? Muß nicht der atheistische sowjetische Generalsekretär, müssen nicht seine Kollegen im Politbüro ähnliche tiefgreifende Zweifel haben?‹

Wir Deutschen an der Nahtstelle zwischen beiden Pakten werden zu diesen Fragen mehr als andere gedrängt. Deshalb nehme ich die Diskussion über Stand und Entwicklungsmöglichkeiten der westlichen Strategie sehr ernst. Ich nehme ernst, was jüngst Herr Kollege Bahr und andere dazu gesagt haben. Ich nehme auch ernst, was jüngst Herr Kollege Biedenkopf öffentlich dazu angemerkt hat.

Ich wünschte, alle würden diese Erwägungen – auch die Opposition die Erwägung von Herrn Biedenkopf – in gleicher Weise wichtig nehmen. Ich teile Biedenkopfs Auffassung, wenn er sagt: ›Das Interesse an der Erhaltung des Lebens auf der Erde und der Menschheit haben alle Menschen gemeinsam. Die nukleare Gefahr hat die Menschen und ihre Völker zu einer Überlebenspartnerschaft verbunden.‹

Ich füge hinzu: Der Wille zum Überleben reicht allein nicht hin, um uns Schutz vor militärischer Bedrohung zu garantieren, sondern wir brauchen dazu Vereinbarungen zur Rüstungsreduzierung – und nicht bloß für nukleare Waffen. Vereinbarte Sicherheit ist aber nur durch Verhandlungen zu erreichen.

Der Oberbefehlshaber der NATO in Europa hat dies kürzlich folgendermaßen formuliert: ›Der einzige Weg für die Zukunft einer Welt, wir wir sie wollen, führt meiner Überzeugung nach an den Verhandlungstisch. Wir müssen über Abrüstung und Rüstungskontrolle verhandeln, über alle Arten von Streitkräften und Waffen.

Dies ist der einzige Weg, um den Rüstungswettlauf auf beiden Seiten zu stoppen.‹

General Rodgers hat damit erkennbar gemacht: Auch die Soldaten beteiligten sich daran, jene Aufgabe zu erfüllen, die der Papst in einem Grußwort an den Katholikentag so formuliert hat: ›Wenn die Weltsituation angesichts totalitärer Ideologien und eines erschreckenden Rüstungswettlaufs immer bedrohlichere Formen annimmt, sollt Ihr Euch an Eurem jeweiligen Platz um politisch verantwortliche Wege der friedlichen Konfliktlösung bemühen.‹

Unser politisches Eintreten für Sicherheit und Frieden stützt sich auf eine gesunde und funktionsfähige Atlantische Allianz. Wir selbst tragen zu dem Bündnis mit 500000 gut ausgebildeten und gut motivierten Soldaten bei. Wir sind vorbereitet, im Verteidigungsfall diese Zahl mehr als zu verdoppeln. Gleichzeitig sind auf unserem Territorium Soldaten aus sechs befreundeten Nationen des Bündnisses stationiert. Dies sind Tatsachen, die wir manchen unserer Verbündeten und deren öffentlicher Meinung von Zeit zu Zeit durchaus in Erinnerung rufen dürfen. Auch ich habe das jüngst in Kalifornien gesagt.

Der amerikanische Oberkommandierende in Europa weiß, daß am ersten Tag eines Konflikts die Europäer 90 Prozent seiner Landstreitkräfte und drei Viertel seiner See- und Luftstreitkräfte stellen würden.

An diesen Grundtatsachen ändern auch vorübergehende Meinungsverschiedenheiten in einer – ich zitiere die Bonner Erklärung vom NATO-Gipfel – ›Partnerschaft von Gleichen, in der niemand herrscht oder beherrscht wird‹, nichts. Schon vor Jahrzehnten – ich glaube, es ist 20 Jahre her – hat Henry Kissinger sein Buch über das europäisch-amerikanische Verhältnis unter der Überschrift ›The troubled partnership‹ – Die gestörte Partnerschaft – veröffentlicht. Und sein Landsmann Robert Osgood hat ebenfalls vor 20 Jahren sein Buch ›The entangled alliance‹ – Das verworrene Bündnis – geschrieben.

Ich zitiere diese beiden Bücher, 20 Jahre alt, um zu zeigen: Meinungsverschiedenheiten innerhalb des Bündnisses sind weiß Gott nichts Neues, sondern etwas Normales.

Aber sie dürfen nicht zur Dauerbelastung werden. Präsident Ronald Reagan hat dafür die Formel benutzt, mit der ich auf meiner Amerikareise jüngst einige Dinge in die richtige Perspektive und Größenordnung rücken wollte: Wir haben beide von Streitigkeiten innerhalb der Familie gesprochen; und sie können innerhalb der Familie beigelegt werden, wie in jeder anderen Familie auch.

Wie zutreffend diese Kennzeichnung ist, habe ich im Juli in den Tagen intensiver Gespräche gemerkt, die ich mit einem alten Freund, dem neuen Außenminister der Vereinigten Staaten, George Shultz, geführt habe. Es sind dabei alle Fragen des amerikanisch-europäischen, des amerikanisch-deutschen Verhältnisses angesprochen worden, natürlich auch die Frage des amerikanischen Embargos im Zusammenhang mit dem europäischen Erdgas-Röhren-Geschäfts, ebenso aber auch unser deutsches Verhältnis zu unseren Nachbarn im Osten im allgemeinen und zur DDR im besonderen.

In allen diesen Fragen ist übrigens deutlich, wie groß die Übereinstimmung auch zwischen den europäischen Allianzmitgliedern ist. Ich möchte in diesem Zusammenhang besonders die vertrauensvolle und intensive Zusammenarbeit herausstellen, die unser Verhältnis zu Frankreich und zu Präsident Mitterrand auszeichnet.

Diese Zusammenarbeit hat ihr Gewicht auch auf dem Felde der Europäischen Gemeinschaft. Die ist gegenwärtig nicht in einem guten Zustand. Viele Mitglieder setzen ihre Hoffnungen auf die deutsche EG-Präsidentschaft – wir wechseln ja alle sechs Monate –, die am 1. Januar beginnen wird. Sie erinnern sich, daß unter der letzten deutschen Präsidentschaft das Europäische Währungssystem geschaffen wurde, das sich inzwischen im Zeichen tiefgreifender Unruhe auf den Devisenmärkten und schnell fluktuierender Wechselkurse sehr bewährt hat.

Europäische und atlantische Zusammenarbeit ist auch nötig, um das KSZE-Folgetreffen von Madrid, das Anfang November wieder beginnen soll, zu einem Erfolg zu führen. Dieser Prozeß bleibt für die Bundesregierung ein wesentliches Instrument zur Gestaltung der West-Ost-Beziehungen und zu mehr Abrüstung und Sicherheit in Europa.

Wenn wir heute eine Zwischenbilanz dieses Prozesses ziehen wollten, so kämen wir trotz Enttäuschungen, trotz der Ereignisse in Polen, die wir gerade in diesen Tagen wieder mit tiefer innerer Besorgnis verfolgen, zu einem positiven Zwischenergebnis. Ohne die Schlußakte von Helsinki wären die Verbindungen zwischen West und Ost schwächer. Die Menschen in Europa haben erfahrbaren Nutzen aus diesem Vertragswerk gezogen, wenngleich keineswegs das Ausmaß ihrer Hoffnungen erfüllt ist.

Ich will zwei Beispiele nennen: Seit 1975, seit Helsinki, konnten aus Polen – innerhalb dieser sechs Jahre seither – über 225 000 Deutsche, beinahe eine Viertelmillion, in die Bundesrepublik ausreisen. In den sechs Jahren davor waren es 68 000 Menschen gewesen.

Zum anderen: Der Weltbund der Lutherischen Kirchen hat Nachrichten über lutherische Gemeinden weit weg im Osten, im sowjetischen Kasachstan, veröffentlicht. Daraus geht hervor, daß diese Gemeinden trotz der fortbestehenden schweren Sorgen, die sie haben, seit 1975 deutliche Verbesserungen ihrer Lage sehen, die sie ausdrücklich auf Helsinki zurückführen.

Aber der Helsinki-Prozeß ist gefährdet. Im Bereich der Menschenrechte, der menschlichen Kontakte, der Informationen drohen Rückschritte; dazu gehören auch die empfindlichen Einschränkungen im Fernsprechverkehr für private Bürger in der Sowjetunion. Aber wir können uns dagegen auf die Schlußakte berufen, die uns auch das Recht gibt, von der polnischen Regierung die Aufhebung des Kriegsrechts, die Freilassung der Inhaftierten, die Wiederaufnahme des gesellschaftlichen Dialogs zu verlangen.

Jede langfristige Politik rechnet mit Rückschlägen. Deshalb können nur das zähe Festhalten an unseren politischen Zielen, nur geduldiger Mut und das Vertrauen in die Vernunft aller Beteiligten unserem Kontinent eine friedliche Zukunft geben – unserem Kontinent, damit auch den Bürgern in beiden deutschen Staaten.

Jeder weiß: Friedenspolitik hat auch eine Nord-Süd-Dimension. Viele der Kriege der Dritten Welt sind kaum auf den Ost-West-Gegensatz, sondern vielmehr auf andere Gegensätze, auf andere Nöte zurückzuführen. Wir Deutschen haben begriffen, daß auch die Bewältigung der sozialen und wirtschaftlichen Ursachen dieser Konflikte ein Teil umfassender Friedenspolitik sein muß.

Wir haben deshalb unsere Entwicklungshilfe und die Zusammenarbeit mit der Dritten Welt verstärkt. Wir treten deshalb für den Gewaltverzicht auch in anderen Kontinenten ein, der ein Kernstück des modernen Völkerrechts der Charta der Vereinten Nationen ist. Deshalb respektieren wir nicht nur die Blockfreiheit der Staaten der Dritten Welt, sondern wir suchen geradezu durch unsere Entwicklungspolitik diese Blockfreiheit aktiv zu fördern und zu sichern. Denn wir erkennen in der Blockfreiheit einen wichtigen Stabilitätsfaktor für die Welt und damit einen Beitrag zum Weltfrieden.

Bei alledem hüten wir uns vor Selbstüberschätzung. Wir sind keine Weltmacht; wir wollen das auch nicht sein. Aber wir tragen unseren Teil mit Beharrlichkeit und mit dem ganzen Gewicht, das wir in der internationalen Staatengemeinschaft inzwischen bekommen haben.

Natürlich hat die politische Krise der Welt, die wir durchmachen, auch Einfluß auf die deutsch-deutschen Beziehungen. Sie erhöht Barrieren, die man schon meinte, schrittweise abtragen zu können. Dennoch bleibt es dabei: Die Menschen in beiden Staaten haben trotz der ihnen auferlegten Teilung nicht aufgehört, sich als eine Nation zu empfinden. Die Deutschen auf beiden Seiten haben zwar verstanden, daß sie auf eine heute nicht absehbare Dauer in zwei voneinander unabhängigen Staaten mit unterschiedlichen Grundwerten leben müssen. Spätestens seit dem Bau der Mauer in Berlin sind die Hoffnungen auf eine baldige Überwindung der Teilung zunichte geworden. Aber seither hat sich die Einsicht vertieft, daß Änderungen in den Beziehungen zwischen den beiden Staaten in Deutschland zum Nutzen der

Bürger angestrebt werden müssen und daß dies nur durch Verhandlungen, nur durch Dialog geschehen kann.

Ich will noch einmal unterstreichen und hier Herrn Dr. Kohl ausdrücklich zustimmen, der am 13. August aus Anlaß der Wiederkehr des Tages des Mauerbaus geschrieben hat: ›Wenn der Wille zur Einheit in unserem Volke erhalten bleibt, werden Mauer und Stacheldraht auf die Dauer keinen Bestand haben.‹

Zu dieser Dauerhaftigkeit des Willens hat sozial-liberale Politik beigetragen. Der Grundlagenvertrag hat die unterschiedlichen Positionen in Grundfragen nicht regeln können. Aber er macht es möglich, praktische Probleme zu lösen. Er muß stetig mit Leben erfüllt werden. Denn er macht es möglich, auf vernünftige Beziehungen zwischen beiden deutschen Staaten hinzuarbeiten, die für die Menschen auch praktisch erfahrbar sind.

Diese deutsch-deutsche Politik liegt zugleich im Interesse des europäischen Friedens. Herr Genscher hatte recht: ›Deutschlandpolitik als europäische Friedensaufgabe bedeutet auch die Unterstreichung der besonderen Verantwortung der Bundesregierung und der Regierung der DDR für die Lage in Europa.‹ Und Willy Brandt hat dem damals mit Recht hinzugefügt, daß beide Teile unseres Volkes vom jeweils eigenen Staat erwarten – und › . . . in gewisser Hinsicht doch auch von der Führung des anderen Staates –, der Verantwortung gerecht zu werden, die sich . . . aus dem ganz besonderen Interesse dieses gespaltenen Volkes ergibt.‹

Dieses Haus weiß, daß diese Politik die Unterstützung unserer Verbündeten findet. Ich weise das Haus auf die Bonner Erklärung vom 10. Juni hin, worin es heißt: ›Der fortgesetzte Erfolg der Bemühung der Bundesrepublik Deutschland, das Verhältnis zwischen den beiden deutschen Staaten zu verbessern, ist für die Sicherung des Friedens in Europa von Bedeutung.‹ – So von allen unseren Verbündeten vor wenigen

Wochen hier in Bonn gemeinsam formuliert. Deshalb haben wir auch die Konsultationsgespräche mit der DDR über Fragen der Rüstungskontrolle und Abrüstung aufgenommen, und wir werden sie Ende des Monats fortsetzen. Beide deutschen Staaten müssen sich so verhalten, daß von ihrem Verhältnis zueinander keine zusätzlichen Belastungen für das Ost-West-Verhältnis ausgehen. Aber sie sollten außerdem ihren Einfluß in ihrem jeweiligen Bündnis dazu nutzen, den Frieden in Europa sicherer zu machen. Dabei wissen wir: Beide Staaten gehören verschiedenen Bündnissen an und können aus ihnen nicht herausgelöst werden. Und was uns angeht: Wir brauchen das Bündnis mit unseren amerikanischen und europäischen Freunden, und wir werden es auch in Zukunft pflegen.

Die längerfristigen Beziehungen der DDR und uns hängen natürlich auch von der inneren Entwicklung in der DDR und in ihrer Staatspartei, der SED, ab. Die SED stellt sich in ihrer Propaganda nach außen als monolithischer Block dar. Aber hinter der vorgegebenen Linientreue ist Bewegung, gibt es Kontroversen, gibt es unterschiedliche Einschätzungen der Zukunftsperspektiven, gibt es Zweifel am kommunistischen Fortschrittsglauben, und Generationsprobleme sind nicht ausgeschlossen. Auch in der Führung der SED gibt es ›Tauben‹ und ›Falken‹, gibt es Leute, die mehr abgrenzen, und gibt es Leute, die ehe kooperieren wollen. Diese inneren Entwicklungen können durch unser Verhalten durchaus beeinflußt werden.

Ich hoffe, daß es auch in der SED Gegner der Sperranlagen an der Grenze gibt, die immer noch weiter perfektioniert werden und schwerste Verletzungen und Todesfälle verursachen. Ich hoffe, es gibt auch innerhalb der SED Menschen, die die politische Strafjustiz der DDR wesentlich einschränken und humanisieren wollen.

Für *Berlin* hat sich die Vertragspolitik bewährt. Das Viermächte-Abkommen hat in gut elf Jahren erfolgreich gewirkt. Entspannungspolitik und Konfliktbewältigung haben sich gerade für Berlin positiv ausgewirkt. Die Bundesrepublik wird in ihrem Engagement nicht nachlassen, die Lebensfähigkeit Berlins zu stärken, auch dann nicht, wenn es geboten ist, knapper werdende Mittel noch wirksamer einzusetzen. Mit dem Regierenden Bürgermeister von Berlin, Herrn von Weizsäcker, besteht eine gute Zusammenarbeit. Wir stimmen darin überein, daß es in wichtigen Fragen der Deutschland- und Berlinpolitik auch künftig auf den Gleichklang zwischen Senat und Bundesregierung ankommt. So wollen wie es auch halten. Das gilt auch für die besonderen wirtschaftlichen Sorgen, die Berlin gegenwärtig betreffen.

Nicht nur Berlin, nicht nur das ganze Deutschland, sondern alle Länder der Welt stecken gegenwärtig in einer Wirtschaftskrise. Die Ursachen dafür liegen vor allem in den beiden Ölpreisexplosionen im Zusammenhang mit der schon vorher weit fortgeschritten gewesenen Weltinflation. Die erste Ölpreisexplosion von 1973/74 haben wir relativ schnell überwunden. Aber nach der zweiten Ölpreisexplosion von 1979 dauert die Rezession in allen Staaten inzwischen länger als alle Konjunktureinbrüche der Nachkriegszeit. Wir haben es jedenfalls nicht mit einer klassischen Konjunkturkrise im Sinne früherer nationalökonomischer Theorie zu tun. Vielmehr müssen alle Länder ihre Wirtschaftsstrukturen an die veränderten weltwirtschaftlichen Bedingungen und an die tiefgreifenden Umwälzungen der letzten Jahre anpassen.

Die Bundesrepublik, unsere Wirtschaft, verkauft fast 30 Prozent der Güter und Dienstleistungen, die wir produzieren, an das Ausland – fast ein Drittel. Wir sind deshalb von der Wirtschaftskrise in anderen Staaten natürlich stark in Mitleidenschaft gezogen. Jedes zweite Auto, das bei uns hergestellt wird, muß auf den Auslandsmärkten verkauft werden. Von zehn Werkzeugmaschinen, die in Hannover und überall in der Bundesrepublik Deutschland hergestellt werden, müssen sieben im Ausland verkauft werden, und zwar mit Gewinn, nicht mit Verlust. Unsere Wirtschaft spürt also unmittelbar die Auswirkungen, wenn andere Länder gezwungen sind, ihre Einfuhren zu drosseln, weil sie sich zu hoch verschuldet haben, weil sie ihre Einfuhren nicht mehr finanzieren können. Das gilt für Länder Lateinamerikas – zum Beispiel Mexiko – ebenso wie für die Länder des Ostblocks. Für die Bundesrepublik und für unsere Arbeitnehmer ist es deshalb von vitalem Interesse, daß die internationalen Kreditmärkte funktionstüchtig bleiben. Ich stimme Herrn Mischnick zu, der vor wenigen Tagen gesagt hat: ›Es gilt, in stürmischer Zeit die wirtschaftliche, soziale und gesellschaftliche Stabilität zu sichern. Diese Aufgabe ist durch die weltweiten Krisenerscheinungen schwerer denn je geworden – wie jedermann weiß: für alle Industriestaaten.‹

Dabei ist aber die Ausgangsbasis unseres Staates für die Bewältigung dieser Schwierigkeiten besser als in den meisten anderen Ländern. Wir haben die ganzen Jahre einen beachtlichen *Stabilitätsvorsprung gegenüber dem Ausland* behauptet und werden das auch künftig tun. In der Bundesrepublik sind heute die Verbraucherpreise nur um rund 5 Prozent höher als vor einem Jahr, in Belgien um 10 Prozent, in Frankreich um über 13 Prozent, in Italien um über 15 Prozent und so weiter.

Was die Arbeitslosigkeit angeht, so stehen wir auch dort relativ besser da als die meisten anderen Industrieländer – ich nehme Japan aus. Bei uns sind gegenwärtig 6,5 Prozent aller Erwerbspersonen arbeitslos, in Frankreich über 8 Prozent, in England 12 Prozent, in Italien über 10 Prozent, in den Vereinigten Staaten sind fast 10 Prozent aller Erwerbspersonen arbeitslos.

Aber daß es uns relativ besser geht als anderen Industrieländern, ist kein großer Trost. Im Gegenteil: Die Tatsache, daß weltweit erheblich höhere Arbeitslosigkeit herrscht, hat inzwischen zu einer erschreckenden *Ausweitung des Protektionismus* geführt. Viele Regierungen der Welt erschweren – zum Teil offen und zum Teil versteckt – die Einfuhr von Gütern aus anderen Ländern in ihre Volkswirtschaften. Wir tun das nicht; denn in der heutigen Situation bleiben die Bereitschaft zu internationaler wirtschaftlicher Zusammenarbeit und die Bereitschaft zu gegenseitiger Rücksichtnahme notwendiger denn jemals. Sie ist stärker gefährdet als in den vergangenen Jahrzehnten.

Einer der Hauptgründe für die zu geringe Bau- und Investitionstätigkeit in der Welt und damit für die zu geringe Beschäftigung in der Welt ist das für eine Weltrezession unerhört *hohe Zinsniveau.* Es ist begründet einmal in den rasch gestiegenen, zum Teil immer noch steigenden Haushaltsdefiziten wichtiger Industrie- und Entwicklungsländer und in deren unerhörten Zahlungsbilanzdefiziten – von Polen bis Mexiko. Die Kreditanforderungen an die internationalen Finanzmärkte und an die Banken in der Welt sind zu groß. Deshalb steuern viele Zentralbanken der Welt mit restriktiver Geldpolitik dagegen. Dies dient natürlich nicht der Überwindung der Beschäftigungskrise.

Als im August in Amerika die Zinsen sanken, sind sogleich auch bei uns in Europa – auch hier in Deutschland – die Zinsen gesunken – ein Zeichen für das große Gewicht des wichtigsten Finanzmarkts der Welt in New York. Kaum eine Volkswirtschaft kann sich davon völlig abhängen, auch wir nicht.

Wenngleich unsere Zinsen in den letzten Jahren dank unserer Politik immer weit unterhalb der Zinsen in den Vereinigten Staaten oder in der anderen Welt lagen und liegen, so sind auch unsere Zinsen dennoch immer noch viel zu hoch für eine dynamische Investitionsfinanzierung. Das knappe

Geld und die hohen Zinsen dämpfen die Preisentwicklung. Das ist gut. Aber sie dämpfen auch die Gesamtnachfrage. Das ist unerwünscht.

Aus allen diesen Gründen muß die Welt als Ganzes sich so verhalten, daß die Defizitländer die Ursachen ihrer Defizite eindämmen und daß die Überschußländer importieren. Ihre Nachfrage wird gebraucht; sie dürfen nicht dazu beitragen, die Zinsen hochzutreiben oder hochzuhalten.

Unsere deutsche Zahlungsbilanz ist inzwischen wieder gesund. Deshalb hat man anfangs dieser Woche bei der Tagung von Weltwährungsfonds und Weltbank in Toronto abermals – wie schon zu Zeiten der Lokomotiv-Theorie – auf Deutschland und auf Japan die Hoffnungen gesetzt. Wir haben in der Tat die Chance, erneut als eine der ersten Volkswirtschaften wieder nach oben zu fahren; aber sicher ist das nicht.

Es kommt hinzu, daß die politische Weltkrise zu einer ständigen Bedrohung des internationalen Handels und des internationalen Kapitalverkehrs geworden ist. Und leider ist auch die Neigung gewachsen, politische Konflikte mit wirtschaftlichen Sanktionen auszutragen. Das kostet Arbeitsplätze. Die Bundesregierung wird sich auch in Zukunft solchen Entwicklungen beharrlich entgegensetzen. Unsere Bemühungen um gute und sichere Wirtschaftsbeziehungen innerhalb der westlichen Welt, mit den Entwicklungsländern, aber auch mit den kommunistischen Staatshandelsländern sind ein wichtiger Teil auch unserer Beschäftigungspolitik.

Natürlich wirkt sich die weltwirtschaftliche Krise auch auf die kommunistischen Staaten aus, auch auf die DDR. Rohstoffknappheit, Energieprobleme, Zahlungsbilanzprobleme kennen keine ideologischen Grenzen.

Die DDR hat auf ihre schwierige Zahlungsbilanzsituation mit großen Exportanstrengungen und mit Importdrosselung reagiert. Dies hat auch Konzequenzen für ihre eigene Produktion. Es wirkt sich in einigen Bereichen schon fühlbar auf die Versorgung der Bürger der DDR aus. In vielen Staatshandelsländern schafft die Versorgung der Bürger mit wichtigen Konsumgütern inzwischen erhebliche und wachsende Probleme. Sie schafft Schlangen vor den Läden.

Bei uns dagegen geht es im Kern um die Frage der Beschäftigung und sodann darum, ob wir etwas mehr oder weniger materiellen Wohlstand produzieren und verteilen können. Aber wir können bei alledem nicht erwarten, daß sich die Arbeitslosigkeit allein durch einen neuen Wirtschaftsaufschwung auf ein erträgliches Maß verringern würde. Die Lage am Arbeitsmarkt wird noch weit in die 80er Jahre hinein dadurch verschärft, daß geburtenstarke Jahrgänge ins Erwerbsleben eintreten, während relativ schmale Jahrgänge, oben an der Spitze der Alterspyramide, ins Rentenalter kommen und aus dem aktiven Erwerbsleben ausscheiden.

Es ist zur Überwindung der Arbeitslosigkeit unumgänglich, daß ein größerer Teil unseres Bruttosozialprodukts für investive Zwecke verwendet wird und daß der Anteil der Konsumausgaben entsprechend eingeschränkt wird. Dies muß dann übrigens auch verbunden werden mit einer neuen Initiative zur stärkeren Beteiligung der Arbeitnehmer am Produktivvermögen. Daran wird gearbeitet.

Wenn gestern der Bundesverband der Deutschen Industrie eine, wie er es nennt, Gemeinschaftsinitiative von Bund, Ländern und Gemeinden zur Erholung der öffentlichen Finanzen, zur Steigerung der öffentlichen Investitionen vorgeschlagen hat, so ist das in die richtige Richtung gedacht.

Von 1970 bis heute, meine Damen und Herren, ist der Anteil der Investitionen an unserem Bruttosozialprodukt, an allem, was wir schaffen und leisten, von damals 26 Prozent auf weniger als 22 Prozent heute gesunken. Dabei sind die öffentlichen Investitionen von Bund, Ländern und Gemeinden noch stärker gesunken als diese Durchschnittszahl. In derselben Zeit sind jedoch umgekehrt die Anteile der gesamten öffentlichen und privaten Sozialleistungen am Bruttosozialprodukt von 26 Prozent damals auf 31 Prozent heute erheblich angestiegen. Es handelt sich um soziale Ausgaben, die wesentlich zur sozialen Stabilität in unserer Gesellschaft beigetragen haben und die außerdem zu einer wichtigen Grundlage für unsere wirtschaftliche Leistungsfähigkeit geworden sind.

Aber die unzureichende wirtschaftliche Entwicklung insgesamt zwingt uns, das dynamische Wachstum der konsumtiven Ausgabenblöcke zu begrenzen, damit mehr Spielraum für Investitionen entsteht, damit neue und dauerhafte Arbeitsplätze geschaffen werden und damit infolgedessen das soziale Netz sicher bleibt.

Nun ist die in diesen 12 Jahren, 13 Jahren eingetretene Verbesserung der materiellen Lage der Arbeitnehmer und der Rentner deutlich erkennbar. Zum Beispiel ist der tariflich bezahlte Urlaub für den Durchschnitt der Arbeitnehmer von 22 Werktagen im Jahr 1969 auf 32 Werktage im letzten Jahr angestiegen. Zum Beispiel haben die realen Einkommen der aktiven Beschäftigten in diesem Zeitraum im Durchschnitt um fast 30 Prozent zugenommen. Aber die Renteneinkommen im gleichen Zeitraum sind real sogar um 43 Prozent gestiegen.

Daß diese Schere so nicht beliebig fortgesetzt weiter geöffnet werden kann, machen die folgenden Zahlen deutlich. Vor 20 Jahren, im Jahr 1960, hatten 100 Arbeiter und Angestellte für 38 Rentner mitzuarbeiten. Heute sind es über 60 Rentner, und es wird vermutet, daß im Jahre 2000 – das ist nur noch 18 Jahre hin – auf 100 aktive Arbeitnehmer, die verdienen und produzieren und Steuern und Sozialversicherungsbeiträge zahlen, sogar über 70 Rentner kommen werden. Es werden hier also langfristig strukturelle Probleme sichtbar, die schon mittelfristig gelöst werden müssen. Wir bereiten uns darauf vor.

Auch wenn die wirtschaftliche Lage unseres Landes gegenwärtig, ich sagte es, im internationalen Vergleich nahezu auf allen Feldern erkennen läßt, daß wir mit der Anpassung unserer Wirtschaftsstruktur bisher sehr erfolgreich fortschreiten, zum Beispiel etwa in der Abkoppelung des Energieverbrauchs vom Wirtschaftswachstum, so bleibt unsere Lage dennoch auch und gerade strukturell sehr schwierig.

Wir brauchen für die Zukunft noch stärker Investitionen zur Energieeinsparung. Wir brauchen Fernwärme, wir brauchen Umweltschutzinvestitionen, wir brauchen vor allem anderen privatwirtschaftliche Investitionen in Leistungs- und Produktionskapazitäten für moderne, für neue Produkte, welche die anderen Volkswirtschaften so noch nicht liefern können.

Denn wir können wegen unserer hohen Löhne, unserer hohen Sozialleistungen – sie gehören zu den höchsten der Welt – und wegen der damit verbundenen hohen Lohnkosten und hohen Lohnnebenkosten, wir können mit unseren Produkten nicht billiger sein als viele andere Staaten der Welt. Infolgedessen müssen wir dann aber mit unseren Produkten schneller sein, besser anbieten als jene. Darin liegt unsere Zukunft.

Natürlich können die allermeisten privaten wie öffentlichen Investitionen nicht bar bezahlt werden. Sie bedürfen zu erheblichen Teilen der Kreditfinanzierung. Das ist bei der Stadt so, das ist bei der Industrieunternehmung so, beim Handwerker so. Das ist auch bei der Privatfamilie so. Wer ein Reiheneigenheim kaufen oder bauen will, der braucht einen Hypothekenkredit; der kann das nicht bar auf den Tisch legen. Das ist selbstverständlich. Allerdings: Kreditausweitung zum Zwecke der Finanzierung von nicht gedeckten Betriebskosten, dies wäre kein generelles Heilmittel, bei der

Kommune ebensowenig wie in der Industrie. Deshalb sollen große Kredite und Bürgschaften zur Finanzierung von Betriebskosten, die ungedeckt geblieben sind, die große Ausnahme bleiben. Das spektakulärste Beispiel dafür ist gegenwärtig die AEG, deren Krise auch Auswirkungen auf Zigtausende kleinerer und mittlerer Unternehmen hat. Ich halte diesen Fall allerdings nicht für symptomatisch für die deutsche Wirtschaft. Zwei andere Großunternehmen der gleichen Branche zeigen, daß es sich bei AEG um in diesem Unternehmen langjährig gemachte Fehler des Managements und übrigens auch um ein Versagen des Aufsichtsrats in all diesen Jahren gehandelt hat.

Einige der heute dort Arbeitenden haben die Probleme von ihren Vorgängern geerbt; aber die Vertreter der Banken in diesem Organ Aufsichtsrat arbeiten dort schon viele, viele Jahre, und sie tragen erhebliche Verantwortung. Die Banken tragen auch erhebliche Verantwortung für die Zunkunft.

Die Bundesregierung will mit ihren beiden Bürgschaftsbereitstellungen dazu helfen, eine durchgreifende, dauerhafte Gesundung der AEG zu erreichen. Sie erwartet, daß sich daran auch die betreffenden Bundesländer beteiligen, was die Fabriken in ihren Bereichen angeht. Voraussetzung dafür ist aber, daß auch die Hauptbeteiligten zu Opfern bereit sind. Die Bundesregierung und der Bundeswirtschaftsminister werden sich jedenfalls nicht von den Banken Vorschriften machen lassen, die für die Vorgeschichte der Kalamitäten hohe Mitverantwortung tragen.

Wir haben besondere Probleme im Stahlbereich und, zum Teil davon ausgelöst, auch im Kohlebereich. Mit der Verabschiedung des Stahlprogramms im letzten Sommer hat die Bundesregierung ihre Bereitschaft erklärt, den notwendigen Umstrukturierungsprozeß in dieser Branche unter bestimmten, im Stahlinvestitionszulagengesetz festgelegten Voraussetzungen zu flankieren. Es liegt nun an den Unternehmen, alle zwischen ihnen selbst immer noch offenen Fragen im Zusammenhang mit ihren Förderanträgen endlich und rasch zu klären, damit die Bundesregierung bei der Notfinanzierung am 30. September 1982 der EG-Kommission ein erstes Votum wirklich auch abgeben kann. Es sind nicht wir, die die Zeit verbraucht haben.

Zur Kohlepolitik der Bundesregierung möchte ich sagen: Die Grundsätze der 3. Fortschreibung des Energieprogramms gelten unverändert. Die Kohle hat Vorrang bei der Stromerzeugung. Die Bundesregierung wird darauf achten, daß die Elektrizitätswirtschaft ihre Verpflichtungen zur steigenden Abnahme von Kraftwerkskohle aus dem Verstromungsvertrag, dem sogenannten Jahrhundertvertrag, erfüllen wird.

Ich sprach schon davon, daß die strukturellen und konjunkturellen Schwierigkeiten naturgemäß Berlin in seiner exponierten Lage besonders treffen. Deshalb ist die Bundesregierung zusammen mit dem Berliner Senat dabei, die Arbeit an der in Aussicht genommenen Änderung des Berlinförderungsgesetzes so schnell wie möglich abzuschließen, um strukturelle Fehlentwicklungen der Berlinförderung in den letzten Jahren zu korrigieren. Ich werde gemeinsam mit dem Regierenden Bürgermeister im Laufe des Herbstes führende Vertreter der Unternehmenswirtschaft, der Gewerkschaften zu diesem Thema, aber auch zu anderen Berlin betreffenden Themen nach Berlin einladen.

Meine Damen und Herren, ich sehe zu den Grundlinien unserer Wirtschafts- und Finanzpolitik keine vernünftige Alternative. Ich sehe sie nicht im Ausland, etwa dort, wo mit unterschiedlichen Rezepten experimentiert worden ist. Sie sind fehlgeschlagen. Wir sind nicht dem Trugschluß aufgesessen, daß sich alle Probleme von selber lösen, wenn nur der Staat seine Aktivitäten einschränkt oder sich zurückzieht. Die Folge wäre nach allen Erfahrungen im Ausland eine noch höhere Arbeitslosigkeit.

Wir sind aber ebensowenig jenen Beispielen gefolgt, wo Staaten einfach durch eine allgemeine große Nachfragebelebung ihre Lage verbessern wollten. Die Folgen waren zuerst inflationistische Entwicklungen und danach mehr Arbeitslosigkeit.

Wir werden unsere Wirtschaftspolitik des mittleren Weges fortsetzen, denn es hat sich gezeigt, daß wir mit dieser Politik die Auswirkungen der Weltrezession insgesamt besser überstanden haben als die meisten anderen westlichen Länder, ganz zu schweigen von den Ländern im Osten; die will ich gar nicht als Vergleichsbeispiele heranziehen.

Wir wissen, daß wir durch eine bloße Aufblähung der Nachfrage die *Strukturprobleme unserer Volkswirtschaft* nicht lösen können. Wohl aber müssen wir eine Schrumpfung der allgemeinen Nachfrage verhindern, weil sonst ein sich selbst verstärkender allgemeiner Schrumpfungsprozeß einsetzen würde.

Wir waren nicht und wir sind nicht bereit, jede neue wirtschaftspolitische Mode mitzumachen und jede neue Theorie an unserer Wirtschaft und an unseren Arbeitsplätzen auszuprobieren. Aber wir müssen in den *öffentlichen Haushalten* Schritt für Schritt mehr Mittel im konsumtiven Bereich freimachen und statt dessen für Investitionen einsetzen. Die ersten großen Schritte sind mit dem Haushalt 1982, mit der Gemeinschaftsinitiative dieses Frühjahrs sowie mit dem Haushalt 1983 und den begleitenden Gesetzentwürfen, die hier morgen eingebracht werden, unternommen worden, und wir halten an all diesen Dingen fest, meine Damen und Herren!

Eines will ich noch deutlich hinzufügen: Die Unsicherheit über die weitere Entwicklung der Weltwirtschaft und damit der wirtschaftlichen Aussichten auch für uns ist gegenwärtig groß, und es spricht dafür, daß die bisherigen Prognosen für dieses Jahr und auch für das kommende Jahr herabgesetzt werden müssen. Das Bundeskabinett hat deshalb gestern auf meinen Vorschlag hin den Sachverständigenrat gebeten, bis Mitte Oktober ein *Sondergutachten zur wirtschaftlichen Lage* vorzulegen. – Ich weiß, was ich sage!

Die Bundesregierung wird, wenn das Gutachten vorliegt, alsbald dazu Stellung nehmen, Schlußfolgerungen daraus ziehen und sich der rechtzeitigen Diskussion über zusätzliche Anpassungen nicht entziehen.

Morgen bringen SPD und FDP gemeinsam jenes Bündel von Gesetzentwürfen in den Bundestag ein, das nicht nur unsere Zielsetzung klarmacht, sondern sie auch gesetzestechnisch – in den Instrumenten – konkretisiert.

Die Frage bleibt: Was eigentlich schlägt die CDU und was eigentlich schlägt die CSU vor? Auf der einen Seite ist es Ihre Taktik, überall zu vermeiden, zu sagen, was Sie wirklich wollen; auf der anderen Seite – *(Zurufe von der CDUSU: Neuwahlen!)* – Ja, Sie wollen ran, das habe ich verstanden. Auf der anderen Seite setzen Sie im Bundesrat Ihre Mehrheit dafür ein, eine sozial ausgewogene Politik zu blockieren. So, Herr Kohl, wird man nicht regierungsfähig. Einerseits behauptet Herr Geißler, Ihr Generalsekretär, daß die Arbeitnehmer und sozial Schwachen ›noch nie so benachteiligt worden sind wie in den letzten 13 Jahren‹. *(Zustimmung bei der CDU/CSU).* Ja, die ihm zustimmen, müssen mir aber sagen, warum dann andererseits Ihr Professor Biedenkopf, unser früherer Kollege, das Gegenteil schreibt, nämlich: ›Die materiellen Bedingungen der Mehrheit der Bevölkerung haben sich im Laufe der letzten 15 Jahre deutlich verbessert.‹

Einerseits lehnen Herr Kohl und Herr Strauß den Haushalt insgesamt ab und behaupten, er sei unausgewogen und nicht sozial genug – so haben Sie dem Deutschen Gewerkschaftsbund gesagt –, aber andererseits fordert die Opposition weitere Einschnitte in Leistungsgesetze, also jene, die den Beziehern der kleinen Einkommen besonders zugute kommen.

Sie machen nach jeder Seite hin freundliche Bemerkungen, Herr Dr. Kohl, aber Sie sagen niemanden, was Sie wirklich denken, vielleicht denken Sie gar nicht.

Es gab vor sieben Tagen eine Fernsehdiskussion mit Herrn Dr. Kohl. Mehrere Journalisten hatten die Gelegenheit, Herrn Dr. Kohl eine Reihe von Fragen zu stellen. Die erste Frage richtete sich auf das konstruktive Mißtrauensvotum. Darauf antwortete Herr Dr. Kohl: ›Für mich und meine politischen Freunde kommt keine politische Lösung in Frage, in der nicht vor einer solchen Entscheidung ganz klar ist, wie es auch politisch in der Sache weitergeht.‹ – Ich habe an der Antwort auch nichts zu beanstanden. Ich finde nur die Frage, die dann kam, konsequent. Die nächste Frage lautete, logisch anschließend, wie denn nun sein Kontrastprogramm zur Koalition aussähe. Da antwortet Herr Kohl: ›Die Sozialdemokraten haben . . . Verluste hingenommen. Die FDP ist beispielsweise in Hamburg . . . nicht ins Parlament gekommen, und es ist eine neue politische Kraft, eine neue Bewegung, die Grünen, aufgetreten.‹ Auf die Frage nach dem Kontrastprogramm! Auf die erneute Frage nach den konkreten Vorstellungen, wo Sie, Herr Dr. Kohl, die Schwachstellen des Haushalts sähen, sagen Sie: ›Ja, das fängt mit den Zahlen an. Die Zahlen stimmen nicht. Und jeder von uns weiß, daß wir einen neuen Anfang setzen müssen.‹ Auf die abermalige Frage eines dritten oder vierten Journalisten in derselben Fernsehsendung – die Aufzeichnung, aus der ich hier vorlese, liegt jedem Abgeordneten vor –, ob dies nicht die Stunde sei, in der die Opposition präzise zeigen solle, wo was zu streichen sei und wie ein Haushalt Ihrer Auffassung nach auszusehen haben, weichen Sie zum drittenmal jeder Antwort aus.

Bitte, stellen Sie doch endlich klar, was Sie wirklich beabsichtigen. Ich war vorhin etwas zu scharf, es tut mir leid, aber Sie müssen klarstellen, was Sie beabsichtigen.

Sie haben jüngst dem Deutschen Gewerkschaftsbund zugestimmt und haben Ernst Breit gesagt, Sie seien auch für mehr soziale Gerechtigkeit, mehr als die Bundesregierung. Aber bitte, dann müssen Sie doch sagen, auf welchem Wege und zu wessen Lasten – zu wessen Lasten! –, sonst bliebe es doch eine Versprechung ohne Inhalt.

Natürlich, wenn es auf der Welt knapp wird, verstärken sich die sozialen Spannungen in den Ländern. Überall ist das so. In Demokratien mit freien Gewerkschaften fordern dann die Interessenvertretungen der Arbeitnehmer ihre Rechte ein. Deren stärkstes Mittel ist der Streik. Drüben in der DDR darf nicht gestreikt werden; in Polen darf nicht gestreikt werden. In Ländern der kommunistischen Gesellschaftsordnung gibt es keine unabhängige Gewerkschaft, die für die Interessen derjenigen kämpft, die am meisten unter Druck geraten.

Bei uns machen die unabhängigen, freien Gewerkschaften von ihren Rechten Gebrauch, und das ist auch gut so. Es gibt gegenwärtig *Kritik der Gewerkschaften an der Wirtschafts- und Finanz- und Sozialpolitik* der sozial-liberalen Koalition. Ich nehme diese Kritik ernst.

Was sagt diese Kritik? DGB und Gewerkschaften treten in einer kritischen Lage für mehr Gerechtigkeit bei der Lastenverteilung ein. Dies wird auf meinen Widerspruch gewiß nicht stoßen.

Gleichzeitig fordern sie zweitens zu massiver Kreditaufnahme durch den Staat zum Zwecke anschließender Investition dieser Finanzmittel auf. Hier allerdings müssen sich Gewerkschaften und DGB Gegenargumente gefallen lassen. Ich habe sie vorhin vorgetragen.

Zur dritten Forderung nach einer Arbeitsmarktabgabe werde ich noch ein Wort sagen.

Wenn der Deutsche Gewerkschaftsbund und die Gewerkschaften insgesamt ihre Verantwortung wahrnehmen, dann habe ich davor hohen Respekt. Umgekehrt bitte ich um Verständnis dafür, daß es die Verantwortung der Bundesregierung und des Parlaments ist, das Interesse des Gemeinwohls über die Interessen aller Gruppen zu stellen.

Übrigens erleben wir ja gegenwärtig außerdem, daß sich nahezu alle Interessenvertretungen – gerade auch die Interessenvertretung derjenigen, die wirtschaftlich stark sind – fordernd und protestierend zu Wort melden: der Bundesverband der Deutschen Industrie, Bundesvereinigung der Arbeitgeber, die Ärzte, die Landwirte und so weiter. Die Regierung und die Parteien werden Kraft brauchen, um dem Druck der Interessenverbände zu widerstehen, um der Gerechtigkeit willen und im Interesse des Gemeinwohls.

Aber nicht nur die Gewerkschaften und nicht allein die Geschäftsführer der Interessenverbände sind unruhig – vor allem sind größere Teile unserer jungen Generation unruhig. Es schien jahrelang hindurch festzustehen, daß sich das politische Leben in der Bundesrepublik auf CDU und CSU, FDP und Sozialdemokratie konzentrierte. Die im Bundestag vertretenen Parteien waren in der Lage, alle wichtigen gesellschaftlichen Strömungen in sich aufzunehmen und hier darzustellen.

Dies hat sich geändert. Viele, insbesondere junge Menschen, suchen nach Alternativen zu den traditionellen Parteien, zu unserer Art, Politik zu machen. Das hängt unter anderem damit zusammen, daß viele Menschen das Gefühl haben, die hier im Bundestag vertretenen Parteien seien nicht mehr recht imstande, auf drängende Probleme rechtzeitig zu reagieren.

Als Sammelbecken solcher jungen Menschen, die nach einer Orientierung suchen, haben sich nun in einigen Bundesländern die Grünen oder *Alternativen und Grünen* zu einer dritten oder vierten oder fünften Kraft gemausert. Von einer neuen Partei kann da noch nicht gesprochen werden. Die inhaltliche Konturen dieser Bewegung sind sehr unklar. Teilweise hängen sie konservativen, auch sozial restriktiven Vorstellungen an – etwa was Kürzungen im Sozial- oder Bildungsbereich angeht –, andererseits wollen einige die Sozialdemokraten links überholen; zum Teil verbreiten sie auch kommunistische Agitation. In einem unserer Landtage hat einer ihrer gewählten Wortführer letzte Woche die böse Behauptung aufgestellt, die CDU, aber auch Teile der SPD kalkulierten einen Krieg als Konsequenz ihrer Politik ein und so fort.

Vieles paßt bei den Grünen nicht unter den gleichen Hut. In der Frage der Anwendung von Gewalt bekennen sie sich einerseits zu Frieden und Gewaltlosigkeit, andererseits befürworten sie im Innern des eigenen Staats gewalttätige Durchsetzung der eigenen politischen Interessen. Was die rechtsstaatliche Ordnung angeht, nützen sie einerseits alle Mittel, die der Rechtsstaat zur Verfügung hat, andererseits legitimieren sie rechtswidriges Vorgehen. Einerseits drängen sie in die kommunalen und Landesparlamente, auf der anderen Seite sehen sie in den Parlamenten nur Hemmschuhe für das, was Fundamentalopposition genannt wird, oder für ihre basisdemokratischen Vorstellungen.

Auf all diesen Gebieten muß also innerhalb dieser Bewegung noch ein grundsätzlicher Gärung- und Klärungsprozeß stattfinden. Keiner kann heute recht vorhersehen, zu welchem Ergebnis das führen wird.

Eines bleibt richtig: Die Grünen haben eine Reihe von richtigen Fragen gestellt, auf drängende Probleme hingewiesen, auch wenn ihre Antworten auf schwierige Fragen meist allzu einfach sind.

Es wäre im Sinne des Gärungsprozesses, des Klärungsprozesses falsch, wenn man sie dort, wo der Wähler sie in Parlamente entsandt hat, von vornherein ausgrenzen wollte. Denn es stecken auch viel Sehnsucht und viel jugendlicher Idealismus in dieser Bewegung.

Ich möchte an dieser Stelle, meine Damen und Herren, einige Bemerkungen einfügen, bei denen ich nicht beanspruche, für die Bundesregierung als ganze zu reden. Sondern ich berufe mich bei diesen *Anmerkungen zur innenpolitischen Lage* auf die Rechte, die das Grundgesetz dem Bundeskanzler einräumt.

Ich sehe, CDU und CSU streben ungeduldig die Regierungsmacht an. Ich wiederhole: Ein alternatives Konzept haben Sie dafür bisher noch nicht vorgelegt.

Herr Kohl lobt die konservative Wirtschaftspolitik, er lobt meine Kollegin Frau Thatcher, er lobt Präsident Reagan, aber deren viel höhere Arbeitslosigkeitsraten und Inflationsraten und Zinssätze und deren Steuererhöhungen lehnen Sie ab. Herr Strauß lehnt alles ab. Er steht immer noch bei der totalen Verweigerungsstrategie von Sonthofen. Die Ministerpräsidenten Späth und Weizsäcker, Albrecht und Stoltenberg von der CDU spüren und wissen von ihrer Mitverantwortung für das Ganze, aber sie haben sich noch nicht durchgesetzt.

Gestern wollten die Bundestagsfraktion und der Oppositionsführer schon im Vorwege den ganzen Haushalt ablehnen, aber sie setzen anders als zum Beispiel die Opposition in den Vereinigten Staaten keine eigenen wirtschafts- und sozialpolitischen, keine eigenen haushaltspolitischen Konzepte dagegen.

Sie wollen zwar die Regierungsmacht – das ist weiß Gott legitim –, aber ohne plausibel zu sagen, zu welchem Zweck. Regierungsmacht und Verantwortung gehören zusammen. Das Wort ›Verantwortung‹ hängt mit dem Wort ›antworten‹ zusammen, das heißt auf Fragen antworten. Sie müssen konkrete Antworten auf die Frage nach Ihren konkreten Absichten geben.

Offenbar gibt es auch bei der FDP den einen oder anderen Kollegen, der einen solchen Wechsel in einer ungewissen

Zukunft erhofft. Die Zeitungen berichten seit Wochen darüber. Es handelt sich meist um doppeldeutige Äußerungen.

Wir Sozialdemokraten jedenfalls erstreben keinen Wechsel, ich auch nicht. Ich hantiere auch nicht mit einem sogenannten Minderheitenkabinett.

Ich sehe weder in der Deutschland- noch in der Außen- noch in der Sicherheitspolitik eine Regierung Kohl oder Kohl/Strauß, die dem öffentlichen Wohl der Nation besser dienen könnte. Ich sehe sie nicht in der Umweltschutzpolitik, nicht in der Rechtspolitik, nicht in Fragen der inneren Sicherheit, nicht in der Bildungspolitik, nicht in Sachen Kriegsdienstverweigerung und sogenannter Gewissensüberprüfung. Ich sehe nicht, daß sie dem öffentlichen Wohl besser dienen würden hinsichtlich der inneren Liberalität unseres Staates ingesamt.

Die Sozialdemokraten wissen: Wir stellen innerhalb der sozial-liberalen Koalition zwar die Mehrheit, aber wir stellen nicht die Mehrheit des Bundestages, erst recht nicht die des Bundesrates. Wenn sich im Bundestag eine andere Mehrheit für eine andere Politik finden sollte: Bitte sehr, dafür hält das Grundgesetz den Artikel 67 bereit. Machen Sie von Artikel 67 Gebrauch! Bringen Sie den Antrag auf ein konstruktives Mißtrauensvotum ein, Herr Dr. Kohl! Lassen Sie uns nächste Woche darüber abstimmen! Und wenn darüber auf Ihrer Seite gelächelt wird, dann muß ich sagen: Prüfen Sie selber, ob Sie andere Absichten haben als diese. Aber die Bürger im Lande haben mit Recht genug davon, daß ewig geredet wird, genug von den Finessen und Gerüchten, wie sie jeden Abend im Fernsehen präsentiert werden. Die Bürger haben Anspruch auf Klarheit, Herr Dr. Kohl! Innere Stabilität und eindeutige Handlungsfähigkeit nach außen sind in der doppelten Krise der Welt unverzichtbar.

Wer nach einem konstruktiven Mißtrauensvotum, das Sie eben belächelt haben, worauf aber doch allein Ihre ganze

Hoffnung beruht – auf das Thema Neuwahlen komme ich gleich! –, wer nach einem konstruktiven Mißtrauensvotum Kanzler wird oder bleibt, der hat das Recht, über Artikel 68 nach einer Vertrauensfrage – wenn der Bundespräsident es so will – die Auflösung des Bundestages und Neuwahlen herbeizuführen.

Ich brauche gegenwärtig kein erneutes Vertrauensvotum. Die Wählerinnen und Wähler haben der sozial-liberalen Koalition und der Bundestag daraufhin mir ein vierjähriges Mandat gegeben. Das Vertrauensvotum im Februar 1982 entsprach diesem Auftrag.

Wenn Sie aber, Herr Dr. Kohl, in geheimer Wahl vom Bundestag zum Nachfolger gewählt werden sollten, so müßten Sie allerdings Neuwahlen erzwingen, und zwar aus zwei Gründen:

Erstens: weil ein Bundeskanzler nicht nur grundgesetzliche Legalität braucht, sondern auch – über jede verschleierte Vorbereitung eines konstruktiven Mißtrauensantrags hinaus – die geschichtliche Legitimität braucht, die der Wähler ihm geben kann; und *zweitens:* weil Sie dem Volke vorher sagen müssen, was Sie tatsächlich anders machen wollen, vom Kindergeld bis zur Ergänzungsabgabe, vom Verteidigungshaushalt bis zur Deutschlandpolitik und vom Umweltschutz bis zur Abrüstung, über das ganze Feld, was Sie wirklich anders machen wollen.

Wenn Ihnen die Wähler des Landes eine Mehrheit verschaffen, so könnten wir darüber zwar nicht froh sein, aber selbstverständlich hätten wir uns vor dem Urteil der Wähler zu verneigen. Es könnte trotzdem sein, daß einige Ihrer potentiellen Mißtrauensvotumspartner statt dessen Neuwahlen umgehen wollen – aus mir durchaus verständlichen Gründen. Auch derjenige, der das Risiko des Wechsels zu einer anderen Politik auf sich nehmen wollte, benötigte dafür Legitimität. Wir achten die Gewissensentscheidung jedes

Abgeordneten. Höchster Maßstab der Gewissensprüfung müssen aber die Achtung vor dem Votum der Wähler, die Funktionsfähigkeit des demokratischen Systems und das Ansehen der politischen Parteien sein. So hat Walter Scheel heute vor zehn Jahren hier an diesem Pult gesagt. Und er hat hinzugefügt: ›Wer hat denn jemals einen Volksvertreter daran gehindert, seinem Gewissen zu folgen und sein Mandat in die Hände der Wähler ... zurückzulegen?‹ Hüten wir uns davor, große Worte zu strapazieren, wenn es um ganz handfeste Dinge geht. Man kann nicht, sage ich, weder Sozialdemokraten noch Freie Demokraten, davonlaufen, wenn die Zeitläufe schwierig sind. Das kann man nicht.

Ich habe bisher, in über acht Jahren, von der *Richtlinienkompetenz nach Artikel 65 des Grundgesetzes* keinen Gebrauch gemacht. Ich habe es vielmehr als meine Pflicht angesehen, große Anstrengungen auf das Zustandebringen von vernünftigen, praktisch brauchbaren, beiden Seiten gleichermaßen zumutbaren Kompromissen zu verwenden. Insofern waren die Richtlinien der Politik immer gemeinsam erarbeitet. Aber sobald sie dann vom Bundeskanzler festgestellt sind, gilt für sie der Artikel 65 des Grundgesetzes. Dem kann man sich nur durch Ausscheiden aus der Bundesregierung entziehen. Und der Bundeskanzler weiß, daß man reisende Leute nicht aufhalten soll.

Wir haben bisher unser Land gemeinsam sehr viel besser durch die politische und wirtschaftliche Doppelkrise der Welt gesteuert als viele andere. Das können wir auch in Zukunft gemeinsam tun. Dabei ist kein Koalitionspartner jemals majorisiert worden. Das kann auch in Zukunft niemals anders sein.

Daß man in der Regierung Fehler machen kann, daß man sogar Schuld auf sich laden kann, das weiß ich wohl. Bei diesem Satz steht mir in den 13 Jahren der sozial-liberalen Koalition nichts deutlicher vor Augen als die zermürbenden langen Wochen täglicher Entscheidungsnotwendigkeiten, täglicher Ungewißheiten über die Werteabwägungen, Zweckmäßigkeiten und Schuld, die wir damals während der Entführung von Dr. Schleyer und von dem ›Landshut‹-Flugzeug heute vor fast genau fünf Jahren zu tragen hatten. Ich bin heute noch dankbar, daß alle vier Bundestagsparteien diese Last über Wochen gemeinsam getragen haben.

Aber auch in weniger dramatischen, in weniger tragischen Situationen muß eine Regierung anderen immer wieder etwas zumuten. Demokratie bedeutet Zumutung, hat Hans Heigert jüngst geschrieben. Er hat recht.

Aber natürlich gibt es auch Grenzen des Zumutbaren, auch für uns Sozialdemokraten, auch für mich.

Erstens. Eine prinzipiell deflationistische Finanzpolitik ist uns nicht zuzumuten, und zwar weil sie im eigenen Lande, aber auch international alle nur noch in tiefere Rezession treiben würde. Wir müssen und wir wollen in den öffentlichen Haushalten den Rahmen aller unserer Möglichkeiten ausschöpfen, damit die Zinsen weiter sinken können – gewiß! –; aber wir wollen nicht die allgemeine Nachfrage und die Volkswirtschaft und das soziale Netz kaputtsparen. Das schafft keine Arbeitsplätze. Das führt zur Schrumpfung.

Zweitens. Für Sozialdemokraten ist eine bloße Hinnahme von struktureller Arbeitslosigkeit unzumutbar. Wenn und soweit die wirtschaftlichen Daten der Welt oder Deutschlands sich im Herbst weiterhin verschlechtern sollten, was leider anzunehmen ist, so werden wir über die Notwendigkeit zusätzlicher Schritte nachzudenken und zu entscheiden haben. Das gilt für den Bund, das gilt für die Gemeinden und die Städte, und das gilt auch für die Länder.

Drittens. Nur begrenzt kann dafür zusätzlich Kredit in Anspruch genommen werden. Zum anderen Teil bedürfte es in einem solchen Fall der zusätzlichen Ausgabenumstrukturierung in den öffentlichen Haushalten, und zum dritten

Teil wird wohl 1983 infolge der weltweiten Hochzinsen ein deutlich höherer Bundesbankgewinn zur Verfügung stehen, als gegenwärtig veranschlagt ist. *(Kolb [CDU/CSU]: Schon wieder?!)* – Lieber Freund, das steht im Gesetz, und das seit über 25 Jahren. Sie haben bisher keinen Antrag eingebracht, dieses Gesetz zu ändern.

Viertens. Bei alledem muß die soziale Gerechtigkeit gewahrt werden. Es gibt 22 Millionen Arbeitnehmer und 12 Millionen Rentner und Pensionäre. Sie werden durch ihre kleinen Verzichte insgesamt sehr viel mehr Finanzmittel freisetzen als die 1,2 Millionen privater Haushalte, die im Monat ein Einkommen von mehr als 10 000 DM haben. Unter den letzteren sind viele Selbständige, Freiberufler, leitende Angestellte, hochverdienende Manager und so weiter. Diese sollten aber jeder einzeln, so denken wir, sehr viel höhere Opfer tragen als die Rentner, die zukünftig – schrittweise zunehmend – die Hälfte der Beiträge für ihre eigene Krankenversicherung aufbringen müssen. Wer dagegen als angeblich familienfeindlich ablehnt, daß der einkommensteuerliche Splittingvorteil von Ehepaaren auf 10 000 DM pro Jahr begrenzt wird, das heißt, daß Ehepaare oberhalb von 100 000 DM jährlichen Einkommens nur noch 10 000 DM und nicht mehr wie heute bis zu 15 000 DM Steuervorteil genießen, Herr Dr. Kohl, dient wirklich nur den finanziellen Interessen der Einkommensoberschichten und tarnt dies bloß mit dem Verfassungsgrundsatz des Schutzes der Familie. Ich teile hierzu weitgehend die Meinung der Frau Kollegin Matthäus-Maier. Ja, sie hat sich sehr luzide dazu geäußert. Im übrigen fängt der Schutz der Familie nicht bei 100 000 DM Jahreseinkommen an, sondern er beginnt bei der Familie des unverschuldet Arbeitslosen, der weder 10 000 DM noch 15 000 DM Steuervorteil hat. Herr Dr. Kohl, gerade auch für den von Ihnen erhofften Fall Ihrer Kanzlerschaft fordere ich die Opposition auf, in diesem Punkte eindeutig Farbe zu bekennen.

Fünftens. Die Sozialdemokraten sind unter der Voraussetzung sozialer Ausgeglichenheit und Symmetrie bereit, über langfristige Veränderungen im sozialen Netz als Folge der geänderten gesamtgesellschaftlichen, gesamtwirtschaftlichen Strukturen nachzudenken. Wer aber meint, es müßten über die morgen einzubringenden Gesetzentwürfe hinaus den Mißbrauchsmöglichkeiten im sozialen Sicherungsnetz zusätzliche Riegel vorgeschoben werden, sollte dazu konkrete Gesetzgebungsvorschläge machen. Aber er müßte dann, denke ich, ebenso bereit sein, zusätzliche Schritte zur Beseitigung von noch bestehenden Mißbrauchsmöglichkeiten zu tun, zum Beispiel im Geschäftsbereich einiger freier Berufe, im Einkommensteuerrecht im allgemeinen, im Steuerrecht der Landwirtschaft, im Gesellschaftsrecht und so fort. Er dürfte auch keine zusätzlichen Abstriche bei den Sozialleistungen verlangen, solange er jede zusätzliche Belastung der Höherverdienenden ablehnt.

Hierfür ist seitens der Gewerkschaften das Instrument einer allgemeinen Arbeitsmarktabgabe vorgeschlagen worden. Die Bundesregierung hält dies für verfassungsrechtlich mindestens zweifelhaft. Die im Grundgesetz vorgesehene Ergänzungsabgabe dagegen ist 1968 bis 1974 für die Einkommensteuer und 1976 für die Körperschaftsteuer in ähnlicher Form mit Erfolg praktiziert worden. Sie hat damals den von den Kollegen Schiller und Strauß gemeinsam herbeigeführten Boom von 1969/70 in keiner Weise behindert. Im Gegenteil, sie hat zur Finanzierung des Anstiegs staatlicher Investitionen und Beschäftigung beigetragen. Ich habe die Anregung des Kollegen Hölscher dazu in den letzten Tagen mit Interesse gelesen. Ich wiederhole vor dem Hause meine schon mehrfach bekundete Sympathie für eine zeitlich befristete Ergänzungsabgabe zu Lasten der besser gestellten Einkommensteuerpflichtigen – zeitlich befristet! –, und zwar sage ich das wohlgemerkt für den Fall, daß insgesamt zusätzliche Schritte zur Lösung der Haushalts- und der Beschäftigungsprobleme notwendig würden. Natürlich würde darüber und über alle zusätzlichen Schritte insgesamt sorgfältig zu reden sein.

Aber Sie, Herr Dr. Kohl, sollten uns klar sagen, ob Sie die Ergänzungsabgabe nur heute ablehnen oder ob Sie sie für den Fall Ihrer Kanzlerschaft dann doch im Köcher behalten wollen.

Ich klebe nach 13 Jahren Regierungsarbeit nicht an meinem Stuhl. Aber ich bin gegen eine Kanzlerschaft des Kollegen Kohl, weil ich unser Land weder außen-, noch sicherheits-, weder finanz- und wirtschafts- noch sozialpolitisch einer bisher profillosen anderen Mehrheit anvertrauen möchte. Einige werden gestern im konservativen Londoner ›Daily Telegraph‹ gewiß den Leitartikel gelesen haben, in dem für den Fall von Herrn Kohls Kanzlerschaft vorausgesagt wird, er würde praktisch sehr ähnliche Politiken verfolgen wie die sozial-liberale Koalition, aber sie mit weniger Erfahrung handhaben. Wer nun trotz alledem wechseln will – das ist legitim –, soll das offen und ehrlich sagen.

Danach sollten dann allerdings die Bundestagswählerinnen und -wähler nicht übergangen werden. Übrigens denke ich dabei nicht an falsche Parallelen, nicht an 1930 oder 1932. Wenn mich neulich jemand mit dem Reichskanzler von Papen, dem späteren Vizekanzler Hitlers, verglichen hat, so war das eine doppelte Geschmacklosigkeit. Weder darf mich einer mit dem Steigbügelhalter Hitlers in Verbindung bringen noch ist es erlaubt – wenn auch nur unausgesprochen –, den möglichen Nachfolger Dr. Kohl mit Hitler in Verbindung zu bringen. *(Zurufe von der CDU/CSU)* – Ich teile Ihre Empörung, und ich habe mich mit dieser Bemerkung zum Sprecher des ganzen Hauses gemacht. Ich fürchte, Sie haben mich akustisch nicht richtig verstanden; die Zwischenrufe müssen auf einem Mißverständnis beruhen. Ich habe Herrn Dr. Kohl genau wie mich vor solchen unerhörten Parallelen in Schutz genommen.

Wir Sozialdemokraten hatten jüngst Anlaß, des vor 30 Jahren verstorbenen Kurt Schumacher zu gedenken. Sein Vorbild zeigt jedem, daß man vor der Verantwortung nicht davonlaufen darf. Ich denke nicht an Rücktritt. Das versichere ich auch all jenen, die mir in den letzten Tagen besorgte Briefe geschrieben haben, auch aus anderen Parteien. Wenn eine geschichtliche Epoche in der Entwicklung unseres Staates abgebrochen werden soll, dann bitte mit offenem Visier und mit einem klaren Willensentscheid derjenigen, die das wollen, mit einer Begründung, die vor der Geschichte unseres Staates Bestand hat, und nicht mit nebensächlichen, kunstvollen Argumenten.

Ich bin überzeugt, es ist keineswegs notwendig, hier etwas abzubrechen. Im Gegenteil: Erst letzte Woche habe ich gespürt, wie wir auf mehreren wichtigen Feldern im Kabinett ohne große Mühe zur Übereinstimmung gekommen sind. Das galt insbesondere für vielschichtige Umweltschutzprobleme.

Aber dies war deshalb möglich, weil es einen Bestand an prinzipieller Gemeinsamkeit gibt, weil es einen Bestand an prinzipieller Übereinstimmung auf vielen Feldern gibt. Ich bin zuversichtlich, daß wir in einer großen gemeinsamen Anstrengung auch die uns gegenwärtig bedrängenden Probleme gemeinsam lösen können.

Die Sozialdemokratische Partei Deutschlands blickt nächstes Jahr auf 120 Jahre ihrer Geschichte zurück. Wir sind stolz auf das, was unsere Partei in vier Generationen zur Entfaltung von Freiheit und Gerechtigkeit in Deutschland hat beitragen dürfen. Wir sind stolz auch auf die gegenwärtige sozial-liberale Koalition und auf den inneren Wandel, den sie in unserem Lande ausgelöst hat.

Wir sind ebenso stolz auf das gemeinsam mit der Freien

Demokratischen Partei zustande gebrachte Ansehen, das die Bundesrepublik heute in Europa und in der Welt genießt. Wir sind stolz darauf, ein von Ost und West anerkannter Faktor des Friedens zu sein. Und das muß auch so bleiben!

Wir sind stolz darauf, daß wir in unserem Lande einen sozialen Frieden in einer Weise haben festigen können, wie das in der ganzen industriellen Welt sehr selten und in der kommunistischen Welt völlig undenkbar ist.

Viele von uns – ich gehöre dazu – sind zugleich Mitglied unserer Partei und Mitglied unserer Gewerkschaft. Die Gewerkschaften haben nicht nur zur Aufbauleistung nach dem Krieg, sondern auch zur Entfaltung von innerem Frieden, Gerechtigkeit, Freiheit nach innen und nach außen Entscheidendes beigetragen. Auch darauf sind wir stolz. Wir werden niemandem erlauben, Keile zwischen die Gewerkschaftsbewegung in Deutschland und die Sozialdemokratie zu treiben, die geschichtlich aus ein und derselben Wurzel stammen und die auch in Zukunft zusammenhalten wollen. Das gilt in der schwierigen Zeit heute, es gilt auch für morgen.

Wenn der Vorsitzende des Deutschen Gewerkschaftsbundes, Ernst Breit, vorgestern auf einem Gewerkschaftstag gesagt hat: ›Die Gewerkschaften wollen nicht nur mitbestimmen, sondern auch mitverantworten. Ein solches Angebot ist in wirtschaftlich und damit auch in einer für jedes Unternehmen sehr schwierigen Zeit keine Selbstverständlichkeit‹, wenn er ferner gesagt hat: ›Die Gewerkschaften stehlen sich nicht davon, wenn es gilt, der Folgen der Wirtschaftskrise Herr zu werden‹ – und er hat dabei insbesondere auf die Unternehmen und Betriebe Bezug genommen –, dann weiß ich, daß dies aus innerer Überzeugung der Menschen kommt, die er zu vertreten hat.

Ich habe Vertrauen zum Verantwortungswillen der Gewerkschaften in Deutschland. Sie haben ihn bewiesen und werden ihn auch wieder beweisen. Dies alles habe ich in meiner Verantwortung als Bundeskanzler gesagt. Ich knüpfe zum Schluß bei den Gedanken an, die ich im Namen der Bundesregierung vorgetragen habe.

Wir Deutschen haben mehr Nachbarn als irgendeine andere Nation Europas, ja, der ganzen Welt. Im Grunde macht es die geopolitische Lage im Zentrum dieses relativ kleinen Kontinents dem deutschen Volk schwieriger als fast jedem anderen, mit allen seinen Nachbarn in Frieden zu leben.

Besonders in den letzten 100 Jahren sind die Deutschen mehrfach aus dem Zentrum Europas hervorgebrochen und haben Kriege auf den Territorien der Nachbarn geführt. Das furchtbarste Beispiel war Hitlers Krieg, der nach Frankreich und Polen, tief nach Rußland hinein, nach Norwegen, Finnland, Italien Nordafrika, überall hin Verwüstung getragen hat.

Aber auch umgekehrt sind Nachbarn Deutschlands über Jahrhunderte immer wieder in unser Land eingefallen. Wenn man die Geographie und Geschichte betrachtet, so war durch die Jahrhunderte Friedlosigkeit deutsches Schicksal.

Mit dieser Geschichte hat die Bundesrepublik gebrochen. Sie will sie nicht auslöschen – das kann sie nicht –, aber sie hat einen neuen Anfang genommen. Konrad Adenauer hat mit den Verträgen mit dem Westen diesen Anfang gemacht. Aus dem sogenannten Erbfeind Frankreich ist, nachdem es – wie dann andere Nachbarn in West, Nord und Süd – uns die Hand zur Versöhnung gereicht hat, ein Freund und ein enger Bündnispartner geworden. Die sozial-liberale Koalition hat mit ihrer Vertrags- und Aussöhnungspolitik gegenüber den östlichen Nachbarn die zweite Säule, die notwendige Ergänzung zu friedlicher Nachbarschaft nach allen Himmelsrichtungen geschaffen. Inzwischen haben wir Deutschen alle verstanden, daß es unsere Aufgabe ist, den Frieden zu wahren in Richtung auf alle Nachbarn.

Wir haben inzwischen unsere inneren Konsequenzen gezogen. Ich bin sehr dankbar, daß sich diese grundsätzliche Orientierung in der Seele unseres Volkes durchgesetzt hat. Die Hunderttausende von Paketen, die Monat für Monat aus persönlicher, privater Initiative nach Polen geschickt werden, zeigen, daß wir trotz des Elends der Vertreibung aus Schlesien, Ostpreußen, Pommern, Westpreußen begriffen haben: Nur die Aussöhnung, nur eine Politik der guten Nachbarschaft, nur eine Politik, die auch im Gegner den Mitmenschen sieht, nur sie dient dem Frieden. Und die Polen haben gemerkt, daß diese Politik eben nicht nur von den Regierenden in Bonn betrieben wird, sondern daß dahinter das ganze breite deutsche Volk steht.

Wir erwarten auch von unseren Partnern im Bündnis, von unseren Freunden im Westen, daß sie verstehen, wie wichtig uns Deutschen nach unserer ganzen Geschichte der Friede und die gute Nachbarschaft mit allen unseren Nachbarn ist. Die deutsche Friedenspolitik nach innen wie nach außen muß vor der geschichtlichen Erfahrung unseres Volkes bestehen können.

Das ist eine schwere Aufgabe. Die Friedenswilligkeit, die ehrliche Friedenswilligkeit allein ist dafür noch nicht genug. Man muß handeln und verhandeln und Verträge schließen, erst recht zwischen den beiden deutschen Staaten.

Wir können diese Politik des Friedenswillens und des Friedenshandelns um so leichter verfolgen – wie alle hier in Bonn –, als wir den deutschen Staat aufgebaut haben, der moralisch, der demokratisch und der auch wirtschaftlich bei weitem der stärkere von beiden ist. Wir sind gefestigter in vielerlei Beziehung als die DDR. Wir haben deshalb auch die Kraft, manches zu ertragen und trotzdem nicht nachzulassen, Fäden neu zu knüpfen und zu stärken.

Wir meinen es ja ernst mit dem, was in der Präambel des Grundgesetzes steht. Wir werden aber diesem Gebot in der

Präambel nur dann gerecht, wenn wir die politischen und menschlichen Voraussetzungen für den Zusammenhalt der Nation nicht verkommen lassen, auch wenn auf der anderen Seite manche den Zusammenhang mutwillig auflösen wollen. Anders als auf dem Wege, der beharrlich den Kompromiß sucht, weil er den Frieden will, anders ist die Präamel des Grundgesetzes nicht zu verwirklichen.

Unserer Politik geht es um die schrittweise Verbesserung, um die mögliche Veränderung auf das wünschbare Ziel hin. Das gilt für die deutsch-deutsche Politik, das gilt für die Friedenspolitik im West-Ost-Zusammenhang, im Nord-Süd-Zusammenhang, und es gilt auch für die Politik des inneren Friedens. Solche Politik besteht aus vielen kleinen Schritten aufeinander zu, aus einer Kette von Kompromissen. Ich weiß, daß sie deshalb in den Verdacht des prinzipienlosen Durchwurstelns, wie einige sagen, geraten kann. Ich weiß das.

Gerade gegenwärtig erhalten wieder einige Propheten der angeblich großen einfachen Lösungen Zulauf, die uns mit einem Schlage von allen Problemen befreien. Was wir machen, gilt als pragmatisch, und ›pragmatisch‹ wird dann als Schimpfwort gemeint.

Diese Verachtung entspringt einem Mißverständnis. Politisches Handeln ergibt sich nicht schon ohne weiteres aus Moral, Ethik oder Theologie. Politisches pragmatisches Handeln bedeutet die vernunftgemäße Nutzung von Mitteln zu einem moralisch gerechtfertigten Ziel, und die Mittel dürfen auch nicht unmoralisch sein.

Das heißt: Politischer Pragmatismus vergißt über dem Tagesgeschäft nicht das Ziel, und er versäumt über dem Ziel und dem Reden über das Ziel auch nicht, das heute und jeden Tag tatsächlich Mögliche zu verwirklichen.

Ich denke oft, daß Politik insgesamt die Anwendung feststehender sittlicher Grundsätze auf sehr wechselhafte Situationen sein muß. Deshalb darf es auch kein pragmatisches, kein praktische Handeln ohne die Pflicht, ohne die Bindung an sittliche Grundsätze und Grundwerte geben.

Zugleich gilt, daß dieses Handeln den Frieden innerhalb einer Gesellschaft und zwischen den Staaten ermöglicht, weil es den Kompromiß will. Zugleich entspricht dieses Handeln dem Wesen der Demokratie, weil es von der Vielfalt der Wertorientierungen ausgeht. Diese Politik stiftet Frieden, weil sie im Kompromiß auch den Nutzen des anderen anerkennt und sogar sucht. Das ist das Gegenteil von Opportunismus. Opportunist ist derjenige, der andere über die Notwendigkeiten, die Schwierigkeiten oder die Konsequenzen des Kompromisses hinwegtäuscht.

Ich habe mich dieser Bindung an die Pflicht, dieser Auffassung von Politik in der sittlichen Pflicht immer zu stellen gesucht und will mich dem gerade auch in schwieriger Zeit nicht entziehen.

Unsere Politik des Friedens nach innen und außen verspricht, weiterhin erfolgreich zu sein. Wer dies verleugnet, der sitzt einer Mode auf, die jüngst der amerikanische Journalist und Deutschlandkenner John Vinocur bei seinem Abschied aus Bonn so geschildert hat – ich zitiere –: ›Ein bißchen Fremdenhaß, ein bißchen Romantik, ein bißchen das Gefühl, Opfer zu sein, und dicke Scheiben des Moralisierens und des Pessimismus: Westdeutschland im Jahre 1982.‹

Kein Zweifel, wir haben eine harte Zeit durchzustehen, und mancher hat Anlaß zur Klage. Arbeitslosigkeit ist mehr als der Verlust von Einkommen. Ein Jugendlicher ohne Lehrstelle oder ohne Ausbildungsplatz hat – weiß Gott! – das Recht zu Kritik.

Aber wie steht es mit jenen, die sich ohne persönlichen Grund einer Stimmung des Pessimismus hingeben, die, wie jüngst ein konservativer Schreiber in der ›ZEIT‹, Diether Stolze, geschrieben hat, ›zu taumeln beginnen, lange bevor ihnen eigentlich schwindelig werden müßte‹? Wir Deutschen in der Bundesrepublik sollten uns von unseren Landsleuten in der DDR nicht in der Fähigkeit übertreffen lassen, Sorgen zu ertragen und dennoch unsere seelische Kraft zu behalten.

Wir haben in der Friedenspolitik Kurs gehalten und Orientierung für andere geben können. Wir haben in der Wirtschaftspolitik Kurs gehalten, und das hat uns weiter gebracht als manche Wunderkuren in der Welt. Wir haben den Sozialstaat nicht zum Verschiebebahnhof für wirtschaftliche Probleme werden lassen.

Mit dem raschen Abbau des Leistungsbilanzdefizits, der Abschwächung des Preisanstiegs und mit den maßvollen Lohnabschlüssen dieses Jahres sind die Chancen für Zinssenkungen und für neue Investitionen größer geworden. Die beschäftigungswirksamen Maßnahmen, die in diesem Jahr ergriffen wurden, werden ebenfalls Wirkung zeigen. Jeder Ausländer bescheinigt uns, daß wir ökonomisch guten Kurs gehalten haben.

Noch immer ist unser Lebensstandard einer der höchsten, noch immer sind die Deutschen Weltmeister beim Reisen ins Ausland, und noch immer sind die meisten mit ihrer persönlichen wirtschaftlichen Lage zufrieden und verlangen eigentlich nicht mehr.

Viele sind durchaus bereit, Opfer zu bringen, und die Opfer sind auch notwendig.

Auf diese Opferbereitschaft setze ich – und auf das Herz und den klaren Verstand, der in unseren Mitbürgern immer noch stärker ist als Selbstmitleid und Pessimismus. Der englische Journalist Jonathan Carr, der hier in Bonn unter uns ist, hat jüngst in der ›Financial Times‹ über Deutschland geschrieben: ›Wenn die gegenwärtige Krise vorüber sein wird, werden wir hoffentlich weniger über deutsche Wunder und deutsche Tragödien hören – und mehr über ein mittelgroßes

Land, das in ähnlich schwierigen Umständen wie wir Engländer alle die Probleme ganz gut meistert.‹

Meine Damen und Herren, die Anzeichen dafür, daß dies gelingt, mehren sich. Damit wir unsere Probleme meistern, brauchen wir etwas mehr Vertrauen auf die eigene Kraft und etwas mehr Mut in der Gegenwart. Dann ist mir um die Zukunft dieses Landes nicht bange – und auch nicht um die Zukunft der Nation.«

Rede zum konstruktiven Mißtrauensvotum am 1. Oktober 1982

»Herr Präsident!
Meine Damen und Herren!

Die sozial-liberale Koalition, deren gewählter Bundeskanzler heute durch ein Mißtrauensvotum gestürzt werden soll, hat 1980 durch die Wählerinnen und Wähler eine überzeugende Bestätigung und einen Auftrag für weitere vier Jahre bekommen.

Die Mehrheit der Wähler hatte weder 1976 Herrn Dr. Kohl noch 1980 Herrn Strauß in das Amt des Bundeskanzlers berufen wollen.

Der Vorsitzende der FDP hatte auf dem Wahlparteitag seiner Partei am 6. Juni 1980 erklärt: ›Wer FDP wählt, garantiert, daß Schmidt Bundeskanzler bleibt . . . der Wähler soll wissen, woran er ist, . . . ohne Wenn und ohne Aber . . . Die Entscheidung über uns (die FDP) ist die Entscheidung über die Fortführung der Koalition.‹

Mit meinem Namen, auch auf ihren Wahlplakaten, hat die FDP im Oktober 1980 ein sehr gutes Wahlergebnis erzielt, und unmittelbar nach der Wahl haben die Parteivorsitzenden von SPD und FDP in einer gemeinsamen Verlautbarung den Willen zum Zusammenwirken und zur gemeinsamen Verantwortung ›für Freiheit und sozialen Fortschritt‹ auch für die kommenden Jahre ausdrücklich bekräftigt.

Seit dem August des vorigen Jahres ist der Vorsitzende der FDP zielstrebig und schrittweise von allen früheren Erklärungen abgerückt. Am 9. September habe ich ihn von dieser Stelle aus zu einer klaren Antwort aufgefordert. Es hätte zu der Antwort nur eines einzigen Satzes bedurft. Aber dieser eine Satz ›Wir stehen fest zur sozial-liberalen Koalition‹ wurde absichtsvoll vermieden.

Statt dessen hat die FDP acht Tage später, in der Bundestagssitzung am Freitag, dem 17. September, diesem Haus und dem deutschen Volk sehr fadenscheinige Erklärungen vorgetragen. Über viele Jahre, Herr Kollege Genscher, werden die Bürger dieses Verhalten nicht vergessen.

Am letzten Sonntag hatten die hessischen Wählerinnen und Wähler Gelegenheit, hierzu ihre Meinung zu sagen. Jeder weiß: Die katastrophale Niederlage der FDP in Hessen war die Antwort der Wähler auf das Verhalten der FDP-Führung hier in Bonn.

Mehr als drei Viertel der Bürgerinnen und Bürger sind für *Neuwahlen* zum Bundestag. Sie empfinden die Art des Wechsels, der heute von Ihnen in geheimer Abstimmung herbeigeführt werden soll, als Vertrauensbruch.

Sie sind bitter darüber, vorausgegangene Erklärungen nachträglich als Täuschung bewerten zu müssen.

Dabei wissen die Bürger, daß das Grundgesetz Ihnen diese Handlungsweise ermöglicht. Ihre Handlungsweise ist zwar legal, aber sie hat keine innere, keine moralische Rechtfertigung.

Und weil Sie alle auf der rechten Seite des Hauses dies spüren, haben die Parteien der CDU, der CSU und der FDP öffentlich verlauten lassen, sie wollten im März 1983 Neuwahlen herbeiführen. Ich setze Zweifel in die Aufrichtigkeit dieser Ankündigung.

Es ist schließlich erst drei Wochen her, daß viele CDU- und CSU-Führungspersonen öffentlich und dringlich nach

Neuwahlen jetzt verlangt haben, tatsächlich aber seither einer Auflösung des Bundestages – die Ihnen angeboten war, Herr Kollege – und damit einer Neuwahl ausgewichen sind, sorgfältig ausgewichen sind.

Dies gilt auch und besonders für den Vorsitzenden der CSU. Auch er hat seine Forderung nach Neuwahlen jetzt, seit dem hessischen Wahlsonntag und dem unerwartet schlechten Abschneiden der CDU, zurückgenommen.

Deshalb wende ich mich an den Oppositionsführer. Herr Dr. Kohl, Sie wissen von dem Brief des Herrn Bundespräsidenten, den dieser am 29. September – vorgestern – an unseren Kollegen Binding gerichtet und veröffentlicht hat. Der Bundespräsident erklärt darin, er könne die von Ihnen ins Auge gefaßte Prozedur für Neuwahlen zum Bundestag Anfang März 1983 gegenwärtig nicht abschließend beurteilen. Er erklärt, seine pflichtgemäß zu treffende Ermessensentscheidung könne unter Abwägung aller relevanten Umstände erst dann getroffen werden, wenn ein Bundeskanzler den Bundespräsidenten ins Spiel bringt.

In gebotener Zurückhaltung hat damit der Bundespräsident seine verfassungsrechtlichen Bedenken gegen die zwischen Ihnen, Herr Dr. Kohl, und Herrn Genscher getroffene Abrede zum Ausdruck gebracht.

Ich halte es danach für sehr unwahrscheinlich, daß Sie tatsächlich im Januar eine Auflösung des Bundestages herbeiführen werden, damit am 6. März gewählt werden kann. Denn über Ihre Neuwahl-Absicht habe ich in dem in den letzten Tagen von den deutschen Zeitungen veröffentlichten schriftlichen Ergebnis Ihrer Koalitionsgespräche mit der FDP auf insgesamt 22 Seiten kein einziges Wort finden können.

Herr Dr. Kohl, Sie streben eine andere Bundesregierung an. Weil eine solche Bundesregierung nicht aus einem neugewählten Bundestag hervorgehen kann, war Ihre bisherige

Ankündigung von Neuwahlen – wenigstens binnen sechs Monaten – durchaus folgerichtig. Sie sollte ja auch aufgebrachte Wählerinnen und Wähler beschwichtigen. Ihre wahrheitswidrige Parole vom ›Staatsnotstand‹ soll ja auch nur davon ablenken, daß Ihnen sofortige Neuwahlen unerwünscht sind. Man darf aber eine Regierung nicht auf Unklarheiten aufbauen.

Ich höre, daß Ihr Kollege Dr. Barzel nach mir sprechen wird. Ich billige Ihren Beifall an der Stelle. Herr Barzel hat manchmal auch meinen Beifall. Aber bitte, Herr Dr. Barzel, erklären Sie dann heute morgen für die CDU/CSU dem Bundestag gegenüber und damit dem ganzen Volk gegenüber – ohne Wenn und Aber! –, daß wir am 6. März einen neuen Bundestag wählen werden und auf welche Weise Herr Dr. Kohl zu diesem Zwecke die Auflösung des Bundestages herbeiführen wird.

Wenn die CDU/CSU eine solche Erklärung heute unterlassen sollte, so mag das zwar den FDP-Vorsitzenden beruhigen. Aber Sie gefährden damit die Glaubwürdigkeit von CDU und CSU und FDP insgesamt.

Und Sie würden damit den Eindruck vertiefen, daß diese drei Parteien sich hier im Bundeshaus in Bonn – weit entfernt von der Stimmung im Lande – zu einem Manöver einigen, das von unseren Bürgern weit überwiegend mißbilligt wird.

Dieser Regierungswechsel, den Sie anstreben, berührt die Glaubwürdigkeit unserer demokratischen Institutionen.

Aber auch andere Werte könnten auf dem Spiele stehen. Ich habe die Absicht, mich dazu in zwölf Punkten zu äußern.

Erstens: Glaubwürdigkeit der Institutionen und der handelnden Personen ist eine der unverzichtbaren Voraussetzungen für die Lebensfähigkeit einer demokratischen Gesellschaft und eines demokratischen Staates. Wenn die Bürger nicht an die ehrlichen Absichten der an der Spitze des

Staates handelnden Personen glauben können, dann wird es den Bürgern sehr schwer gemacht, überhaupt an die Demokratie zu glauben.

Je größer die Glaubwürdigkeitslücken, desto geringer die Handlungsfähigkeit von Parlament und Regierung.

Aber umgekehrt gilt auch: Je klarer die moralische Legitimation einer Regierung, desto größer ihre Fähigkeit, auch in kritischen Situationen die Bürger innerlich für die Regierungshandlungen aufzuschließen und zu gewinnen.

Ich füge hinzu: In dem Wort Glaubwürdigkeit steckt das gewichtige Wort ›Würde‹.

Unsere Demokratie braucht Würde.

Für einen großen Teil der jungen Generation ist die Glaubwürdigkeit wichtiger Institutionen gegenwärtig stark gefährdet.

Viele von uns Älteren finden es schwierig, die kritische Jugend zu verstehen. Manche von uns – auch ich selbst – haben inzwischen manches dazugelernt. Aber es kommt darauf an, daß beide Seiten dazulernen, daß beide Seiten sich wirklich ernst nehmen.

Wir müssen uns gegenseitig in unseren Sorgen und Ängsten, aber auch in unseren Hoffnungen und in unseren Überzeugungen ernst nehmen und uns zu verstehen suchen. Ohne Idealismus der Bürger gibt es keinen moralischen Staat; ohne wägende Vernunft kann blinder Idealismus zur politischen Romantik und damit in Gefahr führen.

Zur Glaubwürdigkeit der Demokratie gehört der Wechsel der Regierungen. Deshalb beklage ich mich nicht, wenn die sozial-liberale Bundesregierung ihre Verantwortung abgeben muß. Was ich jedoch beklage, ist der Mangel an Glaubwürdigkeit dieses Wechsels und dieser Art eines Regierungswechsels.

Der Stil, die Hektik und Geschäftigkeit, die Hast und Eile, in der unzureichende Grundlagen einer neuen Regierung aufs Papier gebracht worden sind, offenbart eine Geringschätzung der Wähler.

Zweitens: Die Nation hat verstanden, daß ihr Lebensinteresse eine Politik der guten Nachbarschaft in Mitteleuropa gebietet. Die Erfahrungen des Zweiten Weltkrieges und der Teilung Deutschlands haben in uns Deutschen eine starke Sehnsucht nach der Dauerhaftigkeit des Friedens bewirkt. Deutsche Außenpolitik muß vom Geist der Friedensbereitschaft und der Friedfertigkeit geprägt sein und bleiben.

Ich füge hinzu: Auch der Friedfertige kann sich nicht darauf verlassen, daß seine eigene Friedenssehnsucht schon ausreicht, um den Frieden zu bewahren. Der Friede muß immer wieder neu gestiftet werden. Er muß insbesondere gestiftet werden zwischen solchen Staaten, die sich gegenseitig mißtrauen und die sich gegenseitig bedrohen. Gerade sie müssen miteinander reden und aufeinander hören. Partnerschaft ist unabweisbar notwendig gerade unter Staaten entgegengesetzter Grundordnungen, entgegengesetzter Interessen und Ideologien.

Drittens: Wir halten fest an der *Europäischen Gemeinschaft* und am *Nordatlantischen Bündnis.* Nur gemeinsam können wir unsere Freiheiten wahren und unseren wirtschaftlichen Wohlstand mehren. Diese Gemeinschaften sind und wollen sein Gemeinschaften von liberalen, von rechtsstaatlichen Demokratien. Sie sind von gemeinsamen Werten geprägt. Dies ist und bleibt, wie ich denke, gemeinsame Auffassung aller Parteien dieses Bundestages.

Ich möchte hinzufügen: Die Nordatlantische Allianz entspricht den gemeinsamen Interessen der Europäer und der Nordamerikaner in den USA und in Kanada. Nur gemeinsam können sie alle ihre Sicherheit und ihre Freiheit, ihren Frieden bewahren.

Zugleich ist die Allianz eines der wichtigsten Verbindungsglieder für die *deutsch-amerikanische Freundschaft.*

Wir Deutsche haben die Freiheitsrechte des einzelnen als geistiges Erbe aus der großen amerikanischen Revolution übernommen. Wir sind einander durch Grundwerte verbunden – so sehr wir uns auch voneinander unterscheiden. In solcher Freundschaft ist gegenseitige Kritik notwendig und hilfreich. Wer gegenüber dem Freunde Kritik unterdrückt, kann auf die Dauer kein guter Freund bleiben. Wer seine eigenen Interessen gegenüber dem Freunde nicht vertritt, kann eben dadurch Respekt und Freundschaft verlieren.

Gerade weil ich vier amerikanischen Präsidenten und Administrationen ein kritischer Partner gewesen bin, bekenne ich mich in dieser Stunde noch einmal zur deutsch-amerikanischen Freundschaft.

Auch die *deutsch-französische Zusammenarbeit* – vor 20 Jahren von Adenauer und de Gaulle durch den Elysee-Vertrag, durch die Umarmung in der Kathedrale von Reims eingeleitet – muß ein tragender Pfeiler in der Politik beider Staaten bleiben, und zwar unabhängig davon, wer in Paris und wer in Bonn die Regierungen führt. Die außerordentlich enge Zusammenarbeit mit den französischen Präsidenten Giscard d'Estaing und François Mitterrand hat mich mit großer politischer und ebenso mit menschlicher Befriedigung erfüllt. Wir Sozialdemokraten werden auch in Zukunft beharrlich für eine Ausweitung der deutsch-französischen Zusammenarbeit eintreten.

Viertens: Deutsche Außenpolitik muß die Aussöhnung mit den Nachbarn im Osten weiterhin vertiefen. Ungeachtet aller ideologischen, aller außenpolitischen Meinungsunterschiede brauchen wir ein Verhältnis guter Nachbarschaft. Die *Ostverträge* müssen nicht nur eingehalten, sondern sie müssen auch praktisch angewendet und weiterhin entfaltet werden. Ich füge hinzu: Dazu gehört auch das auf 25 Jahre angelegte wirtschaftliche Kooperationsabkommen mit der

Sowjetunion. Aber die Völker der Sowjetunion, die Völker Osteuropas und wir im Westen, wir haben einander mehr zu bieten als Erdgas und als Röhren und als Weizen. Wir haben uns zu bieten die gemeinsame Erfahrung aus dem bisher schrecklichsten Kriege, und – dies ist dann eines der versöhnlichen Elemente – wir haben uns zu bieten wechselseitige Beiträge zur Kultur Europas.

Auch unsere tiefe Bedrückung über das Kriegsrecht in der Volksrepublik *Polen* darf und wird unseren Willen zur Versöhnung mit der polnischen Nation nicht beeinträchtigen. Eingedenk der Höhen und schlimmen Tiefen über zehn Jahrhunderte deutsch-polnischer Geschichte haben mein Amtsvorgänger Willy Brandt und später auch ich einen neuen Anfang in den deutsch-polnischen Beziehungen eingeleitet; diese bedürfen auch in Zukunft aufrichtiger, nicht nachlassender Bemühungen.

Ich habe gestern den ausländischen Botschaftern die *Stetigkeit der deutschen Außenpolitik* erläutert. Herr Dr. Kohl: Sozialdemokraten werden sehr sorgfältig darüber wachen, daß die Grundlinien nicht unter dem Deckmantel bloß angeblicher Kontinuität und angeblicher Verläßlichkeit verborgen werden.

Die Bundesrepublik Deutschland hat gestern in New York – da die Zeitungen hier auf innenpolitische Ereignisse konzentriert sind, ist das gegenwärtig noch nicht ins Bewußtsein gedrungen – im Forum der *Vereinten Nationen,* in dem Staatsminister Wischnewski die Außenpolitik unseres Staates darlegte, eine überwältigende Demonstration des Vertrauens der Vertreter aller Staaten der Welt in unsere Außenpolitik gefunden. Ich bitte Sie herzlich, dieses Kapital zu bewahren.

Fünftens: Der Sinn unserer *Deutschlandpolitik,* der innerste Kern, ist die Erhaltung der Einheit der Nation. Beide deutschen Staaten sind sich ihrer Verantwortung für den Frieden bewußt. Die Bundesrepublik darf den Dialog mit der Führung der DDR nicht abreißen lassen. Wir müssen alle Chancen wahrnehmen, die Zusammengehörigkeit aller Deutschen zu stärken und praktisch erlebbar zu machen.

Wir dürfen die Hoffnungen der *Deutschen in der DDR* nicht enttäuschen: Die Bürgerinnen und Bürger der DDR müssen täglich spüren können, daß wir sie nicht nur unsere Landsleute nennen, sondern daß wir ihnen täglich als Landsleute gegenübertreten, daß wir zu ihnen gehören. Daß sie Bürger eines anderen Staates sind, darf unsere Haltung nicht beeinträchtigen.

Ich füge hinzu: Herr Dr. Kohl, Ihre Koalitionsvereinbarung, die in allen Zeitungen veröffentlicht wurde, enthält bisher zur Deutschlandpolitik nur ein leeres Blatt. Ich bitte Sie eindringlich, dieses Blatt auszufüllen und sich dabei nicht auf die Wiederholung alter Formeln zu beschränken.

Sie haben meinen *Besuch bei dem Generalsekretär der SED* kritisiert. Ich aber weiß, daß dieser Besuch Millionen Deutschen Mut gemacht hat, der Abgrenzungsideologie der Funktionäre zu widerstehen.

Auch ich werde den Besuch im Dom zu Güstrow nicht vergessen, umgeben von all diesen Sicherheitsbeamten, in einer Kirche, in der Bischof Rathke zu Herrn Honecker und zu mir über die Friedenspflicht des Christenmenschen gesprochen hat.

Es ist wahr, wir haben an die DDR nichts zu verschenken. Auch in Zukunft muß zäh verhandelt werden. Aber Deutschlandpolitik muß auch in Zukunft durch die sprichwörtlichen kleinen Schritte dazu helfen, daß Deutsche sich treffen können, daß sie miteinander reden können und daß sie sich praktisch als Angehörige eines und desselben Volkes erleben.

Sechstens: Mit der *Bundeswehr* leisten wir unseren Beitrag zur gemeinsamen westlichen Verteidigung. Sie hat Gewicht im Kräftefeld zwischen West und Ost; sie ist ein unübersehbares Element der Friedenssicherung. Solange ein einvernehmlich begrenztes, niedrigeres Gleichgewicht der Streitkräfte nicht erreicht ist, mindestens so lange muß es bei der gemeinsamen westlichen Strategie der Abschreckung bleiben. Das heißt mit anderen Worten: Unsere Bundeswehr muß kämpfen können, damit sie niemals wirklich zu kämpfen braucht.

Ich füge hinzu: Die Bundeswehr findet in unserem Land breite Zustimmung. Die *Wehrpflicht,* die Theodor Heuss zu Recht ›das legitime Kind der Demokratie‹ genannt hat, ist die notwendige Klammer zwischen Armee und Volk. Es befriedigt uns zu sehen, daß auch Gewerkschaften und Bundeswehr Verständnis füreinander gefunden haben.

Die *Qualität unserer Streitkräfte* und unserer Soldaten zeigt: Nicht ein hoher Rüstungshaushalt ist die Hauptsache, sondern die Männer sind die Hauptsache, ihre Motivation und ihre Ausbildung.

Zum ersten Mal seit mehr als hundert Jahren sind deutsche Streitkräfte völlig frei davon, ein Faktor der Innenpolitik sein zu wollen. Wer geschichtlich denken kann, der muß dies als einen unschätzbaren Fortschritt bewerten. Wir Sozialdemokraten sind stolz darauf, hierzu entscheidend beigetragen zu haben.

Wer – anders – als *Kriegsdienstverweigerer* einen schwierigen Ersatzdienst auf sich nimmt, der verdient den gleichen Respekt wie der wehrpflichtige Soldat. Es wird im Interesse der jungen Männer, Herr Dr. Kohl und Herr Strauß, höchste Zeit, daß CDU und CSU endlich ihren inneren Streit beenden, der schon allzu lange die notwendige Novellierung des Kriegsdienstverweigerungsrechts behindert hat.

Siebtens: Der weltweite *Rüstungswettlauf* bedroht den Frieden. Zur Politik der vereinbarten schrittweisen *Abrüstung,* des vereinbarten Gleichgewichts auf niedrigerer Ebene, gibt es keine vernünftige friedenspolitische Alternative. Denn weder der Westen noch der Osten kann allein seinen Frieden garantieren. Sicherer Frieden bedarf der Sicherheitspartnerschaft beider Seiten, der Partnerschaft zum Frieden.

Ich füge hinzu: Als ein Land, das sich verpflichtet hat, eigene Atomwaffen weder zu besitzen noch anzustreben, muß die Bundesrepublik hartnäckig auf unserem vertraglichen Anspruch bestehen, daß die Großmächte ihre Kernwaffenarsenale abrüsten.

Als ein Stationierungsland haben wir Deutschen ein vitales Interesse besonders an den *Genfer INF-Verhandlungen über Mittelstreckenwaffen.*

Wir müssen diese Verhandlungen kritisch und anregend begleiten. Wenn aber die Verhandlungen trotz größter Anstrengungen unserer amerikanischen Freunde dennoch erfolglos bleiben sollten, so brauchen wir ein entsprechendes Gegengewicht gegen die uns bedrohenden sowjetischen SS-20-Raketen.

Verhandlungen und Verträge über *Rüstungsbegrenzung und Abrüstung* sind heute Bestandteil umfassender strategischer Konzeption geworden. Die in Nordamerika und in Europa begonnene öffentliche Strategiediskussion darf nicht abgebrochen, sie muß vielmehr vertieft werden. Alle Regierungen – in Ost und West – müssen sich der dringenden Frage ihrer Bürger und der Frage der Friedensbewegungen in all den Ländern stellen, wie sie die Gefahren des Rüstungswettlaufs bannen, wann sie endlich aus dem Teufelskreis ausbrechen wollen.

Die Antwort darauf kann nicht in einseitiger Abrüstung liegen, wie sie uns militärisch und politisch erpreßbar machen würde. Die Antwort kann ebensowenig in einseitiger Aufrüstung gesucht werden.

Achtens: Alle *Volkswirtschaften* befinden sich gegenwärtig in einem tief *krisenhaften Anpassungsprozeß.* Dabei hat für uns der Kampf gegen die Arbeitslosigkeit – und das heißt, der Kampf für ein neues Wirtschaftswachstum – den Vorrang. Auch aus eigenem Interesse an Arbeitsplätzen und am Wachstum muß die Bundesrepublik fortfahren, ihr internationales Gewicht gegen den Protektionismus in die Waagschale zu werfen, der sich heute über die ganze Welt ausbreitet.

Binnenwirtschaftlich dürfen weder Bundesregierung noch Landesregierungen und Städte durch eine deflationistische Haushaltspolitik zur Schrumpfung der Nachfrage beitragen. Nachfrageschrumpfung wird nicht zur Belebung der Investitionstätigkeit führen. Die *Bundesbank* muß endlich entschieden zur Zinssenkung beitragen. Sie hat ihren Spielraum bisher keineswegs ausgenutzt.

Ich füge hinzu: Die Spitzenposition unserer Volkswirtschaft kann nur dann behauptet werden, wenn Leistungswille und Verantwortungsbereitschaft der Arbeitnehmer und ihrer Gewerkschaften gestärkt werden; nicht aber darf man sie schwächen. Die Bewahrung eines stabilen sozialen Sicherungsnetzes als Ausdruck einer solidarischen Gesellschaft und der soziale Konsens sind unerläßliche Voraussetzungen dafür.

Wir haben zwischen zwei extremen *ökonomischen Theorien,* wie sie heute in einigen Staaten des Westens tatsächlich ausprobiert werden, einen mittleren Kurs gewählt. Wir haben weder eine inflationistische Ausweitung des Staatskredits noch eine deflationistische Schrumpfungspolitik betrieben. Dies hat sich ausgezahlt: Unsere Zahlungsbilanz ist gesund, unsere Währung ist stabil, der Preisanstieg in der Bundesrepublik ist der geringste in der Europäischen Gemeinschaft, aber unsere realen Löhne sind die höchsten in der Europäischen Gemeinschaft.

Ich warne vor den *Folgen einer deflationistischen Politik.* CDU, CSU und FDP wollen nach ihren veröffentlichten

Vereinbarungen die Haushalte kürzen und damit die allgemeine Nachfrage senken oder drosseln. Sie wollen für die Wirtschaft Steuern senken, obgleich schon heute die steuerliche Situation für die Unternehmen die günstigste seit der Währungsreform ist, schon heute! Es soll hier ›Angebotspolitik‹ kopiert werden. Sie wird genau wie in Amerika, wo das zwei Jahre früher probiert wurde, im Ergebnis zu stärkerer Arbeitslosigkeit führen.

Die Sache wird nicht dadurch besser, daß CDU/CSU und FDP-Führung die Steuervergünstigungen durch eine *Umsatzsteuererhöhung* ausgleichen wollen, die jedermann tragen muß und die Sie, meine Damen und Herren von der CDU, uns Anfang des Jahres, als wir sie für die Investitionszulage verwenden wollten, mit der Begründung angeblicher Wirtschaftsfeindlichkeit abgelehnt haben.

Das Monstrum einer *Zwangsanleihe* erhöht völlig überflüssigerweise die von Ihnen bisher so laut beklagte Staatsverschuldung. Ökonomisch hat die Zwangsanleihe keinen Sinn; sie ist eine Konstruktion, die nur den Zweck hat, das Gesicht des früheren Wirtschaftsministers wahren zu helfen.

Der Gesamtansatz Ihrer öffentlich dargelegten Finanz- und Wirtschaftspolitik ist verfehlt. Er kann bestenfalls eine kurze Scheinblüte auslösen, die nach wenigen Monaten einer sich verstärkenden Arbeitslosigkeit weichen wird. Ich verstehe, daß Sie für diesen Fall schon heute vorbauen möchten, indem Sie den Sozialdemokraten nachträglich und wider besseres Wissen Schuld anlasten wollen. Aber der kritische Bürger durchschaut diese Absicht Ihrer bösen Legendenbildung!

Neuntens: Wir alle spüren, wie im Westen, in den kommunistischen Ländern, auch in der Dritten Welt Millionen Menschen sich immer stärker um ihre natürliche Umwelt sorgen. Jeder verantwortliche Politiker und Unternehmensleiter, auch wenn es unbequem ist, muß in jedem Einzelfall einen vertretbaren *Ausgleich zwischen ökonomischen und Umweltschutzinteressen* zustande bringen. Wer in Zukunft sichere Arbeitsplätze will, der muß deren Auswirkungen auf die Umwelt berücksichtigen. Wer das Recht auf eine lebensfähige Umwelt vertritt, der muß gleichzeitig für Arbeitsplätze sorgen, die ihrerseits lebensfähig sind.

Ich füge hinzu: Umweltschutz gehört zu den Kernbereichen sozial-liberaler Übereinstimmung. Im Koalitionspapier von CDU/CSU und FDP finde ich dazu fast überhaupt nichts. Will eigentlich die FDP-Führung ihr umweltpolitisches Programm völlig vergessen? Der *Schutz der natürlichen Umwelt* bedarf auch internationaler Anstrengungen. Er bedarf der Verträge, wenn die Ausrottung der Fischbestände in den Weltmeeren, wenn die Anreicherung der Atmosphäre mit Kohlendioxyd und wenn die Ausbreitung des schwefelsauren Regens tatsächlich verhindert werden sollen.

Zehntens: In aller Welt gefährdet die Stagnation der Wirtschaft oder zu geringes Wachstum die Finanzierung der *sozialen Sicherungssysteme.* Die Dynamik dieser Systeme muß deshalb begrenzt werden. Dies darf aber nicht so weit gehen, daß die Lebensrisiken auf den einzelnen zurückgewälzt werden. Das Prinzip der *Solidarität mit dem Schwächeren* darf nicht außer Kraft gesetzt werden.

Ich füge hinzu: Wir haben die höchsten realen Renten und fast die höchsten Sozialleistungen in Europa erreicht. Sie sollten und dürfen nicht stärker eingeschränkt werden, als dies aus finanziellen Gründen unerläßlich ist. Eine Einschränkung aus ideologischen Gründen hat keinerlei Rechtfertigung.

Wir Sozialdemokraten warnen vor einer Umverteilung von unten nach oben!

Sie wollen die Mieter zugunsten der Vermieter und der

Bauherren belasten. Gleichzeitig wollen Sie das Wohngeld kürzen, gleichzeitig sollen Bildungschancen beeinträchtigt und gekürzt werden. Sozialhilfeempfänger sollen in stärkerer Weise zu Opfern herangezogen werden als leistungsfähige Einkommensbezieher. Der gewerkschaftliche Protest dagegen ist sehr einleuchtend.

Wir Sozialdemokraten sehen in der Ergänzungsabgabe ein geeignetes Instrument sozialer Gerechtigkeit. Wenn aber nun die Bessergestellten die von Ihnen erfundene Zwangsanleihe später zurückerhalten sollen – übrigens, Graf Lambsdorff, welch ungeheuer marktwirtschaftliches Instrument, diese Zwangsanleihe! –, wenn diese Anleihe der Besserverdienenden ihnen später zurückgezahlt werden soll, während doch die Opfer der Schüler und Lehrlinge, der Sozialhilfeempfänger, die Opfer der Rentner, Wohngeldbezieher und Kindergeldempfänger endgültig gemeint sind und nie zurückgegeben werden, dann hat das mit sozialem Ausgleich nichts mehr zu tun.

Und dann wollen Sie zu allem Überfluß den bis zu 15 000 DM im Jahr betragenden steuerlichen Splitting-Vorteil für Ehepaare mit hohen Einkommen auch noch bestehen lassen, statt ihn wenigstens einzuschränken.

Elftens: Das Grundgesetz verpflichtet unseren Staat zur Gerechtigkeit. Notwendige Opfer sind moralisch und politisch nur dann vertreten, wenn sie gerecht verteilt werden, d. h. hier: wenn jedermann nach Maßgabe seiner wirtschaftlichen Leistungsfähigkeit herangezogen wird. Wir Sozialdemokraten werden jedem Versuch entgegentreten, *soziale Gerechtigkeit* zurückzudrängen und durch das Ellbogenprinzip zu ersetzen.

Zwölftens: Eine menschliche Gesellschaft bedarf der *inneren Liberalität.* Über die Qualität unserer Demokratie entscheidet zuallererst der Respekt vor der Freiheit und der Würde des anderen, d. h. entscheidet zuallererst das Maß an innerer Liberalität, die wir tatsächlich üben und bewahren. Ohne gelebte Freiheit gibt es keine politische Kultur.

Ich wurde dieser Tage gebeten – das füge ich hinzu –, meine Empfindungen während der lang andauernden Entführung von Hanns Martin Schleyer und der damit verbundenen Verbrechen zu beschreiben. Ich habe sicherlich für die Kollegen aus der CDU/CSU und der FDP, die daran beteiligt waren, mit geantwortet. Es schien dem Fragesteller unvermeidlich, danach zu fragen, ob wir uns damals an der *Staatsräson* ausgerichtet hätten. Aber in Wirklichkeit hat sich unser Handeln nicht an Staatsräson orientiert, sondern an unseren Grundwerten, an der Notwendigkeit, die innere Freiheitlichkeit unseres Gemeinwesens zu verteidigen, die wir nur durch Festigkeit gegenüber ihren Verächtern und ihren Feinden verteidigen können.

Die freiheitliche Gesellschaft, die offene Gesellschaft hat millionenfach Fürsprecher und Verteidiger. Ich zitiere aus den *Freiburger Thesen* der *FDP:*

Diese neue Phase

– das ist vor gut zehn Jahren geschrieben und beschlossen worden – *der Demokratisierung und Liberalisierung, im ursprünglichen und nicht dem heute oft mißbrauchten Sinne dieser Worte, entspringt aus einem gewandelten Verständnis der Freiheit, das dem modernen Liberalismus die neue politische Dimension eines nicht mehr nur Demokratischen, sondern zugleich Sozialen Liberalismus erschließt . . . Nicht nur auf Freiheiten und Rechte als bloß formale Garantien . . . sondern als soziale Chancen in der alltäglichen Wirklichkeit . . . kommt es . . . an.*

Dem stimmen wir Sozialdemokraten immer noch zu, immer noch!

Der beabsichtigte personelle Wechsel im Amt des Bundesministers des Innern muß aber ebenso Besorgnis erwecken wie die fast völlige Ausklammerung der Rechts- und Innenpolitik aus Ihrer Koalitionsvereinbarung.

Die meisten jungen Menschen sind sich der Freiheitlichkeit unseres Staates bewußt, auch wenn sie keineswegs allem zustimmen, was in unserem Staat geschieht; das tun wir ja auch nicht, und sie tun es noch weniger. Aber es gibt auch Gruppen, die den *Wert der Freiheit* unterschätzen. Wir wollen jene neue Gruppe, die jetzt in den hessischen Landtag einziehen wird, nicht unter Quarantäne stellen. Aber die Wortführer der Grünen müssen wissen, daß die freiheitlich-demokratische Ordnung nicht zur Disposition steht.

Sie müssen Klarheit darüber gewinnen, daß die Demokratie Gewalt als Mittel zur Durchsetzung eines politischen Zieles nicht verträgt, ja, daß die *Demokratie* sich gegen *Gewaltanwendungen* zu wehren hat.

Das Recht, für Veränderung und Reform einzutreten, haben junge Bürger weiß Gott genauso wie wir hier im Bundestag. Aber sie können sich nur legitimieren, soweit sie sich ohne Wenn und Aber zur parlamentarisch-demokratischen Verantwortung bekennen.

Zum Schluß, meine Damen und Herren: Wir Sozialdemokraten haben – bei wachsenden wirtschaftlichen und sozialen Schwierigkeiten in der ganzen Welt – unseren Kurs des Ausgleichs zwischen den sich widerstreitenden Interessen seit langen Jahren beharrlich und kontinuierlich verfolgt. Die Thesen, die ich Ihnen heute vorgetragen habe, habe ich als Sozialdemokrat in ähnlichen Worten schon vor achteinhalb Jahren in die damaligen Koalitionsverhandlungen eingebracht, genau wie die damaligen Koalitionspartner ihre Vorstellungen eingebracht haben. Daraus ist dann ein gemeinsamer Weg geformt worden. Diese Thesen, die schon damals galten, gelten ebenso für die Gegenwart, und sie gelten ebenso für die überschaubare Zukunft.

Ich weiß, daß viele treue Liberale unseren und meinen Kurs innerlich bejahen. Tausende haben mir in den letzten Tagen in diesem Sinne geschrieben und telegrafiert.

Ich habe Anlaß, mich weiterhin vielen Männern und vor allem Frauen in der *FDP* – meinen Respekt vor den wackeren Frauen der FDP-Fraktion – politisch, aber auch persönlich verbunden zu fühlen, mit denen ich seit 1969 an der Seite Willy Brandts, an der Seite Herbert Wehners zusammengearbeitet habe. Die hier gewachsenen *politischen und menschlichen Gemeinsamkeiten* können durch taktische Wendemanöver nicht ausgelöscht werden, sondern sie werden fortbestehen und gewiß auch wieder erlebbar werden.

Ich habe der sozial-liberalen Koalition 13 Jahre lang gedient. Ich habe dies aus Überzeugung und mit innerer Befriedigung getan, weil ich wußte, daß dies ein notwendiger Dienst an unserem Land und an der geteilten Nation war.

Ich habe unserem Land, unserem Staat in verschiedenen Ämtern dienen dürfen. Dabei kommt viel politische Erfahrung, viel Lebenserfahrung zusammen. Ich denke in Dankbarkeit an diejenigen, die mich in diese Ämter berufen haben, und in Dankbarkeit an jene, die mir in meinem Dienst geholfen haben.

Aber heute richten wir Sozialdemokraten den Blick nach vorne. Wir wissen, daß Millionen von Arbeitnehmern ihre Hoffnung auf die Sozialdemokratische Partei Deutschlands als diejenige Kraft setzen, die beharrlich für *soziale Gerechtigkeit* kämpfen wird.

Wir wissen, daß Hunderttausende Menschen in schreibenden und lehrenden Berufen, Gewerbetreibende, Selbständige, Menschen in helfenden und heilenden Berufen, in künstlerischen Berufen ihr Vertrauen in unsere *Liberalität* gesetzt haben.

Wir wissen, daß nicht nur Millionen junger Menschen, sondern auch Millionen alter Menschen uns mehr *Chancengleichheit* verdanken und daß sie deshalb auch weiterhin auf uns Sozialdemokraten rechnen.

Ein letztes Wort: Ich weiß, daß diese Stunde von den

Deutschen in der DDR und ebenso in der Bundesrepublik mit Besorgnis im Fernsehen verfolgt wird. Sie alle vertrauen unserer Politik der guten Nachbarschaft und unserer Friedenspolitik.

Wir Sozialdemokraten sind für dieses *Vertrauen* dankbar. Wir werden es auch in Zukunft nicht enttäuschen. Jedermann darf und jedermann muß mit unserer Stetigkeit rechnen. – Herzlichen Dank.«

Ansprache vor der Bundeswehr

am 1. Oktober 1982

Der Tag ist gekommen, von der Bundeswehr Abschied zu nehmen. Das Wachbataillon steht wie so oft für die Soldaten des Heeres, der Luftwaffe und der Marine.

Ich fühle mich der Bundeswehr in dieser Stunde genauso verbunden wie vor einem Vierteljahrhundert, als wir in den fünfziger Jahren über den Aufbau unserer Streitkräfte nachgedacht, diskutiert und ihre verfassungsrechtliche Einordnung in unseren Staat erarbeitet haben.

Im Jahre 1958 habe ich selbst mit einer Wehrübung einen sichtbaren Schritt in Richtung auf die Bundeswehr getan. Schon vorher hatte ich als Abgeordneter des Deutschen Bundestages an den Fundamenten der Streitkräfte mitgewirkt. Meine achtjährige leidvolle Erfahrung als Wehrpflicht-Soldat unter Hitler, in Frieden, Krieg und Gefangenschaft, war mir dabei sehr nützlich.

Die deutsche Wehrverfassung von 1956 hat sich bewährt. Parlamentarische Kontrolle und verteidigungspolitische Funktionsfähigkeit sind heute selbstverständlich.

Für mich war es Herausforderung und geschichtliche Verpflichtung, als erster sozialdemokratischer Verteidigungsminister die Befehls- und Kommandogewalt über die Bundeswehr zu übernehmen. Ich habe in diesem Amt tiefe Befriedigung gefunden und mit Freude die Bundeswehr geführt.

Aufbauend auf den grundgesetzlichen Grundlagen und den Leistungen meiner Vorgänger im Amte, wurde während dieser Zeit das Programm für eine moderne, zeitgemäße und leistungsstarke Bundeswehr entwickelt. Ich habe unter Reform das ständige Bemühen verstanden, die neuen Aufgaben zu lösen, die sich aus der Entwicklung von Staat und Gesellschaft und aus veränderten strategischen wie technischen Bedingungen ergeben.

Meine Nachfolger im Amt des Verteidigungsministers, meine Freunde und Weggefährten Georg Leber und Hans Apel, haben diesen Ansatz fortgeführt, zugleich haben sie neue Impulse gegeben.

Die Bundeswehr ist heute eine Armee, auf die wir Deutsche stolz sind. Unsere Streitkräfte sind bei unseren Freunden im Atlantischen Bündnis geachtet; ihre Leistungsfähigkeit als Streitkräfte der Verteidigung wird auch im Warschauer Pakt anerkannt. Dies letztere weiß ich auch aus persönlichen Gesprächen mit den militärischen Führern der Sowjetunion. Unsere Soldaten stehen jeden Tag in der Bewährung für den Frieden. Ihre Fähigkeit und Bereitschaft zur Verteidigung ist unser Beitrag zur Abschreckung.

Abschreckung zielt auf den Willen dessen, der versucht sein könnte, militärische Mittel zur politischen Erpressung, zur Erweiterung seiner Macht zu mißbrauchen und dabei womöglich in Kauf zu nehmen, daß der Friede verletzt wird. Abschreckung soll einen möglichen Gegner in seiner Entscheidung zwischen Frieden und Krieg zum Frieden bestimmen.

Wir wissen aus der Geschichte, daß der Friede nie für alle Zeiten gesichert werden kann. Er muß immer neu gestiftet werden. Er wird zum Beispiel dann gefährdet, wenn eine Seite eine Übermacht ihrer Kräfte gewinnt.

Unsere Bundeswehr wiegt schwer im Kräftespiel des Ost-West-Sicherheitssystems; sie ist ein unübersehbares Element der Friedenssicherung.

Deshalb haben Sie, Soldaten der Bundeswehr, die tiefe und breite Zustimmung der Bürger unseres Landes. Lebendige Klammer zwischen Armee und Volk ist die Wehrpflicht, die unser erster Bundespräsident Theodor Heuss zu Recht »das legitime Kind der Demokratie« genannt hat.

Ich möchte in diesem Zusammenhang meine tiefe Befriedigung darüber ausdrücken, daß Bundeswehr und Gewerkschaften Verständnis füreinander gefunden haben. Admiral Armin Zimmermann, einer der beiden Generalinspekteure, mit denen ich zusammengearbeitet habe, hat dies einmal so formuliert: »Wer es wagen würde, gegen unsere Demokratie auf die Barrikaden zu gehen, der würde Gewerkschaften und Bundeswehr auf *derselben* Seite der Barrikade finden.«

Aber wahr ist: Zum ersten Mal seit mehr als hundert Jahren sind deutsche Streitkräfte völlig frei davon, ein Faktor im innenpolitischen Kräftespiel sein zu wollen. Jeder Deutsche, der geschichtlich denken kann, muß dies als einen unschätzbaren demokratischen Fortschritt bewerten.

In der Atlantischen Allianz haben sich die Demokratien Westeuropas und Nordamerikas zusammengeschlossen, um den Frieden zu sichern und die Freiheiten zu schützen, zu denen sie sich gemeinsam bekennen.

Diese Prinzipien gehören genauso zu den Konstanten deutscher Sicherheitspolitik wie unsere unverzichtbare Partnerschaft mit den USA und unseren anderen Verbündeten.

Unterschiedliche geopolitische Lage, andere historische Erfahrungen und verschiedenes Gewicht in der Welt führen indessen auch zu Unterschieden in Einzelinteressen. Aber in einer Partnerschaft von Gleichen, in der niemand herrscht oder beherrscht wird, sind unterschiedliche Auffassungen in Einzelfragen durchaus eine Quelle der Belebung und der gemeinsamen Anstrengung.

Entscheidend bleibt das gemeinsame Ziel, die gemeinsamen Grundwerte: Wir alle arbeiten für den Frieden in der Welt und für Freiheit und Sicherheit unserer Völker.

Der Wunsch nach Frieden ist allein nicht hinreichend. Man muß auch das für den Frieden Notwendige tun. Es reicht nicht, wenn nur der Westen friedlich ist. Auch der Osten muß friedenswillig sein. Die Führungen beider Großmächte müssen wissen, daß für sie das Churchillwort gleichermaßen gilt: Der Preis der Größe ist Verantwortung. Beide Seiten müssen sich über den Frieden verständigen.

In vielen Gesprächen mit den politischen und militärischen Führern der Sowjetunion habe ich diese Verständigung gesucht. Ich fordere die Sowjetunion heute noch einmal auf, ihrer Verantwortung als Weltmacht gerecht zu werden, sich in der Rüstung zu mäßigen, Abrüstung vertraglich zu vereinbaren und den Menschen in West- und Osteuropa ein Zeichen zu geben, daß Frieden und Freiheit eine Zukunft haben.

Wohl selten in unserer Geschichte hat der Wunsch nach Beständigkeit des Friedens unser Volk so tief bewegt wie heute. Das geteilte Deutschland ist wegen seiner Vergangenheit und deren schicksalhaften Folgen dem Frieden besonders verpflichtet.

Friedenspolitik durch Fähigkeit zur Verteidigung und Bereitschaft zur Verständigung sowie vertragliche Rüstungsbegrenzungen und Abrüstung sind in unserer Zeit zwingende Gebote. Wer sich vertragen will, der muß Verträge schließen. Und zu jedem Vertrage gehören mindestens zwei Vertragspartner. Zu einem Abrüstungsvertrag gehören Sicherheitspartner – keiner kann *allein* seiner eigenen Sicherheit völlig gewiß sein.

Aber unser Friede würde durch *einseitige,* westliche Abrüstung gewiß nicht sicherer. Solange es keine vereinbarten Obergrenzen für Waffen und Streitkräfte beider Seiten gibt, mindestens so lange muß es bei der Abschreckungsstrategie bleiben. Und Abschreckung ist *Ihre* Aufgabe!

Wir alle stehen unter dem Gesetz der Verantwortung für unser Vaterland. Mein Herz gehört auch künftig unseren Streitkräften. Sie müssen fähig sein zu kämpfen, damit wir nie wirklich kämpfen müssen – wie es General de Maizière ausgedrückt hat.

Ich weiß, daß unsere Soldaten auch in Zukunft an der Seite der Verbündeten an ihrer treuen Pflichterfüllung festhalten, damit auch weiterhin Friede herrsche und Freiheit für unser Land. Dafür danke ich Ihnen.

Personen- und Sachregister

Abrüstung 12, 59, 97, 108, 110f., 112f., 115, 117, 119, 121, 125, 168, 174, 176, 178, 265f., 268, 282, 322, 329ff., 333, 335, 357, 380f.
Abschreckung 69, 95f., 111, 116, 120, 124f., 187, 322, 332, 380
Abwägung 89, 216, 289f., 359
Abwertung 36, 42
Adenauer, Konrad 41, 219, 280, 365, 377
Afghanistan-Krise 11, 49, 65f., 104, 126, 164, 174, 177, 224, 243, 296, 331
Afrika 50, 104, 126, 243, 331
Aggression 174, 216, 243, 265
Agrarpolitik 41
Ahrweiler, Peter 307
Akademiker 169f.
Albertz, Heinrich 73, 291, 296, 298f.
Albrecht, Ernst 139, 225, 355
Alternative 228, 353
Analphabetentum 31
Anarchie 83
Angestellte 171, 227, 277
Angst 65, 67, 92f., 116, 118, 120, 124f., 158, 182ff., 238, 288ff., 276, 329
Antiamerikanismus 184, 269
Arbeiter 170f., 234, 277
–bewegung 162, 203, 224, 231, 272, 277, 281
Arbeitnehmer 15, 46, 137, 162, 164–167, 169ff., 195, 202, 208f., 223, 227, 231, 234, 239, 247, 249, 255, 344f., 352, 360, 382
Arbeitskreis ›Öffentliche Finanzwirtschaft‹ 145
Arbeitslosengeld 15, 274
Arbeitslosigkeit 14f., 19, 24, 32f., 36, 41f., 54, 133f., 139, 162, 167, 172, 191f., 198, 205, 214, 238, 242, 244, 246, 249, 256, 341f., 344, 349, 355, 368, 382f.
Arbeitsmarkt 45, 134, 211, 256, 344, 352, 361
–politik 139
Arbeitsplatz 40, 135, 143, 168, 191, 193, 205f., 211, 223, 246, 254ff., 278, 359, 384
Arbeitsteilung 216
Aristoteles 320f.
Armut 31, 52, 105, 117, 121, 242, 321
Arndt, Adolf 101, 158
Asyl-Verfahren 212f., 262
Atomgesetz 218
Atomkrieg 104
Atommächte 112, 121, 268, 330
Atomspaltung 310
Atomwaffen 110ff., 124, 310, 313, 322, 332, 381
–Sperrvertrag 268
Augenmaß 103, 142, 158, 167, 224, 244
Ausbildung 15f., 220
Ausbildungsplatz 15, 137, 143, 193, 196, 247, 256, 368
Ausgleich 12, 47, 93f., 131, 141, 164, 176, 181
Ausländer 166, 168, 211, 213, 263
–feindlichkeit 210, 258, 263
–integration 212, 262
Außenpolitik 86, 140, 226, 356, 376ff.

Bach, Carl Philipp Emanuel 305
Bach, Johann Sebastian 48, 305
BAFöG 219, 260, 274
Bahr, Egon 332
Bangladesh 28
Bantzer, Claus 306
Barlach, Ernst 81
Barth, Karl 293
Barzel, Rainer 328, 374

Baum, Gerhart Rudolf 202, 255
Baurecht 218
Bauwirtschaft 45, 256, 342
Beamte 227
Bebel, August 158, 169
Bekennende Kirche 292
Belgien 40
Berechenbarkeit 112, 114
Berlin 299, 339 f., 348
–förderungsgesetz 348
–politik 340
Bernstein, Leonard 49
Beschäftigung 235, 246
Beschäftigungspolitik 134, 153, 194, 342 ff.
Bessel, Ehmi 306
Betriebsverfassungsgesetz 219, 260
Bevölkerungspolitik 30
Bevölkerungswachstum 29 ff., 181, 203 f.
Bewegungsfreiheit 272
Beziehungen
–, deutsch-amerikanische 56, 58, 268, 335, 376 f.
–, deutsch-deutsche 13, 270 f., 327 ff., 337 f., 367
–, deutsch-französische 11, 152, 179, 270, 335, 365, 377
–, internationale 12
Biedenkopf, Kurt Hans 187, 332 f., 350
Bildung 220
Bildungspolitik 356
Blockadepolitik 247
Blockfreiheit 107, 337
Blüm, Norbert 252
Böckle, Franz 289 ff.
Böckler, Hans 158, 251
Böhme, Rolf 150
Bonhoeffer, Dietrich 101
Bonner Gipfel 55, 175, 187, 282
Borchert, Wolfgang 307 f.
Börner, Holger 224, 248
Brade, William 304
Brahms, Johannes 305
Brandt, Hermann 251
Brandt, Willy 66, 69, 71, 76, 79, 105, 130 f., 145, 148, 158 f., 173, 180, 202, 220, 233 f., 236, 240, 241, 246, 251, 253, 257, 268, 280, 284 f., 338, 378, 388
Brasilien 28
Brauer, Max 301, 303, 308
Braun, Otto 158, 225
Breit, Ernst 252, 352, 364
Brenner, Otto 158
Breschnew, Leonid 13, 67, 109, 111, 124, 142, 176, 178, 188, 265, 294 f.
Bretton-Woods-Währungssystem 19, 50, 196
Bringschuld 309, 314, 317
Britische Rheinarmee 303
Brüning, Heinrich 247
Bruttoinlandprodukt 193
Bruttosozialprodukt 192, 344 f.
Bühringer, Heinz 151
Bülow, Andreas von 150, 255
Bülow, Hans von 306
Bundesbank 14, 137, 195, 255 f., 382
Bundeshaushalt 14, 135, 214, 282
Bundesrat 46, 150, 153 f., 210, 213 f., 225, 238, 248, 350, 356
Bundesrepublik 18 ff., 23, 36, 40 f., 57, 196–199
Bundestag 71 f., 87, 110, 136, 139 f., 142, 145, 150, 153, 226, 248, 278, 316, 326, 356, 372 ff.
–Wahl 160, 170
Bundesverband der Deutschen Industrie 344, 353
Bundesvereinigung der Arbeitgeber 353
Bundeswehr 56, 72, 98 f., 102, 181 f., 288, 300, 379 f.
Bündnispolitik 132, 139, 141, 190, 269, 300, 366
Bürgerengagement 218 f.

Callaghan, James 178
Carrr, Jonathan 369
Carrington, Lord Peter 42, 302 ff.
Carter, Jimmy 178
CDU/CSU s. Unionsparteien
Chancengleichheit 388

Cheysson, Claude 107
Chruschtschow, Nikita 299
Cicero 320
Comecon 25 f.
Corterier, Peter

Dahrendorf, Ralf 149
»Daily Telegraph« 362
Demokratie 12, 57, 136, 154 f., 214, 217 f., 251, 257, 264, 312, 316, 359, 368, 375, 387
Demonstration 77, 299
Depression 53
Deutsche Demokratische Partei 227
Deutsche Demokratische Republik (DDR) 13, 26, 81, 94, 109, 189, 270 f., 326 ff., 335, 338 f., 343 f., 352, 366, 369, 379, 389
Deutsche Kommunistische Partei (DKP) 74
Deutscher Gewerkschaftsbund (DGB) 79, 136, 187, 251 f., 350 ff., 364
Deutsches Reich 154, 161, 170, 204
Deutschlandpolitik 271, 326, 338, 340, 356 f., 379 f.
Dialog 12, 38, 66, 108, 115, 131, 133, 140, 188, 217, 224, 327, 329, 336, 338, 379
–bereitschaft 92, 96, 139, 141, 176, 225
Diskussion 159 ff., 202, 207, 220, 239, 309, 331 f.
Disziplin 158 f., 163, 179, 215, 322
Dohnanyi, Klaus von 302 f.
Dostojewski, Fjodor Michailowitsch 49
Dregger, Alfred 225, 275
Dritte Welt 38, 107, 114, 131, 181, 222, 336 f., 383
Drittes Reich 75, 83, 146 f., 174, 182, 219 f., 258, 292 f., 297
Drogenproblem 168

Ehre, Ida 307 f.
Eick, Jürgen 14
Eigentum 297
Einkommensteuerrecht 361
Einstein, Albert 313
Elektrizitätswirtschaft 348
Emanzipation 163
Emigration 146
Energie
–Kommission 253
–politik 199 ff., 253
–sparprogramm 14, 194, 198 ff., 248, 346, 348
–versorgung 199 f., 248, 252 f.
Engels, Friedrich 169
»Entangeld alliance« (Osgood) 334
Entscheidung 284, 290, 359
Entschlossenheit 167
Entsorgung 253
Entspannung 175, 178, 189, 264 f.
Entspannungspolitik 78, 89, 166, 173, 189 ff., 245, 271, 340
Entwicklungshilfe 37, 180, 288, 298, 337
Entwicklungsländer 12, 28 f., 31, 36–39, 180
Eppler, Erhard 151
Erdgas-Röhren-Geschäft 269, 335
Erfahrung 66, 182
Erfurth, Ullrich 306
Ergänzungsabgabe 357, 361 f., 385
Erhard, Ludwig 41, 219
Erkenntnissuche 319
Erler, Fritz 74, 147, 150, 158, 240
Ermächtigungsgesetz 146
ERP-Sondervermögen 134 f., 193
Erpressung, politische 106
Ersatzdienst 380
Ethik 367
Euromarkt 19, 35, 42
Europa 56, 174, 179, 186 f., 336
Europäische Gemeinschaft (EG) 11, 14, 18, 22 f., 41 f., 47, 70, 176, 178 f., 254, 269 f., 303, 335, 376, 382
– Kommission 348
Europäisches Währungssystem 24, 37, 42, 335
Evangelische Akademie Tutzing 80, 322

Evangelische Kirche Deutschlands (EKD) 99
Evangelischer Kirchentag 66, 92 f., 123, 239
Evolution 189, 272
Export 14, 193, 198, 206, 213, 256

Fairneß 47
Falkland-Konflikt 41, 50, 126, 331
Familienplanungspolitik 31
Familienschutz 360
Federal Reserve Board 22
Fernwärmeprogramm 194, 200, 346
»Financial Times« 369
Finanzmarkt 37
Finanzpolitik 14, 134, 148, 348, 352, 359, 383
Finanzwirtschaft 148, 153
Fitze, Hans 307
Flexibilität 316
Föderalismus 315
Forschung 311, 316
Fortschritt 94, 132, 202 f., 321, 371
Franke, Egon 145, 147
»Frankfurter Rundschau« 297
Frankreich 23, 35, 40, 51 f., 152, 270
Frauen 260 f.
Freiberufler 227
Freiburger Thesen 386
Freie Demokratische Partei (FDP) 40, 165, 214, 226–230, 242, 258, 273, 282, 351, 353, 355, 363 f., 371–374, 382 ff., 386, 388
Freiheit 66 f., 85, 88, 90 ff., 98, 111, 123, 126, 140, 175, 181, 232, 237, 241, 272, 300, 363, 371, 376 f., 385 ff.
Freiräume 222, 262, 320
Frieden 47, 49, 58, 65 ff., 72, 74, 85–88, 92, 105, 121 f., 140, 175, 265, 333, 337, 376
–, europäischer 11, 271, 329, 338 f.
–, innerer 12, 46 f., 66, 77, 123, 140, 213, 223, 279, 367
–, sozialer 138, 179, 210, 214, 223
Friedensbedrohung 105, 186, 243 f.
Friedensbewegung 71, 76, 93, 125, 181, 293 f., 381
Friedensdemonstration 66, 73, 75
Friedensdienst 99
Friedensdiskussion 95, 329
Friedenspflicht 105, 126
Friedenspolitik 64, 67 f., 70 f., 75, 79, 86, 89, 93, 96 ff., 106 f., 109 f., 139 f., 142, 171, 173 ff., 178 ff., 186–191, 223 f., 226, 263, 272, 285, 329, 336 f., 366–369, 381, 389
Friedenssicherung 105, 168, 176, 181, 183, 236 f., 241, 244, 271, 294, 297, 310, 321, 380
Friedensverantwortung 83
Friedenswillen 78, 127, 366
Friedman, Milton 21, 52

Gaddafi, Umar Muammar 26
Gary, Romain 45
Gastarbeiter 166 ff.
GATT 37
Gaulle, Charles de 152, 377
Gefühl 278
Gegenabschreckung 95 f.
Geißler, Heinrich 252, 350
Gelassenheit 16, 103
Geldpolitik 137, 342
–, amerikanische 21 f.
Gemeinsamkeit 363, 388
Gemeinschaftsinitiative für Arbeitsplätze, Wachstum und Stabilität 46, 134, 136–139, 164, 191, 195, 246, 248, 349
Gemeinwirtschaft 252
Gemeinwohl 207, 229, 353
Genehmigungsverfahren 205
Genfer Verhandlungen 110, 113, 142, 168, 174, 244, 266 f., 330 f., 381
Genscher, Hans-Dietrich 66, 69 f., 131, 141, 146, 173, 177, 228, 273, 329, 338, 372 f.
Georg II. 303
Gerechtigkeit 67, 85, 135, 164, 224, 241, 249, 293, 352 f., 360, 363, 385, 388
Gerichtsverfahren 205
Gerstenmaier, Eugen 150

Geschichte 92, 221, 223, 231, 365
–, deutsch-polnische 179, 378
Gesellschaftspolitik 269
Gesellschaftsrecht 361
Gesinnung 278
Gesinnungsethik 101
Gesinnungspazifismus 75, 293
Gewalt 12, 77, 109, 124, 126, 217, 293, 354, 387
–verzicht 109 f., 122, 126, 175 f., 261, 263, 265, 331, 337
Gewerkschaft 15, 43, 136 f., 179, 242, 247, 251, 263, 272, 352 f., 361, 364, 380, 382
Gewissen 100, 102, 284 f., 293, 356 ff.
Giscard d'Estaing, Valéry 178, 377
Glaube 81, 88, 100, 102, 272
Glaubwürdigkeit 158, 163, 173, 374 f.
Gleichberechtigung 16, 261
Gleichgewicht, militärisches 11, 55, 68 f., 75, 94 ff., 107, 111, 124 f., 140 ff., 174, 185, 265 f., 295, 329 ff., 380
Gleichheit 175, 185, 232
»Global 2000« 206
Global Negotiations 38
Glotz, Peter 172
Gmelin, Gerda 307
Gobert, Boy 308
Godesberger Programm 83, 167, 186, 214, 232, 234, 240, 251
Gollwitzer, Helmut 73
Großbritannien 22 f., 35, 40 f., 51, 303
Große Koalition 145, 148, 219
Großtechnologien 215, 217 f.
Gründgens, Gustaf 308
Grundgesetz 76 f., 130, 215, 217, 236, 241, 257, 279, 283 f., 288, 355 f., 358, 361, 366, 372, 385
Grundlagenvertrag 338
Grundrechte 76 f., 105, 237
Grundwerte 67, 83–89, 91 f., 94, 99, 101, 103, 126, 158, 167, 175, 377
–kommission 160 f.
Grüne 228, 351, 353 f., 387
Gscheidle, Kurt 150
Güstrow 81, 328

Haack, Dieter 150
Hahn, Otto 310, 313, 322
Haig, Alexander 56
Hamburger Bürgerschaftswahl 282
Handel 133, 137, 196, 264, 343
Händel, Georg Friedrich 304 f.
Handeln, politisches 138, 182, 232, 285, 313, 367 f., 386
Handelskrieg 54, 188, 245
Handwerk 15, 137, 196
Hanselmann, Johannes 101
Harmel-Bericht 266
Hauenschild, Karl 278
Hauff, Volker 150, 255
Haushalte, öffentliche 247, 349, 359
Haushaltspolitik 24, 33, 382
Hausmann, Wolfgang 147
Heigert, Hans 359
Heinemann, Gustav 273
Heuss, Theodor 149 f., 380
Hinz, Werner 306
Hiroshima 310, 322
Hitler, Adolf 49, 81, 97, 119, 122, 127, 147, 174, 258, 290 f., 362, 365
Höcherl, Hermann 154
Hoegner, Wilhelm 158
Höffner, Joseph 127
Hölscher, Friedrich-Wilhelm 361
Honecker, Erich 13, 81, 176, 189, 270, 327 f., 379
Huber, Antje 260
Huonker, Gunter 150

Idealismus 227, 237, 354, 375
Identität 241, 281
Ignoranz 250
Imperialismus 49
Industrialisierung 202 f.
Industrie 136, 206, 347
–staaten 20, 22, 24, 28, 36, 38–41, 51, 54, 134, 197, 238, 250
Inflation 32, 36, 39, 42, 50, 133, 196, 243, 340, 355

Information 217, 311 f.
Innenpolitik 225, 273, 355, 380, 386
Insolvenzen 44
Integrationskonzept 262
Interessenausgleich 43, 131, 216, 223, 227
Interessenkonflikt 278
Interessenverbände 353
Internationale Marxisten 74
Internationaler Währungsfonds 36, 343
Investition 33, 40, 43, 135, 137, 193 ff., 204 f., 207, 243, 246, 342, 344 ff., 369, 383
Israel 70
Italien 35 f., 40 f.

Jaeger, Richard 74
Japan 20 f., 35 f., 40, 51
Jena, Günter 306
Johnson, Lyndon B. 19
Jugend 219–223, 258 f., 261 ff., 276, 353
–arbeitsschutz 219, 260
–protest 168
Jungsozialisten 216, 222

Kabinettsumbildung 284
Kaisen, Wilhelm 147, 158
Kalter Krieg 261
Kambodscha 49 f., 104, 243
Kameke, Ernst Ulrich von 306
Kanada 35
Kant, Immanuel 121
Kapitalismus 203, 214, 243
Karl der Große 122
Kartellgesetz 205
Katholikentag 119, 123, 126, 332 f.
Käutner, Helmut 306
Kenia 29
Kennedy, John F. 141, 268
Kernkraft 200 ff., 215, 218, 224, 253
Kernwaffenfreie Zone 186
Keynes, John Maynard 21, 52
Keynesianismus 20, 33, 51
Kiep, Walther Leisler 188
Kiesinger, Kurt Georg 148, 150
Kindergeld 219, 260, 357, 385
Kirche 81, 84, 100, 263
Kirchenmusik 304, 306
Kissinger, Henry 60, 334
Kittani, Ismat 104
Klarheit 130 f.
Klassenkampf 249 f., 285
Kliesing, Georg 74
Knoeringen, Waldemar von 158, 221 f.
Koalition, sozialliberale 40, 70, 78, 130–133, 138 f., 142, 148, 159, 173, 178, 189, 202, 219, 228 f., 251, 255, 258, 260, 263, 273 f., 277, 282, 338, 350, 352, 356 ff., 362 f., 365, 371 f., 375
Koalitionswechsel 228
Kohl, Helmut 76, 79, 123, 157, 189 f., 225, 228 f., 238, 242, 274 f., 332, 338, 350 f., 355 ff., 360, 362 f., 371, 373 f., 379 f.
Kohle 201, 253, 348
Kolb, Elmar 360
Kommunalpolitik 168
Kommunismus 57 f.
Kommunistischer Arbeiterbund Deutschlands 74
Kompromiß 12, 122, 132, 154 f., 214, 216, 225, 235, 239, 242, 279, 315 f., 367 f.
Konflikt 99, 111, 211, 216 f., 243 f., 250, 270, 278, 334, 343
-lösung 109, 122, 125, 175, 217, 224, 285, 333, 337, 340
Konformismus 221
Konfrontation 274, 303
König, Franz 119, 331 f.
Konjunktur 247
Konkurrenz 222, 262
Konsens 46, 61, 115, 132, 158, 250, 382
Konsequenz 99, 223, 234, 257
Konsultation 269
Kontinuität 378
Kontroversen 160 f., 279, 339
Konzentrationslager 91 f., 119, 146, 180
Kooperation 46, 58, 68 f., 122, 131,

139 f., 175 f., 179, 181, 264, 274, 335, 377
Koschnick, Hans 213
Krankenversicherung 360
Krause, Walter 151
Kredit 13, 247, 341, 359
Kritik 22, 94, 106, 140, 238 f., 262, 283, 352, 368, 377
KSZE-Schlußakte von Helsinki 90, 112, 179, 245, 271, 327, 335 f.
Kuba-Krise 299
Kultur 176, 304, 312 f., 328, 378

Lage der Nation 326
Lambsdorff, Otto Graf 385
Landtagswahl 282
Landwirt 171, 227, 353
Landwirtschaft 44, 361
Lang, Ulrich 148, 151
Langemann, Hans 275
Lassalle, Ferdinand 158, 169, 237
Lastenverteilung 352, 384
Lateinamerika 50, 243, 341
Lebensarbeitszeitverkürzung 135
Lebensform, alternative 221
Lebensstandard 25, 133, 203, 216, 369
Leber, Julius 158
Lediard, Thomas 304
Legalität 217
Legien, Carl 158
Legitimationskrise 215, 257
Legitimität 217, 357
Lehrstelle 15, 137, 196, 247, 368
Leidenschaft 103, 158, 278, 330
Leistung 16, 221
Leistungsbilanz 14, 39, 197 f., 213, 256
–defizit 40, 43, 136, 369
Leistungsgesetze 350
Lenz, Siegfried 183 f.
Lesekultur 311, 313
Lessing, Gotthold Ephraim 308
Libanon-Konflikt 50, 126, 331
Liberalismus 386
Liberalität 356, 385 f., 388
Liebermann, Rolf 306
Liszt, Franz 305
locomotive theory 20
Loderer, Eugen 278
Lohse, Eduard 102
Lomé-Abkommen 37, 180
Loyalität 161
Lübeck, Vincent 305
Lüst, Reimar 309–312, 315 ff.

Madrider Nachfolgekonferenz 90, 112, 335
Mahler, Gustav 306
Maier, Reinhold 147
Management 44, 227, 347
Markscheffel, Günter 281
Marktwirtschaft 205, 252
Marshall-Plan 268, 299
Marx, Karl 169, 237
Mäßigung 68, 92, 176, 179 f., 275
Matthäus-Maier, Ingrid 360
Matthiae-Mahlzeit 17, 301
Matthöfer, Hans 40, 248
Max-Planck-Gesellschaft 309, 314, 319
Medien 275
Mehrheitsentscheidung 217 f.
Mehrwertsteuer 214
Meinungsbildung 164 f., 233
Meinungsfreiheit 77, 105, 272, 288, 297
Meinungswandel 297
Meitner, Lise 310, 313
Mende, Erich 74
Mendelssohn, Felix 305
Menschenrechte 126, 133, 141, 237, 331, 336
Menschenwürde 123, 126, 141, 167, 239, 241, 297, 331, 385
Menschlichkeit 221
Mietrecht 135, 214, 384
Mikroelektronik 311
Militanz 222
Militärausgaben 114
Minderheitenkabinett 356
Mindestumtausch 326
Mischnick, Wolfgang 69, 71, 262, 273, 328, 341
Mißtrauensvotum, konstruktives 351, 356 f., 371

Mitbestimmung 15, 214, 245, 250, 260, 293
Mittelost-Konflikt 50, 104, 243
Mittelstandsprogramme 44
Mittelstreckenwaffen 68 f., 98, 106, 112, 142, 177 f., 184–188, 244, 266 f., 295, 297, 330, 381
Mitterrand, François 11, 23, 71, 176, 178, 335, 377
Mitverantwortung 84, 102, 347
Modernisierung 133
Mogadischu 291 f.
Möller, Alex 144–148, 150–156
Mommer, Karl 150
Monnet, Jean 152
Moral 88, 276–279, 291, 310, 314, 367, 375
Moratorium 184 ff., 253, 267
Morus, Thomas 103
Müller, Gebhard 147
Müller-Franken, Hermann 158, 225
Musik 48, 304, 306, 308
Mussorgski, Modest 48
Mutterschaftsurlaub 261

Nachkriegszeit 149, 151, 153, 182, 231, 280, 340
Nachrüstung 69, 116, 120, 125, 178, 184, 188, 266, 330
Nächstenliebe 85, 91, 102
Nagasaki 310, 322
Nahost-Friedensregelung 65, 70
Nannen, Henri 250
NATO 11, 23, 47, 55 f., 70 f., 76, 95, 109, 111, 124, 140, 142, 174 f., 190, 225, 266, 269, 291, 298, 302 f., 330, 333 f., 376
–Doppelbeschluß 68, 98, 125, 142, 168, 177, 184, 188, 224, 266, 274, 296, 298, 330 f.
Neonazismus 172
Neue Heimat 252
Neutralismus 58, 190
Neuwahlen 130, 350, 357, 372 ff.
Nicht-Krieg 120, 122
Nicht-Öl-Entwicklungsländer 20, 27 f., 51 f.
Nichtverbreitungsvertrag 72, 110, 121, 330
Niederlande 40
Nitze, Paul Henry 267
Nonalignment 107, 114
Nord-Süd-Dialog 11, 38, 180, 336, 367
Nordsee-Öl 23
Null-Lösung 69, 71, 142, 178, 188, 266 f.
Null-Wachstum 238

Oertzen, Peter von 276
Offenheit 114, 329
Offergeld, Reiner 150
Ökologiebewegung 207, 255
Öl
–importstaaten 27
–krise 193, 252
–länder 19, 26, 51 f., 196
–markt 39
–preis 26, 32, 38 ff., 50, 196, 201, 340
–schock 19 f., 51 f., 210
Ollenhauer, Erich 240
OPEC 18, 26, 32, 199
Operation '82 46, 134
Opferbereitschaft 369
Opportunismus 158, 368
Opposition 76, 161, 189, 224, 240, 252, 333, 350 f., 355, 360
Optimismus 42 f., 246, 255
Orwell, George 321
Osgood, Robert 334
Ost-West-Dialog 11, 48 f., 68, 177, 264 f., 272, 335, 339, 367
Ost-West-Spannungen 107, 126, 157, 220, 223, 243, 245, 326, 336
Osteuropa 10 f., 25, 52, 109, 244, 271, 378
Ostpolitik 89, 132, 139, 188, 228
Ostverträge 122, 176, 377
Overkill 116, 120

Papen, Franz von 362
Parteitage (SPD) 71, 168, 236, 239 f., 253, 257, 267, 278, 281, 286
Pazifismus 123

Perez de Cuellar, Javier 104
Pessimismus 165, 368 f.
Pfeiffer, Alois 252
Philharmonische Gesellschaft 305
Philosophie 314
Planwirtschaft 25
Pluralismus 83
Pöhl, Otto 36, 255
Polemik 303
Polenhilfe 10 f., 26, 91, 366
Polenkrise 10, 49, 86–90, 164, 224, 335, 378
Polenpolitik 87, 141, 270
policy mix 34 ff., 43
Politik 100 ff., 257, 320, 367 f.
»Politik im Atomzeitalter« (Schmid) 64
Popper, Karl 318, 323
Pragmatismus 278, 367
Preispolitik 24, 133, 137, 246 f.
Privatwirtschaft 248
Privileg 315 f.
Produktivvermögen 344
Prokofjew, Sergei Sergejewitsch 48 f.
Protektionismus 35, 54, 342, 382
Puschkin, Alexander 49

Radikalismus 241
Rapp, Heinz 280
Rathenau, Walther 18, 227
Rathke, Heinrich 81, 379
Ratzinger, Joseph 242
Rau, Johannes 190
Reagan, Ronald 11, 59, 109, 111 f. 142, 176 ff., 265, 267, 298, 334, 355
Realismus 153, 235, 257
Realpolitik 88, 278
Rechtspolitik 172, 258, 275, 356, 386
Rechtsreform 259
Rechtsstaat 83, 223, 258, 354
Reform 387
– des § 218
–politik 166, 172, 220, 241, 257 ff., 277
Regierungswechsel 374 f.
Reinken, J. A. 305
Renger, Annemarie 75
Renner, Viktor 150
Rennert, Günter 306
Rente 15, 207, 288
Rentner 345, 360, 385
Reuter, Ernst 147, 158, 270
Revolution, amerikanische 377
Rezession 22, 24, 28 f., 33, 49 f., 51, 53, 134, 192, 194, 243, 255 f., 349, 359
Richtlinienkompetenz 358
Rimski-Korsakow, Nikolai Andrejewitsch 48
Rodgers, General 333
Roepke, Claus-Jürgen 80
Roosevelt, Franklin 272, 313
Rosenthal, Philip 214
Rostropowitsch, Mstislaw Leopoldowitsch 49
Roth, Wolfgang 150
Rücktritt 363
Rumänien 26
Runge, Philipp Otto 17
Russell, Bertrand 34
Rüstungsbegrenzung 110, 176, 185, 265, 296, 333, 381
Rüstungsexport 107, 114
Rüstungskontrolle 50, 96, 108, 111, 113, 265, 333
Rüstungspolitik 181
Rüstungstransfer 114 f.
Rüstungswettlauf 12, 58, 96, 107, 110, 114, 125, 133, 174, 223, 322, 333, 380 f.

Sachzwang 216, 298
Sadat, Anwar El 70
SALT-Abkommen 111, 187, 264
Sanktionen 55, 102, 272
Scharf, Kurt 73
Scheel, Walter 131, 145, 148, 173, 358
Schiller, Karl 361
Schleyer, Hanns-Martin 291 f., 359, 386
Schmid, Carlo 64 f., 67, 147, 150, 158, 183, 240
Schmidt-Isserstedt, Hans 306

Schoettle, Erwin 151
Schönherr, Albrecht 80
Schostakowitsch, Dmitri Dmitrijewitsch 48
Schröder, Louise 147
Schrumpfung 19
Schumacher, Kurt 75, 78, 146 f., 158, 240, 328, 363
Schuman, Robert 152
Schumann, Robert 306
Schütter, Friedrich 307
Schwarzmalerei 14, 43
Selbstbestimmung 94
Selbstbewußtsein 164
Selbstvertrauen 16
Selbstverwaltung 316
Selle, Thomas 305
Shakespeare, William 60
Shultz, George 55 f., 335
Sicherheit 11, 72, 91, 99, 107 f., 119, 141, 175, 185, 265 f., 275, 329, 331, 333, 335, 376
–, soziale 15, 43, 164, 172, 207, 288, 361, 384
Sicherheitspartnerschaft 96, 108, 112 f., 117, 125, 142, 175, 244, 264, 268, 274, 381
Sicherheitspolitik 94, 106, 111 f., 131 f., 139, 173, 175 f., 184, 187, 191, 226, 229, 272, 356
Sieveking, Kurt 302
Solidarität 10, 16, 47, 85, 87 f., 91 f., 132, 141, 161 ff., 166, 175, 190 f., 195, 210, 221, 231, 233, 235, 244, 249, 278, 384
Solidarność, Gewerkschaft 89, 95
Solschenizyn, Alexandr Issajewitsch 49
Sondergutachten zur wirtschaftlichen Lage 350
Sontheimer, Kurt 289
Sowjetunion 20, 24 ff., 49 f., 51 f., 55, 57, 59, 69, 95, 98, 106, 112, 177, 180, 184–188, 267, 294–299, 336, 378
Sozialdemokratie 83, 144, 146, 148, 151, 154, 159–163, 168–172, 202 f., 223 f., 230–235, 241 f., 276 f., 363 f., 388
Sozialistische Einheitspartei Deutschlands (SED) 326, 339, 379
Sozialleistungen 15, 207 ff., 214, 260, 274, 298, 345 f., 384 f.
Sozialpolitik 132, 210, 223, 352
Sozialprodukt 135
Sozialstaat 166, 369
Soziologie 221
Spannungen 92, 109, 243, 264
Spartakus 74
Späth, Lothar 149, 187, 189, 355
Spezialisierung 314, 317
Sport 263
Springer, Axel 275
Staatsdefizit 40, 42
Staatshandelsländer 24
Staatsnotstand 374
Staatsräson 386
Stabilität 33, 46, 50, 107 f., 113 f., 191, 223, 246, 249, 341, 345, 356
Stagnation 162
Stahlindustrie 45
Stahlinvestitionszulagengesetz 347
Stahlprogramm 347
Stalin, Josef 220
START-Verhandlungen 111, 264
Startbahn West 215, 278 f.
»stern« 250
Stern, Isaac 49
Stetigkeit 142, 245, 389
Steuer 208 f., 248, 355, 383
–politik 24
–recht 261, 361
Stoltenberg, Gerhard 139, 289, 312, 355
Stolze, Diether 368
Strategiediskussion 381
Strauß, Franz Josef 157, 187 f., 189 f., 225 f., 228 ff., 238, 242, 274 f., 350, 355 f., 361, 371, 380
Strawinski, Igor 48 f.
Streik 352
Strukturkrise 24, 157, 349
Strukturwandel 33, 38, 133
Stuttgarter Landtag 144, 151, 155

Stuttgarter Schuldbekenntnis 120
Subvention 274
Südatlantik 104, 243
Systemzufriedenheit 165

Tarifabschlüsse 256
Tarifparteien 137, 195, 251, 261
Technik 322
Teilung Deutschlands 376
Telemann, Georg Philipp 305
Terrorismus 224, 291 f., 359, 386
Teststoppabkommen 110
Textilindustrie 45
Thatcher, Margaret Hilda 178, 355
Theater 304, 307 f.
Theologie 102, 367
Tolbin, James 35
Toleranz 12, 84, 103, 216 f.
Tolstoi, Leo 49
Transparenz 114
»Trobled partnership« (Kissinger) 334
Truman, Harry 22, 140
Tschaikowski, Peter 48
Tschechoslowakei 126, 331
Tutu, Bischof 290

Überlebenschance 310, 321, 333
Überrüstung 106, 120
Übersee-Club 17, 30
Ulbricht, Walter 220
Ullrich, Fritz 150
Umsatzsteuer 383
Umstrukturierung 347
Umweltbelastung 31, 203 f., 253 f.
Umweltpolitik 206, 254 f.
Umweltschutz 168, 172, 202 f., 205 ff., 218 f., 245, 254 f., 260, 275, 279, 321, 346, 356 f., 363, 384
Unabhängige Kommission für internationale Entwicklungsfragen 105
Ungarn 126, 331
Ungeduld 116 f., 120 f.
Unionsparteien 40, 131, 138, 165, 187–190, 195, 210, 214, 226, 228 f., 238, 249, 268, 274 f., 280, 350, 353 ff., 360, 362, 372 ff., 380, 382 ff., 386
Unternehmer 15, 46, 137, 247
Unversehrtheit 123
USA s. Vereinigte Staaten

Veith, Hermann 147, 150
Verantwortung 13, 64, 101, 127, 132, 136, 159, 182 f., 236, 239, 244, 250, 293, 310, 313 f., 316, 318 f., 323, 327, 353, 355, 363 ff., 375
Verantwortungsethik 101
Verbot für chemische Waffen 115
Vereinigte Staaten von Amerika (USA) 21 f., 35, 40 f., 52, 54, 60, 69, 112, 175, 177, 180, 184, 187, 214, 267 ff., 299, 331
Vereinte Nationen (UN) 38, 114, 120, 330, 378
– Charta 109, 337
– Sondergeneralversammlung für Abrüstung 104, 106, 113, 114 f., 118, 282
Verfassung 223
Verfassungsstaat 215
Verhältnismäßigkeit 275
Verhandlung 97 ff., 125, 141, 176, 265, 303, 329, 333, 366
Verifikation 115
Verlagswesen 312
Verläßlichkeit 142, 163, 244 f., 264, 282, 378
Vermittlungsausschuß 153, 195, 210, 225
Vermögensbildung 214, 229
Vernunft 12, 16, 67, 86, 88 f., 92, 97 f., 103, 118, 180, 239, 277 f., 290 f., 317, 323, 375
Versailler Gipfel 18, 34, 282
Versammlungsfreiheit 76
Versöhnung 92, 131, 179, 377
Versorgungsausgleich 261
Verstaatlichung 214
Verständigung 132 f., 244, 270
Verteidigung 98 f., 109, 111, 126, 173, 181, 188, 333, 357, 379

Vertrag 96, 99, 107 f., 122, 125, 141, 175 f., 264, 366
Vertragspolitik 173, 339
Vertrauen 108, 142, 168, 286, 295, 329, 336, 364, 370, 389
Vertrauensbildung 113, 263
Vertrauensfrage 130, 139
Vertrauensvotum 228, 282, 357
Verursacherprinzip 205
Vetter, Heinz-Oskar 251
Viermächte-Abkommen 339 f.
Vietnam-Krieg 19, 50
Vinocur, John 368
Vogel, Hans-Jochen 279, 281, 312
Völkerrecht 109, 337
Volksabstimmung 117, 217 f., 258
Volksfront gegen Reaktion, Faschismus und Krieg 74
Volkspartei 171 ff., 226, 280
Volksrepublik China 31, 34, 53
Volkswirtschaft 18, 20, 24, 33, 45, 135, 243, 342 f., 346, 349, 359, 381 f.
Vorrüstung 116, 120, 125, 330
»Vorwärts« 276

Wachstum 24 f., 27, 191, 202, 246, 249, 345 f., 382, 384
Wagner, Richard 306
Währungspolitik 24
Währungsreform 383
Wandel, sozialer 170, 230, 321, 363
Wannsee-Konferenz 91
Warschauer Pakt 89, 91, 114
»Washington Post« 303
Weber, Carl Maria von 305
Weber, Max 101, 241
Wechselkurs 42
Wehner, Herbert 158, 188, 236, 238, 250, 262, 328, 388
Wehrdienst 181
–verweigerung 74 f., 293, 356, 380
Wehrpflicht 380
Weichmann, Herbert 158, 301
Weimarer Demokratie 146, 149, 154, 157, 218 ff., 257
Weizsäcker, Carl Friedrich von 319 f., 322 f.
Weizsäcker, Richard Freiherr von 340, 355
Welt
–bank 343
–bevölkerung 30, 38
–energiemarkt 199, 201
–handel 42
–kriege 58, 66, 75, 119, 182, 216, 220, 295, 299, 301, 376
–mächte 12, 71, 95 f., 177 f., 265 f.
–ölmarkt 27, 256, 321
–politik 46 f.
–wirtschaft 18 f., 26, 28 ff., 32, 35 f., 42 f., 47, 49, 53, 133 f., 196, 198, 205, 213 f., 245, 384
–wirtschaftsgipfel 20, 34, 176, 245
–wirtschaftskrise 13, 18 f., 34, 42, 52, 157, 161, 164, 207, 220, 223, 242, 343
Weltbund der Lutherischen Kirchen 336
Westverträge 122
Wettbewerb 20, 43
Wettbewerbsfähigkeit 136, 193, 200, 205, 254, 256
Widersprüche 259
Widerstandsbewegung 292
Wiederaufbau 82, 150
Wiener Verhandlungen 187
Wilhelm II. 220, 289
Wirtschaft 13, 42, 168, 176, 194, 200, 235, 246 f., 251, 255 f., 341, 383
–, gewerbliche 44, 137, 171, 196, 227
Wirtschaftskrise 191, 236, 243 f., 340, 364
Wirtschaftspolitik 14, 132, 134, 139, 153, 223, 229, 269, 348 f., 352, 355, 369, 383
Wirtschaftsrat 252
Wirtschaftspolitik 14, 132, 134, 139, 153, 223, 229, 269, 348 f., 352, 355, 369, 383
Wirtschaftsrat 252
Wischnewski, Hans-Jürgen 283, 378
Wissenschaft 309 f., 312, 314, 317–322

Wohlfahrt 222, 250, 321
Wohlstand 223 f.
Wohnungsbau 135, 195, 288
Wörner, Manfred 188, 274
Wunderlich, Heinz 306
Würde 375

Zahlungsbilanz 20, 26, 39, 136, 195 f., 213, 342 f., 382
»Zeit« 368
Zeyer, Werner 139
Ziegel, Erich 306
Zielsetzungen 88 f., 140, 158, 170, 207, 229, 239
Zimmermann, Armin 70, 79, 188, 238, 274
Zinn, Georg August 147
Zinsen 24, 40, 42, 133, 137, 198, 256, 342 f., 355, 359, 369, 382
Zinspolitik 256
Zukunft 370, 387, 389
Zusammenarbeit, wirtschaftliche 14, 264, 342, 377
Zuwanderungsbeschränkung 211
Zwangsanleihe 383, 385
Zweckmäßigkeit 218, 359
Zweites Vatikanisches Konzil 121
Zwischenbilanz 157, 159, 171, 190, 276, 335
»1984« (Orwell) 321